笔 迹 识 人

——笔迹分析理论与实务探究

王圣江 著

中国人民公安大学出版社
·北 京·

图书在版编目（CIP）数据

笔迹识人：笔迹分析理论与实务探究 / 王圣江著 .—北京：中国人民公安大学出版社，2021.1

ISBN 978-7-5653-3881-6

Ⅰ.①笔… Ⅱ.①王… Ⅲ.①笔迹—司法鉴定—研究 Ⅳ.①D918.92

中国版本图书馆 CIP 数据核字（2020）第 016492 号

笔迹识人

——笔迹分析理论与实务探究

王圣江 著

出版发行：中国人民公安大学出版社
地　　址：北京市西城区木樨地南里
邮政编码：100038
经　　销：新华书店
印　　刷：北京市泰锐印刷有限责任公司

版　　次：2021 年 2 月第 1 版
印　　次：2024 年 7 月第 3 次
印　　张：18
开　　本：787 毫米 × 1092 毫米 1/16
字　　数：343 千字

书　　号：ISBN 978-7-5653-3881-6
定　　价：60.00 元

网　　址：www.cppsup.com.cn www.porclub.com.cn
电子邮箱：zbs@cppsup.com zbs@cppsu.edu.cn

营销中心电话：010-83903991
读者服务部电话（门市）：010-83903257
警官读者俱乐部电话（网购、邮购）：010-83901775
公安业务分社电话：010-83906108

笔迹，不仅仅是一种文字符号，更是人生经历的记录与身心能量的流动，关乎着你的内在，倾诉着你的心声。你我的身心密码，就凝缩于笔迹之中。

前　言

在我国古代就有“字为心画、相人不如相字”之说，正所谓“笔迹乃心迹、字品如人品”。书写人通过书写活动形成的笔迹，除了文字符号这一客观存在之外，更是书写人人生经历的记录，身心能量的流动，凝缩着书写人的性格、认知能力、情绪素养、意志品质、气质类型等个性心理特征，以及由此形成的与之相应的生理、病理等身体机制特点，而上述“身心能量”最终会以笔迹特征的形式投射和展现出来。因此，笔迹特征是进行笔迹分析的科学物质依据和基础，亦是笔迹分析的起点和必由之路。故通过深刻认识笔迹特征的性质及其形成机理，能够准确揭示书写人的性格、心理、生理、病理等身心特征也就不足为奇。

笔迹与性格。强刺激改变价值观，重复弱刺激塑造习惯。一种行为经过不断强化与巩固，会形成一种对应该行为的习惯，一种习惯的养成又会影响或改变一个人的性格，在性格心理形成、发展的基础上又会潜移默化一个人的身体机制特点，从而影响或改变一个人的身心特征。故行为习惯与身心特征之间存在内在的因果逻辑关系。大道相通，通简于字。笔迹是书写行为习惯的痕迹记载和客观记录，而书写行为习惯又是书写人性格及其潜意识内容的一种外在投射，且具有自主性、能动性，不需要大脑思考，只要具备相应的环境和刺激，即可进行习惯性的书写动作。正因为书写动作已成习惯，书写过程中不需要再度思考，所以通过笔迹才能够实事求是、毫无保留地还原、展现书写人的性格特征。这也是为什么说笔迹分析技术是到目前为止最为准确的一种性格测试技术。另外，经进一步研究书写习惯与性格的内在逻辑关系，发现书写习惯演变与性格演变具有同序性，但这种同序性属于“内化于心、外化于行”的长期过程。书写人的笔迹特征变了，必然引起书写习惯的演变，而书写习惯的演变会影响书写人的认知能力、意志品质等发生变化，进而导致其性格发生改变；同理，书写人的性格变了，其认知能力、意志品质亦将发生改变，进而导致书写人的书写习惯作出相应改变，从而使其笔迹特征发生变化。因此，书写人由于笔迹特征变化导致其书写习惯演变同书写人因认知能力、意志品质等因素变化导致其性格演变是一种同序对。正所谓：“笔迹变，性格变；性格变，笔迹变。”

笔迹与心理。由于笔迹是在特定时空条件下通过书写活动形成的产物，故笔迹中既有反映书写人书写习惯的笔迹特征成分，同时还包含特定时空条件下书写人内部因素（心理、情绪等）及外部客观条件因素（环境、载体等）变化产生的笔迹特征成分。因此，一个人的笔迹不会只存在单一成分特征，而是多种成分特征的复合体，其中必然包括心理、情绪变化产生的笔迹特征成分。笔铸心魂，字如其人。打个比喻，如果将河流比作人的心流（心情），将小船比作书写工具，驾驶技能就是人的书写习惯（书写技能）——“当河流湍急时，驾驶技能受到的影响较大，小船颠簸行驶，并划出一道曲折、波动的轨迹，就如人的心情紧张、急躁时，书写习惯受到的影响较大，写出的笔画形态呈现抖动、生涩、粗糙的现象一样；当河流平缓时，驾驶技能受到的影响较小，小船平稳畅行，并划出一道微波荡漾、欢快的轨迹，就如人的心情平和、稳定时，书写习惯受到的影响较小，写出的笔画形态呈现圆润、饱满、舒畅的现象一样。”正所谓：“喜则气和而字舒，怒则气粗而字险，哀则气郁而字敛，乐则气平而字丽，惧则气乱而字颤。”

笔迹与生理、病理。任何事物都是由其内部矛盾和外部矛盾共同作用形成的统一体，由于事物间的内部矛盾和外部矛盾不可能达到完全一致，这就形成了事物的个体特殊性。同理，由于个人特殊的内在因素以及外在经历的风雨洗礼、磨难历练、环境熏陶、文化教育等因素的种种不同，再经大脑有意识的思考，便会形成人各不同的潜意识内容，潜意识内容又会储存在身体中形成身体记忆，最终便形成了与之相应的生理、病理等身体机制特点。鉴于笔迹能够反映出书写人的个性心理特征、潜意识内容，因此，笔迹与书写人的潜意识、身体机制（生理、病理）三者之间存在内在的因果逻辑关系。例如，成就型的人把自己的人生变成了竞技场，用有限的生命追逐着无限的目标，为目标和成就而活，久而久之便形成了容易急躁、愤怒的个性心理特征；而怒伤肝，在身体方面则表现为气血上逆攻心，并冲击头部及肩颈部位，肩颈易高起，易患颈椎、高血压、心脑血管等疾病；其笔迹特征则主要表现为字体开张、右上角 / 右下角强化、中宫部位减笔 / 省笔、笔画变异、书写节奏强等特点。思虑型的人一天到晚忧心忡忡，考虑很多事情，神经片刻不放松，久而久之便形成了容易紧张、焦虑的个性心理特征；而思伤脾，在身体方面则表现为脾的运、化等功能减弱，身体消瘦，脊椎呈弓形、驼背的特点，易患头痛、失眠多梦、焦虑症以及脾胃等消化系统疾病；其笔迹特征则主要表现为字体拘谨、中宫紧缩、连笔紊乱、牵丝引带、书写节奏弱等特点。

综上所述，笔迹能够反映出一个人的个性心理特征、潜意识内容，而不同的个性心理特征及潜意识又会形成与之相应的身体机制特点。因此，笔迹中蕴含着书写人的身心能量，笔迹中的“形、力、神”正是书写人“精、气、神”的一种外在投射和集中体现，这也是笔迹中“一形一体尽显度，一笔一画尽关情”的奥妙。

本书创新之处主要集中在以下三个方面：

第一，揭示笔迹的形成机制。鉴于笔迹分析的研究对象是笔迹，且国内相关笔迹学著作鲜有全面介绍笔迹基础性知识的。基于此，笔者先行介绍书写技能与书写习惯，并以笔迹形成的机理为着眼点，对笔迹的内涵和外延进行分析，揭示笔迹与书写人的生理机制和心理机制的内在关联。

第二，提出笔迹分析的程序以及笔迹分析意见书的表述形式。借鉴中医的“望、闻、问、切”四诊法对笔迹材料的形成要素进行检查，对笔迹特征选择的原则及方法、突出特征、本质特征、同性特征、异性特征的综合评断方法予以表述，并对笔迹分析意见书的表述内容及形式展开探讨。

第三，提出“笔迹身心画像”一说。以潜意识理论、心身医学理论、生物全息理论三大理论知识为支撑，通过探索研究笔迹与书写人的潜意识、身体机制（生理、病理）三者之间存在的内在因果逻辑关系，在笔迹学、心理学知识的基础上，借鉴整合生理学、病理学、中医学、心身医学、生物学、相貌学、逻辑学等相关学科知识，创建“笔迹身心画像”技术。

本书特色：内容充实，图文并茂，并延续笔者上一本专著《笔迹检验理论与实务探究》的撰写思路，将理论部分与实践部分进行分篇阐述，既突出了重点，又增加了可读性。

上篇侧重于对笔迹分析的理论探索。重点讲述笔迹及笔迹的形成机理；笔迹特征的四种属性；并根据物质系统的层次结构理论，借鉴中国刑事警察学院王相臣教授关于“物证特征系统分类”的著述，笔者于 2018 年 10 月在北京召开的中国笔迹学高峰论坛的大会报告中，首次在笔迹分析领域提出了将笔迹特征系统划分为宏观特征系统、中观特征系统、微观特征系统三个层次，并分别对三个特征系统展开详述，为突出具体特征的心理释义，在列举的示例笔迹中只针对该特征进行具体标示和心理释义，对于示例笔迹中的其他特征不做综合分析；笔迹分析的程序与方法中，重点讲述利用笔迹鉴定知识对笔迹材料的书写条件进行审查，以确保待分析的笔迹材料为正常笔迹，创造性地提出同性笔迹特征、异性笔迹特征的概念，并结合各个应用领域的特点探讨笔迹分析意见书的表述形式及内容；通过探索研究笔迹、潜意识、身体机制（生理、病理）三者之间存在的内在因果逻辑关系，展开对“笔迹身心画像”内容的分析与探讨。

下篇侧重于笔迹分析在各个应用领域内的实务研究。由于笔迹具有因人而异性、稳定性、知人识人性的特点，故笔迹分析技术在人力资源管理、教育教学、心理咨询、司法以及测谎、军事、婚恋等领域内均具有广阔的应用前景。笔迹分析技术在各个具体领域内的应用分为两部分内容，一是理论应用研究；二是具体案例应用与分析，为直观、清晰地展现每个案例中的关键笔迹特征，只选择重点特征予以标注。

在本书即将付梓之际，特别感谢庄寅亮老师、穆春荣老师的大力支持和鼓励，两位老师对本书的写作思路进行了悉心指导和建议，并提供了相关案例；另外，感谢我院以及中国人民公安大学出版社给予的帮助；在著书过程中，借鉴和参考了前人、同行的部分研究成果，在此一并表示感谢。鉴于本人能力以及从业时间，对一些具体问题的研究可能还缺乏一定的深度，在此尚祈各位专家、学者多提宝贵意见，以资进一步修改完善。

作者谨识

2021 年 1 月

目　录

上篇　笔迹分析理论探索

下篇 笔迹分析实务研究

上篇
笔迹分析理论探索

第一章　笔迹与笔迹学

鉴于笔迹是书写技能和书写习惯的客观反映，为进一步深入认识和理解笔迹，笔者将书写技能和书写习惯置于笔迹之前，做一先前讲述。

第一节　书写技能与书写习惯

一、书写技能

技能，是指主体运用已有的知识、经验通过不断学习、练习形成的稳固而复杂的动作系统。[①] 书写技能，是指个人掌握与运用书写符号系统进行书写、表达思想的技巧和能力。书写技能并不是先天就有的，而是在后天的学习、练习过程中，通过书写活动形成的动作系统。因此，书写技能必然会经历一个由简单到复杂，由低级到高级的发展历程。

（一）书写练习阶段

首先，进行识字练习。识字是书写技能的基础，不识字就无法理解字的含义，就不能正确地使用文字，书写练习时就易出现错字、别字；其次，进行仿写练习，逐渐建立一种书写运动的条件反射；最后，通过仿写练习形成各个书写器官的有效协调，并逐渐发展为书写练习。书写练习是识字的继续，同时还能巩固和提高识字的效果，是书写技能掌握和提高的主要手段。

（二）书写技能提高阶段

书写技能形成的初期，学生所掌握的书写技能是一种较为低级的水平，此时的书写活动表现为书写速度慢，并伴有多余的书写动作痕迹及心理紧张。书写技能的提高一般是在中学时期，经过不断地反复练习强化，大脑皮层通过它的整合机制对书写运动的各个因素、各个局部动作，经过精细地分析与综合，从而

---

① 贾玉文、邹明理主编：《中国刑事科学技术大全・文件检验》，中国人民公安大学出版社 2002 年版，第 96 页。

形成完整的书写运动系统，并在反复书写过程中得到强化，此时书写习惯开始形成，随着书写技能熟练程度的提高，书写动力定型也将由此及彼，逐渐全面展开。

（三）书写技能的稳固阶段

经过不断地反复练习和强化，书写技能逐渐演变为一种稳固而复杂的动作系统，即书写动力定型的锁链系统，该系统的形成意味着意识对书写动作的监督作用已开始减弱，书写活动成为一种自动化的书写动作。

（四）书写技能的退化阶段

书写技能作为一种书写行为能力，是在不断地发生变化的。因此，书写技能的保持离不开日常的书写实践活动，否则就会出现书写技能不断退化的现象。书写技能的退化一般分为自然性退化和病理性退化。自然性退化一般指老年人发生的自然衰老规律的变化，病理性退化则指书写人的书写器官受到某种疾病、伤残或者心理原因造成的技能衰退。

二、书写习惯

心理学上将由于重复或练习而巩固下来的并生成需要的行为称为习惯。[①] 而书写习惯则是指书写人在书写实践过程中形成的自身独有，具有一定规律性，且一时又难以改变的书写动力定型系统。由书写习惯的定义可以推知，书写习惯形成的生理机制是书写动力定型，且一旦定型就难以改变，并具有以下特点。

（一）书写习惯具有人各不同的总体特殊性

习惯同熟练一样，从生理机制上看，均是动力定型形成的结果。书写习惯是在书写人不断反复书写实践中慢慢积累，逐渐发展而成的一种书写动力定型系统。因每个书写人的后天练习、训练以及形成习惯过程中的主客观条件不同，因而形成了个人独特的书写动力定型。

这种个人独特的书写动力定型系统又表现为书写习惯的总体特殊性，指每一个书写习惯定型的人，其书写习惯总体是特定的，与其他任何人的书写习惯体系均不相同，局部书写习惯可能相同，但总体绝不相同，书写习惯具备人各不同的总体特殊性。

（二）书写习惯具有一定规律的重复再现性

规律是自然界和社会诸现象之间必然、本质、稳定和反复出现的关系。寻找规律是人们研究事物和揭示事物本质的科学过程，习惯本身具有一定规律的重复

---

① 贾玉文、邹明理主编：《中国刑事科学技术大全·文件检验》，中国人民公安大学出版社 2002 年版，第 99 页。

再现性，书写习惯也不例外，一经形成，其习惯体系在一定时期内将会保持一定的规律性、稳定性及重复再现性。

（三）书写习惯具有相对稳定性

变化是绝对的，稳定是相对的。书写习惯具有绝对的变化性和相对的稳定性，因而，书写习惯形成后并非一成不变，而是在不断渐变过程中又处于一定的相对稳定性中。通过研究一个人不同时期书写的笔迹，可以发现其书写水平、书写技能不断演变的过程。故笔迹的同一并不是严格意义上的等同，而是包含着书写习惯演变引起的非本质差异的相对同一。书写习惯全面形成后，其发展演变格外缓慢，这种稳定状态可使笔迹在一定时期内保持其固有面貌，特征不发生根本性改变。

（四）书写习惯具有表现形式的多样性

实践中，多数笔迹学专家、学者均将书写习惯的特点归纳为人各不同的总体特殊性、具有一定规律的重复再现性以及相对稳定性三个特点。笔者在研究同一人书写笔迹中的笔迹特征变化规律时，发现书写习惯还具有表现形式多样性的特点。

所谓书写习惯表现形式的多样性，主要是指书写人的书写习惯具备不同层次、不同样式的反映形式。在笔迹特征中具体表现为：相同字迹不同的写法、字形、字体，相同字迹中部分结构、笔画的不同形态、写法、运笔等特征。通常情况下，对于书写习惯已定型的书写人来讲，书写水平较高的人书写的笔迹中，表现形式多样性的特征出现的概率相对较高；而对于书写水平较低的人书写的笔迹中，表现形式多样性的特征出现的概率则相对较低。

三、书写技能与书写习惯的关系

（一）两者的联系

书写习惯是在书写技能达到一定熟练程度，并经过不断的练习或反复进行书写实践后才形成的。因此，从生理机制上看，两者均是书写动力定型的表现，且活动方式都具有自动化的特点。

（二）两者的区别

第一，书写习惯是书写技能的一部分。书写技能表现在整篇文字的书写过程之中，是书写人完成书写活动的一种能力，而书写习惯只是其中较为稳定，能够重复再现且不易改变的那部分书写技能。即书写习惯一定是书写技能，书写技能未必全是书写习惯。第二，书写技能有高低之分，而书写习惯不存在高低之分。第三，书写技能是书法学研究的重点，而书写习惯是笔迹学研究的重点。

第二节 笔迹定义再探

任何一门科学，都是处于不断深入研究和发展变化之中的，笔迹的研究亦是如此。无论是在笔迹分析领域还是在笔迹鉴定领域，关于笔迹的定义就一直处于争论之中。为更加深入地认识和理解笔迹的内涵和外延，有必要从形式和意义上对笔迹的定义进行重新界定，以适应当今笔迹学的发展、推广与应用。

一、现有笔迹定义解析

（一）现有的笔迹定义

“声不能传于异地，留于异时，于是乎文字生。文字者，所以为意与声之迹。”在我国古代，笔迹又称“手迹”。在现代社会中，笔迹作为笔迹学的研究对象，无论是在笔迹分析领域还是在笔迹鉴定领域，不同的专家、学者对笔迹的定义有着不同的表述形式。

2007 年 8 月群众出版社出版的《文件检验学》将笔迹定义为：笔迹，古称手迹，是书写人通过书写活动形成的反映书写人书写习惯的文字符号及其形象系统。

2008 年 10 月中国人民公安大学出版社出版的《物证技术教程》将笔迹定义为：笔迹是指通过书写活动所形成的字迹，是每个人写字所特有的形象，是个人书写技能与书写习惯的形象。

2014 年 5 月北京师范大学出版社出版的《笔迹心理学》将笔迹定义为：笔迹是书写者利用书写工具在书面上留下的痕迹，是书写动作的特点反映，反映一个人书写习惯的特殊性。

2015 年 1 月中国人民公安大学出版社出版的《文件检验学》将笔迹定义为：笔迹是个人的书写技能和书写习惯通过书写活动外化成的文字符号的形象系统。

（二）解读与分析

通过上述笔迹定义可知，四种笔迹定义的表述形式虽有所不同，但其含义均是相通的，即笔迹主要包含三个方面的要素：书写工具、书写活动、文字符号，且均能够证明笔迹是书写技能与书写习惯的客观反映。但上述四种笔迹定义的表述形式均忽视了笔迹的形成机理，存在一定的客观局限性。

由于笔迹是在特定时空条件下通过书写活动形成的产物，故笔迹中既有反映书写人书写习惯的笔迹成分（称之为主体成分或笔迹真象），同时还包含特定时空条件下书写人内部因素及外部客观条件因素变化产生的笔迹成分（称之为附加成分或笔迹假象）。因此，现有笔迹定义的表述形式中只着重说明笔迹是书写技能、书写习惯的反映形象，而未提及特定时空条件下书写人内部因素及外部客观条件因素变化产生的反映形象，故缺乏一定的客观性。

二、笔迹的形成过程

书写人在进行书写活动时，其笔迹的形成既要受到书写人书写习惯顽强表现的影响，同时也会受到外部客观条件因素和书写人内部因素两个方面的影响。

（一）书写习惯的影响

书写习惯是在书写人不断反复书写练习实践中慢慢积累而发展成的一种书写动力定型系统。书写习惯的形成与书写人自身的生理机制和心理机制有关。

1. 生理机制方面

笔迹的实质是书写器官对大脑中枢传递的文字符号信息的外化，是大脑指令书写器官密切配合、协作，并通过一系列书写动作形成。而书写动作则是在视觉，本体感觉，手指、手腕和臂肘触压觉的监督和调控下，依靠手指、手腕、手臂的运动来实现的。因每个书写人手指、手腕、臂肘部位的肌肉和骨骼组织不同，且手部神经传导大脑指令信息的速度、频率亦不同，故这种因人而异的生理机制必将会形成与其相匹配的、因人而异的书写习惯和身体能量。

2. 心理机制方面

心理机制对于书写习惯的影响主要表现在书写人的认知方面。书写人书写习惯的形成遵循认字、练习仿写、写字的过程，而这一过程的快慢与书写人心理机制方面的认知因素有关，主要表现在书写人对字迹的观察力、记忆力、想象力和思维能力等方面。随着书写人后天的文化教育、社会经历、磨难历练等认知因素的变化，书写习惯也会在原有基础上发生相应的改变。

（二）特定时空条件下主客观因素的影响

特定时空条件下的主客观因素主要包括书写人所在的外部客观条件因素以及书写人的内部因素。

1. 外部客观条件因素

在笔迹书写过程中，外部客观条件的影响主要表现在书写工具及载体、书写姿势、书写衬垫物等诸多方面。

书写人在使用不习惯的书写工具或书写载体时，会产生因书写工具或载体使用不惯导致笔迹特征发生部分变化的情况，这种笔迹特征变化主要体现在运笔方面，而字的基本写法、笔顺、搭配比例等特征一般不会发生变化；同时，书写人采用不习惯的身体姿势或执笔方式进行书写，由于改变了身体中各个书写器官的有机协调和配合，固然会导致笔迹特征发生变化；另外，书写时衬垫物的光滑程度及软硬程度、书写时外部环境的光线强弱以及书写人身体运动状态等也都会对笔迹的形成产生影响。因此，无论是笔迹分析还是笔迹鉴定，均要深刻认识和理解外部客观条件因素对笔迹产生的影响，以避免在实践中对特征性质把握不准造成误检。

2. 书写人内部因素

书写人的内部因素主要指书写人主观故意、书写人生理条件和心理条件。不同的内部条件变化，将会相应地引起笔迹特征的变化。

所谓书写人主观故意，即书写人在某种书写动机支配下，通过书写活动恶意、故意改变自己的部分书写习惯，以达到改变自己笔迹真实面貌的目的。通过主观故意书写形成的笔迹，其笔画也会保留并流露、投射出书写人特定时空条件下的主观故意心理活动痕迹；所谓书写人的生理条件，即书写活动需要书写人多种书写器官相互配合，有机协调，当大脑中枢书写运动区或书写运动肌体出现障碍时，就会影响个人书写习惯的真实反映，导致笔迹的部分特征发生改变，在某些情况下，甚至会反映出特定时空条件下书写人的生理变化特点；所谓书写人的心理条件，即书写人在特定时空条件下的心理紧张、愤怒、激动等都将会影响部分书写习惯的真实反映，从而导致书写人的书写动作发生部分变化，如笔画间连笔增多，甚至出现多笔或少笔的错字现象，但是字迹的基本写法、基本的搭配比例、搭配位置、笔顺等特征一般不易发生较大改变。因此，书写人心理条件变化形成的笔迹，其笔画中笔力、笔速、书写节奏等特征的变化能够投射出书写人特定时空条件下的心理活动能量痕迹。

综上所述，除个人特有的书写习惯外，外部客观条件因素及书写人内部因素亦能影响笔迹的形成。书写人内部因素主要影响书写人的书写动机、书写习惯和书写活动；外部客观条件因素主要影响书写人的书写活动（如图 1–1 所示）。

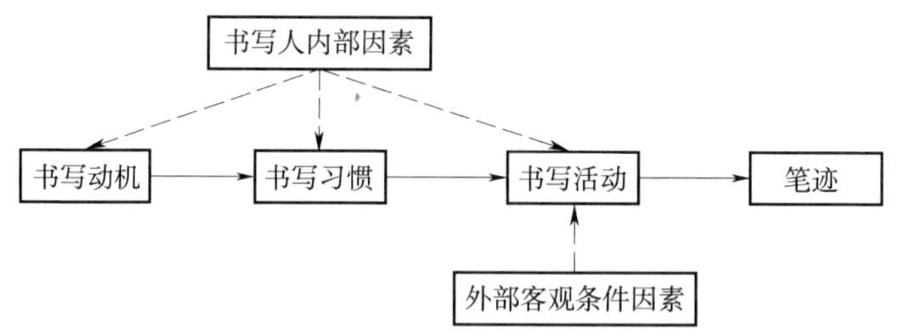

图 1–1　笔迹形成的影响因素

三、笔迹定义界定

如前所述，笔迹不仅能够反映出书写人内在稳定的书写习惯以及形成该书写习惯的内在稳定的生理、心理机制，同时还能反映出特定时空条件下的主观（书写人的即时心理活动）、客观（载体、环境、生理等）条件。因此，无论是在形式上

还是意义上，笔迹的定义既应考虑到书写人书写习惯的反映，也应考虑到主客观因素对笔迹产生的影响，唯有如此，才能体现笔迹的应有之义。笔者认为，对笔迹的定义可以从形式及意义上重新界定为：笔迹，是指书写人内在稳定的书写习惯与特定时空条件下的主客观因素相互作用，外化成的一种文字符号形象系统（如图 1–2 所示）。

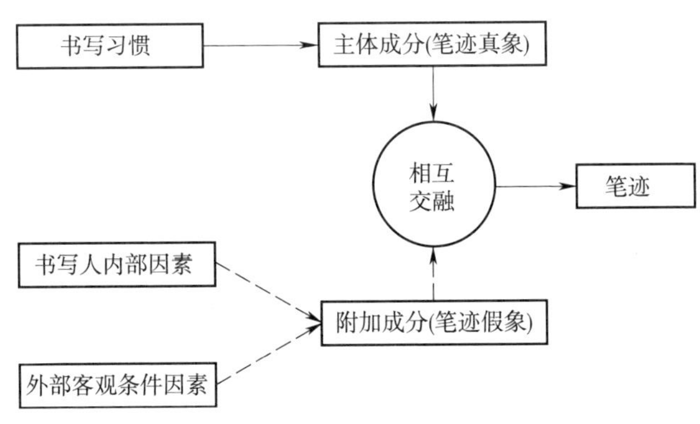

图 1–2　笔迹成分示意图

这一关于笔迹的定义，具有以下新的特点：

1. 突出笔迹成分的全面性、完整性、客观性

笔迹中除有反映书写人书写习惯的笔迹成分存在外，还有特定时空条件下受主客观因素（书写人内部因素及外部客观条件因素）影响产生的笔迹成分存在。两种笔迹成分不是孤立存在的，而是相互作用交融在一起。通常情况下，在正常笔迹中，反映书写人书写习惯的笔迹成分比例较高，占主要地位，而特定时空条件下的主客观因素几乎不会干扰和阻碍书写人正常书写习惯的流露。因此，特定时空条件下受主客观因素影响产生的笔迹成分所占比例较低；在非正常笔迹中，如书写条件变化笔迹、伪装笔迹等，反映书写人书写习惯的笔迹成分与特定时空条件下受主客观因素影响产生的笔迹成分，其各自所占比例会发生变化，变化程度与书写条件变化的程度、伪装的程度有关。一般来说，条件变化程度、伪装程度越严重，其特定时空条件下受主客观因素影响产生的笔迹成分所占的比例就会越高，反之，则越低。因此，正是由于笔迹中既有书写习惯的成分，又有特定时空条件下主客观因素影响的成分，才使得书写人在同一书写习惯阶段内书写的相同字迹，其笔迹特征也不会完全重复再现。

2. 突出笔迹形成的能量轨迹

笔迹在书写载体上表现为一种静态的文字符号，具有语言表达及信息交流的作用，但这种静态的文字符号还能反映出特定时空条件下的书写动作能量痕迹以及书写人的心理活动能量痕迹。书写动作能量痕迹更多地反映的是书写人的书写习惯，如书写人在运笔过程中所呈现出的“起、收、转、折、连、绕、顿、提、摆、颤、抖、拖、带”等动作特点，是一种动态式、流动式的能量轨迹；而书写人心理活动能量痕迹在笔迹中通常会无意识地流露、投射、呈现在字里行间，诉说着书写人的心理活动内容，由于这是一种无意识的反映，甚至有时连书写人自身都无法意识到这一点。因此，静态的笔迹中蕴含着书写人动态的书写动作能量痕迹及其心理活动能量痕迹，是书写人身心能量的表达与呈现。

第三节　笔 迹 分 析

即使在社会文明高度发达的今天，提起笔迹分析，仍然会有人认为有一定的玄学色彩，甚至有些人还会将其与测字术混为一谈。其实不然，笔迹分析不但有完整的系统理论与方法，而且还有充分的科学理论基础和依据。

一、笔迹分析概述

（一）笔迹分析的定义

笔迹分析，是指通过对书写人的笔迹进行研究，分析书写人的书写习惯、书写状态和潜意识，进而推断出书写人的性格轮廓、心理状态及生理状态的一门分析技术。笔迹分析包括笔迹心理分析与笔迹生理分析。

（二）笔迹分析的定义解析

1. 突出研究对象和内容

由于笔迹不仅能够反映出书写人内在稳定的书写习惯以及形成该书写习惯的内在稳定的生理、心理机制，同时还能反映出特定时空条件下的主观（书写人的即时心理活动）、客观（载体、环境、生理等）条件。因此，通过笔迹可以分析书写人的书写规律和特点，掌握书写人的书写习惯和特定时空条件下的书写状态，进而分析书写人笔迹中流露出的潜意识内容和身体机制特点。

2. 强调分析范围

通过笔迹可以直接分析出书写人的性格、气质类型、认知能力、情绪素养、意志品质等个性心理特征，而情感婚恋、人际关系、职业倾向、岗位适应性，甚至书写人的部分身体机制等均是在性格、气质、认知、情感、意志等基础上进行逻辑推理出来的，并非直接分析的结果。若要进行具体分析，分析人必须具备相应的知识和能力。例如，通过笔迹分析书写人的岗位适应性，必须知道该岗位的职责、能力要求和一定的人力资源管理知识；通过笔迹书写强化训练来矫正中小学生的不良个性心理问题，就要学习掌握发展心理学等知识，以及了解不同阶段孩子的性格心理发展特点。

二、笔迹分析的科学依据

（一）潜意识理论

潜意识理论是笔迹分析的哲学基础。历史唯物主义认为：社会存在决定社会意识，社会意识反作用于社会存在。从意识与存在的辩证关系可以得知，笔迹作为一种客观存在，其实是人的意识产物，并与人们所生活的社会自然环境、文化知识水平、世界观、价值观等密切相关，最终形成因人而异的特定统一体——笔迹。思想是行动的内驱力，人类的行为绝大多数都受潜意识的支配而存在，这就是弗洛伊德的潜意识理论。人的书写习惯，是经过长期不断反复书写练习后形成的高度自动化的书写动力定型，书写人在正常书写过程中几乎不需要意识去控制，也就是说在潜意识下完成书写活动。因此，书写人的书写过程就是通过笔迹去表达心理状态的过程，其心理活动痕迹特征必然会通过笔迹的状态流露于字里行间。

（二）投射理论

投射理论是笔迹分析的心理基础。“投射”一词是在1894年由弗洛伊德提出，目的是用来分析、了解书写者内心的真实想法。每个人内心最真实的动机和目的以及心理活动都会通过日常生活中的行为方式流露出来。例如，面部表情识别、书写动作习惯、肢体动作分析等，这是投射理论的表现方式。而笔迹又是在潜意识的支配下通过书写活动形成的一种形象反映，因此，“当一个人留下他的笔迹，他的情绪、注意、能力、个性等特质也都凝固于其中”。简单地讲，就是笔迹能够投射出更多的心理特征，是书写者心理特征的一个还原过程。

（三）书写动力定型

书写动力定型是笔迹分析的生理基础。书写动力定型是一种稳固的神经联系系统，或条件反射的锁链系统。当我们开始学习写字的时候，大脑内部神经元之间会建立某种联系，并对手部神经系统（如尺神经、桡神经等）发出指令，要求手指握笔按照规范进行书写。在初期，必须有大量的意识主动介入才能推动书写的过程。当书写越来越熟练，大脑内部开始分泌一种叫“髓磷脂”的物质，它会进一步稳固大脑神经元之间的联系。经过大量的书写练习，书写技能与书写习惯逐步稳定，书写动力定型逐步成形。正是这种相对稳定的书写技能与书写习惯，才使得书写者在书写的过程中处于一种相对无意识状态，并确保笔迹能够被分析。

三、笔迹分析的应用领域

（一）人力资源管理领域

随着笔迹分析理论的不断发展与完善，笔迹分析技术已成为人才测评技术的主要方法，并逐渐渗透到人力资源管理领域的各个方面。

1. 人才招聘方面

笔迹分析技术在人力资源管理中的主要应用就是人才招聘。企业在“知人、识人、用人”时，并不仅仅局限于对应聘者专业技术能力的需求，而更需要了解和掌握应聘者的个性心理特征，如应聘者的意志品质、特长、人际关系处理能力、组织计划管理能力以及世界观、人生观、价值观等因素。而由于笔迹具有因人而异性、稳定性、知人识人性等特点，且书写人难以靠意志进行持续性伪装书写。因此，笔迹具有真实性，且取材方便、分析结果准确迅速，并成为企业招聘人员的首选。通过笔迹分析，可以掌握应聘者的性格、气质类型、认知能力、情绪素养、意志品质等个性心理特征，而这些特征不仅是企业“知人、识人、用人”的重要参考依据，同时又是其他人才测评技术无法有效测试的。

2. 岗位选拔与配置方面

当企业设置岗位需求并在众多竞争者中挑选合适人选时，笔迹分析技术就有了用武之地。笔迹分析技术在岗位选拔中的具体作用，是通过对岗位的职责、要求与竞争者的个性心理特征是否匹配、哪一位竞争者最能胜任这一岗位需求等事项进行评估和建议，为企业在竞争日益激烈的现代社会中储备人才奠定基础；另外，在配置领导班子时，笔迹分析技术可以发挥其独到的作用。例如，一个单位的主管往往需要具备开拓创新精神、善于规划谋略、成就动机感强烈的特质，而副管则应具备较好的人际沟通、执行决定、踏实、专注的特质。当双方的笔迹特征投射出的个性心理特征与其职位相匹配时，双方搭班子会比较团结，工作配合才会默契，而当双方的笔迹特征投射出的个性心理特征与其职位相反或两人性格能力相当时，双方搭班子就容易出现矛盾，不团结，工作效率也就可想而知了。

3. 人才使用与开发方面

通过笔迹分析可以准确、全面地认识和了解应聘者的性格、气质类型、认知能力、情绪素养、意志品质等个性心理特征，根据以上特点及其岗位的职责要求，可以科学合理地安排每个应聘者的岗位，真正做到人尽其才、才适其职。例如，通过笔迹分析，可以将那些交际能力强、性格外向开朗、具有一定开拓精神的人才安排到销售、管理等部门，而将那些性格偏内向、做事专注、执着、踏实的人才安排到财务、专业研究、技术开发等部门，更能够充分发挥每个人的工作积极性，从而提高工作效率。美国菲尼克斯笔迹协会的副理事长威廉·莫让曾说过：职员流动的最大原因不是因为技能缺乏，而是个性与工作的配合不当。

另外，笔迹分析技术在人力资源管理中还可以实现对员工的考核与换岗、轮岗以及员工的职业生涯规划，以更好地为员工个人发展与企业目标的实现而服务。

（二）教育教学领域

教育，不仅仅是让受教育者掌握一定的专业知识和技能，从本质上来讲，教育更应该注重让受教育者的个性能够更好地适应社会发展的需要，即促进个体的个性社会化。教育体制改革已经进入全面深入阶段，而其中一项便是由应试教育向素质教育转变，即教育的重点应该注重培养学生的个性健全，提高其个人素养以更好地适应社会发展。

教育教学实践中，促进学生个性健全的教学方法有多种，但由于笔迹的因人而异性、稳定性、知人识人性的特点，以及笔迹与书写者的个性之间的内在联系，毫无疑问，笔迹分析技术在学生个性健全教学中具有明显的优势。因此，通过对不同阶段学生的笔迹进行分析，及时了解和掌握学生的个性心理特征，再结合针对性的书写训练强化其性格中的优良个性、矫正其不良个性，最终使其“内化于心、外化于行”，不仅能健全学生的性格心理，而且还能在身心健康的基础上提升学生的学习能力，进而满足教育教学的需要。因此，笔迹分析与笔迹书写训练在教育教学领域具有重要的实用价值。

（三）心理咨询领域

随着现代化的工作及生活节奏越来越快，人们所面临的压力及困境也越来越多，心理健康问题逐渐成为人们所关注的焦点，心理咨询与心理治疗的案例不断增多。来访者在进行心理咨询时出于阻抗，有时会有意回避隐私或不愿透露内心真实的潜意识内容，而破除阻抗又并非易事，是心理咨询师进行心理治疗最艰难的过程。由于笔迹能够反映出书写人内心最真实的潜意识内容，笔迹分析技术作为心理咨询中进行心理测量的一种主要技术方法，不仅成为心理咨询师进行心理治疗的前提和基础，其笔迹分析意见更是成为心理咨询师对来访者进行心理评估的重要参考依据。因此，笔迹分析技术在心理咨询领域具有重要作用和拥有广阔的发展前景，这也就是越来越多的心理咨询师开始学习笔迹分析技术的原因所在。

（四）司法领域

在司法领域，笔迹分析技术可以在案件侦查、司法鉴定、未成年人犯罪教育改造等方面提供以下技术支持。

1. 案件侦查方面

笔迹分析技术不仅可以刻画犯罪嫌疑人的心理、生理特点，缩小侦查范围，而且还可以在侦查讯问阶段，根据被讯问人的个性心理特点，制定有针对性的讯问策略，提高讯问效率。

2. 司法鉴定方面

通过笔迹分析可以准确研判案情，分析原、被告双方对案件陈述的真伪；另外，笔迹分析还可以为笔迹鉴定提供更多的特征支持，进一步丰富笔迹鉴定的特征体系，并能合理解释特征差异点的性质，从而提高笔迹鉴定的检案率和准确率。

3. 未成年人犯罪教育改造方面

通过笔迹分析可以准确反映出未成年人的性格心理成长轨迹，并结合其特点制定有针对性的犯罪预防措施；另外，在对未成年犯的教育改造中，通过对其笔迹进行分析可制定有针对性的强化书写训练，以矫正未成年犯性格中的不良个性，再加上心理疏导、思想教育、技术教育等内容，使未成年犯经教育改造后能够适应社会的发展。

（五）其他领域

鉴于笔迹具有因人而异性、稳定性、知人识人性的特点，通过笔迹分析能够反映出书写人的个性心理特征。正因如此，只要涉及与人的性格心理有关的领域，笔迹分析技术均会有用武之地，并产生重要的实用价值。

1. 笔迹分析技术在测谎领域的应用

笔迹测谎技术，是指用于分析案件当事人、犯罪嫌疑人在书写过程中对所述内容是事实还是谎言的一种技术方法。[①] 由于自主神经作用，书写人在接收到“应激”字眼刺激时会产生相应的心理、生理反应，从而导致书写人的情绪状态发生波动，进而会影响其书写动作及笔迹特征发生变化，以此判断书写人是否作伪、说谎。

2. 笔迹分析技术在军事领域的应用

笔迹分析技术在部队人才管理、干部选拔任用以及部队作战等方面可以发挥有效作用。

3. 笔迹分析技术在婚恋领域的应用

男女双方在进行婚恋派对或是相亲聚会时，双方总是尽可能地展现自己最完美的一面，从表面交往中很难分辨出哪位有暴力倾向或心理疾病，甚至于性取向不正常等问题。因此，男女双方如能准确判断彼此的性格心理特征尤为重要。而笔迹分析技术则能通过表面现象看透本质，帮助男女双方更好地认识和了解对方，为恋爱、婚姻提供指导，减少盲目性、冲动性、偶然性，以避免因“性格不合”而离婚。

四、笔迹分析在国内外的发展状况

由于国内相关笔迹学著作对于国外笔迹分析的发展状况已经做了详述，笔者在此仅简单梳理一下国外笔迹分析的发展历程。同时，结合国内笔迹分析的发展状况，探讨我国笔迹分析的发展趋势。

---

① 庄寅亮:《笔迹测谎技术与心理显现的研究》，载《2018 年中国笔迹分析高峰论坛论文集》，2018 年。

（一）国外笔迹分析的发展

三百多年前，法国和意大利的笔迹爱好者们就曾意识到字母中的笔画能够反映书写人的某些个性特征，并经长期研究和探索，从感性认识逐步走向理性认识的同时，又得益于奥地利心理学家弗洛伊德的精神分析说、阿德勒的个性心理学、法国心理学家勒森的人格类型理论的启发和引导，一百多年前笔迹分析技术逐步走向成熟。笔迹分析发源于法国和意大利，弘扬于德国，并成为心理学的正统分支。人们采用实证研究方法，长期大量地分析、统计笔迹中投射出的书写人个性气质、心态等特征，得出了定性和定量结论。

进入现代社会以来，笔迹分析技术在西方一些国家和以色列、日本等国已逐渐渗透到各个领域。据统计，德国有 80% 的大型公司，以色列、比利时等国家有 50% 以上的大公司都是使用笔迹分析技术来决定人才的选用，美国则有 3000 多家大型企业配有笔迹分析专业人才，而且数量和比例正处于不断增加的趋势。由此可以看出笔迹分析在世界许多发达国家均具有广泛的应用，发展较为成熟。

（二）国内笔迹分析的发展

1. 古代对笔迹的研究

在我国古代，笔迹或书法爱好者们很早就发现笔迹与其书写人的个性之间存在某种潜在联系。例如，西汉杨雄在其《法言》中说：“书，心画也。”大意是：一个人的字迹，是其德行的反映；唐朝著名书法家孙过庭在其《书谱》中认为，书法可以“达其性情，形其哀乐”；清代学者刘熙载在《艺概》中则说得更具体：“书，如也，如其学，如其志，如其才，总之曰，如其人而已。”[①] 这也是“字如其人”的真谛。在此列举一例，说明笔迹与书写人之间的内在联系。明末清初著名书画家傅山的大儿子傅眉也擅长书法，并一直学习傅山的字体，达到了以假乱真的地步。一天，傅眉故意将自己按傅山笔意所写的一幅字放在桌上，看其父能否辨别。傅山看到后，误认为是自己所写，暗暗吃惊：笔力沮丧，中气已绝，莫非大去之日不远？没过多久，傅眉猝死。傅山悲伤之余，又拿起那幅字仔细端详，才发现那是傅眉所写。

傅山为何依据一幅书法作品就能预见一个人的生死？其实，傅山作为大书法家凭借其多年的书法技艺便能感知字迹里所透露出的精力、生理等特征。

2. 现代笔迹分析的发展

到了现代社会，我国笔迹分析的研究在文件检验领域以及心理学领域进入快速发展阶段。

（1）文件检验领域中的发展。笔迹中承载着书写人的言语习惯特点，笔迹分

① 周继红：《笔迹里你一丝不挂》，载《读者》2018 年第 20 期。

析的内容之一就包括对笔迹中的言语组织及用语习惯特点的研究，从而推断出书写人的个体属性特征，而这一点与文件检验领域中的言语识别与鉴定有着异曲同工之处。言语识别与鉴定是指运用语言学和侦查学以及相关学科的知识、原理和方法，研究各类群体或个体言语人的言语特点和规律，分析、鉴别各类文件物证中的言语特征或言语习惯，分析判断言语人的种属特性或言语习惯是否同一，为证实犯罪、认定犯罪嫌疑人、确定侦查方向提供依据的一种专门技术手段。① 随着言语识别与鉴定技术的不断发展，根据各类文件物证中的笔迹所反映出的言语习惯特征，可以推断出书写人的地域分布、时代特点或年龄特征、文化程度、职业身份等信息。

言语识别与鉴定技术是文件检验内容中的一项重要组成部分，有着相对成熟的理论体系。随着现代办公机具的普及与发展，言语识别与鉴定技术的研究对象的范围也由手写体字迹逐渐扩展到印刷体字迹，无论是手写体字迹还是印刷体字迹，针对书面语言内容进行言语识别与分析，从某种意义上来讲，均是笔迹分析的一种外在表现形式，而针对手写体字迹内容的分析，应是现代笔迹分析的渊源。

（2）心理学领域中的发展。笔迹分析在心理学领域中的发展研究，即刨除对笔迹的内容分析，而只针对笔迹进行心理分析。要想深刻认识一事物，必须抓住事物的本质。对于笔迹的认识亦是如此，只有抓住笔迹的本质规律，才能深刻认识笔迹以及笔迹与书写人的个性心理之间的内在联系。而笔迹特征蕴含在笔迹之中，是认识笔迹本质规律，进行笔迹分析的物质依据与基础，因此，这就决定了笔迹分析所使用的方法就是特征法。随后，相关专家、学者针对汉字笔迹特征与人格特征的关系进行了深入的研究和探索，并出版了相关著作，研究均表明：汉字笔迹特征的确能够反映出书写人的人格特征。

当前有一部分人对于笔迹分析所使用的特征法存有一定的争议，一是因为特征法目前仍是建立在以专家经验判断为主的基础之上，缺少一定的量化数据支撑；二是因为一些人甚至从事笔迹分析的人员对笔迹的形成机理及笔迹特征的性质认识还不够深刻。由于汉字笔迹相对其他笔迹要复杂得多，在反映书写人个性心理特征这一点上，汉字笔迹分析的研究应更为复杂、精细。因此，这就需要相关专家、学者对笔迹特征与书写人个性心理特征的内在对应关系进行大量的实证分析总结。笔者认为，特征法作为笔迹分析的方法无可非议，关键在于要深刻认识笔迹特征的性质，并在特征法的基础上辩证地研究笔迹特征与书写人的个性心理特征、身体机制特征之间的量化对应关系，才是体现笔迹分析科学性的唯一途径。这种对应关系的实证性量化研究，至少要经过 1000 例的验证才能进入数据

---

① 韩丹岩、涂丽云主编:《文件检验学》，中国人民公安大学出版社 2015 年版，第 104 页。

库，量化的数据库基数越大、越准确，科学性就越高，正如公安部物证鉴定中心文件检验处郝红光处长所言，量化只有进行时，而没有完成时。

第四节　笔 迹 鉴 定

国内关于笔迹分析的相关著作鲜有介绍笔迹鉴定知识的，由于笔迹鉴定理论体系成熟，而其中关于笔迹的形成、笔迹特征性质的判断以及笔迹书写条件的判断等内容丰富、翔实，对于笔迹分析具有重要的理论基础支撑作用，这也是笔者认为笔迹鉴定知识是笔迹分析的基础的原因所在。

一、笔迹鉴定概述

（一）笔迹鉴定的定义

笔迹鉴定，是指在诉讼过程中，对于案件中涉及笔迹方面的专门性问题，依法指派或聘请具有专门知识并获得笔迹鉴定资格的鉴定人员，运用科学技术方法，对案件中的笔迹物证作出判断结论的一种活动。这是各国法律上对笔迹鉴定的一般概念，笔迹鉴定意见，经审查核实，可以成为诉讼证据。

（二）笔迹鉴定与笔迹检验的关系

“检验”通常是指检查、勘验、分析、识别、鉴定等各项技术活动的总称。因此，检验与鉴定既有联系又有一定的区别。

当“检验”一词作为一种技术手段时，其内涵要大于鉴定。例如，文件检验中对文件物证的发现、提取、显现、分析、鉴定等程序都隶属于文件检验的内容。

当“检验”一词作为鉴定的一个步骤或具体方法使用时，其内涵又小于鉴定，检验只是实现鉴定任务的一种手段。例如，笔迹鉴定中的分别检验、比较检验等均是为作出鉴定意见而采取的技术方法。

因此，笔迹检验是笔迹鉴定的过程和手段，而作出笔迹鉴定意见则是笔迹检验的目的。

二、笔迹鉴定的科学依据

通过笔迹，能够认识书写人的书写技能与书写习惯，因此，笔迹和足迹一样同属于人体运动习惯性特征。习惯性特征虽然可以重复再现，但不像指印、DNA等证据一样几乎完全重复再现，而是在书写习惯阈限范围内输出的一种自振痕迹，包含着相对差异的重复再现。因此，笔迹的特性不能用指印中的特殊性、稳定性直接进行描述，笔迹的特性应描述为具有客观反映性、总体特殊性和相对稳

定性。这是笔迹鉴定的科学依据，也是笔迹鉴定意见作为诉讼证据的科学依据。

（一）笔迹的客观反映性

笔迹的客观反映性是指笔迹能够反映书写人的书写技能和书写习惯的一种必然性。书写技能和书写习惯是书写人的一种内在的能力和行为习惯，具有抽象性、隐蔽性，书写技能和书写习惯只能通过具体书写活动形成笔迹后才能被人们所认识，而笔迹特征又是笔迹反映性的主体表现。因此，认识一个人抽象的、隐蔽的书写技能和书写习惯只能从笔迹特征中去寻找，而且要通过辨别出笔迹中的附加成分（笔迹假象）去认识、挖掘书写人笔迹中的主体成分（笔迹真象）。故笔迹是反映一个人内在的书写技能与书写习惯的唯一形式，离开笔迹便无从考察书写技能与书写习惯（如图 1–3 所示）。

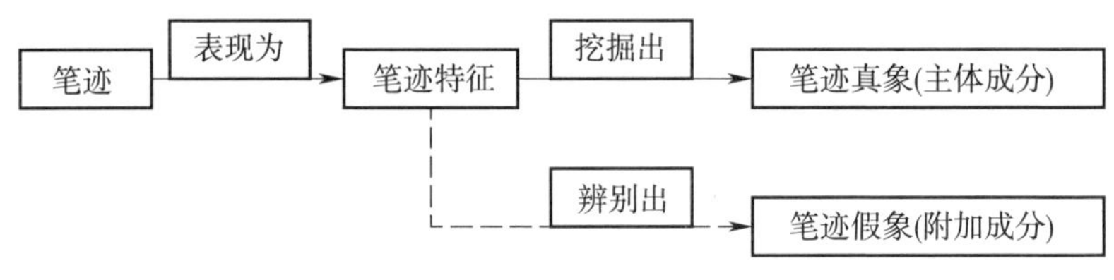

图 1–3　笔迹客观反映性流程

（二）笔迹的总体特殊性

辩证唯物主义阐释了世间万物的本质，揭示了万物间的区别，世界上任何事物都是由其各自的内部矛盾和外部矛盾构成的有机统一体，这个有机统一体便是事物的特殊性，也即事物的本质属性，是事物赖以存在并与其他事物相互区别的根据。“每一物质的运动形式所具有的特殊本质，为它自己的特殊的矛盾所规定。”（《毛泽东选集》第二卷第 284 页）

笔迹的总体特殊性是指每一个人的笔迹在总体上相互区别，在笔迹特征总和即笔迹特征体系上人各不同，而不是每个字，每个具体笔画特征都各不相同的属性。所谓笔迹特征体系，是通过笔迹的点、线、面、体等诸要素的有机结合来体现的。因书写人生理、心理因素的不同，受外部环境的影响程度不同以及书写习惯形成自动化锁链系统的特定因素不同，从而导致每个人的笔迹特征体系各不相同。

笔迹的总体特殊性使笔迹的同一认定有了科学的基础和依据，也是笔迹鉴定的指南和科学保证。

（三）笔迹的相对稳定性

世界上任何事物都是处于不断发展变化之中的，都遵循由量变到质变的发展过程。量变中的事物虽然也在变化，但具有一种相对稳定性，不会发生质的改变。反映书写人书写技能与书写习惯的笔迹也一样，同样具有一种相对稳

定性。

笔迹的相对稳定性是指个人笔迹在基本定型之后，具有因循守旧，重复再现，较长时间保持特征基本不变的属性。笔迹作为书写人的文化载体，是书写人书写技能与书写习惯的产物，一个人的书写动力定型一旦形成之后，其笔迹就处于漫长的量变过程中，虽然也在变化，但不会发生根本性改变。

笔迹相对稳定性的形成是因为书写人受到书写运动技能，语言文字书写规范机制及内在书写习惯的制约。正是由于笔迹具有相对稳定性，我们才能从中通过研究笔迹，发现规律，使笔迹鉴定具备科学依据。

综上所述，笔迹的客观反映性、总体特殊性和相对稳定性是相辅相成、相互作用的有机统一体，三者缺一不可，共同构成笔迹鉴定的科学基础和依据。

三、笔迹鉴定中涉及的笔迹种类

不同文检专家、学者为了掌握各种文字的书写规律与特点，以便采用相应的鉴定方法，常常从不同角度对笔迹进行划分。根据不同的分类标准，可以将笔迹划分为不同的种类。由于笔迹中既有反映书写人书写习惯的主体成分（笔迹真象），又有主客观因素影响形成的附加成分（笔迹假象）。为了区分笔迹中的真假成分，以及结合笔迹鉴定实践需要，笔者认为根据书写习惯反映的真实性进行划分很有必要，也有利于笔迹分析中对特征性质的评断。

（一）正常笔迹

正常笔迹，是指书写人在正常的生理、心理状态及通常的书写条件下，采用习惯的书写方式，通过书写活动所形成的墨迹形象系统。[①]

由其定义可知，正常笔迹是一个相对概念，只是影响正常笔迹形成的主客观因素都处于正常条件下，对笔迹的影响相对较小。因此，正常笔迹能够真实地反映出书写人的书写技能与书写习惯，笔迹中的主体成分（笔迹真象）占主要部分；而受正常条件下的主客观因素影响形成的笔迹附加成分（笔迹假象）则占据次要部分，笔迹特征的变化相对也较小，对于鉴定人来讲，甚至可以忽略不计。因而，正常笔迹属于鉴定条件较好的一类笔迹。

（二）书写条件变化笔迹

书写条件变化笔迹，又称条件变化笔迹，是指书写人在正常的书写动机支配下进行书写活动时，由于书写人内部条件因素或外部条件因素发生变化，从而导致书写人的书写习惯受到部分干扰和阻碍形成的一类非正常笔迹。条件变化笔迹

① 邹明理、杨旭主编：《文书物证司法鉴定实务》，法律出版社 2012 年版。

按其变化的原因不同，可将其分为内部条件变化笔迹、外部条件变化笔迹以及时间条件变化笔迹。

内部条件变化笔迹，是指由于书写人的生理、心理、精神状态等内部因素发生变化形成的笔迹。例如，情绪低落时书写的笔迹，醉酒状态下书写的笔迹，精神病人书写的笔迹。外部条件变化笔迹，是指由于外部客观书写条件发生变化形成的笔迹。外部条件变化对笔迹特征的影响主要表现在书写工具、书写姿势、书写载体、书写衬垫物、书写环境等诸多方面；另外，笔迹鉴定实践中，经常会遇到书写时间间隔较长的笔迹，对于这类同一人书写的时间间隔较长，从而导致笔迹特征发生变化或阶段性特征发生变化的笔迹称之为时间条件变化笔迹。时间条件变化笔迹既受书写人内部条件变化因素的影响，同时又受外部客观条件变化因素的影响，其中又以内部条件变化因素影响为主。

书写条件变化笔迹中，笔迹真象部分与笔迹假象部分各自所占的比重，主要与条件变化的程度有关。条件变化程度大的笔迹中，反映书写人书写习惯的笔迹真象部分所占比重就低；反之，则高。

（三）伪装笔迹

伪装笔迹，是指书写人在主观故意等不良书写动机的支配下，有意识地改变自身正常的书写技能及书写方式，形成的一类非正常笔迹。[①] 由其定义可知，伪装笔迹是书写人在意志力、注意力的控制下，刻意阻碍和干扰自身正常书写习惯的流露，从而导致笔迹特征发生变化，以达到掩盖自身真实书写习惯的目的。因此，伪装笔迹的目的是异己。

伪装笔迹中，笔迹真象部分与笔迹假象部分各自所占的比重，主要与书写人采取的伪装方式及伪装程度有关。伪装程度严重的笔迹中，反映书写人书写习惯的笔迹真象部分所占比重就低；反之，则高。

（四）摹仿笔迹

摹仿笔迹，是指摹仿人出于某种不良的动机和目的，以他人字迹为模板或底样，采用扫摹仿写等方式，形成的与被摹仿人笔迹相似的一类非正常笔迹。由其定义可知，摹仿笔迹的目的是仿他。根据摹仿方式的不同，通常可将摹仿笔迹分为临摹、记忆摹仿、套摹三种类型。

摹仿笔迹中，笔迹真象部分与笔迹假象部分各自所占的比重，主要与书写人采取的摹仿方式及摹仿水平有关。摹仿程度高的笔迹中，反映摹仿书写人书写习惯的笔迹真象部分所占比重就低；反之，则高。

---

① 邹明理、杨旭主编：《文书物证司法鉴定实务》，法律出版社 2012 年版。

第五节 笔 迹 学

一、笔迹学概述

（一）笔迹学的定义

根据笔迹的特点判断某些字为何人所写，称作笔迹鉴定；通过笔迹了解书写者的个性特点和书写时的生理、心理状态，称作笔迹分析。以笔迹鉴定和笔迹分析作为研究内容的学科称作笔迹学（Graphology）。①

因此，笔迹学的定义可以界定为：笔迹学，是指通过笔迹研究书写者的书写习惯及潜意识，分析书写者的书写规律及其生理、心理状态、行为个性的一门科学。

（二）笔迹学的定义解析

1. 突出研究对象

无论是笔迹鉴定还是笔迹分析，两者均有着共同的研究对象——笔迹。因此，只有深刻了解和认识笔迹及其笔迹的形成机理，才能更好地从事笔迹学研究。

2. 突出研究内容

笔迹学并不是单指笔迹鉴定或笔迹分析，而是两者的结合。笔迹鉴定知识能够为从事笔迹分析的人员更好地认识笔迹，把握笔迹特征的性质，而笔迹分析可以为笔迹鉴定提供案情分析、丰富笔迹特征体系、判断特征差异点性质等技术支持。因此，笔迹鉴定与笔迹分析均为笔迹学的研究内容，两者只有实现有效融合，才能更好地推动笔迹学的发展。

二、笔迹学的知识体系

（一）笔迹学的分类及内容体系

笔迹学包括笔迹鉴定与笔迹分析两部分内容，而每一部分内容均有着复杂的知识结构体系。例如，笔迹鉴定是自然科学与法学的结合，涉及的知识体系包括笔迹、书法、生理学、物理学、化学、诉讼法学等；笔迹分析涉及的知识结构体系则更为复杂，除必须具备笔迹、心理学、生理学等知识结构外，还要涉及人力资源管理、教育教学、书法等知识。因此，笔迹学应属于一种交叉学科，学科应用性强，知识体系复杂，从业人员只有具备和学习各种知识的能力，才能更好地

① 郑日昌主编：《笔迹心理学》，北京师范大学出版社 2014 年版。

学习笔迹学，推动笔迹学的发展。

（二）笔迹分析与笔迹鉴定的联系与区别

笔迹分析与笔迹鉴定有着共同的研究对象——笔迹，且两者都是以笔迹特征的形式去认识书写人的书写特点和规律。实践中，笔迹分析与笔迹鉴定在以下三个方面存在相互联系，但又有所区别。

1. 两者虽均属于服务行业，但侧重点不同

笔迹分析是通过对书写人笔迹特征的规律进行研究，分析书写人的性格、气质类型、认知能力、情绪素养、意志品质等特点，以反映出书写人内心深处的心理活动痕迹，得出书写人独特的身心特征。因此，笔迹分析主要应用于人力资源管理、教育教学、心理咨询、司法刑侦、婚恋关系、心理测谎等领域；笔迹鉴定是依据同一认定的理论和方法，对检材笔迹与供比对的样本笔迹进行比对检验，以确定两者笔迹是否为同一人书写。因此，笔迹鉴定主要应用于刑事案件、民事案件等需要进行笔迹鉴定的司法诉讼服务领域。

2. 两者的研究对象虽然相同，但对检材笔迹材料的要求有所不同

笔迹分析所使用的笔迹材料通常是指书写人书写的正常笔迹，即书写人在正常的生理、心理及采用通常的书写姿势、书写工具书写的笔迹，且要求提供分析的笔迹材料越多越好，如果只是一份笔迹材料，则要保证一定的字数要求（一般情况下百字以上），只有这样才能充分挖掘出书写人内心深处的潜意识内容。另外，对于提供的笔迹材料是原件还是复制件，虽未做具体说明，但为原件最好，以保证笔迹特征清晰可辨；笔迹鉴定相对笔迹分析来讲，对笔迹材料的要求相对较为宽泛，即作为笔迹鉴定的对象材料除正常笔迹外，还包括条件变化笔迹、伪装笔迹、摹仿笔迹等类型，但对笔迹的清晰度具有较高要求，因为笔迹鉴定所依据的特征主要是深藏在笔迹内部的细节特征。

3. 两者都注重对笔迹特征规律的把握，但对笔迹特征的运用方法不同

笔迹分析与笔迹鉴定都是通过笔迹指向书写人，而要彻底认识一个人的笔迹，只能从笔迹特征入手分析。笔迹分析采用的是建立在量化基础上的特征法，即在特征量化的基础上辩证地研究笔迹特征与书写人身心特征之间的对应关系。笔迹分析注重从根源上解析笔迹特征产生的原因。而笔迹鉴定的方法则是建立在同一认定理论基础上的特征比对法，亦是通过若干特征的组合去认识和掌握书写人的书写习惯，以准确判断两者笔迹是否为同一人书写。即笔迹鉴定注重的是比较笔迹特征的异同。另外，鉴于笔迹是在书写人书写动作习惯阈限范围内输出的一种自振痕迹，即使同一人书写的笔迹，笔迹特征也会包含着相对差异的同一。因此，结合笔迹分析注重对笔迹特征产生的根源分析，而笔迹鉴定则是比较笔迹特征的异同，故笔迹分析能够为笔迹鉴定中特征差异点性质的综合评断提供重要

依据。

三、有关笔迹学发展的几点思考

（一）笔迹鉴定与笔迹分析有效融合，共同推动笔迹学的发展

笔迹学包括笔迹鉴定与笔迹分析两大块内容。实践中，笔迹鉴定人利用笔迹分析知识解决笔迹鉴定案件的有之，而从事笔迹分析的人员却鲜有研究学习笔迹鉴定知识的；学理上，虽然有部分专家、学者将笔迹鉴定与笔迹分析统称为笔迹学，但并未形成独立的立法体系和概念体系。实际中，笔迹鉴定与笔迹分析完全可以有效融合发展。

1. 笔迹鉴定知识是基础

只有具备笔迹鉴定的知识，才能深刻认识笔迹及其笔迹的形成机理，更好地掌握笔迹特征的性质以及笔迹书写条件的判断，从而使从事笔迹分析的人员能够深刻地认知笔迹，有效地抓取笔迹中的本质特征，以准确分析书写人的个性心理特征。而现实中，从事笔迹分析的人员绝大多数没有系统学习过笔迹鉴定的知识。因此，只有掌握笔迹鉴定知识，基础扎实，才能更好地学习、推广笔迹学。

2. 笔迹分析是应用与发展

笔迹分析是笔迹鉴定与心理学、生理学知识的综合运用，只有具备笔迹鉴定和心理学、生理学的相关知识，才能更好地为笔迹分析服务。通过笔迹分析揭示出书写人个性心理特征中的优缺点，并应用心理学知识和其他相关知识对书写人进行心理疏导和评估建议，使书写人能够更好地融入社会发展之中，从而最终体现笔迹学的仁爱之心和社会价值。

（二）制定笔迹学行业规范，确保健康有序发展

笔迹鉴定领域，相关部门已颁布了国家标准，发展成熟，而笔迹分析领域却缺乏统一的标准。究其原因，主要是由于从事笔迹分析人员的技术水平参差不齐，知识结构亦不完整，要么缺乏笔迹鉴定知识，要么缺乏心理学知识。因此，有必要成立笔迹分析研究机构，在全国组织挑选知名笔迹学专家制定笔迹分析行业标准与规范，共同推动行业健康有序发展。建议应加快制定以下标准和要求：

1. 制定从事笔迹分析人员的条件和要求

从事笔迹分析人员应具备笔迹鉴定或心理学的相关知识背景。由于国内各院校并未开设笔迹学专业，因此，对于学科知识结构的不完善，可以通过在岗培训形式得以弥补。通过组织培训，使从事笔迹分析的人员具备笔迹鉴定与心理学的相关知识，经现场考试合格，颁发行业证书。

2. 制定笔迹分析的内容规范

由于笔迹不仅能够反映出书写人内在稳定的书写习惯以及形成该书写习惯的内在稳定的生理、心理机制，同时还能反映出特定时空条件下的主观（书写人的

即时心理活动）、客观（载体、环境、生理等）条件。因此，通过笔迹分析可以反映出书写人的生理、心理机制以及书写时的即时心理状态，即通过笔迹可直接分析出书写人的性格、气质类型、认知能力、情绪素养、意志品质和即时心理活动等内容，同时通过以上内容的分析还可以经过逻辑推理推断出书写人的情感婚恋、人际关系、职业倾向、岗位适应性以及部分生理病理机制等内容。

3. 制定笔迹分析意见书的标准格式及要求

一份完整的笔迹分析意见书，不仅体现着笔迹分析人员的技术水平，更关乎着整个笔迹分析行业的规范性和科学性。而当前由于笔迹分析从业人员的技术水平参差不齐，知识结构不完善，致使笔迹分析意见书中的表述方式五花八门，甚至还会出现专业术语表述不清或使用错误的现象。因此，当务之急，应抓紧制定笔迹分析意见书的标准格式及要求。

（三）开展实证量化研究，提升笔迹学的科学性

笔迹鉴定的方法是特征的同一认定理论，相关专家、学者针对笔迹特征已开展了量化检验鉴定研究，并取得了显著成果。例如，中国刑事警察学院王相臣教授等所著《物证量化检验鉴定的理论研究与实践探索》一书，便系统阐述了物证量化检验鉴定的模型，旨在使物证检验鉴定从专家经验定性判断为主的模式，进入定性与定量相结合的检验鉴定新模式，以实现物证检验鉴定操作过程中的“模式化”，这其中就包括过去以经验为主的笔迹鉴定的量化研究。

笔迹分析的方法是特征法，即研究笔迹特征同书写人的身心特征之间的对应关系。这种对应关系的建立需要相关专家、学者进行大量的实证分析总结。笔迹分析目前仍处于以专家经验判断为主的阶段，但实证性的量化研究才是体现笔迹分析科学性的主要途径。正如微软创始人比尔·盖茨所说：“任何事情：如果你不能量化它，你就不能真正理解它；如果你不能真正理解它，你就不能真正地控制它；如果你不能真正地控制它，你就不能真正地改变它。”[①] 因此，笔迹分析只有实现实证性的量化研究，才能体现其信度、效度，实现其可靠性和准确性，从而真正体现笔迹分析的科学性。

马克思曾说过：“一种科学只有在成功地运用数学时，才算达到了真正完善的地步。”无论是笔迹鉴定还是笔迹分析，实证性的量化研究只有进行时，而没有完成时，量化的数据库基数越大、越准确，科学性就越高。

---

① 王相臣、胡鑫著：《物证量化检验鉴定的理论研究与实践探索》，辽宁大学出版社 2015 年版。

第二章　笔迹特征与心理现象

第一节　刍议笔迹特征

笔迹特征蕴含在笔迹之中，是认识笔迹本质规律，进行笔迹分析与笔迹鉴定的物质依据，而书写规范是生成笔迹特征的唯一标准。因此，为进一步深入认识和理解笔迹特征，笔者认为有必要将书写规范做一先前介绍。

一、书写规范

（一）书写规范的定义

书写规范是指导社会成员书写字迹的方式方法的总称，包括基本笔画、字形、结构、方向等方面的规定。书写规范包含动态和静态两个方面：动态规范是指运笔法则，如毛笔字既有静态的写法和美学要求，同时还讲究蚕头燕尾、回锋、露锋等运笔法度；静态规范则是指写法和美学等方面的要求，如常用硬笔书写，一般只要求笔画组合正确、结构匀称等，没有规定机械的运笔法则。[①]

书写规范一般来源于政府强制实施或民间各民族约定俗成两个方面。

（二）书写规范的特性

1. 宽容性

书写规范的宽容性是书写人书写习惯产生的理论前提，它允许书写人在书写规范的要求下按照自己的生理素质、文化程度、认知水平等个人条件去理解文字、书写文字，并不断反复练习、逐渐形成具有自己独特个性特征的字形字体，俗称自由体。但宽容性有一定的度，一旦书写人的字迹超过了这个度（也即书写规范的约束力），那么书写人的字迹就不为人们所认知，书写规范也就失去了其应有的意义。

2. 抽象性

书写规范只是规定了字的外观、模型，也即摹本，而不能对书写过程进行轨迹化的制约，需要书写人凭借自身认知能力去理解和书写。因此，书写规范具有

---

① 李文著：《笔迹鉴定学》，中国人民公安大学出版社 2008 年版，第 146 页。

一定的抽象性，使人们书写时尽量以摹本字迹为标本。正是由于书写规范具有一定的抽象性，才使得我们书写的笔迹具有遗传和变异的特点。所谓遗传，也就是指书写规范要求下的摹本字迹和语法规则，使人们有共同认知的基础，才得以遗传；所谓变异，也就是指书写人个人的文化程度、心理、生理条件以及认知水平不同，对书写规范的理解力就不同，导致书写规范对其书写能力的约束力不同，从而在书写规范的基础上逐渐演变成具有个人独特书写习惯的字迹，即形成了变异性。有了变异性才使得笔迹具备了同一认定和身心特征分析的基础。

（三）现代汉字硬笔书写规范的基本要求

现代汉字书写常见的硬笔包括钢笔、圆珠笔、中性笔等。汉字硬笔书写规范是静态的抽象的楷书规范，其基本要求是“横平竖直、先左后右、先上后下、结构匀称”。这 16 字既是对单字书写的要求，也是对字行、全文排列布局的基本要求。

二、笔迹特征定义解析

（一）笔迹特征的定义

特征，是指“一事物区别于他事物的特别显著的征象、标志”（《辞海》）。而笔迹特征是认识、揭示和区别不同书写人的笔迹本质属性及其身心特征的科学物质依据，也是笔迹学实践的起点和必由之路。笔迹特征作为笔迹学的专业术语，不同专家、学者对笔迹特征的定义有着不同的表述形式。

2002 年中国人民公安大学出版社出版的《中国刑事科学技术大全・文件检验》将笔迹特征定义为：笔迹特征，特指人们通过文字的书写运动形成的字迹及外部征象。

2003 年中国人民公安大学出版社出版的《文件检验学》将笔迹特征定义为：笔迹特征，笔迹学中的专门术语，它是个人笔迹的具体征象，是指文字书写外部形象所反映出的特色和个人书写技能、书写习惯特性。

2007 年群众出版社出版的《文件检验学》将笔迹特征定义为：笔迹特征，是笔迹学中使用的专门术语，是指个人书写习惯和书写技能特性表现在笔迹中的各种征象。其总和反映了个人书写习惯的特殊性。

2008 年中国人民公安大学出版社出版的《笔迹鉴定学》将笔迹特征定义为：笔迹特征，是指个人笔迹与书写规范相互作用表现出来的特定属性征象。

通过上述笔迹特征的定义可知，四种笔迹特征定义的表述形式虽有所不同，但其基本含义均是要表达笔迹特征是反映个人书写习惯与书写技能的各种笔迹征象。结合《辞海》中对特征的定义——一事物区别于他事物的特别显著的征象、标志，根据书写规范是生成笔迹特征的唯一标准这一原则，笔者比较推崇 2008 年中国人民公安大学出版社出版的《笔迹鉴定学》中对笔迹特征的定义，

即笔迹特征是指个人笔迹与书写规范相互作用表现出来的特定属性征象。

（二）笔迹特征的定义解析

1. 突出共同的比较对象

共同的比较对象即书写规范。强调个人笔迹（个性）与书写规范（共性）进行相互比较，使得比较对象更加具体化、明确化，亦符合《辞海》中对特征定义的比较字义——一事物区别于他事物，而其他定义中无具体比较对象或比较对象相对较为模糊。

2. 突出个性笔迹特征

突出笔迹特征是书写习惯的物质表象，其外表是与书写规范不一致的客观征象，即个性与共性的差异（如表 2–1 所示）。

表 2–1　“胡、陈、李、王”四字的笔迹特征

书写规范单字	胡	陈	李	王
检材字迹				
注解	胡字的“古”部与“月”部的搭配比例，违背了书写规范结构匀称的要求，故是特征	陈字的“阝”部写法变异，“东”部收笔形态变异，均不符合书写规范的要求，故是特征	李字的“木”部遮盖了“子”部，上大下小，不符合书写规范的上下等称要求，故是特征	王字中间一横笔画过长；最后一横笔画变为提笔画，均不符合书写规范“横平竖直”要求，故是特征

笔迹特征的这种个性化特点与书写人独特的身心特点有关，是书写人独特的身心特征以独特笔迹特征的形式在笔迹中的投射。因此，笔迹特征是认识笔迹的本质属性及书写人身心特征的科学物质依据和基础，特征法亦是笔迹分析的起点和必由之路。

第二节　笔迹特征属性

由于笔迹是在特定的时空条件下通过书写活动形成的产物，故笔迹中既有反映书写人书写习惯的笔迹特征成分（称之为主体成分或笔迹真象），同时还包含特定时空条件下书写人内部因素及外部客观条件因素变化产生的笔迹特征成分

（称之为附加成分或笔迹假象）。因此，一个人的笔迹不会只存在单一成分特征，而是多种成分特征的复合体，并共同构成了书写人的笔迹特征体系。故根据笔迹特征中属性成分的不同，可将笔迹特征的属性划分为本质属性特征、普通属性特征、随机属性特征、附加属性特征四类。

一、本质属性特征

（一）本质属性特征的定义和特点

本质属性特征，是指能够反映书写人书写习惯的特征，属于笔迹的主体成分或笔迹真象。根据笔迹特征的定义，笔迹的本质属性特征必须具备变异性和重复再现性两个条件。

1. 变异性

变异性，是指与书写规范表象不一致的笔迹特征，这是本质属性特征的前提条件。

2. 重复再现性

重复再现性，是指书写人连续书写相同的单字或笔画，其笔迹特征均能够重复稳定出现，这是本质属性特征的标准和要求（如图 2–1 所示）。

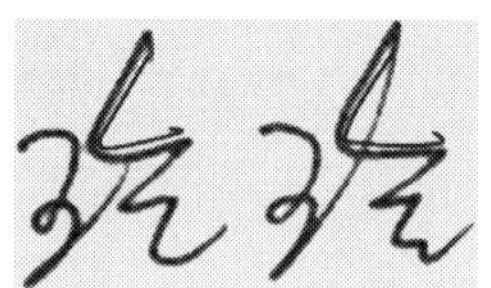

图 2–1　本质属性特征

分析：书写人连续书写“玲”字，在“令”部“人”的笔画形态特征上出现变异写法，与书写规范要求不一致且具有重复再现性，因此为本质属性特征。

（二）本质属性特征的作用

笔迹中的本质属性特征是书写人稳定独特的个性心理特征向笔迹中投射的一种有形物质依据。因此，抓住笔迹中的本质属性特征，也就了解和掌握了书写人稳定独特的个性心理特征。

二、普通属性特征

（一）普通属性特征的定义和特点

普通属性特征，又称共性特征，是指书写规范普遍要求的形象，是个人笔迹能够被其他人识别的基础，也是众人笔迹存在相似性的根据（如图 2–2 所示）。

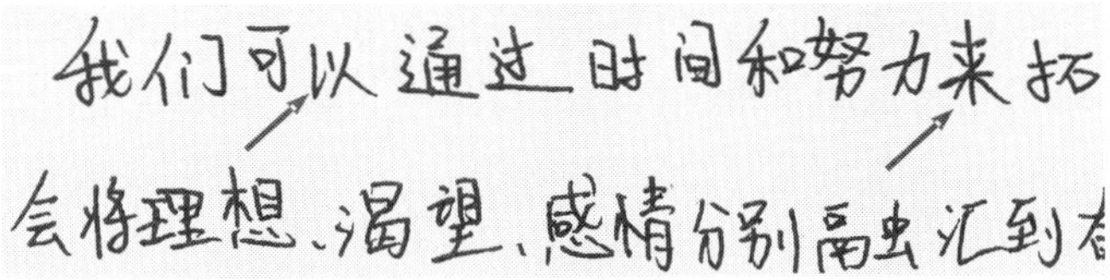

我们可以通过时间和努力来拓

会将理想、渴望、感情分别融汇到右

图 2-2　普通属性特征

（二）普通属性特征的作用

笔迹中的普通属性特征是按照书写规范的要求形成的一类笔迹特征。书写人的书写习惯一旦定型后，笔迹中存在的普通属性特征成分越多，往往越能够反映出书写人遵守社会习俗和相关规定，认真、有原则性、不知变通的个性心理特征。当然，笔迹分析实践中还要结合笔迹中的其他特征进行具体评断。

三、随机属性特征

（一）随机属性特征的定义和特点

随机属性特征，是指笔误、重复书写出现的必然性差异现象，形成机制是人体神经信息传导，肌肉运动机能瞬间频繁变化，精神状况、书写工具、书写材料、书写速度、环境、未定型的书写技能等因素造成的客观变化现象，导致多次书写的相同字迹不能完全重合。这是客观存在的必然差异现象（如图 2-3 所示）。

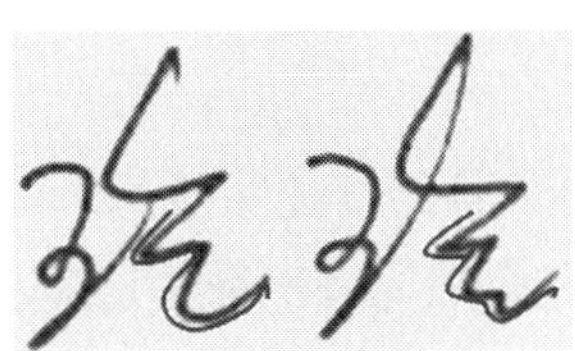

图 2-3　随机属性特征

分析：书写人连续书写两个“玲”字，在“令”部的写法上出现了形态上的差异，这是重复书写导致的必然性差异现象，因此为随机属性特征。

（二）随机属性特征的作用

随机属性特征揭示了书写人每次书写相同字迹、笔画均会出现的特征差异现象，特征差异每次出现的部位、形态均具有随机性。认识和掌握笔迹中的随机属性特征，对于分析判断笔迹特征的性质，准确剖析书写人个性心理特征具有重要作用。

四、附加属性特征

（一）附加属性特征的定义和特点

附加属性特征，是指因心理、生理、精神变化导致的异常笔迹现象以及人为假象。

附加属性特征的生成机制有多种，如故意伪装、摹仿、反常的心理状态、伤病以及酗酒等影响书写活动正常进行的书写条件，都会对固有的书写习惯产生干扰，形成假象。这种假象对书写习惯面貌的歪曲程度与书写人的知识、能力以及采取的伪装方法，遇到的变化条件等密切相关，它们是在固有的书写习惯、书写技能基础上发生的。同时，又反映出变化原因与结果之间的内在联系，因为这些成分并不是笔迹的自然成分，故称之为附加属性特征（如图 2–4 所示）。

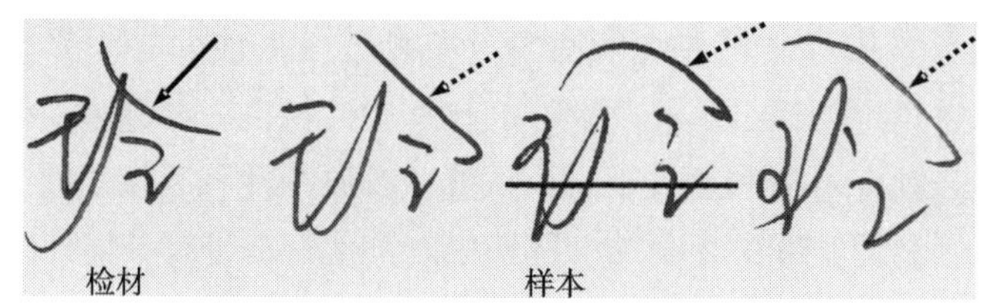

图 2–4　附加属性特征

分析：检材与样本中的四个“玲”字均为同一人书写，其中在“玲”字“令”部捺笔画的写法及形态上出现了明显差异。检材中“玲”字“令”部捺笔画与其余相邻笔画间缺少连接照应关系，孤立、行笔弧度向外，且伴有凝滞迟疑动作，反映出书写人思维跳跃、间断不连贯、随机生变的即时心理活动痕迹。

（二）附加属性特征的作用

附加属性特征的存在都有一定的指向性，即特征的变化原因与结果之间具有内在联系性。笔迹分析实践中，抓住笔迹中的附加属性特征可以准确判断特征产生的原因，分析书写人的心理、情绪变化特点。

因此，一定要全面认识和掌握笔迹特征中的本质属性特征、普通属性特征、随机属性特征、附加属性特征，准确区分四类属性特征，对于笔迹分析实践中综合评断特征的性质具有重要的作用（如表 2–2 所示）。

表 2–2　笔迹特征属性

<table>
<tr><td></td><td></td><td></td><td></td><td></td></tr>
<tr><td colspan="2">甲连续书写两个“李”字，在“木”部横笔画起笔处以及“子”部钩笔画处的差异为随机特征</td><td rowspan="2">乙单写一个“李”字，在“木”部与“子”部存在交叉笔画，特征性质需要甄别</td><td colspan="2">丙连续书写两个“李”字，在“木”部横、竖笔画交接处的连笔方式存在的差异属于随机特征</td></tr>
<tr><td colspan="2">体现甲的“李”字书写习惯的本质特征是“木”部、“子”部的搭配比例以及“木”部撇笔画的形态特征</td><td colspan="2">体现丙的“李”字书写习惯的本质特征是“木”部的起笔及捺笔画简写特征，“子”部的收笔特征</td></tr>
<tr><td colspan="5">甲乙丙三人的“木”部横、竖笔画的搭配位置、长短等特征属于书写规范要求的普通特征</td></tr>
</table>

第三节　心 理 现 象

笔迹分析的主要方法是建立在量化基础上的特征法，即在特征量化的基础上辩证地研究笔迹特征与书写人个性心理特征、身体机制特征之间的内在关联性。鉴于个性心理特征是书写人心理现象的一种外在表现形式，因此，对于缺乏心理学基础知识的笔迹分析从业人员来讲，了解、掌握心理现象是门必修课，具有重要的实践指导意义。

一、心理现象概述

心理现象，是指心理活动的表现形式。传统分类理论中，将人的心理现象分为心理过程和个性心理特征两大类。而随着现代心理学理论的不断发展与完善，发现心理状态是心理过程与心理特征相结合的产物，心理过程与心理特征必须通过心理状态才能表现出来，三者紧密相连。因此又将复杂的心理现象分为心理过程、心理状态、心理特征（如图 2–5 所示）。

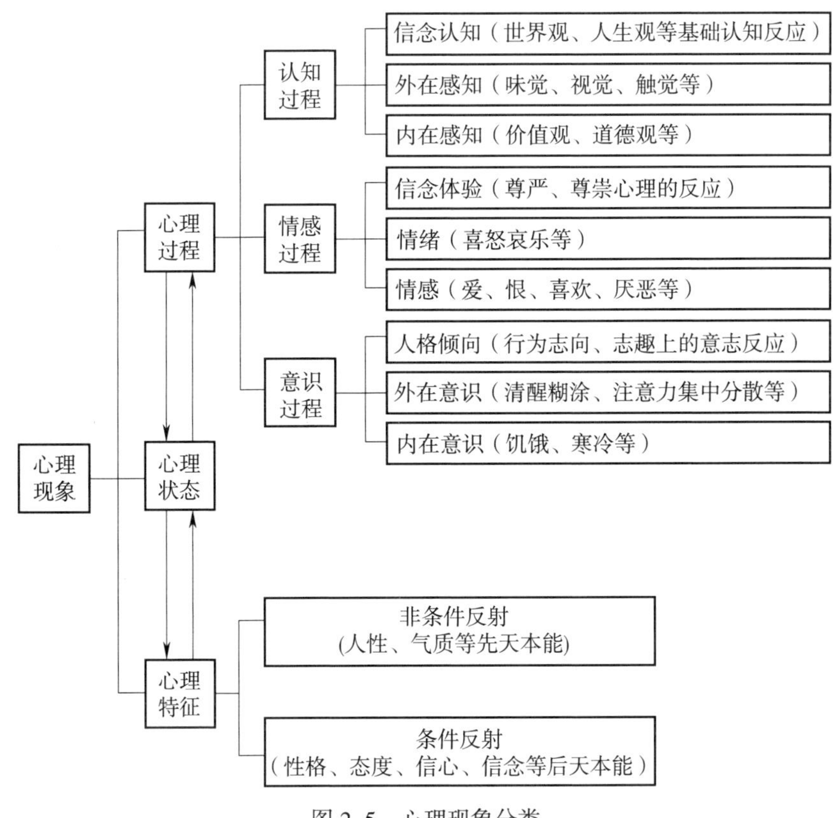

图 2–5　心理现象分类

二、心理过程

心理过程是心理现象的动态表现形式，具体指心理现象的发生、发展和消失的过程。具有时间上的延续性，包括认知过程、情感过程、意识过程三个方面。

（一）认知过程

认知，是指人们在认识客观世界的活动中所表现出的各种心理现象，如感知、知觉、记忆、思维、想象等。认知能力是指人们获得知识、运用知识、加工知识的能力，也就是平常我们所说的智力，主要是指观察力、记忆力、想象力、思维能力等。

1. 观察力

观察力，是指对客观事物进行知觉、感知的能力。观察力强，对客观事物感知深刻、仔细、认真，可以避免受表面现象的迷惑，真正地看到客观事物的本质和变化的规律；观察力弱，对客观事物感知较浅，往往只停留在事物的表面，缺乏一定的精细性和全面性。

2. 记忆力

记忆是人类心智活动的一种，属于心理学或脑部科学的范畴。记忆代表着一个人对过去活动、感受、经验的印象积累。因此，记忆力是指识记、保持、再认识和重现客观事物所反映的内容和经验的能力。

3. 想象力

想象力，是指人们在已有形象的基础上，在头脑中创造出新形象的能力。想象力一般是在掌握一定的知识量的基础上完成的，是智力的重要组成部分。

4. 思维能力

思维能力，是指通过分析、综合、概括、抽象、比较、具体化和系统化等一系列过程，对感性材料进行加工并转化为理性认识及解决实际问题的一种能力。即反映和认识客观事物本质属性和规律的一种能力，是智力的核心。例如，人们在工作、学习、生活过程中每逢遇到问题，总要“想一想”，这种“想”，其实就是思维的过程。按着思维方式的不同，可以将思维分为形象思维、逻辑思维、经验思维、发散思维、创造性思维等不同类别形式。

笔迹既是书写人书写运动习惯外化的产品，又是书写人认知能力的凝结和表现。鉴于认知能力与书写笔迹的密切相关性，笔迹特征中必然会承载着书写人的观察力、记忆力、想象力以及思维能力等认知特点。因此，笔迹中必然会记录并保存着书写人的认知能力。

（二）情感过程

情感过程，是指人们在认识客观事物时所表现出来的态度体验。人们在认

识客观事物时，不是冷漠无情、无动于衷的，而总是带有某种倾向性，并表现出鲜明的态度体验以及感情色彩，如喜悦、愤怒、悲伤、欢乐、满意、讨厌等。因此，情感过程是心理过程的一个重要内容，也是人与动物相区别的一个重要标志。根据感情色彩的程度可将情感过程分为情绪、情感和情操三个层次。

书写人通过书写笔迹来表达自身对某件事情或某个事物的看法时，特定时空条件下的感情色彩和态度体验必然会沉淀在笔迹中，且会以笔画中的力度、形态等笔迹特征投射出来。因此，笔迹中必然会记录并保存着书写人特定时空条件下的情感过程。

（三）意识过程

意识过程，是指人们意识活动发生、发展和表征的过程，包括主体有意识的一系列活动。[①] 主体通过对内部、外部世界的感知，然后将心理活动的内容以观念的形式再现，再将观念转化成为可观察的外显行为，同已有经验相联系，最终使主体本身体验到这一观念的存在。例如，人们为实现奋斗目标，努力克服种种困难，完成任务的过程。意识具有自觉性、目的性、能动性。意识的自觉性主要表现在内在意识方面，如饥饿、寒冷等；意识的目的性主要表现在外在意识方面，如注意力的集中与分散、清醒与糊涂等；意识的能动性则是指在一定的任务目标上使内在意识与外在意识能够相结合的意志过程。

书写人进行书写活动时，其过程就相当于努力克服困难，完成任务目标。因此，书写人在书写过程中的意识行为必然会保留于笔迹中，并通过相应的笔迹特征投射出来。因此，笔迹中必然会承载着书写人的意志品质、能力、成就动机。

三、心理特征

心理特征，是指心理活动进行时经常表现出的稳定特点。[②] 根据心理特征稳定性可分为条件反射（性格、态度、信心、信念等后天本能）和非条件反射（人性、气质等先天本能）两种。不同人的心理特征表现不同，如有的人观察敏锐、准确，有的人观察粗枝大叶；有的人思维灵活，有的人则思考问题深入、专注；有的人情绪稳定、内向，有的人则情绪波动、外向，等等。上述差异既体现了个体在能力、气质和性格上的不同，又能够通过书写人的笔迹表露和投射出来。因此，通过笔迹可以直接分析出书写人的性格、气质和能力，也就不足为奇了。

（一）能力

能力，是指完成一项目标或者任务所体现出来的综合素质。人们在完成活动

---

① 顾明远主编：《教育大辞典》，上海教育出版社 1998 年版。

② 林崇德等编：《心理学大辞典》，上海教育出版社 2003 年版，第 1404 页。

中所表现出来的能力有所不同，能力是直接影响活动效率，并使活动顺利完成的个性心理特征。能力总是和人完成一定的实践相联系在一起的，离开了具体实践既不能表现出人的能力，也不能进一步发展人的能力。

（二）气质

气质，是指表现在心理活动的强度、速度、灵活性与指向性等方面的一种稳定的心理特征。人的气质差异是先天形成的，受神经系统活动过程的特性所制约，具有明显的遗传因素。例如，孩子刚一出生时，最先表现出来的差异就是气质差异，有的孩子爱哭好动，有的孩子则平稳安静。

气质是人的个性心理特征之一，主要表现在人的认识、情感、言语、行动、心理活动发生时力量的强弱、变化的快慢和均衡程度等稳定的动力特征方面。因此，根据以上特征表现程度的不同，可将气质分为多血质、胆汁质、黏液质、抑郁质四种类型。

1. 多血质

心理特征表现为：灵活性高，易于适应环境变化，善于交际，在工作、学习中精力充沛而且效率高；对什么都感兴趣，但情感兴趣易于变化，有些投机取巧；易骄傲，受不了一成不变的生活。

2. 胆汁质

心理特征表现为：情绪易激动，反应迅速，行动敏捷，暴躁而有力，性急，有一种强烈而迅速燃烧的热情，不能自制；在克服困难上有坚韧不拔的劲头，但不善于考虑是否能做到；工作有明显的周期性，能以极大的热情投身于事业，也准备克服且正在克服通向目标的种种困难和障碍，但当精力消耗殆尽时，便失去信心，情绪顿时转为沮丧而一事无成。

3. 黏液质

心理特征表现为：反应比较缓慢、安静、沉着、稳重，思维、言语迟缓，能克制冲动；容易因循守旧，严格恪守既定的工作制度和生活秩序，不易改变旧习惯去适应新环境；情绪不易激动，也不易流露感情，自控力和耐力较强，灵活性不足。

4. 抑郁质

心理特征表现为：高度的情绪易敏感性，主观上把很弱的刺激当作强作用来感受，经常为微不足道的原因而动感情，且情绪体验有力持久；行动上往往迟缓，不愿与人交往，甚至有些孤僻，多愁善感，遇到困难时优柔寡断，面临危险时极度恐惧。

（三）性格

性格，是指一个人对现实稳定的态度，以及与这种态度相应的习惯化的行为方式中所表现出来的人格特征。由其定义可以看出，一个人对现实的态度，表现

在他在生活中追求什么、拒绝什么，即表现在他都具体做了什么上面；而一个人怎样去做，则表明了他的行为方式。一个人对现实的稳定的态度决定了他的行为方式，而习惯化的行为方式又体现了他对现实的态度。

因此，态度决定行为方式，稳定的态度使与这种态度相适应的行为方式，慢慢地成了习惯，自然而然、潜移默化地影响或改变了一个人的性格。故性格虽具有较强的稳定性但并不是一成不变的，而是具有可塑性的，如通过有针对性的笔迹书写强化训练来矫正青少年性格心理中的不良个性，可以塑造其完美、健全的性格，使其更好地融入社会。另外，性格不同于气质，它受社会历史文化的影响，有明显的社会道德评价的意义，直接反映了一个人的道德风貌。① 所以气质体现了一个人的生物属性，无好坏之分，而性格体现了一个人的社会属性，有好坏之分。

四、心理状态

心理状态，是心理活动的基本形式之一，指心理活动在一定时间内的完整特征。心理过程具有不断变化性、暂时性的特点，心理特征具有稳定性的特点，而心理状态则兼有心理过程和心理特征的特点，既有暂时性，又有稳定性，是心理过程和个性心理特征相结合的产物，是二者的统一，并构成一切心理活动展开的背景。② 一个人在特定时刻的心理状态，是当前事物引起的心理过程、过去形成的个性特征以及以前的心理状态相结合的产物。

通过笔迹，可以直接分析出书写人的性格、气质类型、认知能力、情绪素养、意志品质等个性心理特征，而上述特征均为书写人心理现象的一种外在表现形式。因此，笔迹与心理现象之间有着密切的内在联系。通过了解和掌握人类的心理现象，可以更深刻地认识到笔迹的形成与心理现象的内在关联，以及笔迹特征与个性心理特征之间的对应关系。

第四节　笔迹特征系统

一、物质系统层次结构理论

物质系统的层次结构理论指出：一个较为复杂的系统都是按层次结构组织起来的，即每个物质系统都是较高一级系统的一个要素，同时它作为较高一级系统的要素本身，通常又是较低一级的系统。

① 中国心理卫生协会、中国就业培训技术指导中心编：《心理咨询师基础知识》，民族出版社2015年版。

② 中国百科大辞典编委会编：《中国百科大辞典》，华夏出版社1990年版。

根据物质系统的层次结构理论，书写人通过书写活动在纸张等载体上书写字迹、符号等内容，便形成了一份最高等级的文件系统，而单字本身既是这个最高等级系统中的一个要素，又是一个由“横、竖、撇、捺、点、折、提、钩”八种基本笔画中的某几种笔画构成的高一级的系统。因此，笔迹特征系统划分符合物质系统的层次结构埋论。

二、笔迹特征系统的划分

根据物质系统的层次结构理论，结合笔迹特征反映书写人个性心理特征的重要性、应用价值，以及中国刑事警察学院王相臣教授关于“物证特征系统分类”的著述，笔者于 2018 年 10 月在北京召开的中国笔迹学高峰论坛大会报告中，首次在笔迹分析领域提出了将笔迹特征系统划分为宏观特征系统、中观特征系统、微观特征系统三个层次（如表 2–3 所示），并在本书第三、四、五章分别进行详述。

表 2–3　笔迹特征系统

系统特点 系统层次		特征种类	表现形式
宏观	整体	言语习惯特征	书面语言内容分析
		“神”态特征	书写水平、风格、搭配、运笔及控笔能力的综合反映
		整体布局特征	书写内容在纸面上的分布位置
		局部安排特征	字间距、行间距、字行走向、抬头落款（签名）
中观	单体（单字）	单字大小特征	太、中等、小、大小不一
		字形特征	正方形、长方形、扁形、圆形、梯形、不固定字形
		字位特征	偏正、偏左、偏右、字位方向不一致
微观	微体（笔画、笔痕）	笔画形态特征	八种基本笔画形态（横竖撇捺点折提钩）
			笔画具体表现形态（刚柔、舒敛、变异等）
		笔画组合关系特征	衔接、聚散、孤立、照应、交叉、缠绕等
		搭配关系特征	搭配比例
			结构错位
		运笔特征	笔力、笔速、笔痕
		书写节奏变化特征	书写节奏变化丰富
			书写节奏变化单一
		笔顺特征	规范笔顺、通用笔顺、特殊笔顺、逆行笔
		符号特征	标点符号
			修改符号

三、笔迹特征系统划分的意义

依据不同的标准可将笔迹物质形象详细分解成若干特征种类，而笔迹特征分类的目的在于应用，对笔迹特征进行科学分类，能够深刻认识笔迹的本质规律及其与心理现象之间的内在联系，因此特征法亦是笔迹分析的起点和必由之路。将笔迹特征系统划分为宏观、中观、微观三个层次，一方面有利于记忆笔迹分析所使用的特征种类；另一方面还能够认识各类笔迹特征在笔迹分析中的重要性及其应用价值。如通常情况下，宏观特征易受书写条件的影响而发生变化，而中观特征、微观特征由于细小、隐蔽，主要是书写人无意识的反映，受书写条件的影响不大。因此，无论是在笔迹鉴定领域还是笔迹分析领域，一般情况下，宏观特征、中观特征、微观特征三类特征的重要性及应用价值往往是依次升高的。笔迹分析实践中，更要注重对中观特征、微观特征的分析和使用，感受笔迹中的形体以及笔力、笔速、书写节奏变化所投射出来的态度、情绪、意志等个性心理特征，体会笔迹中所蕴含的“一形一体尽显度，一笔一画尽关情”的奥妙。

第三章　宏观特征与心理特征

宏观特征，主要是指书写的笔迹、符号等内容在纸张等书写载体上呈现出的言语习惯、“神”态、整体布局和局部安排的特征。笔迹分析实践中，宏观特征主要能够反映出书写人的认知能力，组织计划管理能力以及面对外部世界、周围环境、社会时的态度和行为方式。但宏观特征容易受外界书写条件的影响而发生变化，因此使用宏观特征进行笔迹分析时，一方面要尽可能多地收集书写人平时书写的笔迹材料，找出其本质书写规律；另一方面还要结合其他类笔迹特征进行综合分析评断。

宏观特征主要包括以下四类特征（如图 3–1 所示）。

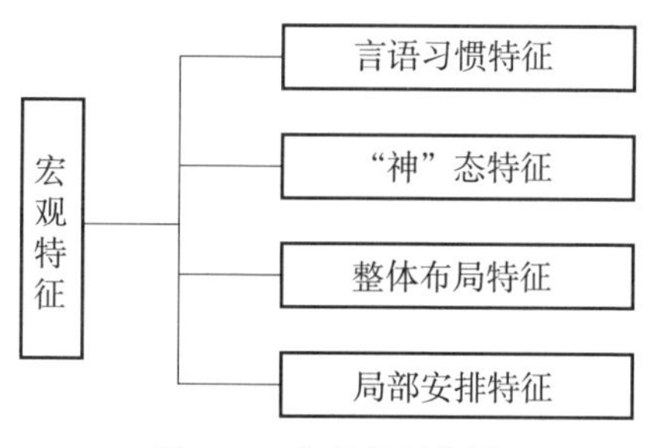

图 3–1　宏观特征分类

第一节　言语习惯特征

语言是人类最重要的交际工具，是音义结合的词汇和语法体系，人们在言语交际过程中所产生的言语作品之一便是依托纸张等载体所呈现出的书面语言内容（手写体字迹、印刷体字迹）。根据书面语言内容中的言语习惯特征分析撰稿人的个人信息，既是言语识别与鉴定的任务之一，同时又是笔迹分析的一项内容。

一、言语习惯特征概述

（一）言语习惯特征

言语习惯特征，是指人们在学习语言过程中，受环境因素和个体因素影响，

逐渐形成的一类语音声学特征。[①] 言语习惯特征包括方言、口音、惯用语、俚语、言语的速率、清晰度、流畅度以及在书面文字内容中所展现出来的言语组织特点及用语习惯特点。由于本节主要针对的是书面文字内容的分析，故言语习惯特征主要指的是后者，即书面材料撰稿人或书写人的言语组织特点和用语习惯特点。

（二）言语识别与鉴定技术

言语识别与鉴定，是指运用语言学和侦查学以及相关学科的知识、原理和方法，研究各类群体或个体言语人的言语特点和规律，分析、鉴别各类文件物证中的言语特征或言语习惯，分析判断言语人的种属特性或言语习惯是否同一，为证实犯罪、认定犯罪嫌疑人、确定侦查方向提供依据的一种专门技术手段。[②]

由于每个人的家庭成长环境、工作环境、文化程度、地域分布、职业身份等因素的不同，导致每个人在运用语言要素和语言手段等方面表现不同，并构成了每个人、各种社会群体人言语习惯特征的总体特殊性，从而为言语识别与鉴定提供了客观、科学的理论基础。

二、书面语言内容分析的作用

一般来讲，如果书面语言内容较少、语句相对单一，使得呈现出来的言语习惯特征不充分，则难以确定撰稿人的职业特点、文化程度等信息，书面语言内容分析也就失去了一定的效力；如果书面语言内容较多、词汇丰富、句式多样，则相对容易进行言语内容的分析。特殊情况下，如果能够反映出重要的言语特征，即使书面语言内容少，亦能得出科学的结论。

实践中，书面语言内容分析可以起到以下作用：

（一）根据书面语言内容中的地域方言特征，分析撰稿人地域分布信息

所谓一方水土养一方人，地域的差异不仅会影响人的口音、惯用语、方言等言语习惯特征，亦会对纸张等载体上的文字产生影响，形成不规范的地区性简化字、习俗字等（如图 3–2 所示）。因此，根据这一用语、用字习惯特点可以分析出撰稿人的地区或籍贯等信息。

图 3–2 地域性写法

① 郝洪建：《言语习惯特征在声纹鉴定中的作用》，载《刑事技术》2006 年第 2 期。

② 韩丹岩、涂丽云主编：《文件检验学》，中国人民公安大学出版社 2015 年版，第 104 页。

（二）根据书面语言内容中反映出的关键词，分析撰稿人所处的时代以及年龄等信息

语言中最为活跃的因素就是词语，而且随着时代的变迁、事件的发生，会产生大量的具有鲜明时代特色的新词语。个人处于特定的历史时期内，受语言变异的影响，会在其用语习惯上反映出具有时代特点的关键词（如图 3–3 所示）。另外，如果是手写笔迹，还可以结合书写人笔迹中所反映出的具体特点，分析出书写人的年龄信息。

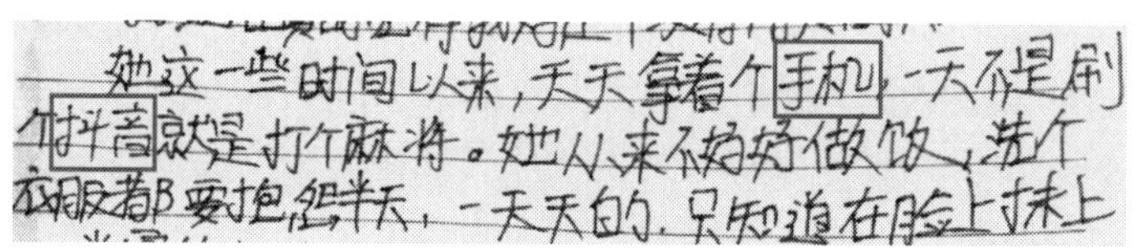

图 3–3　关键词特征

分析：根据书写内容中的“抖音、手机”等关键词，以及结合字迹本身的特点，可以推断书写内容的书写时期以及书写人的大致年龄阶段。

（三）根据书面语言内容中反映出的言语表达能力，分析撰稿人的文化程度信息

通常来讲，言语组织、表达能力与文化教育程度、语文水平是相适应的。一个人的文化教育程度、语文水平越高，其知识水平、认知能力就越高，反映在书面语言方面，其言语组织及表达能力就会越高。因此，通过对书面语言内容中所呈现出的用语能力、遣词造句能力、言语组织及表达能力的分析，能够为判断撰稿人的文化程度提供客观依据。

（四）根据书面语言内容中反映出的职业性言语特征，分析撰稿人的职业身份信息

言语内容具有一定的职业色彩，一个人平常所说的或写的具体内容通常会与其职业特点相联系，正所谓“三句话不离本行”。通常情况下，一个人在其职业岗位上工作的时间越长，其思维、言语、心理上的职业特色信息就愈加明显（如图 3–4 所示）。不同职业的人具有不同职业的言语习惯特点，这就为通过书面语言内容分析撰稿人的职业身份提供了客观依据。

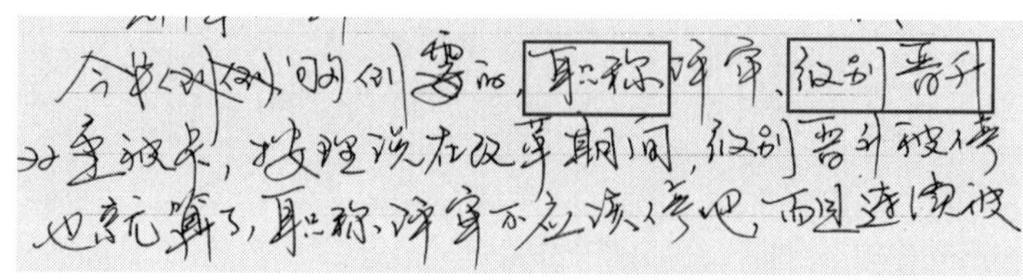

图 3–4　职业性言语特征

分析：通过言语内容中的“职称、级别”等关键词，可以反映出撰稿人应是在科研院所或事业单位从事科研技术型工作。

第二节　“神”态特征

一、“神”态特征的定义

“神”态特征，是指书写水平、书写风格、布局、搭配以及运笔等特征在书写人的静态笔迹中所表现出来的一种控笔能力的综合反映特点。

笔迹中反映出的“神”态特征与书写人的神经系统、文化程度、认知能力、审美观、书写器官的灵活度、执笔姿势等因素有关。由于每个书写人形成书写习惯动力定型的上述因素不可能达到完全一致，因此，不同书写人笔迹中的“神”态特征亦会因人而异。

二、“神”态特征的表现形式及其心理释义

通常情况下，在条件变化笔迹、伪装笔迹、摹仿笔迹中，“神”态特征表现为“形神相悖、力有未逮”的特点；而在正常笔迹中，则表现为“形神兼备、其力内充”的特点（如图 3–5 所示）。

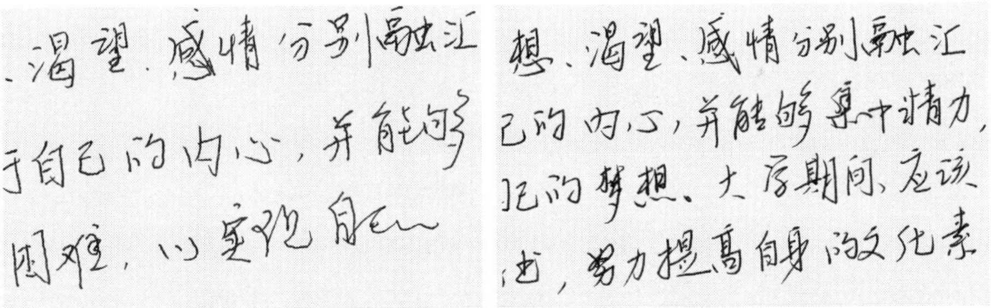

形神相悖　力有未逮　　　　形神兼备　其力内充

图 3–5　“神”态特征表现

分析：图 3–5 中两幅字迹均为同一人书写，左边字迹系在硬质桌面上书写形成，各笔画均存在抖动弯曲的书写动作痕迹，为条件变化笔迹——形神相悖、力有未逮；而右边字迹为书写人在正常条件下书写形成，为正常笔迹——形神兼备、其力内充。

笔迹分析实践中，一定要对笔迹材料的书写状况进行全面检验，在确定待分析的笔迹材料为正常笔迹时，才可进行下一步的分析。正常笔迹“形神兼备、其力内充”的“神”态特征又可具体表现为雄伟、刚劲、端庄、舒朗、飘逸、洒脱等特点。

（一）雄伟笔迹

1. 雄伟笔迹的特征

字大而有力，笔画粗壮外展，并伴有轻重疾徐、抑压顿收的节奏感、韵律感；内部结构相对舒朗，形神兼备，气势磅礴。哲学家、思想家的笔迹中能够较多地体现雄伟这一“神”态特征（如图 3-6 所示）。

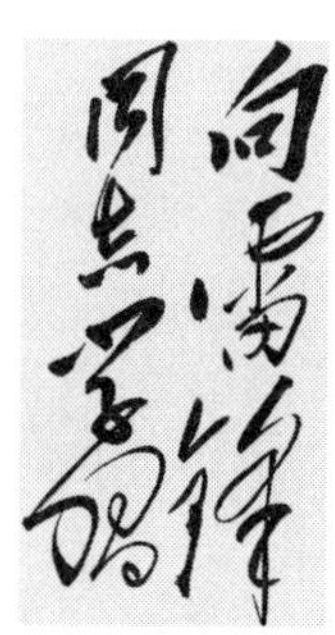

图 3-6　雄伟笔迹

2. 雄伟笔迹投射出的个性心理特征

书写人胸怀大志，不甘于平庸和碌碌无为，具有伟大抱负和远大理想，且有为远大理想奋斗终生的勇气、魄力和自信。

（二）刚劲笔迹

1. 刚劲笔迹的特征

字大且外围刚硬，转折尖锐突出，提钩较长，连笔较多，且有形神兼备、其力内充、力透纸背的神韵（如图 3-7 所示）。

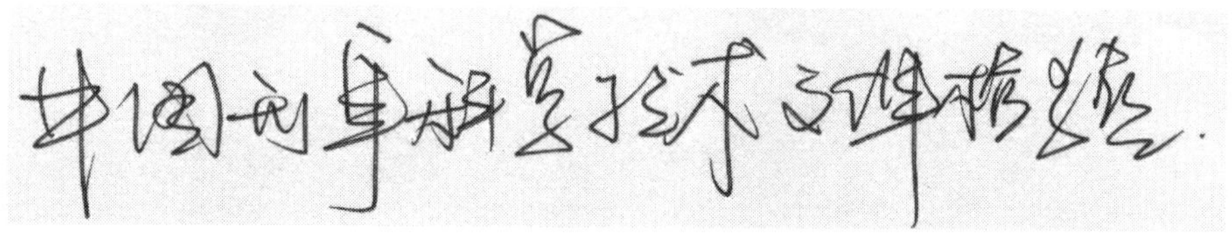

图 3-7　刚劲笔迹

2. 刚劲笔迹投射出的个性心理特征

书写人坚定刚强，对理想目标坚定执着，矢志不渝，一往无前，能量、精力充沛，行动能力强；但有时也会表现为刚愎自用、固执己见。

（三）端庄笔迹

1. 端庄笔迹的特征

字位偏正，结构匀称、庄重，横平竖直，笔迹中一般无较为突出的部首或笔画，较为接近楷书书写规范的写法和要求（如图 3-8 所示）。

樓望盡天
涯路欲寄
彩箋兼尺
素山長水
濶知何處

图 3-8　端庄笔迹

2. 端庄笔迹投射出的个性心理特征

其字正，其人亦正也。因此，端庄笔迹所投射出的书写人的个性心理特征，一般表现为：自控能力强，理性、客观、克制，做人做事能够掌握一定的分寸和原则。

（四）舒朗笔迹

1. 舒朗笔迹的特征

字间距、行间距均较大，内部结构较疏散，内部笔画多不衔接，且较为清晰，相对孤立，并以短、瘦形状存在（如图 3-9 所示）。

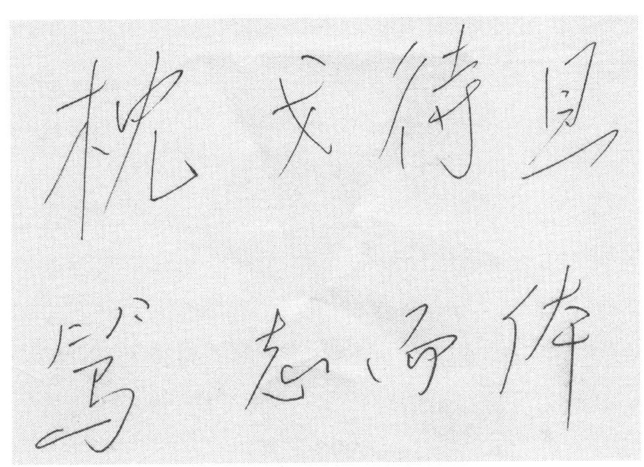

图 3-9　舒朗笔迹

2. 舒朗笔迹投射出的个性心理特征

书写人思想较为超脱，心胸宽广、大度、不拘小节，思维具有跳跃性；喜欢自由，不喜欢压抑、紧张的生活及工作环境，不愿被束缚。

（五）飘逸笔迹

1. 飘逸笔迹的特征

字间距、行间距均较大，笔速较快，连笔较多，且字间多以笔力较轻的细长笔画相连（如图 3–10 所示）。

2. 飘逸笔迹投射出的个性心理特征

书写人喜欢自由，不愿被束缚；思维敏捷、灵活，具有创造性和一定的艺术修养，喜欢幻想；意志一般不坚定，易于情绪化。

（六）洒脱笔迹

1. 洒脱笔迹的特征

字间距、行间距均较大，连笔较多，笔力适中，部首、笔画具有变异性，不刻意追求书写规范的固定模式和要求（如图 3–11 所示）。

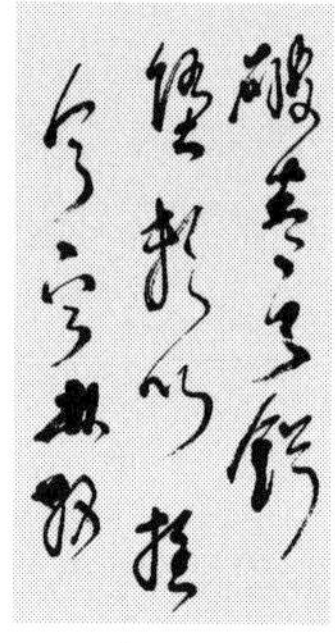

图 3–10　飘逸笔迹

图 3–11　洒脱笔迹

2. 洒脱笔迹投射出的个性心理特征

书写人追求潇洒自由，不愿被束缚；有主见、独立性强、创造性好、果断。

第三节　整体布局特征

整体布局特征，又称章法、布白，它是指按照文字书写规范的要求，根据需要将书写内容的各个部分进行优化组合后，在书写载体上所形成的布局特点。整体布局特征与书写人的文化教育、认知能力、审美观等因素有关，能够反映出书写人的观察力、判断力、思维能力、组织计划管理能力、社会适应能力、人际关系、对外态度以及行为方式等个性心理特征。

根据笔迹分析实践中经常遇到的布局谋篇特点，本节将其分为七大类共计 17 种整体布局特征。

一、整体布满纸面

整体布满纸面，是指书写内容整体密密麻麻地排满整个书写载体的表面，四周不留或留有很少空白。整体布满纸面给人一种节俭节约、占有欲强，一根筋、固执的特点（如图 3–12 所示）。

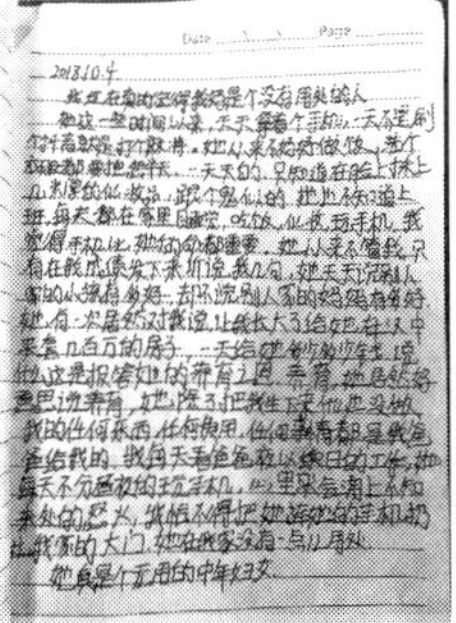

整体布满纸面　　实际案例

图 3–12

习惯于将书写内容整体布满纸面，一般表现为：书写人节俭节约、勤劳朴实、埋头苦干；固执、封闭，只专注于自己的世界而无心关注周围事物的动态和发展；做人做事往往不留余地，甚至会表现为贪婪；人际关系往往一般，难以担当大任，工作上靠辛勤苦干也许能有一定的成绩，但难以取得较为显著的事业成就。

二、整体居中

整体居中，是指书写内容整体集中分布于书写载体的中部位置，而四周留白较多。使用整体居中特征时要注意排除因特殊排版需要而在中部位置书写的情况，如诗歌。将书写内容整体居中，给人一种凡事以自我为中心、孤芳自赏、爱于表现的特点（如图 3–13 所示）。

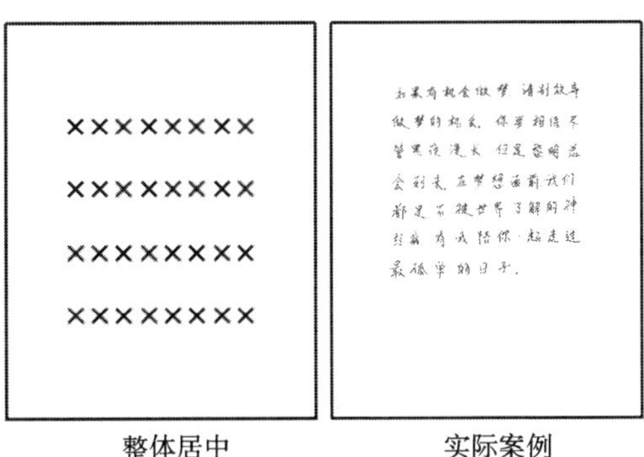

整体居中　　实际案例

图 3–13

习惯于将书写内容整体居中，一般表现为：书写人自我意识感强烈，以自我为中心，爱于表现，有独立性，敢于做真实的自己；不知节俭节约，较为慷慨大方。习惯于将书写内容居中有时其笔迹中还会伴随字大，字间距、行间距均大，笔画清晰且相对独立的情况出现，若以上特征同时出现，则更能够强化书写人不喜琐碎、爱整洁，喜欢有序的生活及工作环境，甚至会有洁癖的个性心理特征。

三、整体居上

整体居上，是指书写内容整体集中分布于书写载体的上部位置，而底部留白较多（如图 3–14 所示）。

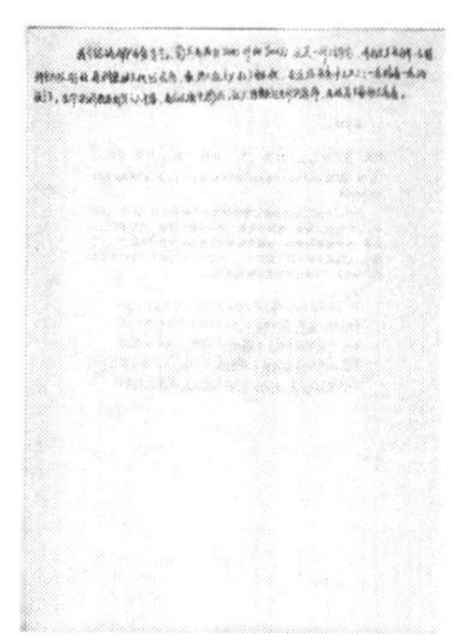

图 3–14　整体居上

笔迹分析实践中，根据书写载体的不同部位所对应个性心理特征不同的情况，整体居上又可分为左上、中上、右上三种布局类型。

（一）左上分布

左上分布，即将书写内容整体集中分布于书写载体的左上角位置，并给人一种鼠目寸光、争名逐利的特点（如图 3–15 所示）。

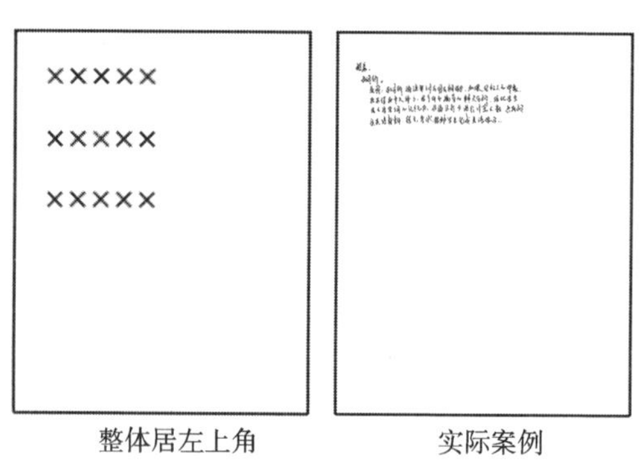

图 3–15

习惯于将书写内容整体居左上，一般表现为：书写人无大局意识，缺乏全局统筹能力，心胸气度小；做事只顾眼前利益，喜欢追逐名利，爱占小便宜，人际关系往往不好。

（二）中上分布

中上分布，即将书写内容整体集中分布于书写载体的中上位置，并给人一种高高在上、漂浮的特点（如图 3–16 所示）。

习惯于将书写内容整体居中上，一般表现为：书写人做事欠脚踏实地，虎头蛇尾；爱于表现，自信，甚至会自负。

（三）右上分布

右上分布即将书写内容整体集中分布于书写载体的右上位置，并给人一种出于个人想法而积极进取的特点（如图 3–17 所示）。

图 3–16　整体居中上

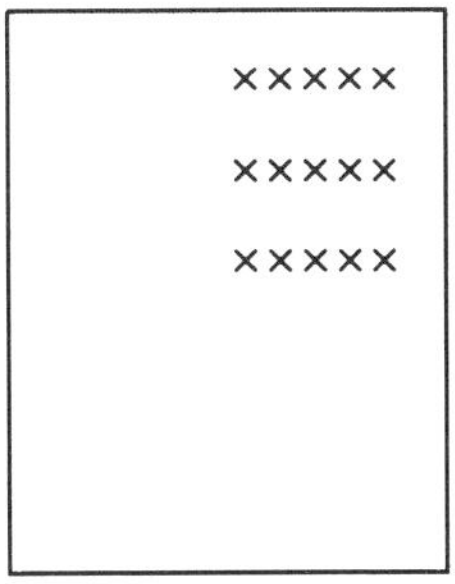

图 3–17　整体居右上

习惯于将书写内容整体居右上，一般表现为：书写人对外态度积极，合作、共享意识较差，特立独行，行动能力较强。

四、整体居下

整体居下，即将书写内容整体集中分布于书写载体的底部位置，而上部留白较多。笔迹分析实践中，根据书写载体的不同部位所对应个性心理特征不同的情况，整体居下又可分为左下、中下、右下三种布局类型。

（一）左下分布

左下分布，即将书写内容整体集中分布于书写载体的左下位置，并给人一种从内心深处躲避、逃避、紧张、害怕的特点（如图 3–18 所示）。

习惯于将书写内容整体居左下，一般表现为：书写人内心胆小谨慎，甚至自卑，不善于表现；心胸气度小，易于计较个人得失，社会适应能力差。

（二）中下分布

中下分布即将书写内容整体集中分布于书写载体的中下位置，并给人一种胆小、左右摇摆观望的特点（图 3–19 所示）。

习惯于将书写内容整体居中下，一般表现为：书写人胆小、谨慎、自卑，做事具有一定的投机性、摇摆性。

（三）右下分布

右下分布，即将书写内容整体集中分布于书写载体的右下位置，并给人一种善于隐藏、隐忍克制的特点（如图 3–20 所示）。

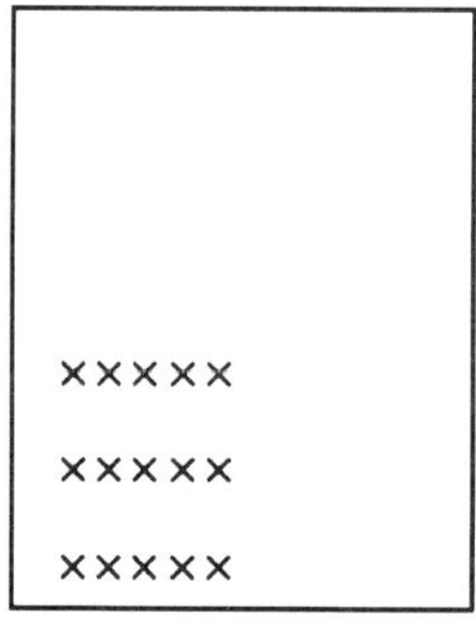

图 3-18　整体居左下

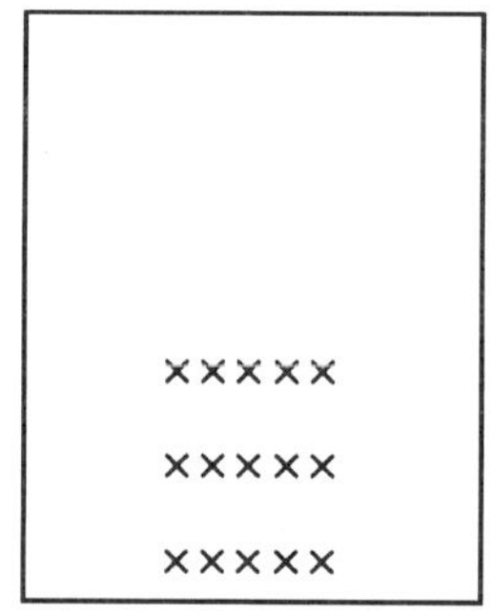
图 3-19　整体居中下

习惯于将书写内容整体居右下，一般表现为：书写人胆小、自卑，喜欢私下偷偷摸摸做事或暗地里搞小动作，缺乏光明磊落的行事作风；字正而成熟者也有可能是书写人隐忍不发、等待时机。

五、整体居左

整体居左，即将书写内容整体集中分布于书写载体的左部位置，而右部留白较多。整体居左给人一种只说不做、半途而废的特点（如图 3-21 所示）。

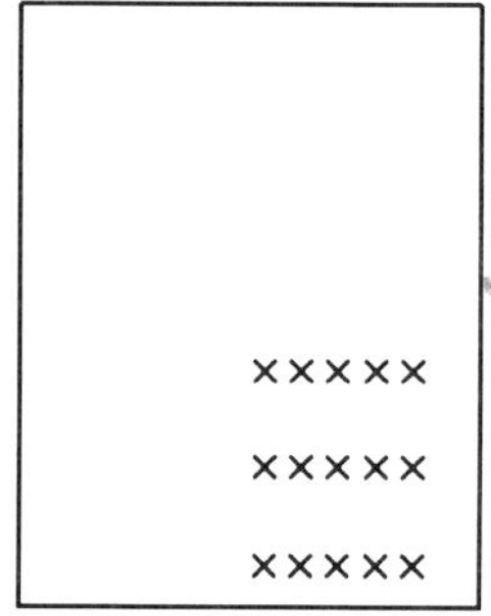
图 3-20　整体居右下

图 3-21　整体居左

习惯于将书写内容整体居左，一般表现为：书写人心事多且遇事易敏感，不谦让、不谦虚；想得多而做得少，即使做也容易虎头蛇尾，随便应付了事，缺乏毅力和魄力，行动能力欠缺。

六、整体居右

整体居右，即将书写内容整体集中分布于书写载体的右部位置，而左部留白较多。整体居右给人一种一开始就作出让步、盲目而动的特点（如图 3-22 所示）。

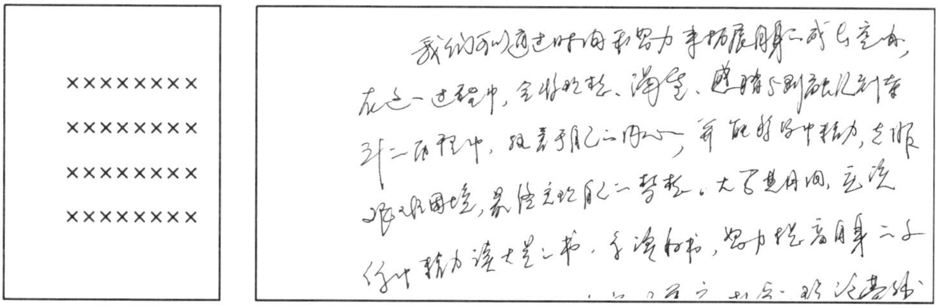

整体居右　　实际案例

图 3–22

习惯于将书写内容整体居右，一般表现为：书写人胆小谨慎、谦虚谦让、退让、与世无争；行动能力虽有，但往往缺乏周密的计划安排。

七、边缘不齐

边缘不齐，是指在书写载体中书写内容的左右边缘呈现出的不整齐现象。根据边缘不齐的表现特点，可将其分为参差不齐和规律式不齐两种类型。

（一）参差不齐

参差不齐，是指书写内容的左右边缘出现的无规律的不整齐现象，包括三种特征：

1. 行头参差不齐特征

此种特征给人一种善变的特点（如图 3–23 所示）。

习惯于行头参差不齐，一般表现为：书写人想法多、复杂，情绪波动大，随性、无主见、坚持性差。

2. 行尾参差不齐特征

此种特征给人一种做事不讲原则、无规律的特点（如图 3–24 所示）。

习惯于行尾参差不齐，一般表现为：书写人不按规定行事，做事往往跟随自己的意愿，无原则、不讲规律、随意性大。

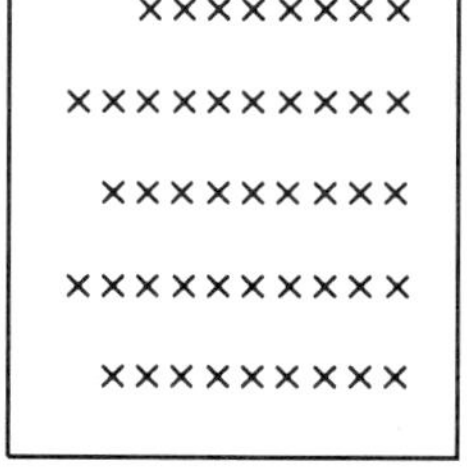

图 3–23　行头参差不齐

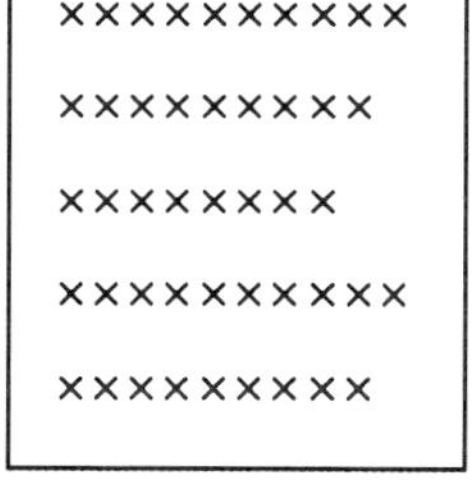

图 3–24　行尾参差不齐

3. 左右边缘均不齐特征

此种特征给人一种善变、无原则、不靠谱的特点（如图 3–25 所示）。

习惯于左右边缘均不齐，一般表现为：书写人性格较怪异，做人做事不讲原则，合作性差。

（二）规律式不齐

规律式不齐是指书写内容的左右边缘呈现出的一种有规律式的不整齐现象，包括四种特征：

第一，左边留白先窄后宽。此种特征给人一种逐渐看开并学会放弃某些想法的特点（如图 3–26 所示）。

图 3–25　左右边缘均不齐

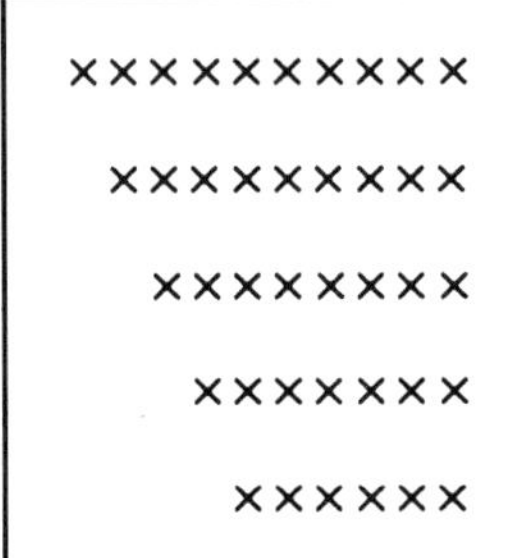

图 3–26　规律式不齐

习惯于此种布局特征，一般表现为：书写人内心胆小、过分敏感，甚至紧张不安，逐渐作出让步并学着放弃某些想法。

注意事项：使用该类特征进行笔迹分析时，一定要多收集书写人平时书写的笔迹材料，以掌握其本质规律，还要结合其他笔迹特征进行综合分析评断（如图 3–27 所示）。

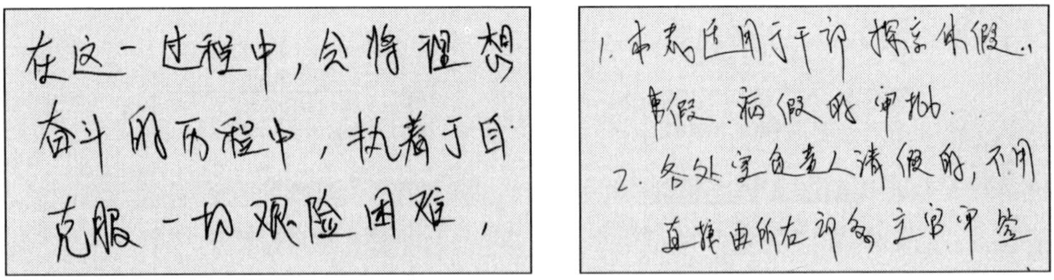

图 3–27　左边留白先窄后宽

分析：两幅图片中的字迹均为同一人书写，且在两幅字迹的左边缘均出现了留白先窄后宽的现象，再结合笔迹中的其他特征，反映出书写人性格偏内向，胆小谨慎，内心保守，虽有主见但立场不坚定的个性心理特征。

2. 左边留白先宽后窄

此种特征给人一种得寸进尺的特点（如图 3–28 所示）。

习惯于此种布局特征，一般表现为：书写人开始做事情时观察力不够，自信心不足，内心比较胆小、紧张，后来又逐渐放开手脚，自信心慢慢增大，胃口也变得越来越大，属于慢热型。

3. 右边留白先窄后宽

此种特征给人一种容易满足、持续力不强的特点（如图 3–29 所示）。

习惯于此种布局特征，一般表现为：书写人耐心有限，坚持力较差，一旦达到自己的内心要求，便容易得到满足，不思进取，并给人一种消极自私，做事易虎头蛇尾，随便应付的感觉。

4. 右边留白先宽后窄

此种特征给人一种贪婪、现实主义强烈的特点（如图 3–30 所示）。

习惯于此种布局特征，一般表现为：书写人性格相对随和，开始做事情时有试探、迁就、忍让的意思，后来逐渐放开手脚，节俭节约、较为现实的本性亦逐渐彰显开来。

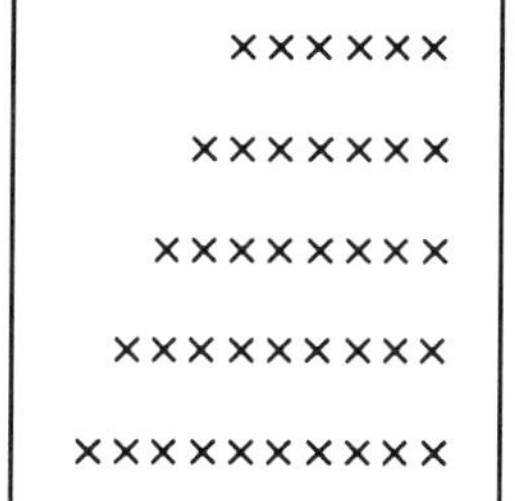

图 3–28　左边留白先宽后窄

图 3–29　右边留白先窄后宽

图 3–30　右边留白先宽后窄

第四节　局部安排特征

社会心理学研究表明，在人际交往中每个人都有其对个人空间的需求，而且人们需求个人空间的大小会因性别、年龄、文化程度、人际关系等因素的不同而表现不一。局部安排特征，正是反映个人对空间的需求特点，即指书写字迹在书写载体上的排列方式及其所表现出来的空间位置关系特征。局部安排特征与书写人的文化教育程度、认知能力、审美观等因素有关，能够反映出书写人的认知能力、组织计划管理能力、社会适应能力、人际关系、情绪状态变化等个性心理特征。

局部安排特征可以分为字间距特征、行间距特征、字行走向特征、抬头落款特征四种类型。

一、字间距

字间距特征，顾名思义，是指字与字之间的空间距离关系特征。书写人在写字的过程中，不仅要考虑单字的独立性，更要考虑书写的连贯性，即正在写的字与写过的字以及即将要写的字之间的相互避让与照应，使其做到高低一致、前后相随。打个比方，正在写的字代表“书写人自身”，而写过的字和即将要写的字则代表“他人”，整个书写过程就处于一种“自身”与“他人”的不断转换中，而这种转换所呈现出的相互避让与照应的关系状态，正是书写人在人际关系、社会环境中心理距离的一种投射。因此，依据字间距特征能够反映出个人与他人之间的人际关系，个人对空间的需求感，以及分析一个人的对外态度等特征。

根据汉字笔迹书写规范的要求，字间距约占字阔四分之一的为规范字距，即字距适中；宽度超过字阔四分之一的则为字间距大；宽度小于字阔四分之一的则为字间距小。① 因此，字间距特征可以划分为字间距大、字间距适中、字间距小三种类型。

（一）字间距大

字间距大，是指字与字之间的空间距离关系大于文字书写规范的要求，留白较多。因此，字间距大一般不会存在字与字之间笔画交叉的现象，并给人一种独立、孤独的特点（如图 3–31 所示）。

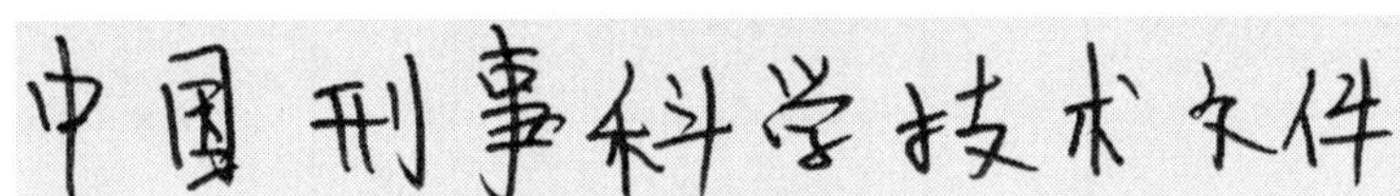

图 3–31　字间距大

习惯于字间距大，一般表现为：书写人性格多内向、固执、保守，甚至孤僻；对空间感、安全感需求强烈，喜欢独处、沉思和梦想，不喜欢与人亲密接触，即使与人交往也多以不得已而为之；自控力、忍耐力、坚持力一般较好，能够自我控制，能够独处本身其实就是一种能力。

（二）字间距适中

字间距适中，是指字与字之间的空间距离关系符合文字书写规范的要求，即规范字间距，约占字阔的四分之一，并且分割清楚，无字间笔画交叉打架现象。字间距适中给人一种不远不近、不即不离、自律、自控的特点（如图 3–32 所示）。

---

① 贾玉文、邹明理主编：《中国刑事科学技术大全 · 文件检验》，中国人民公安大学出版社 2002 年版，第 116 页。

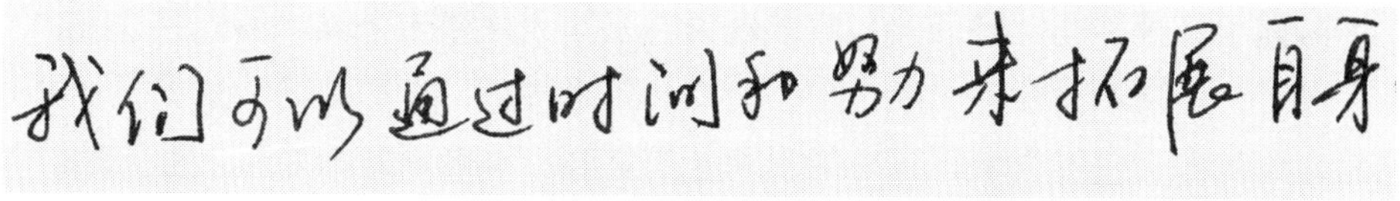

图 3-32　字间距适中

习惯于字间距适中，一般表现为：书写人思维清晰，观察力、判断力强；与人保持不远不近、不即不离的心理状态，灵活，能够察言观色，比较明了人与人之间的关系，自我控制力好。

（三）字间距小

字间距小，是指字与字之间的空间距离关系小于文字书写规范的要求，排列比较紧密。因此，字间距小又可分为以下两种方式：

1. 字与字之间分割清晰，无字间笔画交叉的现象存在

此种情况给人一种观察力强、判断力好的特点（如图 3-33 所示）。

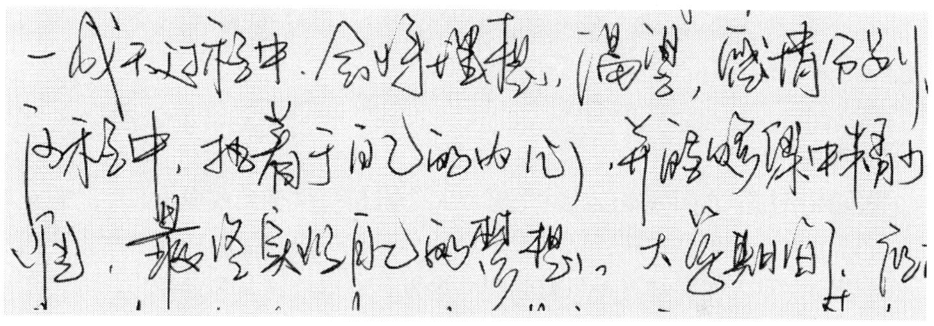

图 3-33　字间距小、无字间笔画交叉

图 3-33 中书写人的字间距较小，而字较大、连笔较多，但字与字之间基本上没有笔画交叉存在。习惯于该种字间距特征，一般表现为：书写人性格较外向，喜欢交际，不能忍受孤独；观察力强、判断力较好；做事较为急躁、冲动，自我克制力、忍耐力一般。

2. 字与字之间分割不清，存在字间笔画交叉打架的现象

此种情况给人一种固执、叛逆、分不清“你我”的特点（如图 3-34 所示）。

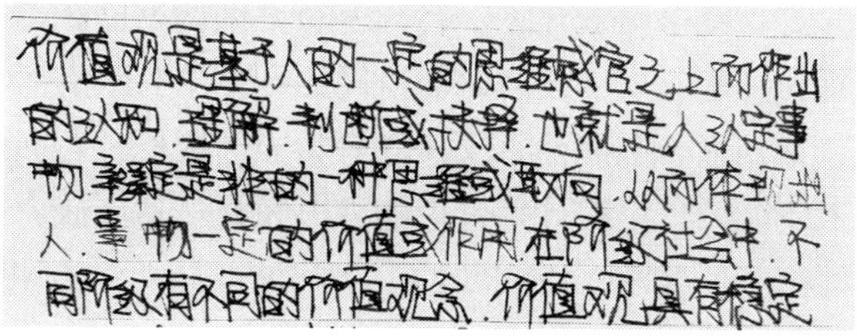

图 3-34　字间距小、有字间笔画交叉

习惯于该种字间距特征，一般表现为：书写人性格多怪异、消极、悲观、自卑、孤僻；思维不清晰、混乱、随心所欲、条理性差，做事缺乏计划安排；独立性差，在与人交往过程中，容易侵犯别人的空间，不能很好地处理人际关系。

（四）字间距大小不一

字间距大小不一，即指字与字之间的空间距离关系不稳定，存在大小之间的变化。通常表现为以下两种方式：

1. 渐变

渐变即字与字之间的空间距离关系逐渐变大或变小。字间距逐渐变大，说明书写人对空间感、安全感的需求逐渐增强，不想受约束，索取性、进取性较强；而字间距逐渐变小，则说明书写人谨慎、保守，个性踏实，节俭节约（如图 3–35 所示）。

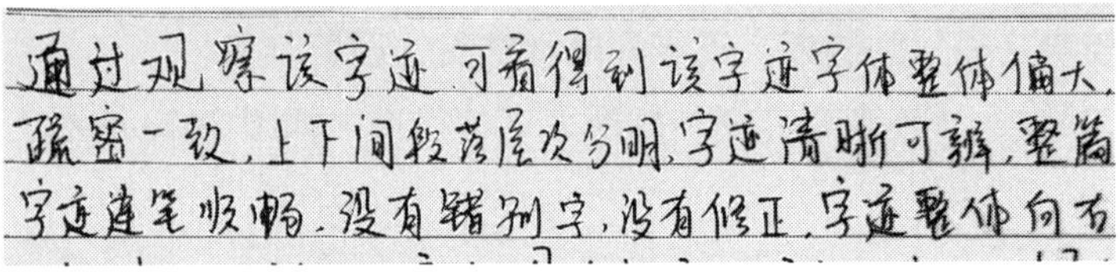

图 3–35　字间距逐渐变小

2. 突变

突变即字与字之间的空间距离关系在某个部位突然变大或变小。字间距突然变大，说明书写人思路中断，做一遐思，并尽量保证思路清晰；而字间距突然变小，则说明书写人在关键点上思路闪现、爆发，想尽快将其和盘托出，并将意思表达清楚、完整（如图 3–36 所示）。

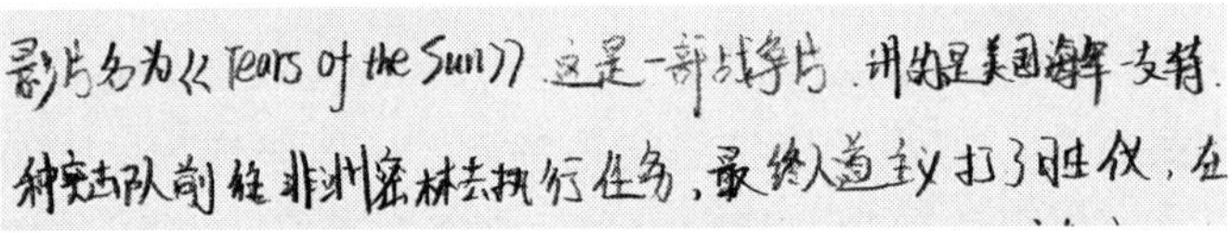

图 3–36　字间距突变

二、行间距

行间距特征，是指在书写载体上字行与字行之间的空间距离关系特征。字间距是书写人的无意识在笔迹中的投射，而行间距则是书写人有意识的控制，体现其做事的条理性、计划性、有序性、层次性等特点。因此，行间距特征能够反映出书写人的实际工作能力、组织计划管理能力以及社会适应能力。

根据文字书写规范的要求，行间距约占字阔的二分之一为规范行距，即行间距适中；宽度超过字阔二分之一的为行间距大；宽度小于字阔二分之一的则为行间

距小。[①] 因此，行间距特征可以分为行间距大、行间距适中、行间距小三种类型。

（一）行间距大

行间距大，是指字行与字行之间的空间距离关系大于文字书写规范的要求，留白较多。根据字行内的字迹是否有延伸性笔画存在，可以将行间距大分为以下两种类型：

1. 行间距大，分割清楚，无笔画上下伸展现象存在

此种特征给人一种独立、层次感分明、清晰的特点（如图 3–37 所示）。

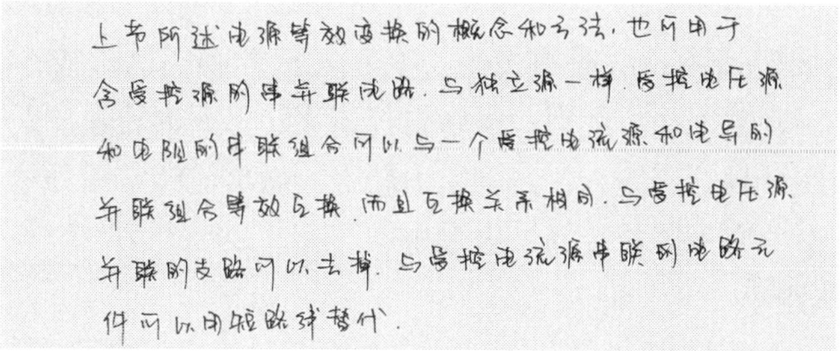

图 3–37　行间距大、无上下伸展笔画

习惯于该种行间距特征，一般表现为：书写人比较随和、温和，并注重外在表现；内心有压抑，对个人的空间感需求强烈，自控能力较强。

2. 行间距大，有上下伸展笔画存在，但行距分割清楚

此种特征给人一种不甘于现状、开拓进取的特点（如图 3–38 所示）。

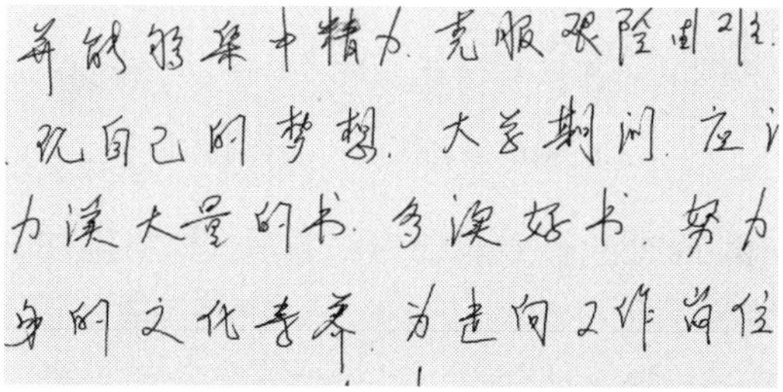

图 3–38　行间距大、有上下伸展笔画

习惯于该种行间距特征，一般表现为：书写人观察力强、判断力强；思维清晰，条理性强，有组织计划管理的能力和意识，处理事情和人际关系能够掌握分寸、得体；不甘于现状，有理想、有追求。

（二）行间距适中

行间距适中，是指字行与字行之间的空间距离关系符合文字书写规范的要

---

① 贾玉文、邹明理主编：《中国刑事科学技术大全 · 文件检验》，中国人民公安大学出版社 2002 年版，第 116 页。

求，即规范行距，且约占字阔的二分之一。行间距适中给人一种自控能力强、条理清晰的特点（如图 3–39 所示）。

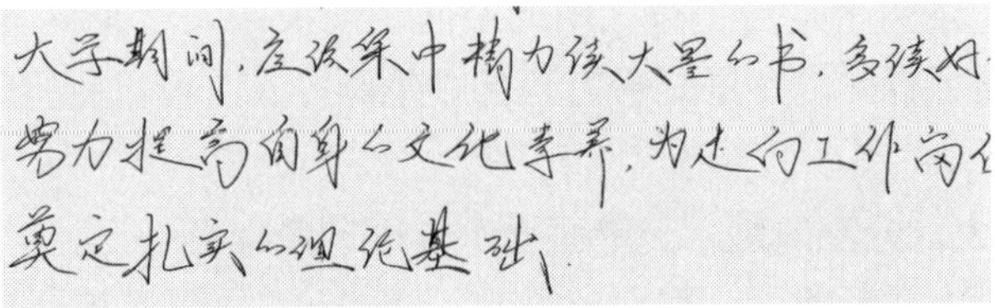

图 3–39　行间距适中

习惯于行间距适中，一般表现为：书写人比较聪明、理智、客观、表里如一；思维清晰，判断力强、观察力强；自控能力、忍耐力较强；人际关系、社会适应能力、组织计划管理能力、行动能力较强；做事能够掌握分寸和火候，事前有周密计划，事中亦不放松警惕，边思边做。

（三）行间距小

行间距小，是指字行与字行之间的空间距离关系小于文字书写规范的要求，排列较为紧密。因此，行间距小又可以分为以下两种类型：

1. 行间距小，无上下伸展笔画，行间距分割相对清晰

此种特征给人一种理不清头绪、埋头苦干的特点（如图 3–40 所示）。

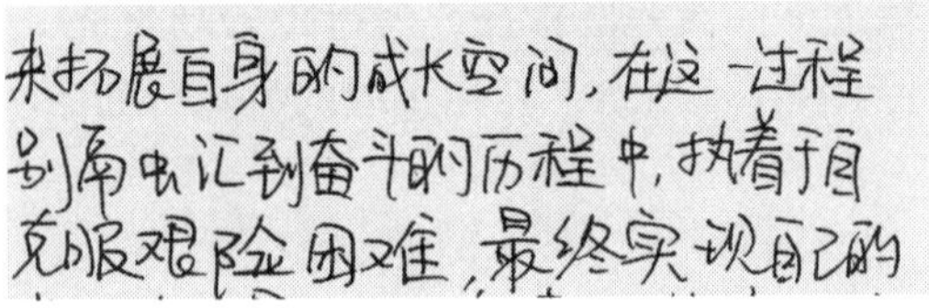

图 3–40　行间距小、分割清晰

习惯于该种行间距特征，一般表现为：书写人性格温和、勤奋认真，进取心一般，心态平衡，容易满足；不能忍受孤独，害怕孤单；节约节俭；埋头苦干，做事不善于从全局统筹，缺乏计划性、条理性。

2. 行间距相对较小，笔画上下伸展并伴有交叉，使得行间距分割相对不清

此种特征给人一种不安于现状，爱竞争的特点（如图 3–41 所示）。

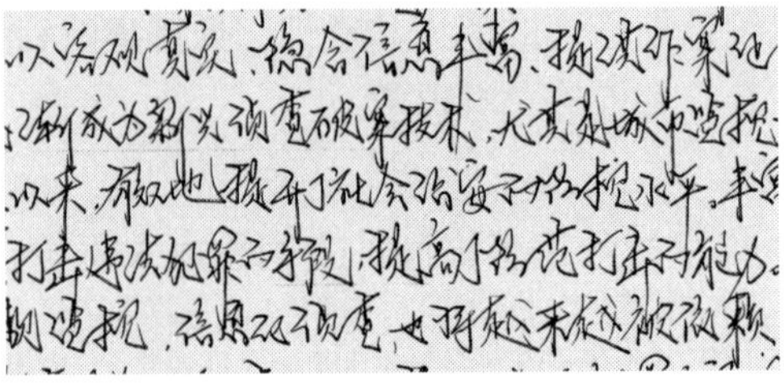

图 3–41　行间距相对较小、笔画上下伸展交叉

习惯于该种行间距特征，一般表现为：书写人野心勃勃、从不知足；精力、能量充沛，爱表现，喜欢竞争与挑战，富于攻击性；急躁、冲动，行动能力较强。

（四）行间距大小不一

行间距大小不一，是指字行与字行之间的空间距离关系不固定，有一定的宽窄变化。行间距大小不一通常表现为以下两种类型：

1. 各行之间宽窄不一

各行之间宽窄不一主要是指段落内各行的宽度不固定，宽窄不一。此种特征给人一种自控能力差的特点（如图 3–42 所示）。

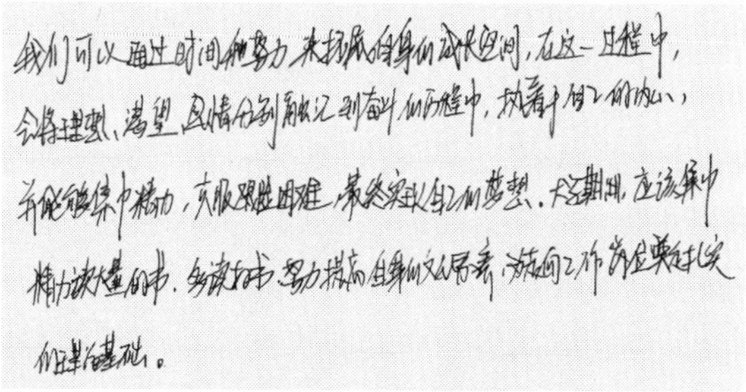

图 3–42　各行之间宽窄不一

习惯于该种行间距特征，一般表现为：书写人的观察力、持久力、全局统筹观较差，组织计划管理能力弱，难以完全集中精神和注意力，社会适应能力差。

2. 段落两端之间宽窄不一

段落两端之间宽窄不一主要是指段落内各行头之间的距离与各行尾之间的距离不等，呈现宽窄变化。此种特征给人一种情绪不稳定、自控能力差的特点（如图 3–43 所示）。

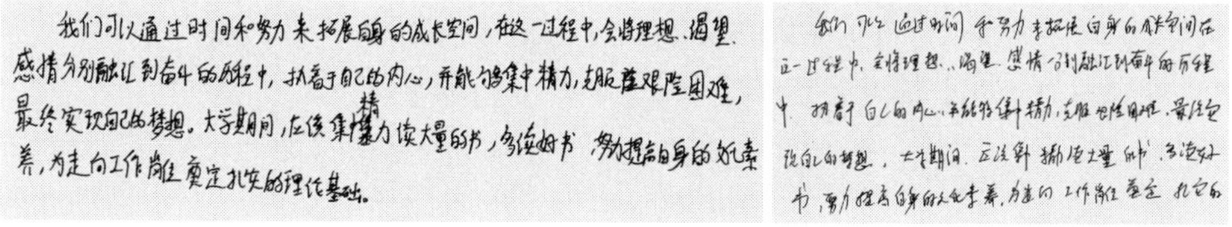

行头窄、行尾宽

行头窄、行尾宽

图 3–43　段落两端之间宽窄不一

习惯于该种特征，一般表现为：书写人的自我控制力、持久力较差，容易顾此失彼；情绪波动变化复杂，做事随意，难以集中精神和注意力，多有奇思幻想。

（五）字间距、行间距均大

字间距、行间距均大，是指书写载体的表面留白较多，空间较大，并给人一种不善于利用空间、豁达、大度、清晰、独立的特点（如图 3–44 所示）。

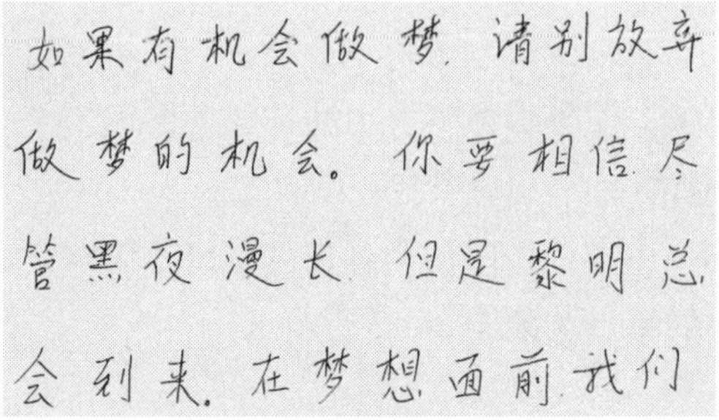

图 3–44　字间距、行间距均大

习惯于字间距、行间距均大，一般表现为：书写人性格多内向，甚至会有一定的孤独感；对空间感、安全感的需求强烈，喜欢独处、沉思和梦想，不喜交际；比较慷慨，不知节约节俭；自我控制力、忍耐力、毅力较强，能够忍受孤独本身也是一种能力。另外，如果笔迹中还具有单字内部结构舒朗、清晰，笔画相对规范、孤立的特点，则说明书写人更喜欢整洁、有序的工作及生活环境，不喜烦琐，甚至会有一定的洁癖。

（六）字间距、行间距均小

此种情况与上种情况正好相反，是指书写内容在书写载体上密密麻麻排列，密不透风，留白较少，并给人一种战术上勤奋努力，却缺乏战略眼光的特点（如图 3–45 所示）。

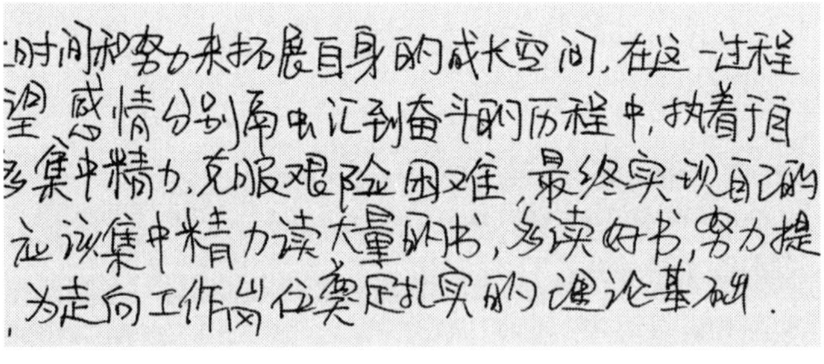

图 3–45　字间距、行间距均小

习惯于字、行间距均小，一般表现为：书写人比较节俭节约、勤快、努力、踏实苦干，但做事情往往抓不住重心，容易事倍功半；内心固执、封闭、保守，有依赖感，害怕孤独；做事只知埋头钻研而不关心周围事物的发展，往往会利用战术上的勤奋来掩饰战略上的懒惰。

（七）字间距小、行间距大

字间距小、行间距大，是指书写内容中，字与字之间的间距小，而行与行之间的间距大。此种特征给人一种条理分明、主次有序的特点（如图 3–46 所示）。

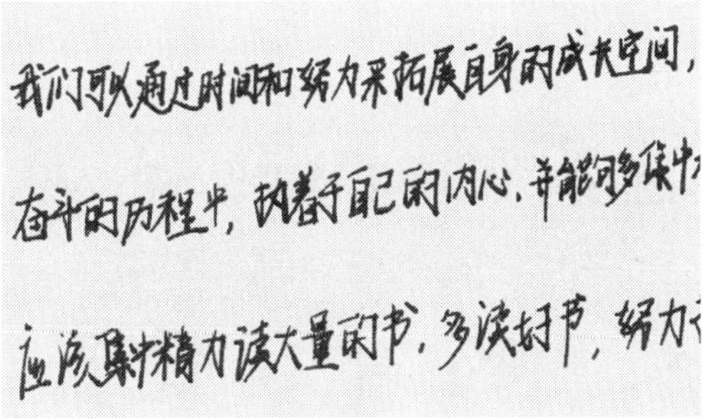

图 3–46　字间距小、行间距大

习惯于字间距小、行间距大，一般表现为：书写人做事情有主见和独立性，进行社会交往多是由于工作或生活原因所致，即多进行的是有用社交，系不得已而为之。

（八）字间距大、行间距小

字间距大、行间距小是指书写内容中，字与字之间的间距大，而行与行之间的间距小。此种特征给人一种内外表现不一的特点（如图 3–47 所示）。

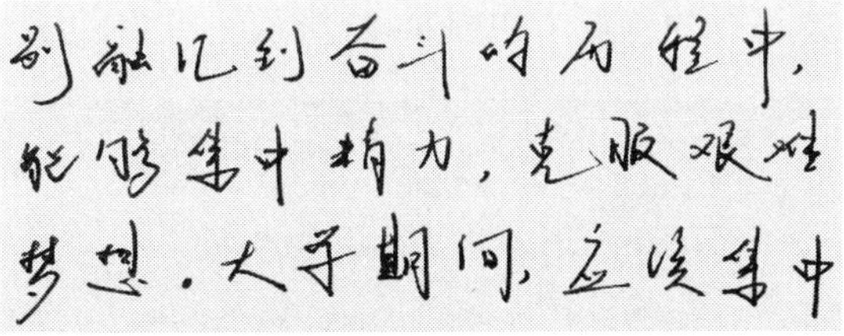

图 3–47　字间距大、行间距小

习惯于字间距大、行间距小，一般表现为：书写人实际上较为内向，需要较大的心理空间才感觉安全，对空间感的需求强烈，而表面上却给人一种镇定自若的感觉，内心与外在往往表现不一。

三、字行走向

字行走向特征，亦称字行走势特征，是指书写内容在书写载体上呈现出的行向走势特点。字行走向与书写人的意志力、情绪状态变化以及书写载体有无格线等因素有关。这里我们只讨论在无格线纸张上书写内容的字行走向特征，字行走向特征能够体现一个人在做事过程中的气势、态度、信念以及精神、心理状态。因此，依据字行走向特征能够反映出书写人的意志力、耐力、注意力、情绪变化、对外态度以及行为方式等个性心理特征。

（一）字行平直

字行平直，是指行向走势基本处于同一水平线上。字行平直给人一种目标坚定、始终如一的特点（如图 3–48 所示）。

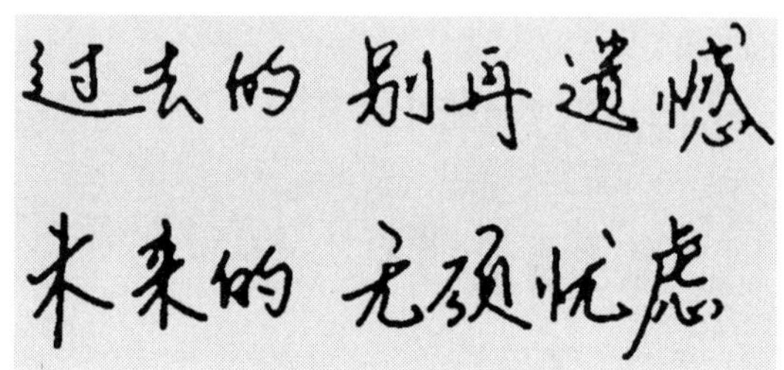

图 3–48　字行平直

习惯于字行平直，一般表现为：书写人的意志坚定、自控力、注意力、持久力较强；做事沉稳，目的性、指向性明确，对目标矢志不渝，行动能力强，能够集中精神和注意力攻坚克难；另外，书写人也有固执、保守、死板、原则性强、不知变通的个性心理特点。

（二）字行上仰

字行上仰，是指行向走势逐渐上行。字行上仰给人一种积极向上、开拓进取、攻坚克难、斗志昂扬的特点（如图 3–49 所示）。

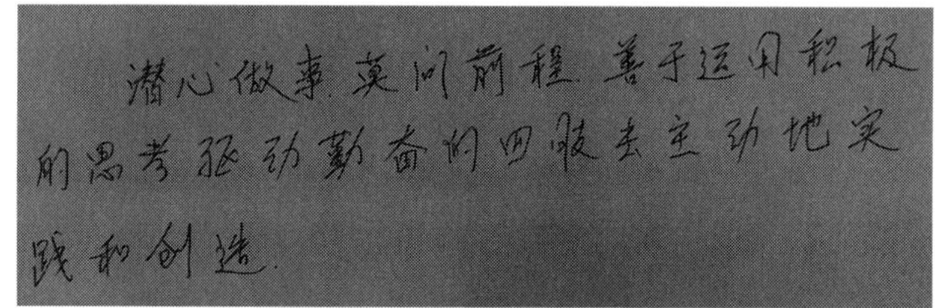

图 3–49　字行上仰

习惯于字行上仰，一般表现为：书写人态度积极、乐观开朗、进取心较强；不甘于平庸和落后，对未来充满信心。

（三）字行下斜

字行下斜，是指行向走势逐渐下行。字行下斜给人一种意志消沉、逃避现实的特点（如图 3–50 所示）。

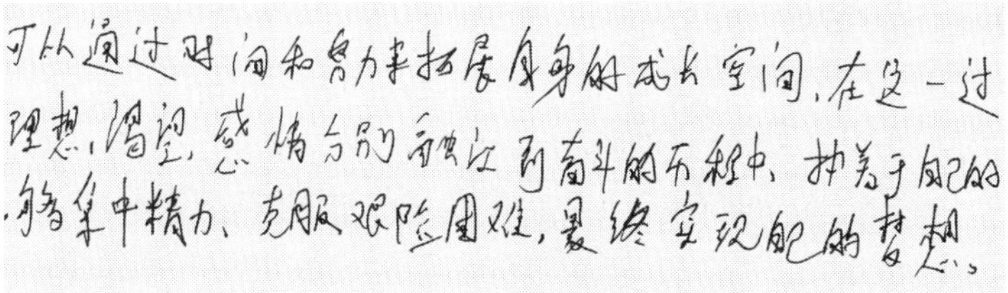

可以通过时间和努力来拓展自身的成长空间，在这一过
理想，渴望，感情分别融汇到奋斗的历程中，执着于自己的
够集中精力、克服艰险困难，最终实现自己的梦想。

图 3–50　字行下斜

习惯于字行下斜，一般表现为：书写人内心压抑、消极被动、得过且过、悲观，甚至自卑；做事遇到困难容易灰心丧气、一蹶不振、情绪低沉，意志力薄弱，缺少面对困难或攻坚克难的勇气、斗志和魄力，社会适应能力较差。

（四）字行上凸

字行上凸，是指行向走势先上升后下降，形成上凸的拱形。字行上凸给人一种热情来得快去得也快的特点（如图 3–51 所示）。

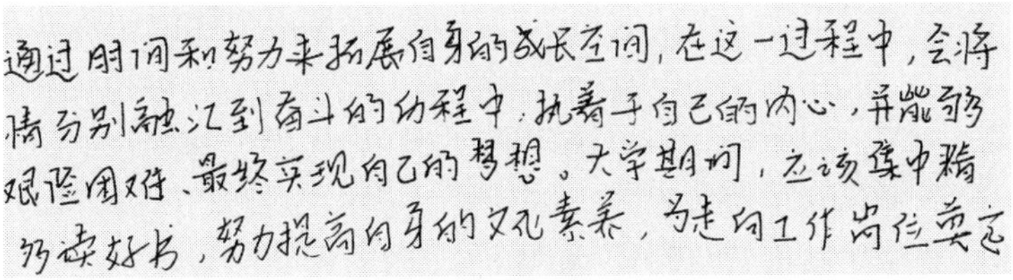

通过时间和努力来拓展自身的成长空间，在这一过程中，会将
情分别融汇到奋斗的历程中，执着于自己的内心，并能够
艰险困难，最终实现自己的梦想。大学期间，应该集中精
多读好书，努力提高自身的文化素养，为走向工作岗位奠定

图 3–51　字行上凸

习惯于字行上凸，一般表现为：书写人的意志力、持久力、忍耐力较差；做事容易虎头蛇尾，或只为完成工作而工作，随便应付了事，至于取得的效果不大关心；情绪不稳定像过山车，波动变化较大。

（五）字行下凹

字行下凹，是指行向走势先下降后上升，形成下凹的船形。字行下凹给人一种即使滑落谷底也敢于迎难而上的特点（如图 3–52 所示）。

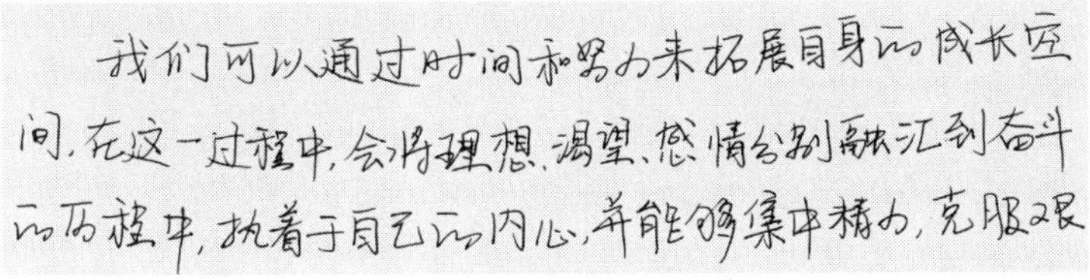

我们可以通过时间和努力来拓展自身的成长空
间，在这一过程中，会将理想、渴望、感情分别融汇到奋斗
的历程中，执着于自己的内心，并能够集中精力，克服艰

图 3–52　字行下凹

习惯于字行下凹，一般表现为：书写人行动积极，善于克服困难、攻坚克难，意志力坚强，做事情过程中尽管开始不利，但仍然能够依靠其顽强毅力去战胜挫折和困难；思想上虽有些悲观、深沉或消极，但实际行动能力强且具有顽强

斗志，行动属于乐观派。

（六）字行走向不规则

字行走向不规则，是指行向不稳定，既有上仰、下斜，又有上凸、下凹，且变化无规律。字行走向不规则给人一种耐力差、情绪不稳定的特点（如图 3–53 所示）。

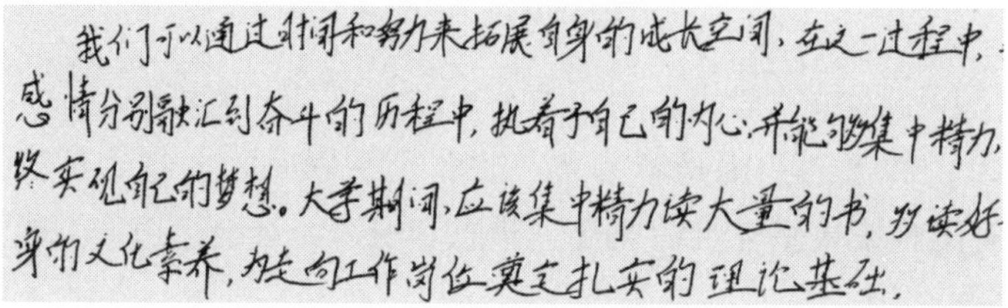

我们可以通过时间和努力来拓展自身的成长空间，在这一过程中，
感情分别融汇到奋斗的历程中，执着于自己的内心，并能够集中精力，
终实现自己的梦想。大学期间，应该集中精力读大量的书，努读好
身的文化素养，为走向工作岗位奠定扎实的理论基础。

图 3–53　字行走向不规则

习惯于字行走向不规则，一般表现为：书写人意志不坚定、耐力、持久力差；热情来得快去得也快，情绪变化波动复杂，注意力不集中，做事无规律，让人难以捉摸。

四、抬头落款

抬头落款特征，是指书写内容中的抬头、落款在书写载体上的空间分布位置关系及其大小形态特征。抬头落款特征能够反映书写人的组织计划管理能力、自我意识、对外态度等个性心理特征。

（一）抬头

抬头特征，包括抬头位置关系特征及字的大小特征两个方面。抬头位置主要有靠左、居中、靠右三种类型；抬头字的大小是相对正文字迹来讲的，可分为相对大、等大、相对小三种类型。抬头特征主要反映书写人的布局能力、观察力以及自我意识、内心想法等个性心理特征（如图 3–54 所示）。

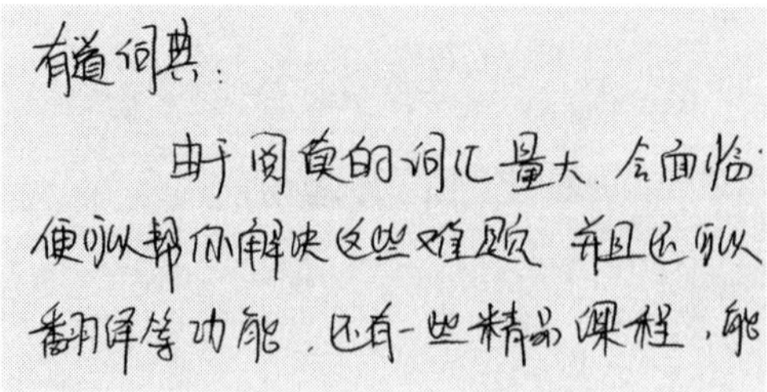

有道词典：
由于有道的词汇量大，会面临
便可以帮你解决这些难题，并且还可以
翻译等功能，还有一些精品课程，能

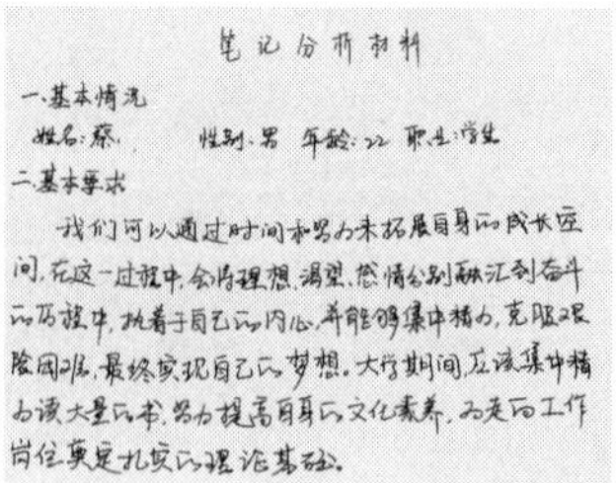

笔记分析材料
一.基本情况
姓名：蔡　性别：男　年龄：22　职业：学生
二.基本要求
我们可以通过时间和努力来拓展自身的成长空间。在这一过程中，会有理想、渴望、感情分别融汇到奋斗的历程中，执着于自己的内心，并能够集中精力，克服艰险困难，最终实现自己梦想。大学期间，应该集中精力读大量的书，努力提高自身的文化素养，为走向工作岗位奠定扎实的理论基础。

图 3–54　抬头特征

（二）落款

落款特征，包括落款位置关系特征以及签名特征两个方面。

1. 落款位置关系特征

落款位置关系特征，是指相对正文位置来讲的，可分为落款位置空隙大、落款位置空隙适中、落款位置空隙小三种类型（如图 3–55 所示）。

习惯于落款位置空隙大，说明书写人性格怪异，逃避现实，与周围人保持一定的距离，不愿与之为伴、不合群，行事风格怪，内心孤独、压抑，有占有欲。

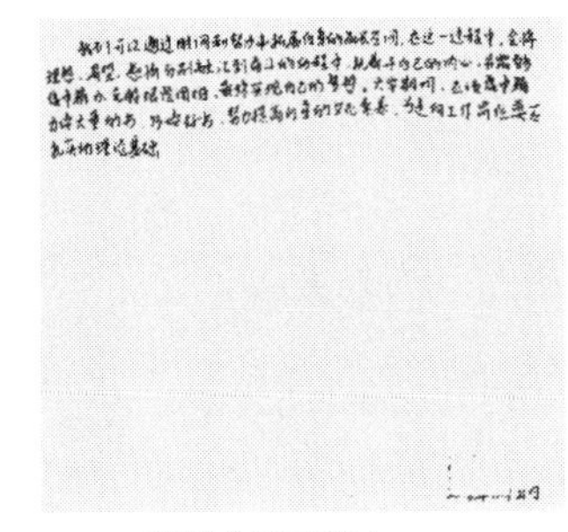

落款位置空隙大　　落款位置空隙适中　　落款位置空隙小

图 3–55　落款位置关系特征

习惯于落款位置空隙适中，说明书写人能够遵守社会习俗和相关规定，做事认真积极，有原则性。

习惯于落款位置空隙小，说明书写人内心胆小、谨慎，害怕孤单、寂寞，独立性、自主性不足，爱寻找依靠，做决定优柔寡断，易受他人影响。

2. 签名特征

签名特征，主要包括签名笔迹相对正文笔迹大小关系特征以及签名写法特征。与正文笔迹相比，签名笔迹反映书写人的内在想法，而正文笔迹反映书写人的外在行为表现。[①] 签名与书写人的文化程度、审美观、对外态度、行为方式等因素有关，因此，依据签名的大小、写法形态等特征能够反映出书写人的潜意识内容及其个性心理特征。

（1）签名笔迹大小特征。依据签名笔迹相对正文笔迹的大小特征，可将其分为相对大、等大、相对小三种类型（如图 3–56 所示）。

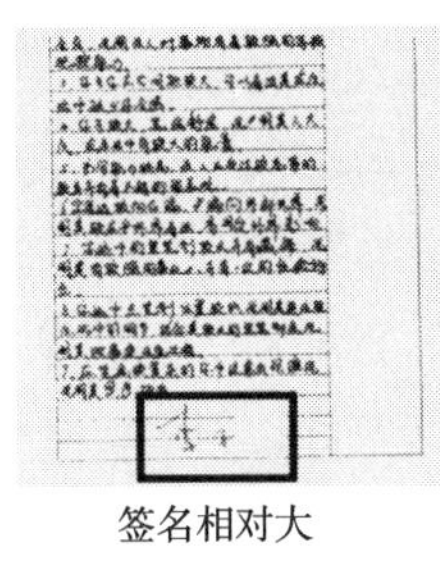

签名相对大　　签名等大　　签名相对小

图 3–56　签名笔迹大小特征

① 明镜著：《笔迹心理通解》，成都时代出版社 2018 年版，第 28 页。

习惯于签名笔迹大于正文笔迹时，说明书写人比较自信，爱于自我表现，内心想法较多，自我意识感强烈，甚至会张扬、炫耀自己的资本。

习惯于签名笔迹与正文笔迹等大时，说明书写人比较认真、客观、表里如一。

习惯于签名笔迹小于正文笔迹时，说明书写人为人处世比较客气、谦虚、低调、自卑、喜静不喜动。

（2）签名笔迹的写法特征。依据签名笔迹相对正文笔迹的写法特征，可将其分为相同写法与不同写法两种类型（如图 3–57 所示）。

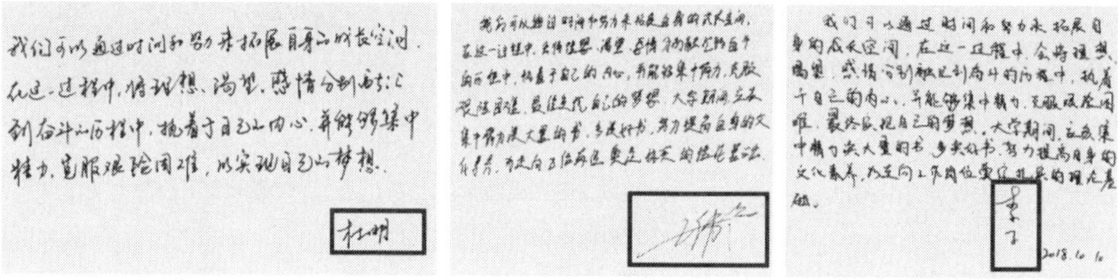

相同写法　　艺术体写法　　竖式写法

图 3–57　签名笔迹的写法特征

习惯于签名笔迹与正文笔迹均为相同写法时，说明书写人比较认真、客观、公正，但做事较死板、不知变通、原则性强；内在想法与外在行为表现相协调，表里如一。如图 3–56、图 3–57 中杜明某的签名笔迹，无论是其大小还是写法均与正文笔迹在书写风格和样式上保持一致，这也符合其本人一贯的行事认真、客观、原则性强的个性心理特征。

习惯于签名笔迹为艺术体写法时，说明书写人有自我表现欲，希望引起他人注意，自信，自我欣赏意识浓厚；内心急躁、焦虑，渴望他人或外界的理解、支持和帮助。如图 3–57 中王伟某的签名为典型的艺术体写法，并附有修饰性的大笔画存在，这也符合其本人的自我认同感、自信、善于表现的个性心理特征。

习惯于签名笔迹与正文笔迹的写法风格不同时，说明书写人内在想法与外在行为表现不符，表里不一。如图 3–56、图 3–57 中李子某的签名不仅大于正文笔迹，而且在写法上亦不同，甚至在图 3–57 中出现了竖式写法的特征，说明书写人内心想法较多，期望能够引起他人注意和认可，而外在行为表现却受制于某种束缚无法由心而发，内心想法与外在行为表现明显不协调，这或许也符合李子某本人最近一直所说的“看开了、心态尽量保持平和”，却始终未看开的个性心理特征。

第四章　中观特征与心理特征

宏观特征，是指一份书写内容所呈现出的整体特点，而中观特征作为宏观特征中的一个要素，同时又作为下一级特征的一个系统，其研究重点则集中于组成整个书写内容的单字。因此，中观特征，主要是指单字所呈现出来的大小、形态、字位等方面的特征。笔迹分析实践中，中观特征主要能够反映书写人的自我意识、为人处世、对外态度以及行为方式等个性心理特征，一形一体尽显度。中观特征在书写人自我意识的基础上，还有潜意识内容的投射，相对宏观特征来讲，受外界书写条件变化的影响较小，稳定程度优于宏观特征。

中观特征主要包括如图 4–1 所示的三类特征。

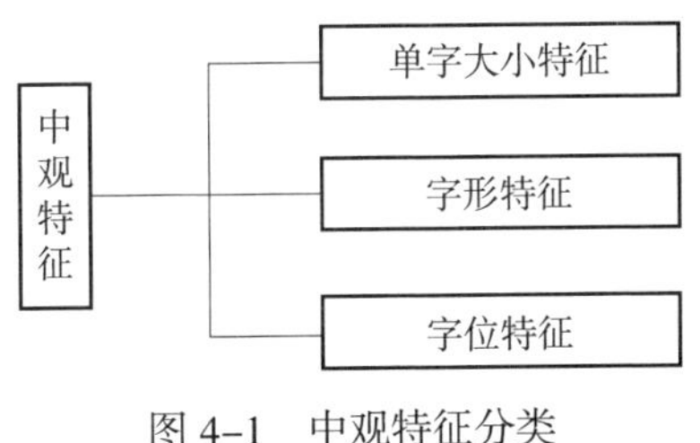

图 4–1　中观特征分类

第一节　单字大小特征

单字大小有两层含义：一是绝对大小，是指一个字占有平面面积的大小；二是相对大小，是指一个字相对于书写用纸的大小、线格方格的大小、笔画粗细而言的大小程度。① 因此，实践中并未有共同的比较对象来衡量单字的大小特征，分析人更多的是凭借经验并通过单字空间规格特点来判断。通常情况下，要以具有外框包围结构的单字作为判断标准，如国、因、困等字。

单字大小特征与书写人的家庭成长环境、学习生活环境、文化教育程度等因素有关，主要反映书写人的自我意识、对外态度、行为方式等个性心理特征。在

① 郑日昌主编：《笔迹心理学》，北京师范大学出版社 2014 年版，第 83 页。

人们的日常工作生活交往中，通常使用钢笔、中性笔、圆珠笔等硬笔进行书写，因此根据硬笔书写工具书写字迹的特点，单字大小特征可分为大字、中等字、小字、字大小不一四类特征。

一、大字

从字面意义上讲，大字就是字的空间规格大。习惯于书写大字是书写人的内心自我意识通过笔迹向外在世界的一种投射。通常情况下，书写人儿时的家庭成长环境、学习环境优越，自我表现意识强烈，就习惯于写大字；另外，如果书写人儿时的家庭成长及学习环境即使比较艰苦或一般，但由于其通过后天的努力，积极进取，成就动机感强烈，亦会通过其字“大”来彰显其个性心理特征（如图 4–2 所示）。

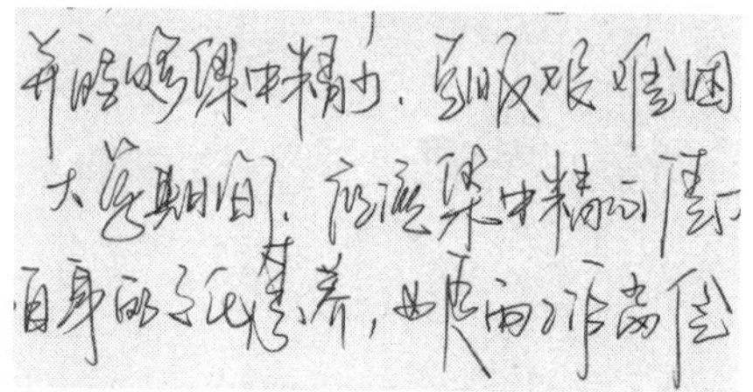

图 4–2　大字

字大，通常是由于笔画伸展、结构开张、松散等引起的，因此习惯于书写大字，一般表现为：书写人自信、胆大、敢于冒险，不甘于平庸和碌碌无为；成就动机感、自我表现欲望强烈；喜欢自由、洒脱，不愿被束缚；有主见、慷慨、热情。

注意事项：笔迹分析实践中，使用字“大”这一特征时还要结合其他笔迹特征进行综合分析。例如，书写人习惯于书写大字，但笔力轻、笔画浅淡，其个性心理特征通常表现为虚大、细腻柔情的一面；书写人习惯于书写大字，但字怪异、不成熟，其个性心理特征表现为自恋、自大，通常情况下书写人的文化教育程度也较低；书写人习惯于书写大字，且字成熟并伴有笔画外展、结构开张，其个性心理特征通常表现为书写人性格豪放、心胸宽广、不拘小节，不甘于平庸，勇于进取，成就动机感强烈，爱表现并希望能够引起他人注意。

二、中等字

中等字，即书写人的字表现为中等大小，并介于大字与小字之间。实际上多数书写人的字都属于中等或中等偏大。习惯于书写中等字的书写人一般都是有过一定的社会阅历，并把主要精力放在工作及家庭生活中，性格处于稳定阶段，心理较为健康，工作生活较为稳定，并将“平平淡淡就是真”当作生活的真谛，比上不足、比下有余（如图 4–3 所示）。

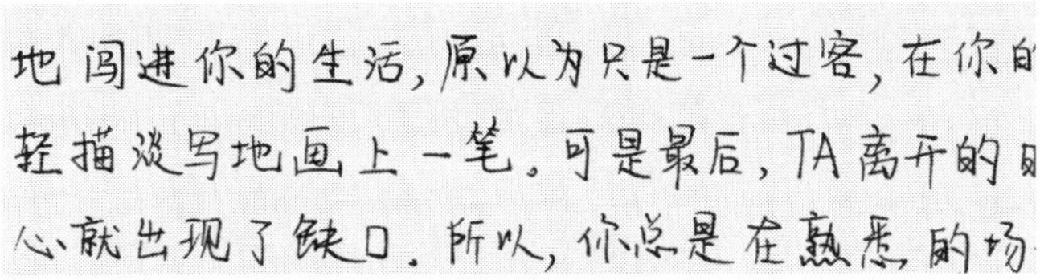

地闯进你的生活，原以为只是一个过客，在你的
轻描淡写地画上一笔。可是最后，TA离开的
心就出现了缺口。所以，你总是在熟悉的场

图 4–3　中等字

习惯于书写中等字，一般表现为：遵守社会习俗和相关规定，跟随大众，墨守成规，对传统的认同感强烈；喜欢稳定有序的工作及生活节奏，不善于标新立异和挑战规则。

三、小字

小字，是指在书写载体表面上空间规格较小的字。根据笔画形态是否伸展，小字又可分为字小且笔画伸展，以及字小笔画不伸展两种类型。

（一）字小且笔画伸展

此种特征给人一种适应能力强，能屈能伸的特点（如图 4–4 所示）。

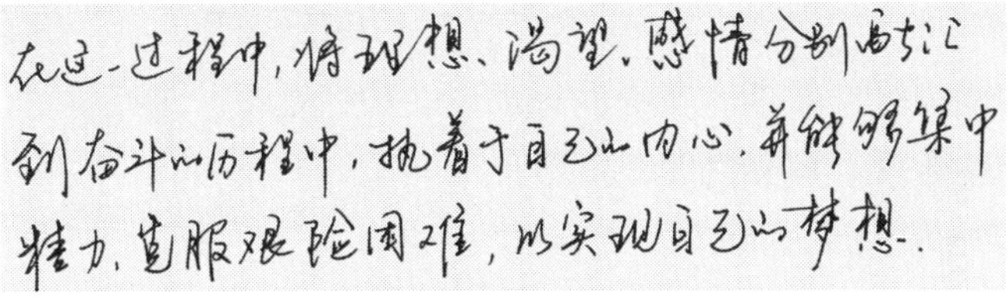

在这一过程中，将理想、渴望、感情分别融汇
到奋斗的历程中，执着于自己的内心，并能够集中
精力，克服艰险困难，以实现自己的梦想。

图 4–4　字小且笔画伸展

习惯于字小且笔画伸展，一般表现为：书写人既有全局观、开拓进取性，又有专注于细节、谨慎、谦虚的特质；有耐力和自我控制力，做事认真、讲究，具有工匠精神。

（二）字小笔画不伸展

此种特征给人一种拘谨、束缚，善于专注于细节的特点（如图 4–5 所示）。

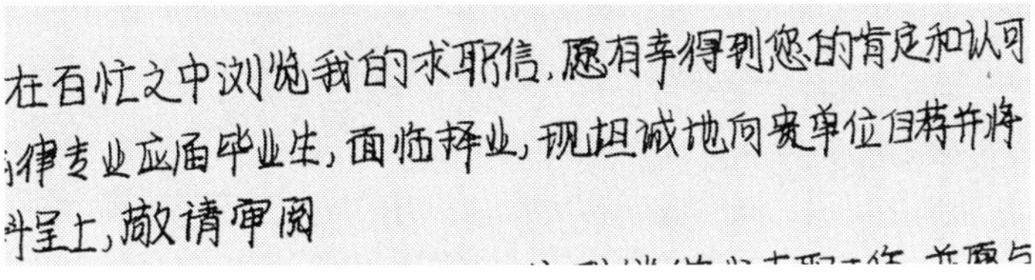

在百忙之中浏览我的求职信，愿有幸得到您的肯定和认可
律专业应届毕业生，面临择业，现坦诚地向贵单位自荐并将
呈上，敬请审阅

图 4–5　字小笔画不伸展

习惯于字小且笔画不伸展，一般表现为：书写人性格多内向、自卑、胆小谨慎，做事放不开手脚，犹豫不决；专注于细节，而对全局关注较少；在公众场合

下不善于表现，自我克制、压抑、温和、顺从。

四、字大小不一

字大小不一，是指同一人书写的字迹中所呈现出的大小规格变化。根据字的大小变化形式，又可分为字大小变化有规律和字大小变化无规律两种类型。

（一）字大小变化有规律

书写人通常会根据书写字迹的特点，对个别部首、笔画或者单字进行有机组合搭配，使其呈现出一定的节奏和美感。一般情况下，在书写水平高且审美观意识强烈的书写人笔迹中较为常见。字大小变化有规律给人一种节奏感、灵活、机灵的特点（如图 4–6 所示）。

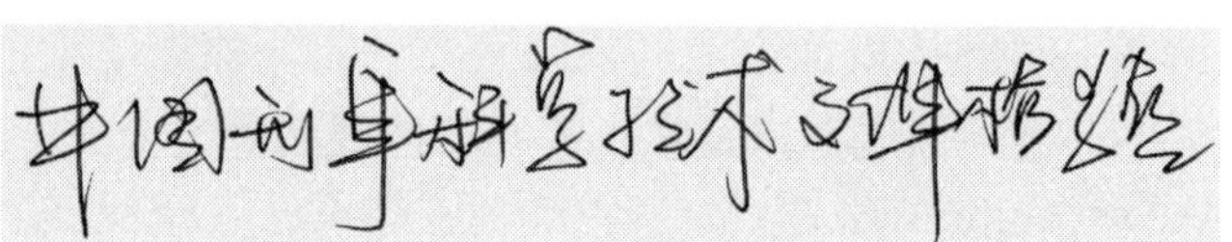

图 4–6　字大小呈规律式变化

习惯于字大小变化规律，一般表现为：书写人思维敏捷、头脑灵活、反应快、随机应变能力强；做事速度快，有条理性和计划性，讲究效率，社会适应能力好；注重外在表现，审美观意识强烈。

（二）字大小变化无规律

字大小变化无规律即单字的大小无规律性变化，在整份书写内容中，字突然变大或变小，这种突变有时还会伴随字间距或书写速度的变化。字大小变化无规律给人一种情绪不稳、自控能力差的特点（如图 4–7 所示）。

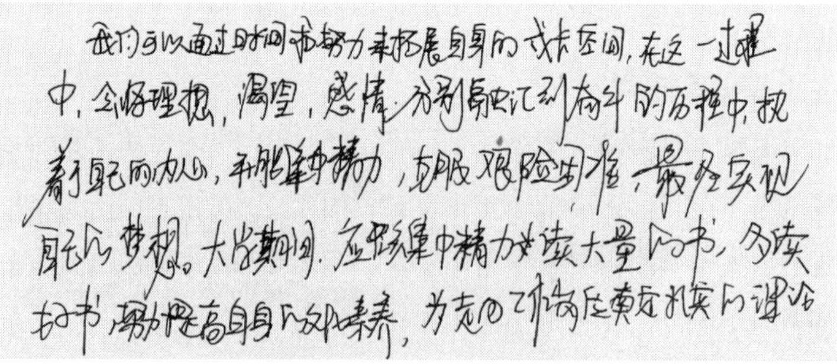

图 4–7　字大小变化无规律

习惯于字大小变化无规律，一般表现为：书写人自我控制力较差，缺乏克制，不能很好地控制住自身的情绪；另外还与书写人即时书写状态有关，具体表现为书写人的思维、态度和情绪的变化。

第二节　字 形 特 征

字形特征，是指字的外貌形态、外部轮廓所呈现出的特点。字形特征是书写人内在的态度、自我意识通过笔迹向外在世界的一种投射。因此，字形特征对内反映的是书写人的自我意识，而对外则彰显书写人的为人处世态度、行事风格以及行为方式等。

根据字形特点，字形又可分为正方形字、圆形字、长方形字、扁形字、梯形字以及不固定形字六种类型。由于每种字形所投射出的书写人的个性心理特征不同，而有的书写人的笔迹中会出现两种或两种以上的字形。因此，在使用字形特征进行笔迹分析时，应该对整份笔迹材料进行总体观察，找出多数字的字形特点，参考少量字表现出的其他字形特点，才可全面、深入地分析书写人的个性心理特征，切忌仅凭个别突出的字形特点匆匆下结论，以免造成分析失误。

另外，笔迹分析实践中，判断书写人的笔迹属于哪类字形时，要注意根据汉字的组成结构来判断。如果书写人在正常书写条件下就将组成结构属于扁形的字写成了长方形字，那么书写人就习惯于书写长方形字。

一、正方形字

正方形字，是指字的高、宽等空间规格基本相等。正方形字是书写人在结构匀称的楷书基础上进行适当的结构变异形成的“正方”字，也是较为接近楷书的字形。因此，正方形字多是由横平竖直的直线笔画搭配成外框组合而成。故正方形字往往给人一种威严、庄重、公正、刚硬的特点，在男性的笔迹中较为常见（如图 4–8 所示）。

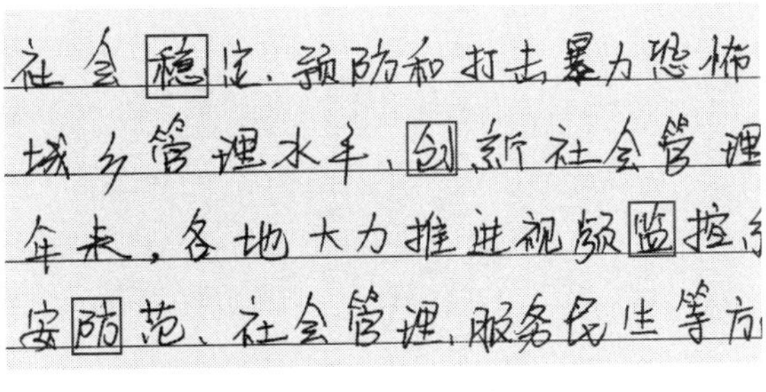

图 4–8　正方形字

习惯于书写正方形字，一般表现为：书写人思想多传统保守、性格多刚强固执，为人正直、作风正派、面相庄严、正气凛然；遵守纪律和规定，规则认同感和执行力强；做人做事原则性强，较为机械和死板，灵活性稍显不足。

二、圆形字

圆形字，是指字的外部形态呈圆形或接近圆形的字。圆形字是书写人在结构匀称的楷书基础上进行结构变异形成的“圆”字，且多是由圆润、柔和的曲形笔画线条搭配成外框组合而成。因此，圆形字往往给人一种委婉、柔和、有韧劲的特点，且在女性的笔迹中较为常见（如图 4–9 所示）。

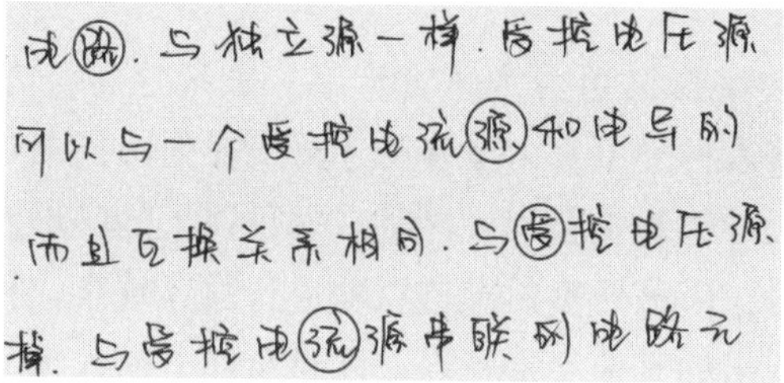

图 4–9　圆形字

习惯于书写圆形字，一般表现为：书写人性格温和、服从、自我克制忍让、委婉；做人比较体贴，并善于站在对方角度考虑问题，比较好相处，人际关系处理得较好；做事圆滑、细心、不鲁莽，一般无对外攻击性，能够避免正面冲突，但做决定容易优柔寡断、纠结，拿不定主意。

三、长方形字

长方形字，是指在空间规格特征方面，字高大于字宽的字。长方形字是书写人在结构匀称的楷书基础上进行结构变异形成的“长”字。因此，长方形字必然会在字的上方或下方有突出延伸特征，给人一种势大力沉、不淡定、精力充沛的特点，是书写人内心的态度及自我意识在精神世界与现实世界的一种投射（如图 4–10 所示）。

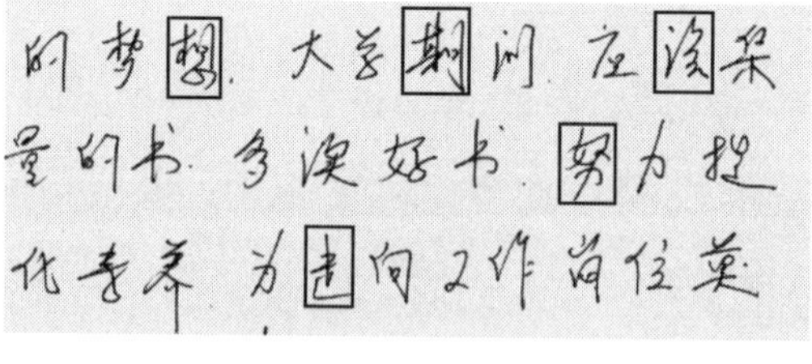

图 4–10　长方形字

习惯于书写长方形字，一般表现为：书写人多积极、热情、有主见；精神世界丰富，敢于冒险，勇于行动；自我表现欲望强烈，注重外在表现；情感丰富、外露，爱憎分明。

四、扁形字

扁形字，是指在空间规格特征方面，字宽大于字高的字。扁形字是书写人在结构匀称的楷书基础上进行结构变异形成的“扁”字。因此，扁形字必然会在字的左、右部位进行突出和延伸，并给人一种四平八稳、不易产生动摇的特点，反映出书写人对过去的评价和对未来的态度以及行事风格等（如图 4–11 所示）。

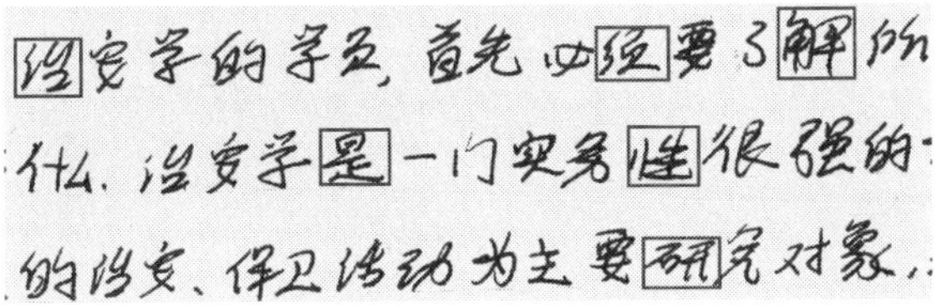

图 4–11　扁形字

习惯于书写扁形字，一般表现为：书写人既怀恋过去同时又对未来充满信心；思想上传统、保守，内心固执、倔强，行动上耐力、持久力、毅力较强，能够开拓进取，对目标坚定不移；做事方面往往只对事不对人，原则性很强，不易受外界干扰和影响。

五、梯形字

梯形字，是指字的外部形态呈梯形的字。梯形字是书写人在结构匀称的楷书基础上进行结构变异形成的类似于“梯形”的字。根据“梯形”的结构特点，梯形字通常又可分为正梯形字、倒梯形字、左小右大横梯形字、左大右小横梯形字四种类型，且每种类型的梯形字所代表的书写人的个性心理特征不同。

（一）正梯形字

正梯形字，是指在空间规格特征方面，字的上宽小于下宽，形成正梯形。正梯形字给人一种根基坚实、底盘稳定，虽有精神追求但更注重现实的特点（如图 4–12 所示）。

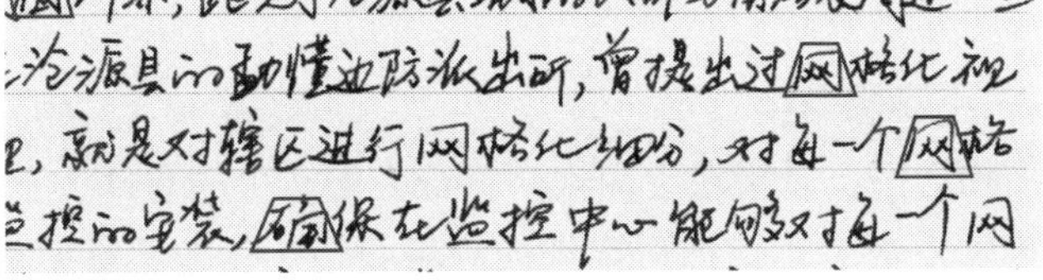

图 4–12　正梯形字

习惯于书写正梯形字，一般表现为：书写人表面虽然谦虚、谦让，有精神追求，却是一位地地道道的现实主义者。

（二）倒梯形字

倒梯形字，是指在空间规格特征方面，字的上宽大于下宽，形成倒梯形。倒梯形字给人一种头重脚轻、眼高手低、精神思想丰富的感觉（如图 4–13 所示）。

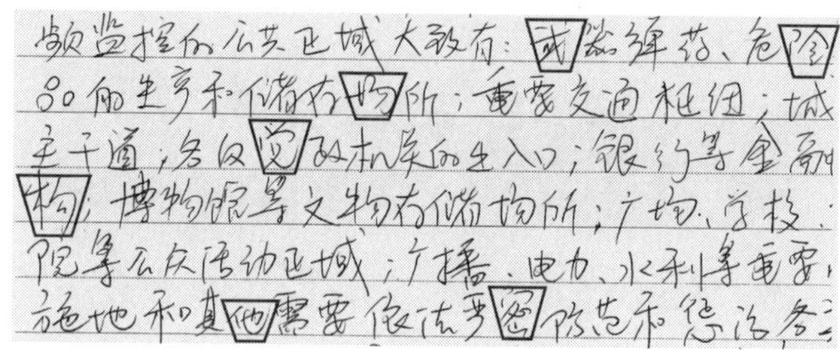

图 4–13　倒梯形字

习惯于书写倒梯形字，一般表现为：书写人精神世界丰富，思想开放具有包容力，心胸开阔，有城府；有远大理想和目标追求，但做事讲究精干，善于在关键点位上进行突破，不盲目蛮干。因此，书写人有时也会表现为眼高手低，自负，甚至虚伪。

（三）左小右大横梯形字

左小右大横梯形字，是指在空间规格特征方面，字的左部小于右部，形成左小右大的横梯形字。左小右大横梯形字给人一种盲目蛮干，甚至对于超出自身能力范围的事亦有强烈追求，投机、贪婪，什么都想要、什么都想做的特点（如图 4–14 所示）。

图 4–14　左小右大横梯形字

习惯于书写左小右大横梯形字，一般表现为：书写人开拓进取心虽强，但由于知识文化、思想境界并未达到那种程度，或做事经常超出自身能力所能承受的范围，往往有蛮干、投机性质，容易导致身心疲惫、积劳成疾，甚至埋怨愤怒。

（四）左大右小横梯形字

左大右小横梯形字，是指在空间规格特征方面，字的左部大于右部，形成左大右小的横梯形。左大右小横梯形字给人一种只说不做、眼高手低，爱于指挥、扬扬自得的特点（如图 4–15 所示）。

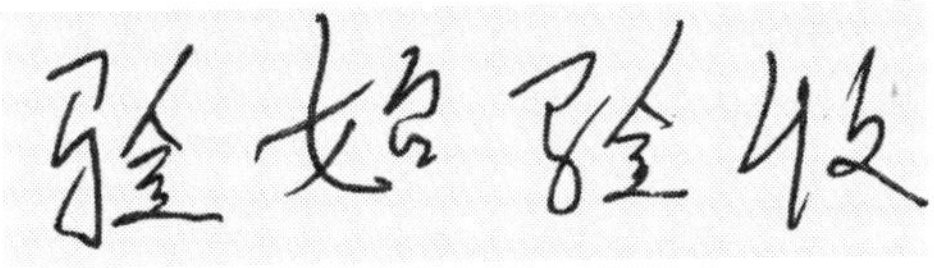

图 4–15　左大右小横梯形字

习惯于书写左大右小横梯形字，一般表现为：书写人较为怀恋过去，自我评价较高，并陶醉于过往取得的成绩；内心虽有理想抱负和雄心壮志，却只停留在说和想上，迟迟不见采取实际行动，面对未来缺乏勇气和魄力，行动能力不足；因此，书写人的个性心理特征中也自然会有自负这一特点。

第三节　字 位 特 征

字位特征，是指字的轴线与行列线所形成的角度，通常是以字的纵向轴线与水平行线所形成的角度大小来判断字位倾斜特征。字位特征是书写人的内在性格通过笔迹向外在世界的一种投射。因此，字位特征对内反映的是书写人的性格、态度和自我意识，而对外则彰显为书写人的为人处世态度、行事风格以及行为方式等。

根据字位倾斜方向特点，字位特征又可分为字位偏正、字位偏左、字位偏右、字位方向不固定四种类型。

一、字位偏正

字位偏正，是指字的纵向轴线与水平行线的夹角为 90° 或接近 90°。字位偏正符合楷书端正的特点，由于多数人的字位或多或少的都会存在一定的倾斜，要想严格做到字位偏正，书写人得具备极大的意志力和自我控制力。因此，字位偏正往往会给人一种自律、自控、公平公正的特点（如图 4–16 所示）。

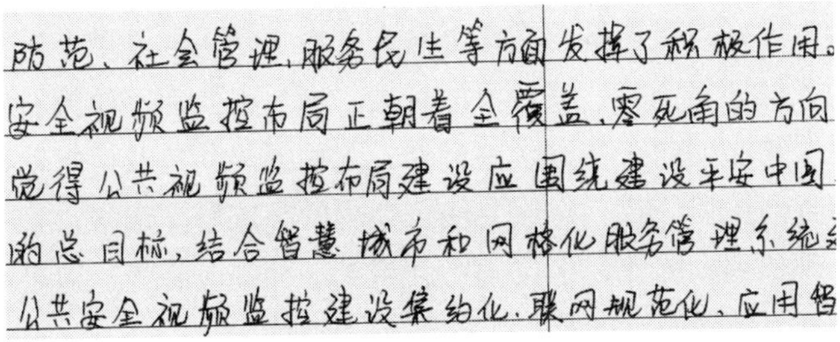

图 4–16　字位偏正

习惯于字位偏正，一般表现为：书写人多理智、客观、公平公正；做事讲究原则，遵守社会习俗和相关规定，忠于职守；喜欢思考、自律，自我控制能力较强，有耐力、持久力和毅力。

二、字位偏左

字位偏左，是指字的纵向轴线与水平行线的夹角大于 90°，纵向轴线向左倾斜。字位偏左是书写人在楷书端正的基础上进行的字位倾斜变异，与书写人的握笔姿势、书写习惯有关。书写人要使字位偏左，其握笔姿势通常表现为右手掌心朝向左偏内，此种握笔姿势及运笔动作与书写人自左向右的书写方向相违背，必然会掩饰、遮盖住书写人正在写的字迹。因此，字位偏左会给人一种抗拒、固执、叛逆，善于掩饰内心世界和心理活动的特点（如图 4–17 所示）。

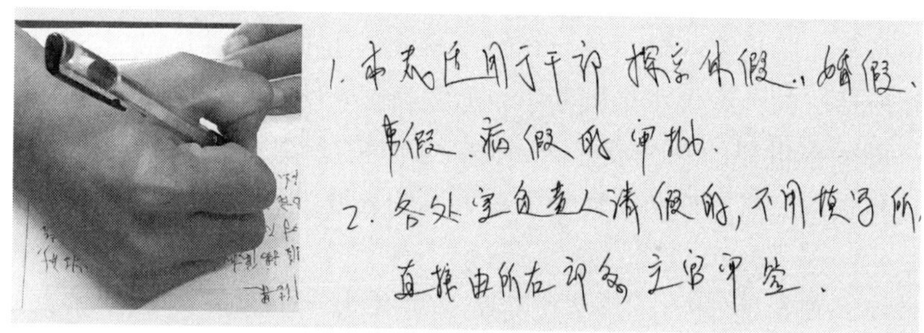

图 4–17　字位偏左

习惯于字位偏左，一般表现为：书写人性格多内向，消极、悲观，内心较封闭、固执、保守，甚至会孤僻；自我克制，不善表达内心的想法，压制自己的情感；在公众场合时内心易感到不安和恐惧、逃避，不愿其他人知道自己的内心想法和心理，害怕别人介入自己的内心世界。

三、字位偏右

字位偏右，是指字的纵向轴线与水平行线的夹角小于 90°，纵向轴线向右倾斜。与字位偏左一样，字位偏右亦是书写人在楷书端正的基础上进行的字位倾斜变异，与书写人的握笔姿势、书写习惯有关。书写人要使字位偏右，其握笔姿势通常表现为右手掌心朝向正左方或左偏外，此种握笔姿势及运笔动作与书写人自左向右的书写方向保持一致，必然会使正在写的字迹暴露出来，且书写人的书写动作亦被轻易观察到。因此，字位偏右会给人一种顺应趋势、追赶潮流，且敢于敞开心扉并向外界展示自己的特点（如图 4–18 所示）。

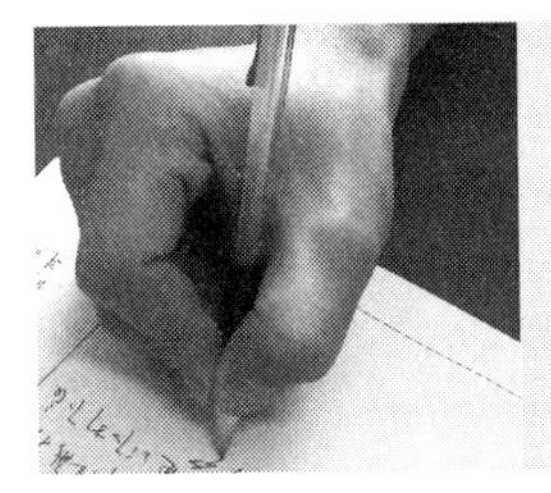

图 4–18　字位偏右

习惯于字位偏右，一般表现为：书写人性格较外向、乐观、开朗、热情、冲动、敏感，情感丰富且善于表达；做事积极、执着，有主见，敢于面对现实和接受挑战。另外，如果书写人字位虽偏右，但笔画却收敛，则反映出书写人内心虽有丰富的感情和想法，但又不善于表达，有种害怕孤独、孤僻的个性心理特征，如图 4–18 中字迹的字位虽偏右，但临近字迹外围框架的笔画却有收敛之势的特点。

四、字位方向不固定

字位方向不固定，是指整份书写笔迹材料中，字位偏正、字位偏左、字位偏右等几种字位特征均存在，字位方向不一致。字位方向不固定给人一种态度不明、善变的特点（如图 4–19 所示）。

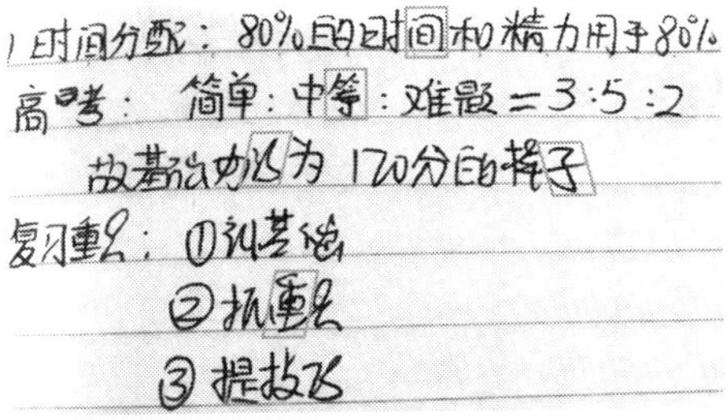

图 4–19　字位方向不固定

字位方向不固定，一般表现为：书写人性格较怪异、善变；即时书写状态下的情绪不稳定，自我控制能力较差。

第五章　微观特征与心理特征

微观特征，主要是指单字内部关系、运笔、书写节奏、笔顺、符号等呈现出的特征。微观特征具有形态隐蔽、层次深、实用性强，且几乎不受外界书写条件变化的影响，是书写人的潜意识内容在笔迹中的直接体现。因此，在笔迹分析实践中，微观特征虽处于笔迹特征系统中的最低级别，但通常情况下却是使用频率最高且最为稳定重要的一类特征。

微观特征主要包括如图 5-1 所示的七类特征。

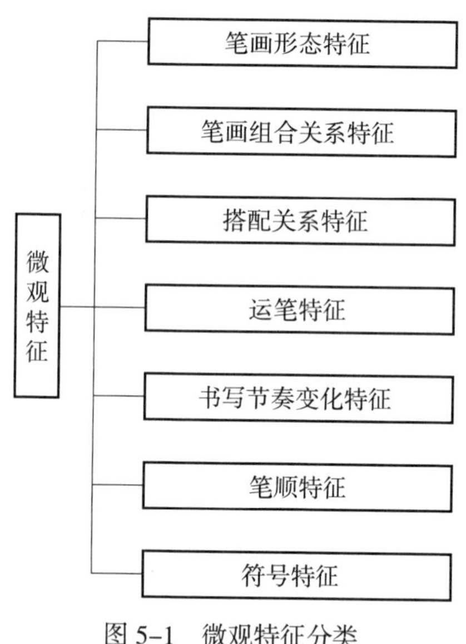

图 5-1　微观特征分类

第一节　笔画形态特征

笔画形态特征，是指在书写笔画的方向、长短、大小、弧度等方面所表现出来的形态特点。笔画形态特征是书写人内在的态度、意志、立场、情绪等个性心理特征通过笔画形态向外在世界的一种彰显和投射，一笔一画尽关情。

笔画形态特征可分为组成汉字结构的八种基本笔画形态特征以及汉字笔迹的笔画具体表现形态特征两类。

一、八种基本笔画的形态

组成汉字结构的八种基本笔画包括“横、竖、撇、捺、点、折、提、钩”。在汉字笔迹框架结构中，“横、竖、撇、捺”笔画一般起支撑汉字结构，塑造汉字外形特点的作用；“点、折、提、钩”笔画则起到一定的修饰作用，从而使汉字框架结构更为丰满。具体来讲，“横”与“竖”，是汉字结构的基本骨架，属于主干；“撇”“捺”开合，是汉字结构中的左膀右臂，属于支干；“点”如眉目，心灵智慧；“折”如转身，应对变化；“提”如刺刀，明争暗斗；“钩”如踢腿，暗藏杀机。不同笔画代表不同的心理特征，正所谓“八仙过海、各显神通”（如图 5–2 所示）。

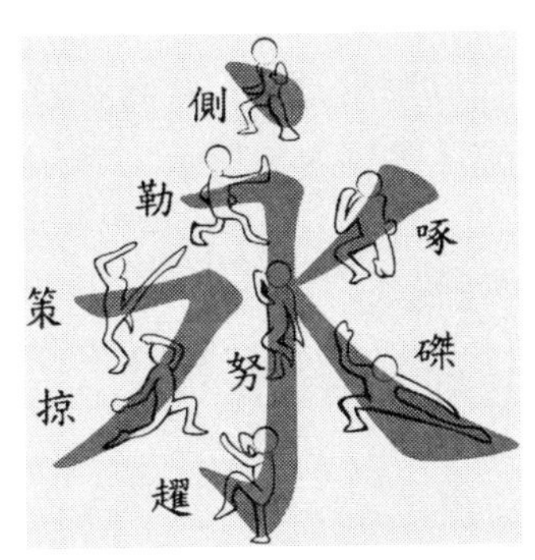

图 5–2　“永”字八法示意图

因此，汉字笔迹的这种框架结构是由基本笔画的有序组合而成，是书写人独特的书写风格在笔迹中的一种投射，并反映出书写人的认知能力、对外态度、意志品质以及行事风格等个性心理特征。

（一）横笔画

“横”，横向运笔书写，在宽度上进行延伸，体现广度，代表书写人的心胸、意志以及对外态度。根据常见横笔画的形态，可将横笔画分为长横、短横、平横、上仰横、下倾横、上凸横、下凹横七种类型（如图 5–3 所示）。

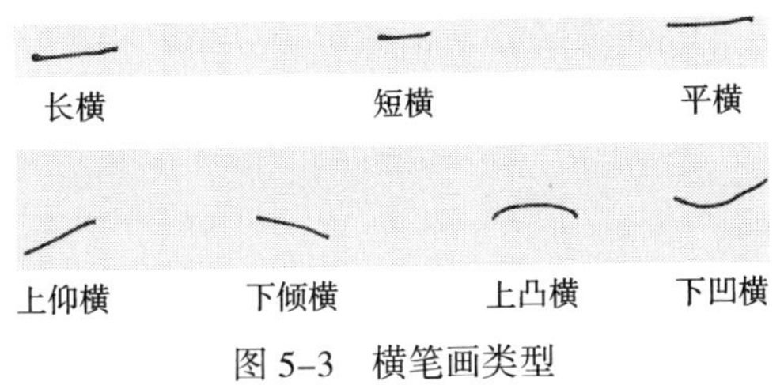

图 5–3　横笔画类型

1. 长横

长横，是指横笔画写得过长，超出楷书书写规范的要求，或在汉字笔迹中相对其他笔画较为突出。长横给人一种扩张、豁达、勇往直前，对未来充满信心的特点（如图 5–4 所示）。

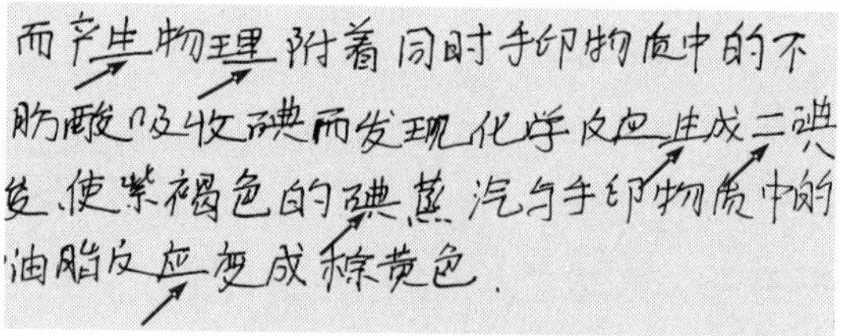

图 5–4　长横笔画

习惯于书写长横，一般表现为：书写人心胸较为宽广，自信、胆大，敢于行动。

2. 短横

短横，是指该长的横笔画却写得过短，背离楷书书写规范的要求。短横给人一种克制、防卫、保守的特点（如图 5–5 所示）。

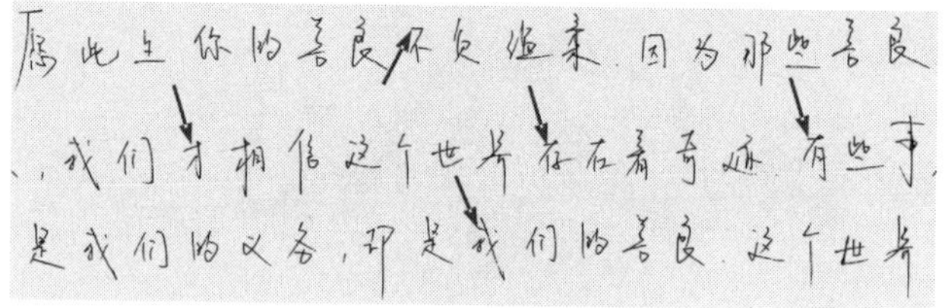

图 5–5　短横笔画

习惯于书写短横，一般表现为：书写人心胸狭隘，遇事容易斤斤计较、自制、忍耐、胆小、谨慎、敏感，放不开手脚，缺乏安全感。

3. 平横

平横，是指横笔画的方向呈水平状，平且直，符合楷书“横平”这一书写规范的要求。平横给人一种平稳、谨慎的特点（如图 5–6 所示）。

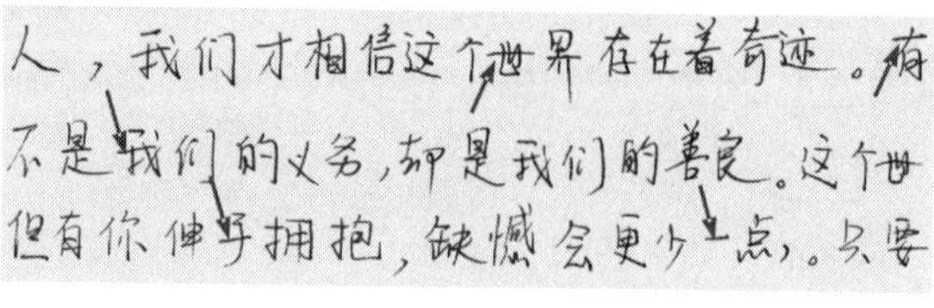

图 5–6　平横笔画

习惯于书写平横，一般表现为：书写人心态平和、稳定、认真、保守，容易满足，进取心一般。

4. 上仰横

上仰横，是指横笔画的运行方向呈上仰状，背离楷书“横平”这一书写规范的要求。上仰横给人一种积极向上、努力进取的特点（如图 5–7 所示）。

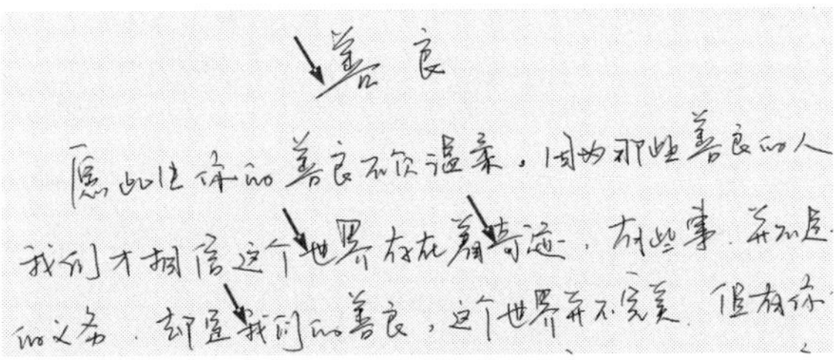

图 5–7　上仰横笔画

习惯于书写上仰横，一般表现为：书写人心态积极乐观、有事业心、进取心强、做事执着；如果横过度上仰，书写人可能会表现为自负。

5. 下倾横

下倾横，是指横笔画的运行方向呈向下倾斜状，背离楷书“横平”这一书写规范的要求。书写下倾横时需要按压手腕，不便于书写还要迎难而上，因此下倾横给人一种倔强、固执、叛逆、垂头丧气、无精打采的特点（如图 5–8 所示）。

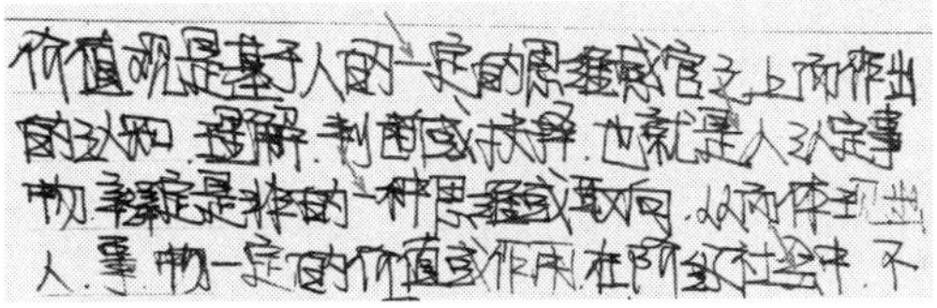

图 5–8　下倾横笔画

习惯于书写下倾横，一般表现为：书写人态度消极、悲观，倔强、叛逆，缺乏自信，意志脆弱，遇到困难容易灰心丧气，缺乏斗志和激情。

6. 上凸横

上凸横，是指横笔画的运行方向先上升后下降，呈拱形状，背离楷书“横平”这一书写规范的要求。上凸横给人一种易得易失、守不住制高点、无耐性的特点（如图 5–9 所示）。

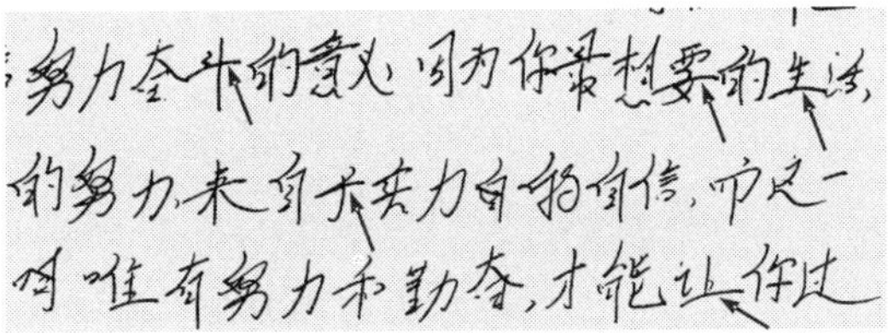

图 5–9　上凸横笔画

习惯于书写上凸横，一般表现为：书写人的意志力、坚持力弱，耐力差，三分钟热度，热情往往来得快去得也快。

7. 下凹横

下凹横，是指横笔画的运行方向先下降后上升，呈船形状，背离楷书“横平”这一书写规范的要求。下凹横给人一种从哪儿跌倒就从哪儿爬起，无惧艰险困难的特点（如图 5–10 所示）。

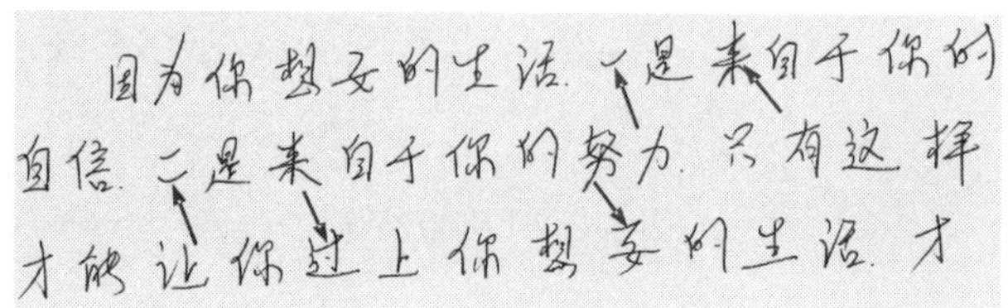

图 5–10　下凹横笔画

习惯于书写下凹横，一般表现为：书写人思想上虽有悲观情绪，但行动上积极，能够攻坚克难，迎难而上，对理想和目标矢志不渝。

（二）竖笔画

“竖”，纵向运笔书写，体现深度，代表书写人的本能欲望、成就动机、态度和立场。根据常见竖笔画的形态，可将竖笔画分为长竖、短竖、垂直竖、左倾竖、右倾竖、弧度竖六种类型（如图 5–11 所示）。

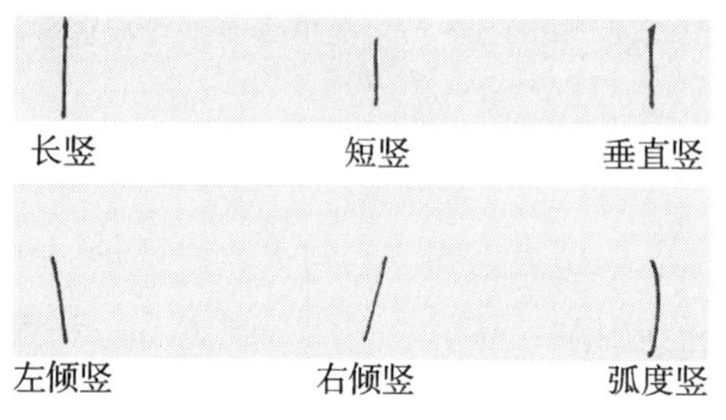

图 5–11　竖笔画类型

1. 长竖

长竖，是指竖笔画写得过长，超出楷书书写规范的要求或在汉字笔迹中相对其他笔画较为突出。长竖给人一种表达立场、表明态度的特点，因此习惯于书写长竖，一般表现为：书写人有主见，本能欲望及成就动机感强烈。

另外，如果书写人的竖笔画长且有力，说明书写人主见性强，立场坚定，有将事业进行到底的决心和态度，亦有爱于表现，甚至装腔作势、发泄情绪的个性心理特征（如图 5–12 所示）。

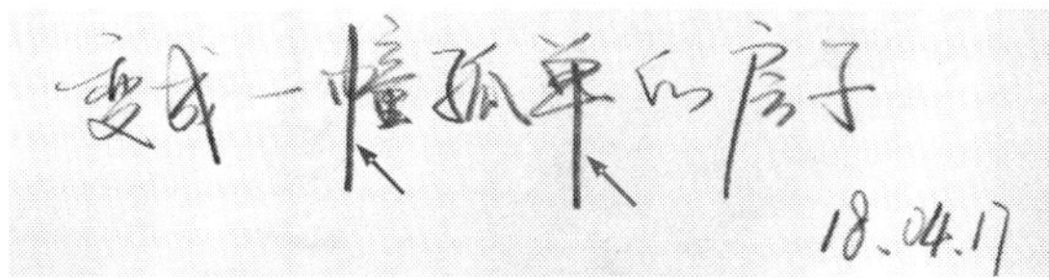

图 5–12　长竖笔画且有力

如果书写人的竖笔画长且无力，说明书写人虽有主见，但立场、意志不坚定，多疑、敏感，容易受外界干扰，产生意志动摇（如图 5–13 所示）。

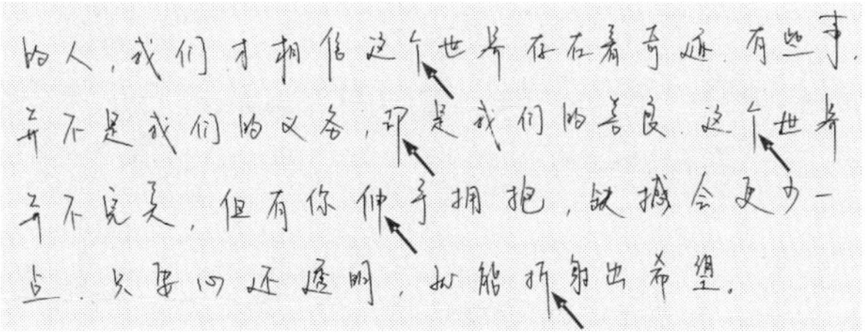

图 5–13　长竖笔画且无力

2. 短竖

短竖，是指竖笔画写得过短，背离楷书书写规范的要求。短竖给人一种善于克制、隐蔽、不爱表现的特点，因此习惯于书写短竖，一般表现为：书写人内心深沉、克制、压抑，成就动机感一般。另外，如果书写人的竖笔画短且有力，则说明书写人克制、自控、深沉多谋（如图 5–14 所示）。

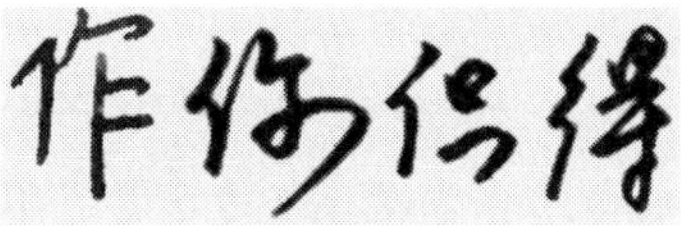

图 5–14　短竖笔画且有力

如果书写人的竖笔画短且无力，则说明书写人内心多疑、敏感、谨慎小心（如图 5–15 所示）。

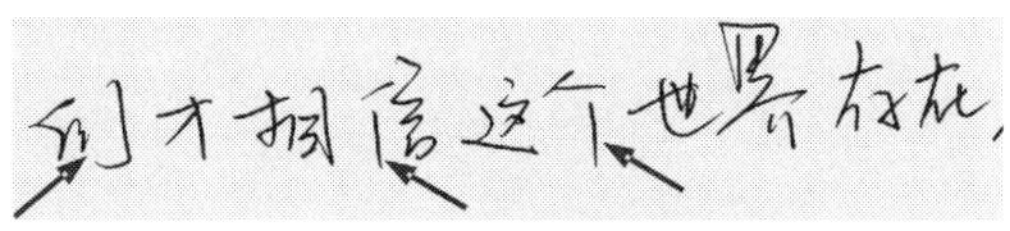

图 5–15　短竖笔画且无力

3. 垂直竖

垂直竖，是指竖笔画的方向与水平行线呈垂直状，符合楷书“竖直”这一书写规范的要求。垂直竖给人一种正统、规范、稳定、坚强的特点（如图 5–16 所示）。

图 5–16　垂直竖笔画

习惯于书写垂直竖，一般表现为：书写人态度认真、保守、原则性强、自我克制、自控、意志力坚强。

4. 左倾竖

左倾竖，是指由左上至右下运笔形成的竖笔画，背离楷书“竖直”这一书写规范的要求。书写左倾竖时需要克服一定的阻力并施加一按压手腕的动作，给人一种倾向于内心想法、固执、保守的特点（如图 5–17 所示）。

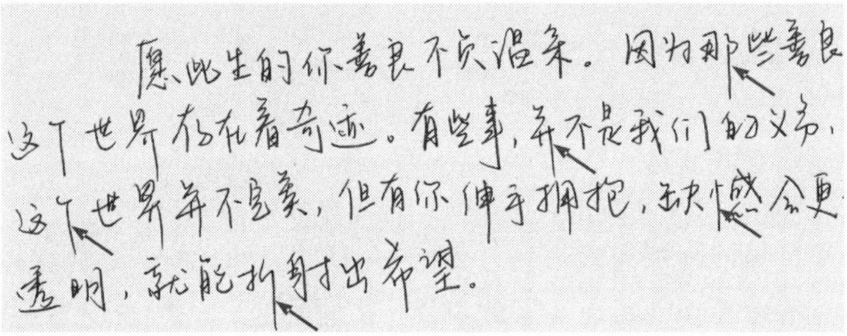

图 5–17　左倾竖笔画

习惯于书写左倾竖，一般表现为：书写人虽有判断力，但态度易消极，缺乏热情，内心封闭，倔强、叛逆、固执。

5. 右倾竖

右倾竖，是指由右上至左下运笔形成的竖笔画，背离楷书“竖直”这一书写规范的要求。书写右倾竖系一顺势而为的动作，给人一种发泄、放任的特点（如图 5–18 所示）。

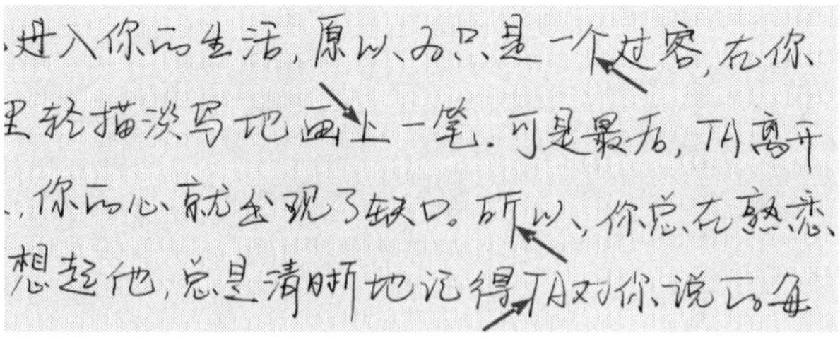

图 5–18　右倾竖笔画

习惯于书写右倾竖，一般表现为：书写人态度积极乐观，性格外向、坦率，意志力、耐力一般。

6. 弧度竖

弧度竖，是指竖笔画的形态呈现一定的弧度，背离楷书“竖直”这一书写规范的要求。弧度竖给人一种压力大、说话做事不痛快的感觉（如图 5–19 所示）。

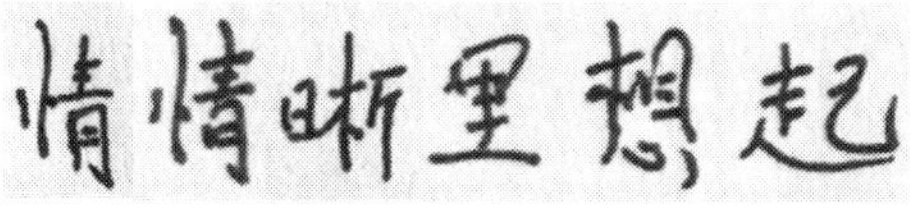

图 5–19　弧度竖笔画

习惯于书写弧度竖，一般表现为：书写人委婉、克制、压抑，立场不坚定，犹豫不决，有一定的抗压能力。

（三）撇笔画

“撇”，由右上至左下运笔书写，系“易发不收”之笔，体现情绪的发泄，代表书写人的情感、自控、灵感或灵性。根据常见撇笔画的形态，可将撇笔画分为长撇、短撇、直撇、弧度撇四种类型（如图 5–20 所示）。

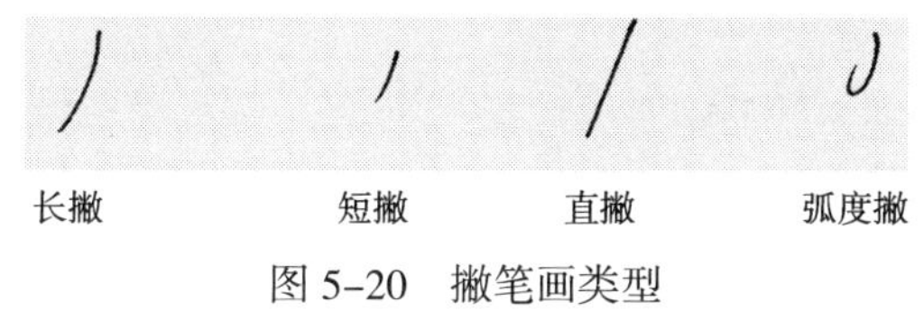

图 5–20　撇笔画类型

1. 长撇

长撇，是指撇笔画写得过长，超出楷书书写规范的要求或在汉字笔迹中相对其他笔画较为突出。长撇给人一种洒脱、率真、一吐为快、注重外在表现的特点（如图 5–21 所示）。

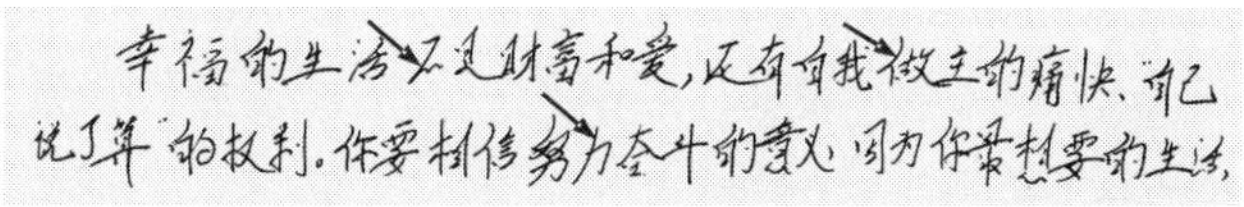

图 5–21　长撇笔画

习惯于书写长撇，一般表现为：书写人热情、开朗、情感丰富、善于表达；自信，注重外在表现，自我认可度高；冲动、急躁，自控能力较差。

2. 短撇

短撇，是指撇笔画写的过短，严重者甚至以撇点的形式代替撇笔画，背离楷书书写规范的要求。短撇给人一种情感抒发不出来，有话说不出，压抑、敏感、多疑的特点（如图 5–22 所示）。

习惯于书写短撇，一般表现为：书写人胆小敏感、多疑，缺乏自信，自我认可度低；情感不易抒发，压抑、克制、放不开；有时也会表现为机敏、灵活。

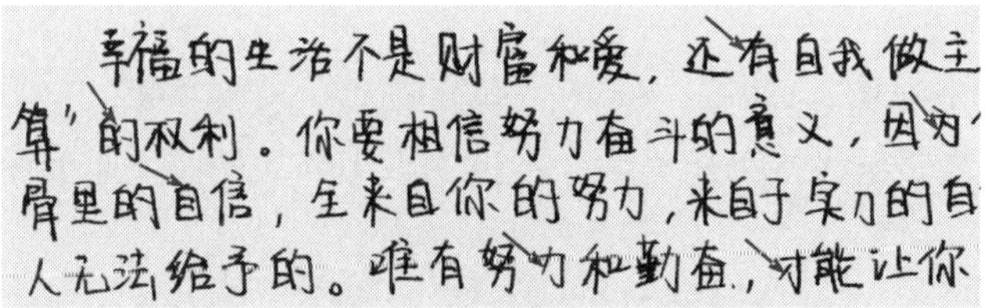

幸福的生活不是财富和爱，还有自我做主
算"的权利。你要相信努力奋斗的意义，因为
骨里的自信，全来自你的努力，来自于实力的自
人无法给予的。唯有努力和勤奋，才能让你

图 5-22　短撇笔画

3. 直撇

直撇，是指撇笔画写得过直，没有弧度，背离楷书书写规范的要求。直撇给人一种直抒胸臆、开门见山、紧张压抑的特点（如图 5-23 所示）。

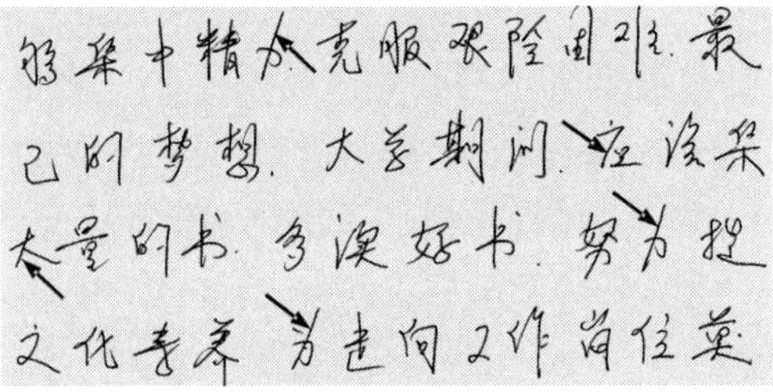

络渠中精力克服艰险困难，最
己的梦想。大学期间，应该读
大量的书，多读好书，努力提
文化素养，为走向工作岗位奠

图 5-23　直撇笔画

习惯于书写直撇，一般表现为：书写人认真专注、执着坚定；说话做事不喜欢拐弯抹角，容易触景生情，直抒胸臆，情感丰富；内心有压抑感，如果书写人书写的是长直撇，则有发泄的情绪，如果是短直撇，则压抑情绪不易发泄。

4. 弧度撇

弧度撇，是指撇笔画写得带有弧度，甚至会带有外回钩等细微书写动作。弧度撇较为接近楷书书写规范的要求，并给人一种活泼、灵性、温柔多情的特点。（如图 5-24 所示）。

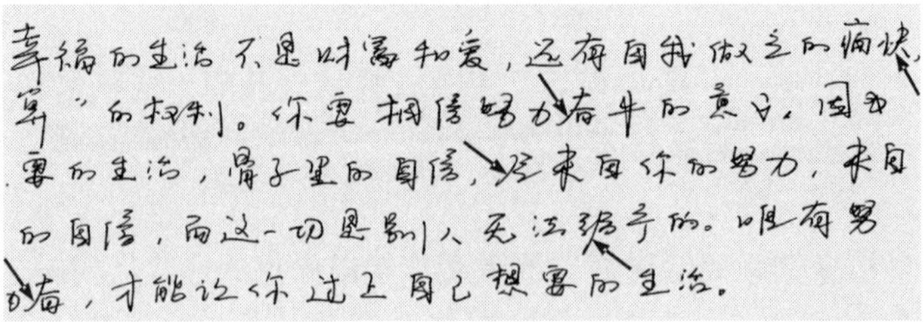

幸福的生活不是财富和爱，还有自我做主的痛快，
算"的权利。你要相信努力奋斗的意义，因为
要的生活，骨子里的自信，全来自你的努力，来自
的自信，而这一切是别人无法给予的。唯有努
勤奋，才能让你过上自己想要的生活。

图 5-24　弧度撇笔画

习惯于书写弧度撇，一般表现为：书写人活泼开朗，情感细腻，有机灵劲或灵感灵性；温柔多情、多愁善感。

（四）捺笔画

“捺”，向右下方运笔书写延伸，代表书写人的行动力、执行力、性情。根据常见捺笔画的形态，可将捺笔画分为长捺、短捺、直捺、平捺四种类型（如图 5–25 所示）。

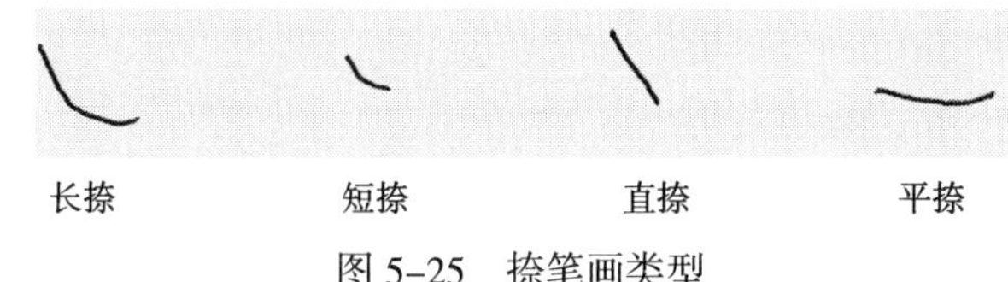

图 5–25　捺笔画类型

1. 长捺

长捺，是指捺笔画写得过长，超出楷书书写规范的要求，或在汉字笔迹中相对其他笔画较为突出。长捺给人一种开拓进取、性情豁达的特点（如图 5–26 所示）。

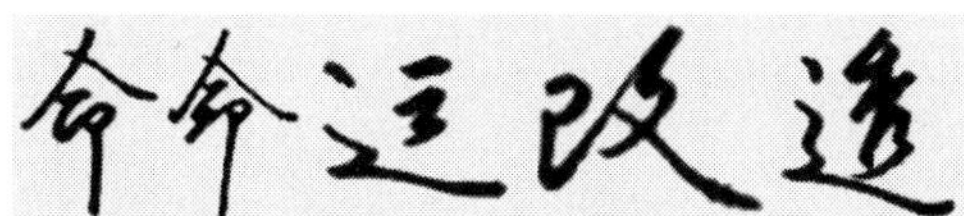

图 5–26　长捺笔画

习惯于书写长捺，一般表现为：书写人积极进取，面对事业和未来具有一种进行到底的气势和勇气，行动力较强，但做事过程中有时会太过投入，缺乏一定的自我克制力，自控能力相对较弱。

2. 短捺

短捺，是指捺笔画写得过短，严重者甚至以捺点的形式代替捺笔画，背离楷书书写规范的要求。短捺笔画给人一种放不开手脚、半途而废、压抑、束缚的特点（如图 5–27 所示）。

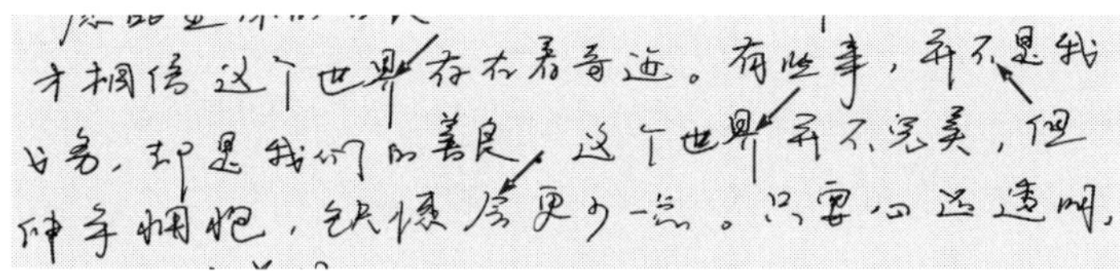

图 5–27　短捺笔画

习惯于书写短捺，一般表现为：书写人性情温和、灵活、开朗，有一定的自我控制力，做事克制，缺乏敢于行动、进取的勇气和魄力，行动力弱。

3. 直捺

直捺，是指捺笔画写得过直，没有弧度，背离楷书书写规范的要求。直捺给人一种雷厉风行、势如破竹、刚硬霸气的特点（如图 5–28 所示）。

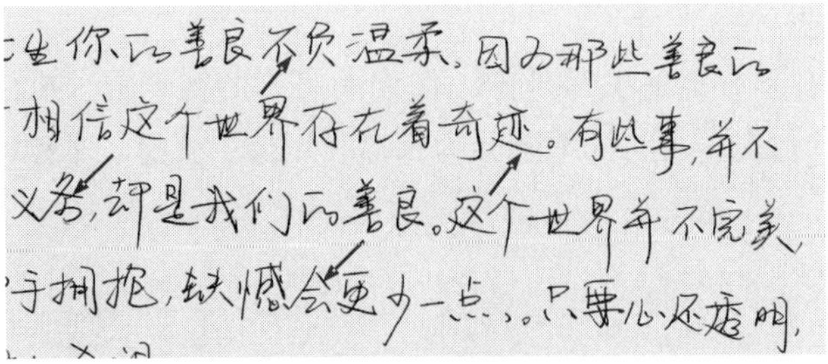

图 5–28　直捺笔画

习惯于书写直捺，一般表现为：书写人性格坚强、独立、严肃、固执；做事不喜欢拐弯抹角，专注投入，行动能力强。

4. 平捺

平捺，是指捺笔画不但写得直，且接近水平向，背离楷书书写规范的要求。平捺一般在“辶”部中较为常见，并给人一种积极进取、敢拼敢闯的特点（如图 5–29 所示）。

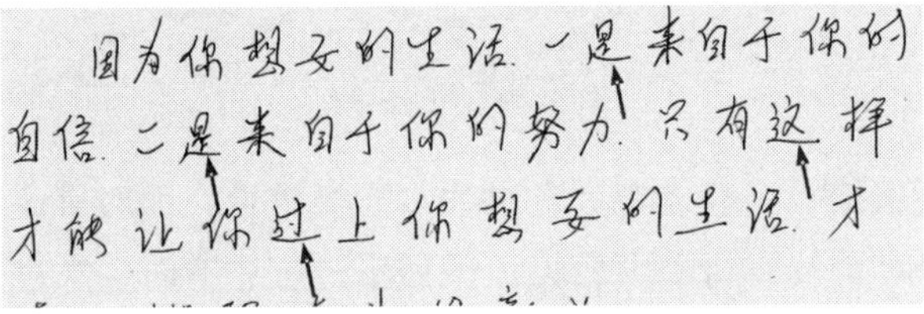

图 5–29　平捺笔画

习惯于书写平捺，一般表现为：书写人积极进取，信念执着坚定，面对事业和未来有信心，克服困难能力强，充满斗志，勇于行动。

（五）点笔画

“点”，代表书写人的智商和情商，即智慧。智商是人的智力商数，是指人运用理论知识解决实际问题的能力；情商代表情绪的智力，是指人在情绪、意志和面对挫折时的品质。智商和情商之和则是指一个人的智慧。根据常见点笔画的形态特征，可将其分为真点、顿点、折点三种类型（如图 5–30 所示）。

图 5–30　点笔画类型

1. 真点

真点，是指按照楷书书写规范写成的点，表现为圆形或近圆形。真点给人一种理智、保守、点到为止的特点（如图 5–31 所示）。

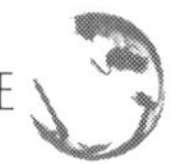

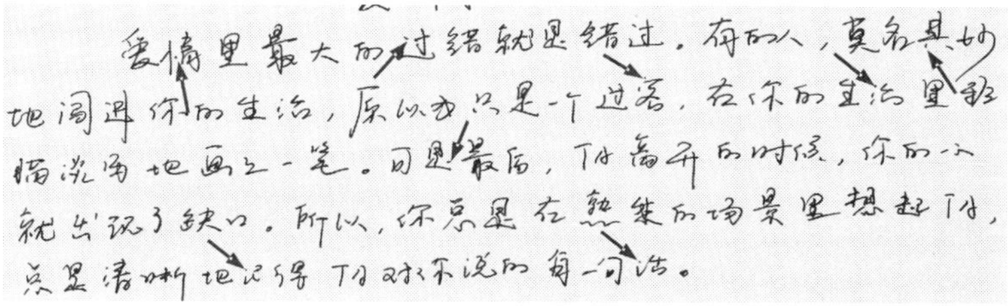
爱情里最大的过错就是错过。有的人，莫名其妙地闯进你的生活，原以为只是一个过客，在你的生活里轻描淡写地画上一笔。可是最后，他离开的时候，你的心就出现了缺口。所以，你总是在熟悉的场景里想起他，总是清晰地记得他对你说的每一句话。

图 5–31　真点笔画

习惯于书写真点，一般表现为：书写人处理问题时较为理智，做事能够留有余地，点到为止，心态平和，但易优柔寡断，思考有余、决断不足。

2. 顿点

顿点，是指点的形态类似于一短线，背离楷书书写规范的要求。顿点给人一种热情、注重外在修饰的特点（如图 5–32 所示）。

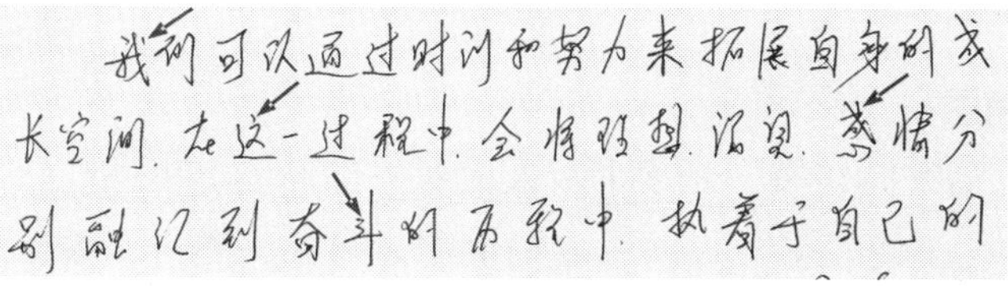
我们可以通过时间和努力来拓展自身的成长空间。在这一过程中，会有孤独、沮丧、热情分别融汇到奋斗的历程中。执着于自己的

图 5–32　顿点笔画

习惯于书写顿点，一般表现为：书写人稳重、执着、积极热情，注重外在表现。

3. 折点

折点，是指点笔画在运笔过程中有一转折笔动作，并形成类似于大于号（>）的形态。折点给人一种灵活、果断的特点（如图 5–33 所示）。

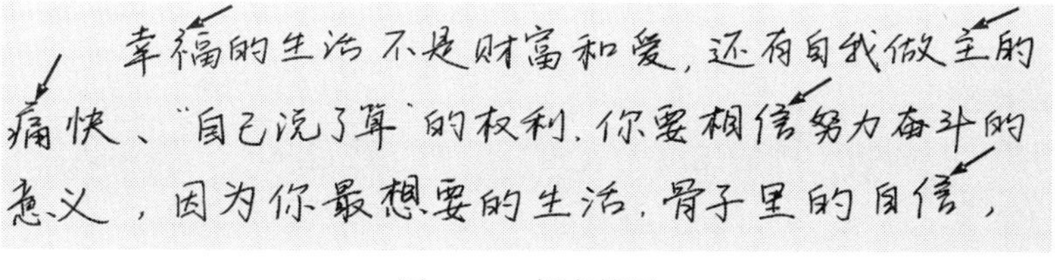
幸福的生活不是财富和爱，还有自我做主的痛快、“自己说了算”的权利。你要相信努力奋斗的意义，因为你最想要的生活，骨子里的自信，

图 5–33　折点笔画

习惯于书写折点，一般表现为：书写人态度积极、灵活、自信，注重外在形式感。

另外，笔迹分析实践中，还要结合点笔画在书写内容中的数量多少及其在字迹中的分布位置来解释点笔画的心理释义。例如，在一幅书写内容中，如果“点”较多，甚至一些小笔画亦简化为点笔画，一般反映出书写人的思路多、思维不严密、思虑繁杂，做事分不清主次，只在意结果而不注重过程，甚至只是随便应付的个性心理特征（如图 5–34 所示）。

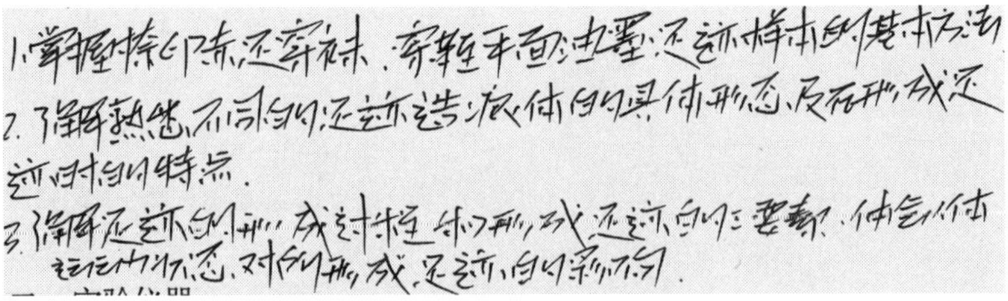

图 5–34 “点”数量多示意图

如果“点”的位置较高、远，说明书写人立意高远，比较有智慧；“点”的位置适中，则说明书写人智慧一般（如图 5–35 所示）。

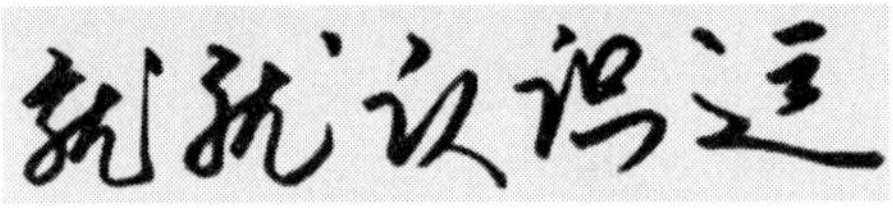

图 5–35 “点”位置高、远

（六）折笔画

“折”，运笔方向转折，体现书写人面对外部环境、事件变化所引起的心理反应和态度变化，代表书写人的为人处世能力和社交能力。根据常见折笔画的形态特征，可将其分为直角折、锐角折、钝角折、圆角折四种类型（如图 5–36 所示）。

直角折　　锐角折　　钝角折　　圆角折

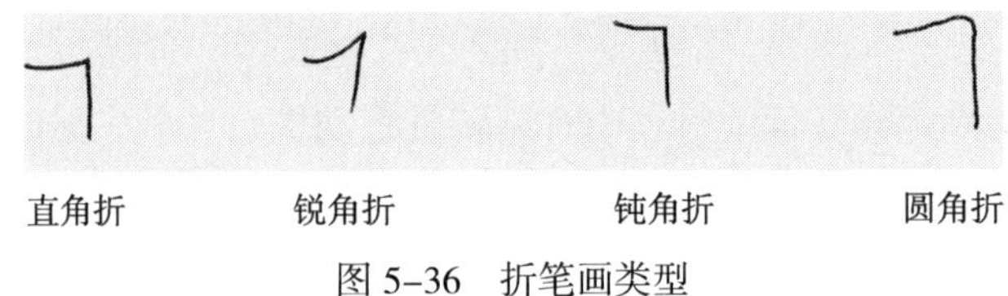

图 5–36 折笔画类型

1. 直角折

直角折，是指折笔画的角度为直角，呈 90° 或近 90° 。直角折符合楷书书写规范的要求，运笔转折干脆、果断，给人一种客观、真诚的特点（如图 5–37 所示）。

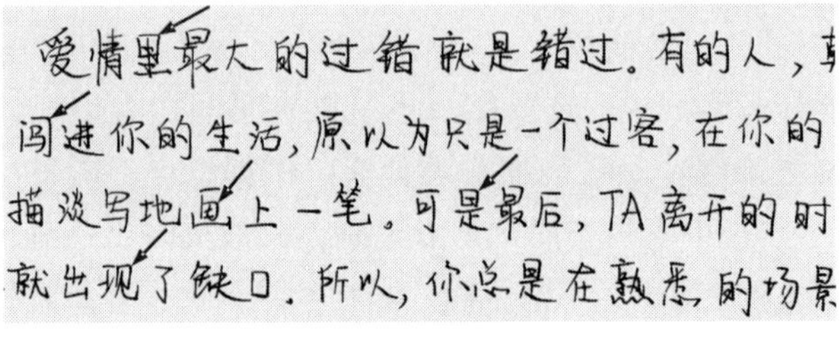

图 5–37 直角折笔画

习惯于书写直角折，一般表现为：书写人性格坦率、真诚，做事果断、干练，有时也会表现为固执。

2. 锐角折

锐角折，是指折笔画的角度为锐角，呈小于 90° 的尖锐状。锐角折背离楷书书写规范的要求，运笔转折突然、生硬，并给人一种锋芒毕露、咄咄逼人、决不退让的特点（如图 5–38 所示）。

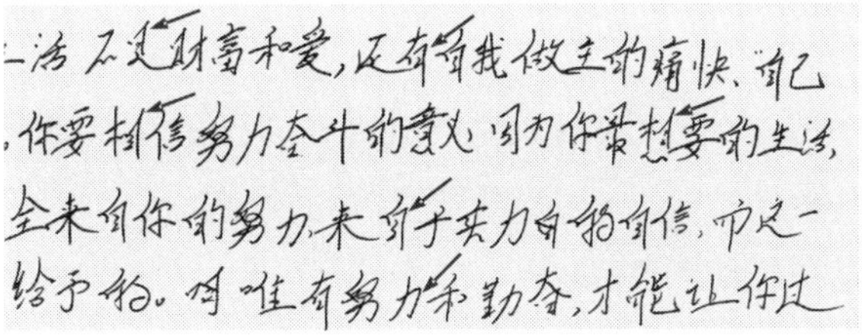

图 5–38　锐角折笔画

习惯于书写锐角折，一般表现为：书写人爱争强好胜、锋芒毕露、喜欢竞争与挑战；待人接物一般采取激进的、偏执的、倔强的态度，虽有进取性但较显直接生硬，不易被人接受，做事缺乏委婉和修饰。

3. 钝角折

钝角折，是指折笔画的角度为钝角，呈大于 90° 的跨角状。钝角折背离楷书书写规范的要求，运笔转折渐变，不明显，给人一种不急不躁、喜欢从简、讨厌繁杂的特点（如图 5–39 所示）。

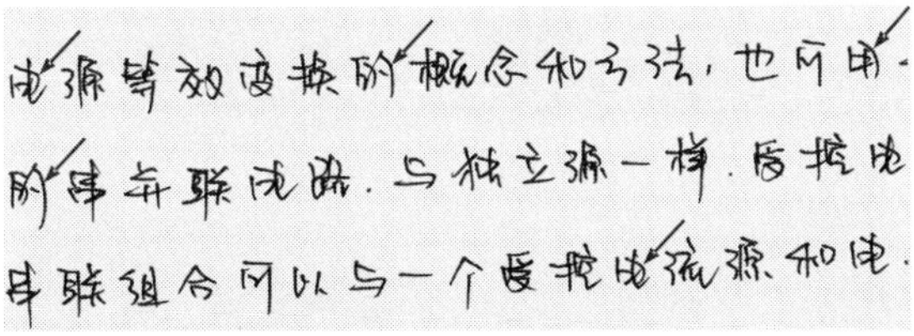

图 5–39　钝角折笔画

习惯于书写钝角折，一般表现为：书写人性格温和、顺应、随和，喜欢简约、走捷径，不喜繁杂，思想较为单纯，缺乏一定的城府。

4. 圆角折

圆角折，是指折笔画的角度呈圆弧状。圆角折背离楷书书写规范的要求，运笔转折渐变，给人一种委婉、温和，易于接近和交往的特点（如图 5–40 所示）。

习惯于书写圆角折所投射出的书写人的个性心理特征，一般表现为：书写人的为人处世能力较强，既不锋芒毕露又不谨慎退让，待人接物一般采取缓和的、宽容的态度，比较委婉含蓄，处理人际关系能力较好。

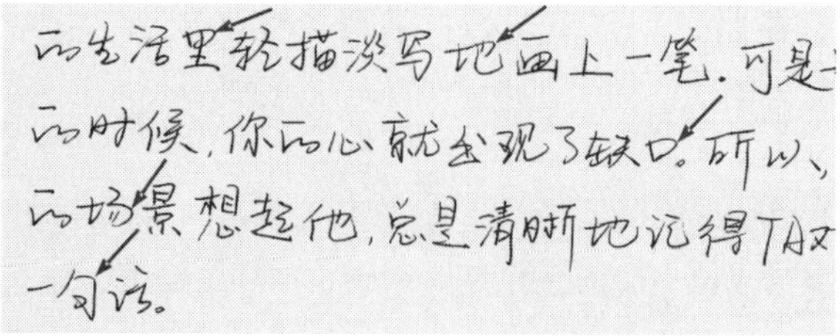

的生活里轻描淡写地画上一笔。可是
的时候，你的心就会现了缺口。所以，
的场景想起他，总是清晰地记得TA的
一句话。

图 5–40　圆角折笔画

（七）提笔画

“提”，即运笔向右上方刺出，起承前启后的作用，代表书写人的品质秉性以及与他人合作共事的态度。根据常见提笔画的形态特征，可将其分为长提、短提、连笔提三种类型（如图 5–41 所示）。

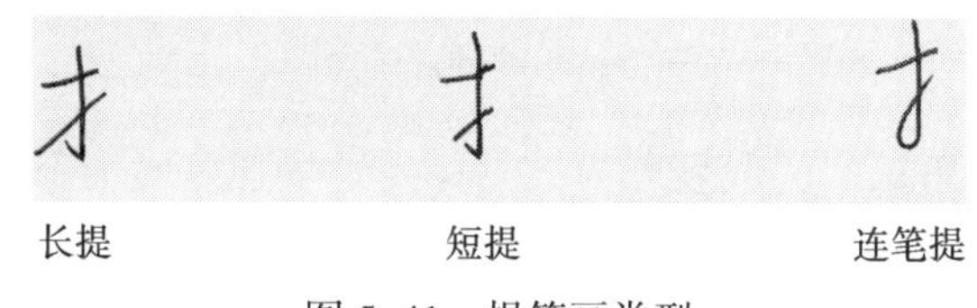

图 5–41　提笔画类型

1. 长提

长提，是指提笔画写得较长，超出楷书书写规范的要求。长提给人一种锋芒毕露、盛气凌人的特点（如图 5–42 所示）。

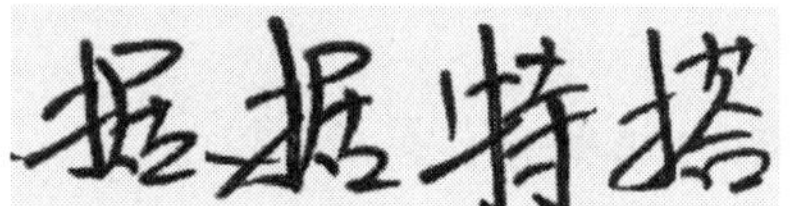

图 5–42　长提笔画

习惯于书写长提，一般表现为：书写人性格急躁、脾气泼辣、情绪外露、竞争意识强，富于攻击性，不懂谦让，易得罪人，忍耐力和自控力较差。

2. 短提

短提，是指提笔画写得较短，背离楷书书写规范的要求。短提给人一种胆小谨慎、敏感的特点（如图 5–43 所示）。

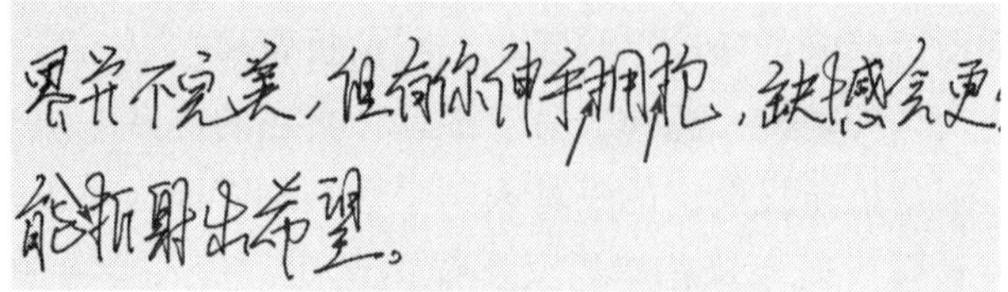

图 5–43　短提笔画

习惯于书写短提，一般表现为：书写人谨慎、克制，有一定的自我控制能力，做事不愿深入。

3. 连笔提

连笔提，是指提笔画与其他笔画系连笔书写形成，承前启后、行云流水，是在楷书书写规范的基础上进行的变异。连笔提给人一种得心应手、熟练的特点（如图 5–44 所示）。

图 5–44　连笔提笔画

习惯于书写连笔提，一般表现为：书写人性格随和，做事行云流水、过渡自然、思维缜密。

（八）钩笔画

“钩”，运笔转向形成，体现书写人面对外部环境、事件变化的心理情况，代表书写人的态度、心胸、执行力和自控能力。根据常见钩笔画的形态特征，可将其分为长钩、短钩、无钩三种类型（如图 5–45 所示）。

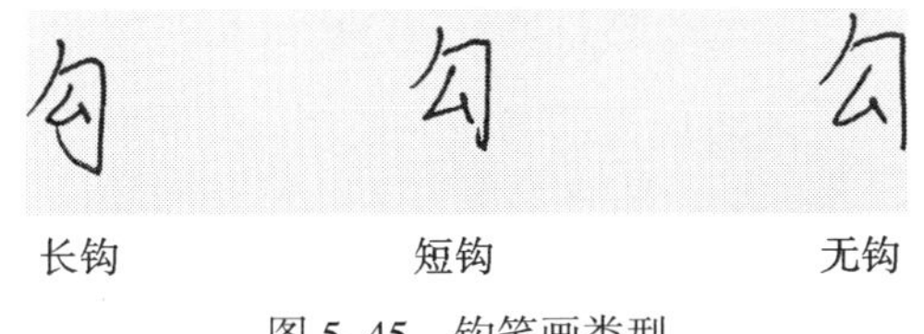

长钩　　短钩　　无钩

图 5–45　钩笔画类型

1. 长钩

长钩，是指钩笔画写得较长，背离楷书书写规范的要求。长钩给人一种表明态度的特点（如图 5–46 所示）。

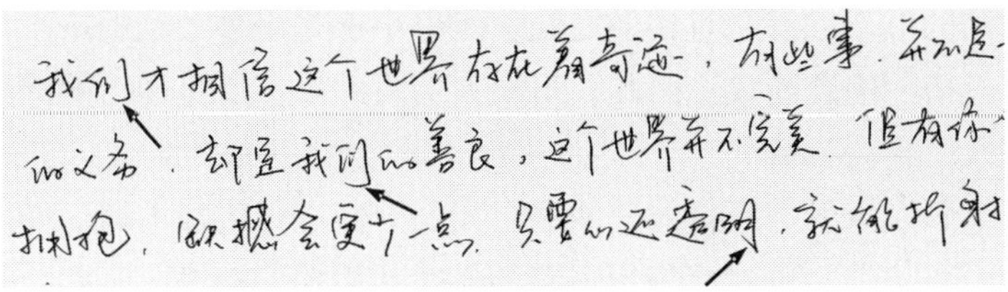

图 5–46　长钩笔画

习惯于书写长钩，一般表现为：书写人书写的长钩带锋时，积极、主动、进取，有执行力和攻击力；长钩无锋时，优柔寡断，犹豫不决；长钩且角度大时心胸较宽广；长钩且角度小时则缺少忍让。

2. 短钩

短钩，是指钩笔画写得较短，背离楷书书写规范的要求。短钩给人一种谨慎、克制的特点（如图 5–47 所示）。

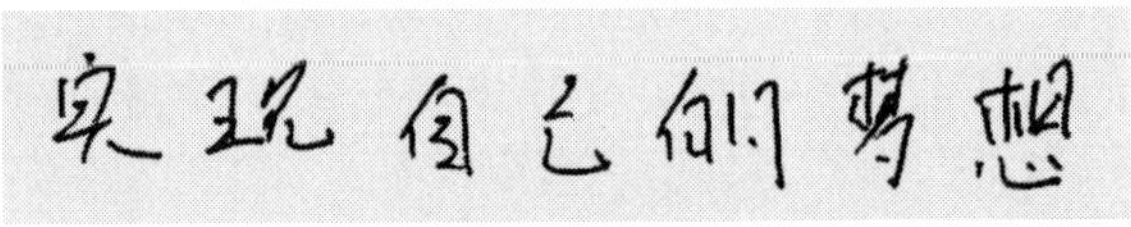

图 5–47　短钩笔画

习惯于书写短钩，一般表现为：书写人胆小谨慎，善于克制和隐忍，自控力较好，善于情绪隐藏。

3. 无钩

无钩，是指本应该有钩的笔画却未露“钩”，背离楷书书写规范的要求。无钩给人一种果断、干脆的特点（如图 5–48 所示）。

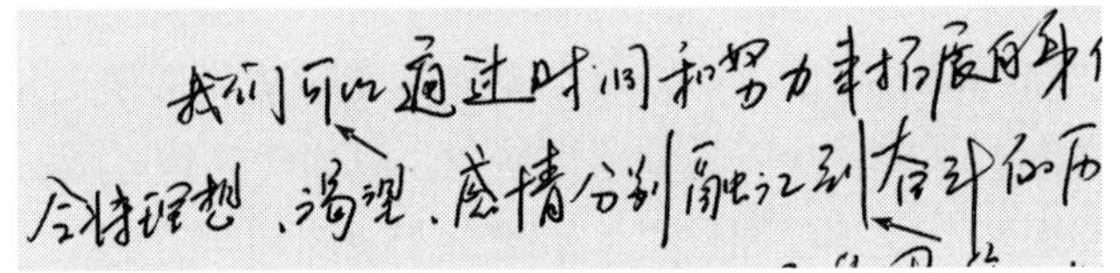

图 5–48　无钩笔画

习惯于书写无钩，一般表现为：书写人处理问题果断，不喜欢拖泥带水，做事有时偏急躁、冲动，爱表现、情绪外露，有时却深沉多谋、隐藏情绪。

二、笔画具体表现形态

笔迹如同足迹一样，都是人体运动习惯的外化产品，但这种运动并不是杂乱无章的，而是具有一定的规律性。笔迹是在书写人书写动作的阈限范围内输出的具有一定规律且因人而异的自振痕迹，而笔画作为笔迹的主要组成元素，不同人书写同一笔画的形态或许会有相似之处，但单字都是由多个笔画按照书写规范的要求进行有机搭配组合而成。因此，不同人书写的单字所呈现出的笔画具体表现形态亦会因人而异。

不同的笔画表现形态所投射出的书写人的个性心理特征不同，根据常见的笔画具体表现形态特点，可将其分为圆润、弹性、粗糙、凝滞、刚柔、舒敛、变异七种类型。其中圆润、弹性、粗糙、凝滞四种类型已在相关著作中讲述，笔者在此重点讲述刚柔、舒敛、变异三种笔画的具体表现形态。

（一）刚柔

笔画的刚柔特征是通过笔画的具体表现形态得以展现的。根据笔画的具体表

现形态可以分为刚性笔画、柔性笔画以及刚柔相济三种类型，不同特性的笔画所投射出的书写人的个性心理特征不同。

1. 刚性笔画

刚性笔画是由于书写人的运笔力度大、握笔紧、书写速度相对较快等书写动作形成。特点表现为笔画直、笔力大、纸张背面凸起，中性笔书写时笔画中间有时会反映出露白痕迹。刚性笔画给人一种认真、紧张、说一不二的特点（如图5–49所示）。

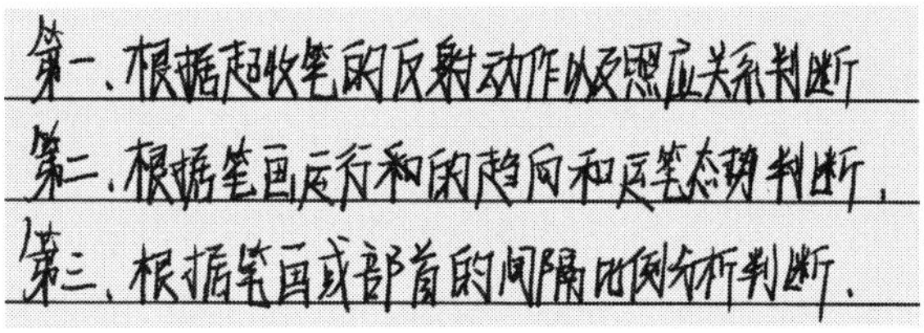

图 5–49　刚性笔画

习惯于书写刚性笔画，一般表现为：书写人性格刚强，做事认真、执着，有执行力和行动力，自尊心强，情绪易于外露，耐力、持久力较差。

2. 柔性笔画

柔性笔画是由于书写人的运笔力度小、握笔轻、书写速度相对适中等书写动作形成。特点表现为笔画多呈圆润状、笔力较小。柔性笔画给人一种委婉、温和的特点（如图5–50所示）。

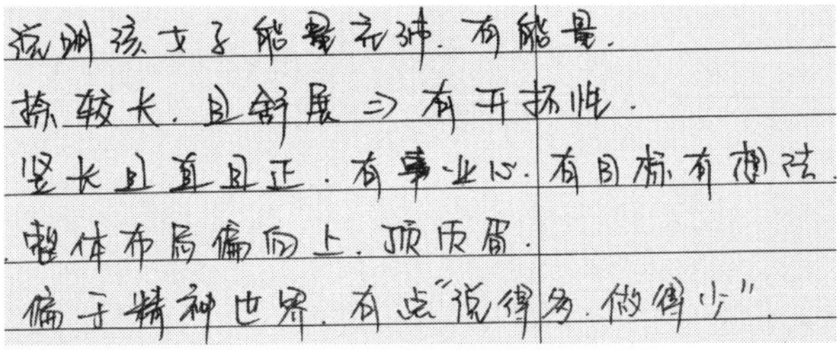

图 5–50　柔性笔画

习惯于书写柔性笔画，一般表现为：书写人性格较为温和，做决定容易优柔寡断，立场不坚定，但耐力、持久力较好。

3. 刚柔相济笔画

刚柔相济笔画，是指书写人的字迹中既有刚性笔画又有柔性笔画，且两者之间的过渡衔接处理得较好。特点表现为笔画之间的连接照应关系及笔力变化明显，并呈一定的节奏感、韵律感。刚柔相济的笔画给人一种灵活、能屈能伸的特点（如图5–51所示）。

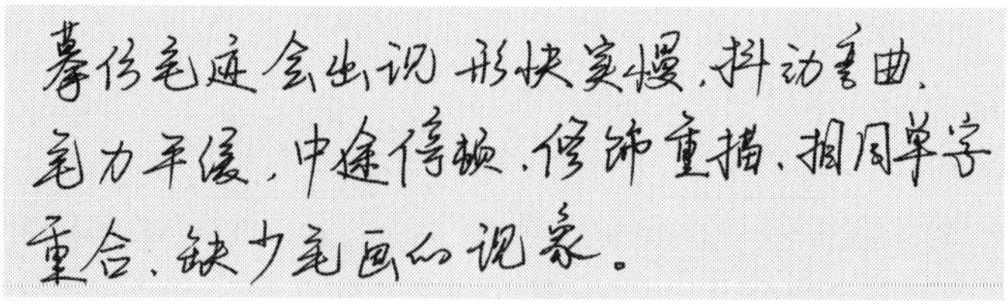

摹仿笔迹会出现形快实慢、抖动弯曲、笔力平缓、中途停顿、修饰重描、相同单字重合、缺少笔画的现象。

图 5–51　刚柔相济笔画

习惯于书写刚柔相济笔画，一般表现为：书写人思维敏捷、灵活、应变能力强；做事有计划、有条理，并能够根据具体情况随时作出调整，既能开拓进取又能适当克制、收敛锋芒，能屈能伸。

（二）舒敛

笔画的舒敛特征，是指笔画在笔迹中表现出的舒展与收敛特点，实践中主要是以临近笔迹外围框架的笔画作为判断依据。笔画舒敛可分为笔画舒展和笔画收敛两种类型。

1. 笔画舒展

笔画舒展，是指临近笔迹外围框架的笔画呈舒张、伸展之势。笔画舒展给人一种向外扩张、开疆扩土的特点（如图 5–52 所示）。

图 5–52　笔画舒展

习惯于笔画舒展，一般表现为：书写人性格多外向、乐观、开朗，比较自信，甚至自负；胆大、敢于冒险，不甘于平庸和碌碌无为，做事积极进取，富于上进心和开拓精神。

2. 笔画收敛

笔画收敛，是指临近笔迹外围框架的笔画呈收缩、内敛之势。笔画收敛给人一种处于保守、防卫的特点（如图 5–53 所示）。

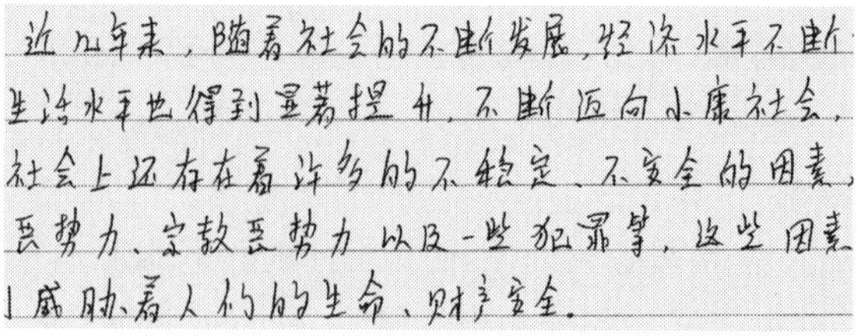

近几年来，随着社会的不断发展，经济水平不断
生活水平也得到显著提升，不断迈向小康社会，
社会上还存在着许多的不稳定、不安全的因素，
恶势力、宗教恶势力以及一些犯罪集团，这些因素
威胁着人们的生命、财产安全。

图 5–53　笔画收敛

习惯于笔画收敛，一般表现为：书写人性格多内向、消极、悲观，甚至自

卑；做事缺乏积极主动性，胆小谨慎，逃避现实。

（三）变异

笔画变异特征，是指书写人在书写规范的基础上对笔画或部首进行的变异写法，即用书写人习惯的笔画形态代替了书写规范所要求的笔画或部首的形态。笔画变异特征越突出，说明书写人与之相应的某种个性心理特征越明显。

实际上，每个人的笔迹都存在笔画变异写法，否则就不能通过书写人的笔迹进行同一认定和个性心理分析了。根据笔画变异的程度和特点，可将笔画变异分为杂乱性变异和清晰性变异两种类型。

1. 杂乱性变异

所谓杂乱性变异，是指笔画变异程度严重，甚至会出现整体性变异，字迹形态怪异，辨识度差，有时像绘画笔迹但又不像绘画笔迹那样有特点。杂乱性变异笔画给人一种凌乱不堪、特立独行的特点（如图 5-54 所示）。

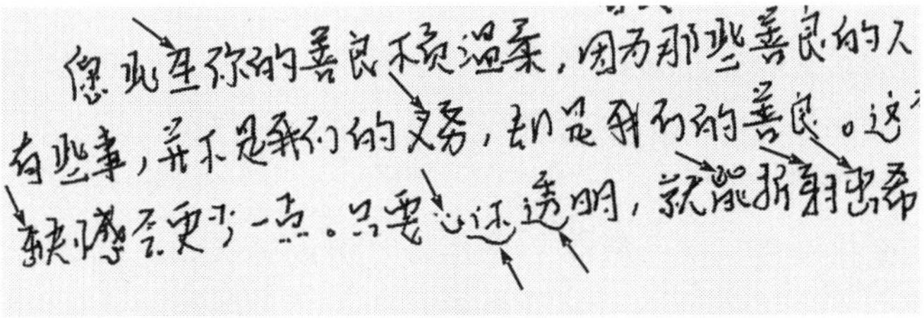

图 5-54　杂乱性变异笔画

习惯于书写杂乱性变异笔画，一般表现为：书写人性格怪异，特立独行，虽有一定的主见并想标新立异，但容易马虎、丢三落四，随意应付，做人做事一般从自己内心出发，不会考虑他人感受。

2. 清晰性变异

所谓清晰性变异，是指笔画变异程度相对适中，或仅限于局部性变异，辨识度好，并给人一种主见性强、个性突出的特点（如图 5-55 所示）。

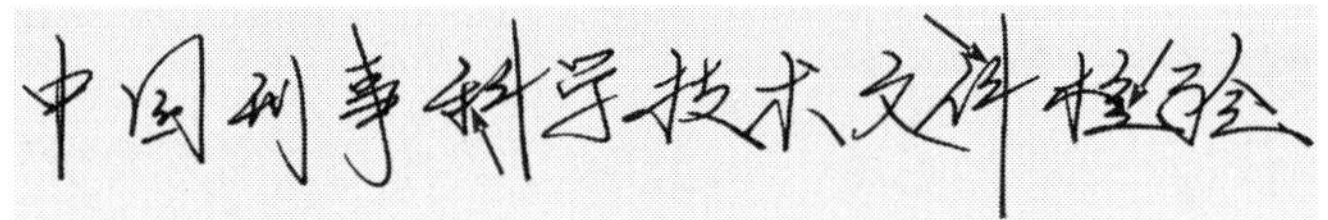

图 5-55　清晰性变异笔画

习惯于书写清晰性变异笔画，一般表现为：书写人有主见，思维敏捷、灵活，有想象力；做事行动目的性较强，善于抓住主线和重点，懂得省力，并会根据事情的轻重程度进行随机调整，讲究效率。

第二节　笔画组合关系特征

汉字笔迹是书写人根据书写规范的要求将各种笔画进行有机搭配组合而成的一个系统。笔画作为汉字笔迹系统中的一个要素，必然会与其他笔画产生相互关联，如汉字笔迹中各个笔画间的衔接位置关系、聚集与疏散关系、孤立与照应关系等。因此，笔画组合关系特征，是指汉字笔迹中各笔画间的空间分布位置关系及其所处状态所呈现出来的特点。笔画组合关系特征能够反映书写人的思想境界、思维能力、思虑状态、为人处世能力以及人际关系等个性心理特征。

根据汉字笔迹中笔画组合关系的特点，可将笔画组合关系特征分为衔接、聚散、孤立、照应、交叉、缠绕、叠加七种类型。

一、衔接

衔接，是指组成汉字笔迹的各个笔画、部首间的首、尾连接状况。根据笔画衔接特点，可将其分为笔画衔接紧密与笔画不衔接两种类型。

（一）笔画衔接紧密

所谓笔画衔接紧密，是指汉字笔迹中应连接的各笔画、部首均处于相互连接状态，笔笔到位，几乎无单个或孤立笔画存在。笔画衔接紧密给人一种认真、严谨的特点（如图 5-56 所示）。

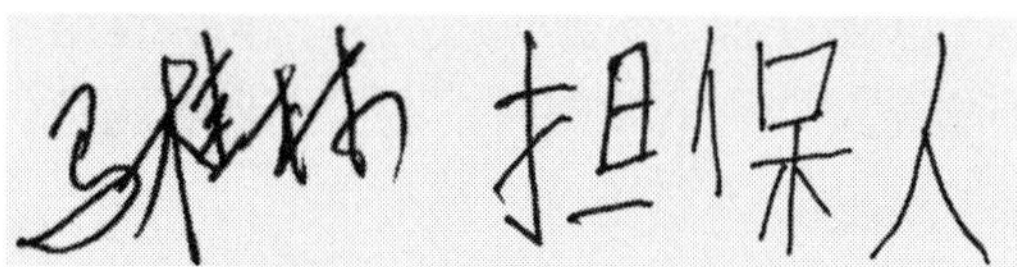

图 5-56　笔画衔接紧密

习惯于笔画衔接紧密，一般表现为：书写人思维严密，做事认真、执着、严谨、一丝不苟。

（二）笔画不衔接

笔画不衔接，是指汉字笔迹中本应连接的笔画却被书写人变异成衔接处空隙较大，首尾不相连接。笔画不衔接给人一种豁达、随意的特点（如图 5-57 所示）。

习惯于笔画不衔接，一般表现为：书写人思想超脱、境界高、心胸豁达、心境敞亮，但思维不严密，在一些琐碎事情上容易马虎、粗心大意。

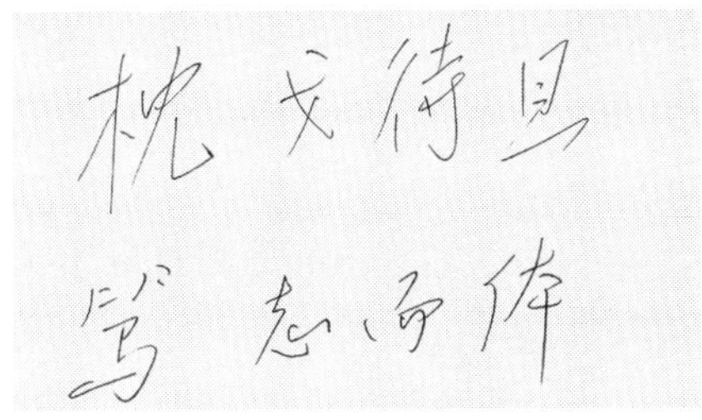

图 5-57　笔画不衔接

二、聚散

聚散，是指组成汉字笔迹的各笔画间的聚集与疏散关系。根据笔画聚散特点，可将其分为笔画聚集、笔画疏散、笔画内聚外展三种类型。

（一）笔画聚集

笔画聚集，是指汉字笔迹各笔画之间的空间较小，处于聚集状态。笔画聚集给人一种认真、专注、保守的特点（如图 5-58 所示）。

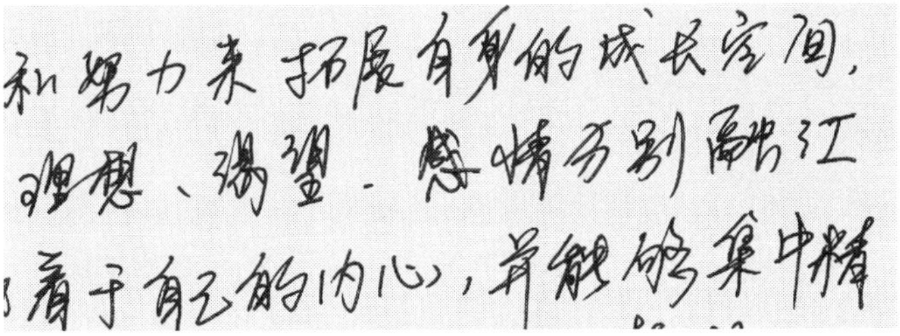

图 5-58　笔画聚集

习惯于笔画聚集，一般表现为：书写人内心压抑、封闭、保守；做事认真、执着、固执，合作共事能力差，有时会钻牛角尖，不知变通，缺乏一定的灵活性。

（二）笔画疏散[①]

笔画疏散，是指汉字笔迹的各笔画之间的空间距离相对较大，并处于舒朗状态。笔画疏散给人一种洒脱、心境敞亮的特点（如图 5-59 所示）。

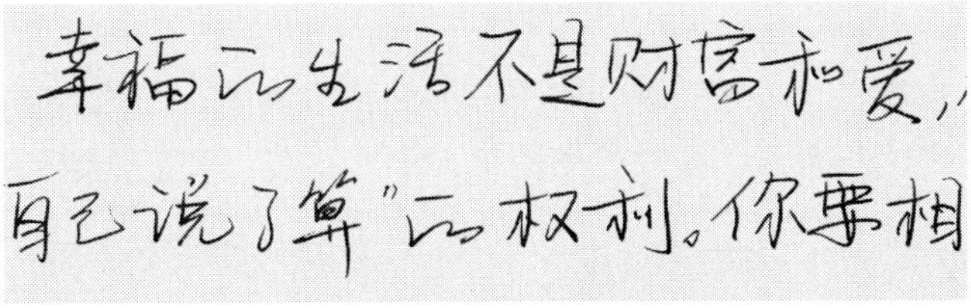

图 5-59　笔画疏散

① 这里只论论笔画疏而不散的情况。

习惯于笔画疏散，一般表现为：书写人思想境界较高，思维善于发散，心胸较为豁达、大度，想得开。

（三）笔画内聚外展

所谓笔画内聚外展，是指汉字笔迹内部笔画呈聚集状，而临近笔迹外围框架的笔画呈伸展状。笔画内聚外展给人一种外在开放、进取，内心却封闭、保守的特点（如图 5-60 所示）。

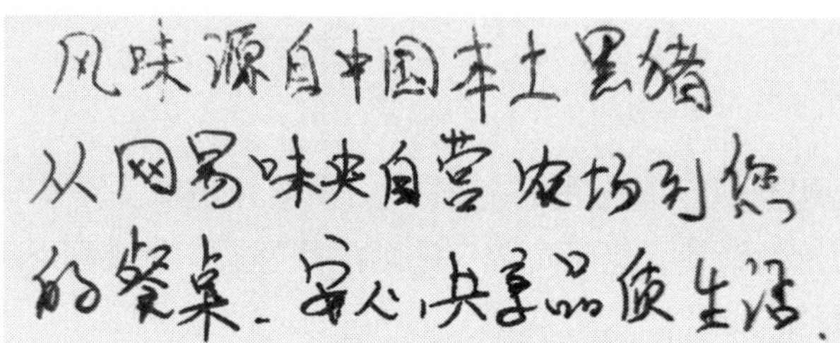

图 5-60　笔画内聚外展

习惯于笔画内聚外展，一般表现为：书写人外在表现积极，内在勤奋努力；内心压抑、封闭、保守、胆小，自尊心强，敏感、克制的个性心理特征。

三、孤立

孤立，是指汉字笔迹的各笔画之间相对处于一种独立状态，通常表现为笔画、部首之间无连接照应关系，笔画无笔力变化，笔画多不接触、无依无靠，在书写水平低的书写人笔迹中较为常见。笔画孤立给人一种散乱、不团结的特点（如图 5-61 所示）。

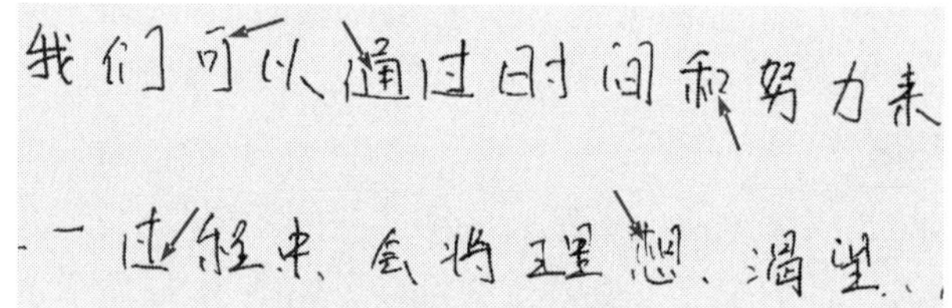

图 5-61　笔画孤立

习惯于笔画孤立，一般表现为：书写人性格多内向、固执，甚至孤僻；思维单一，缺乏连贯性；做事情喜欢就事论事，不会系统、辩证地看问题。

四、照应

照应，是指汉字笔迹的各笔画之间处于一种彼此相互联系的状态。通常表现为笔画、部首之间有连接照应关系及笔力变化，各主要笔画之间往往有附笔画起

过渡衔接作用，一般在书写水平高的书写人笔迹中较为常见。笔画照应给人一种一气呵成、气脉相连的特点（如图 5-62 所示）。

图 5-62　笔画照应

习惯于笔画照应，一般表现为：书写人性格较外向、乐观、开朗；思维敏捷、灵活，具有连贯性和穿透力；做事有条理、有计划，能够系统、辩证地看问题，并懂得考虑他人。

五、交叉

交叉，是指汉字笔迹中本应该相互独立的笔画却出现了“十字形”交叉或衔接笔画过头等现象，是书写人在书写规范的基础上进行的变异写法。笔画交叉给人一种放纵、用力过猛、太过投入、愤怒打架的特点（如图 5-63 所示）。

图 5-63　笔画交叉

习惯于笔画交叉，一般表现为：书写人性格较暴躁、性情粗犷；做事易过头、用力过猛、过于认真；思虑过多、繁杂，对待周围事物或事情时易产生愤怒不满的情绪。

六、缠绕

缠绕，是指汉字笔迹连笔动作较多，各主要笔画之间以附笔画连接绕转，甚至会使主、附笔画分辨不清。笔画缠绕给人一种急躁、思路不清、做事毫无头绪的特点（如图 5-64 所示）。

习惯于笔画缠绕，一般表现为：书写人性格偏急躁；思虑过多、繁杂；遇到困难容易产生思路不清，找不到有效解决问题的突破口。

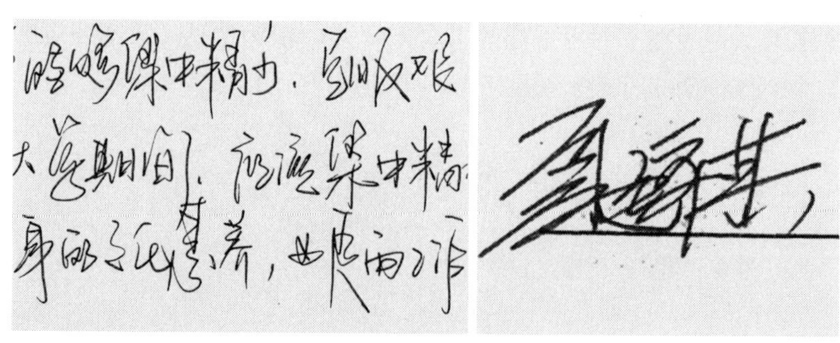

图 5-64　笔画缠绕

七、叠加

叠加，是指汉字笔迹内部的部分笔画出现的相互叠压、累加，甚至来回重描的现象。笔画叠加给人一种烦躁、强迫、过犹不及的特点（如图 5-65 所示）。

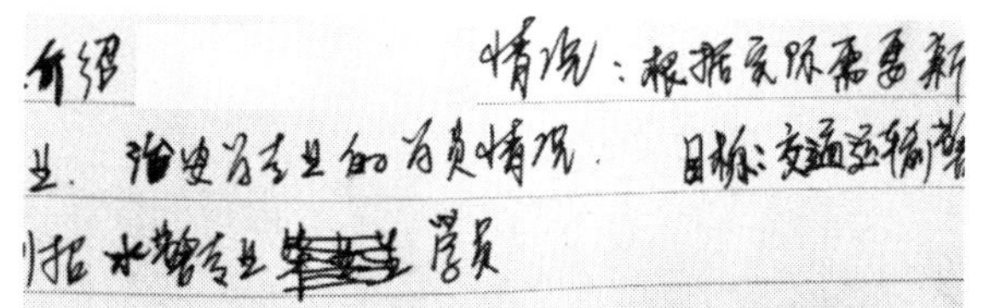

图 5-65　笔画叠加

习惯于笔画叠加，一般表现为：书写人内心压抑、封闭，做事会过于认真，但往往是出于强迫自己，反而会过犹不及，致使心情烦躁，易愤怒；如果书写人不懂得发泄掉这些负面不良的情绪，则容易产生心理问题。

第三节　搭配关系特征

搭配关系特征，是指在不超出书写规范要求的情况下，笔画或部首在搭配组合时之间的上下、高低、大小、疏密的比例关系和相对位置特征。[①]

根据搭配关系特点，可将搭配关系特征分为搭配比例和结构错位两种类型。

一、搭配比例

汉字笔迹是书写人按照书写规范的要求将不同笔画进行有机搭配组合而成，在对笔画进行搭配组合过程中必然会形成笔画的交接、交叉部位的比例关系。根

① 贾玉文、邹明理主编：《中国刑事科学技术大全 · 文件检验》，中国人民公安大学出版社 2002 年版，第 152 页。

据笔画与笔画之间交接点、交叉点的位置是居中、偏左、偏右、偏上、偏下等特点，可有效判断笔画的上下、左右等大小比例关系（如图 5-66 所示）。

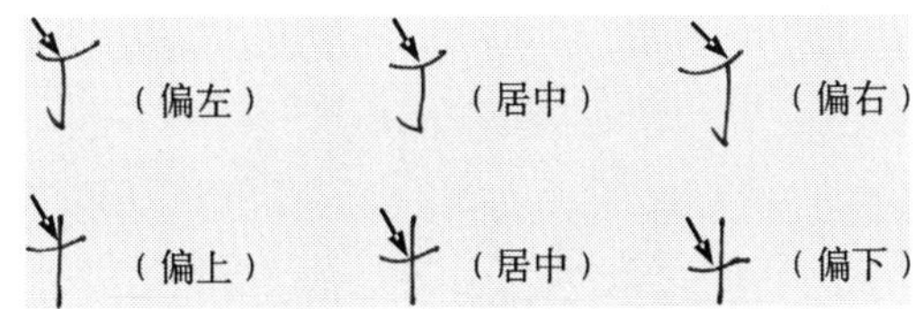

图 5-66　搭配比例关系

实践中，横、竖等主要笔画的交叉部位较为常见，其上下、左右等不同部位的大小比例关系所反映出的书写人的个性心理特征不同。

（一）横

横笔画在与其他笔画进行搭配组合时，根据交叉点的位置，可将横笔画分为左横和右横。根据左横长与右横长的大小比例关系，可以反映书写人对过去与未来的态度。

1. 左横长大于右横长

当左横长大于右横长时，说明书写人心理阅历较为丰富，也许经历过刻骨铭心的事，比较怀恋过去，与过去容易联想在一起（如图 5-67 所示）。

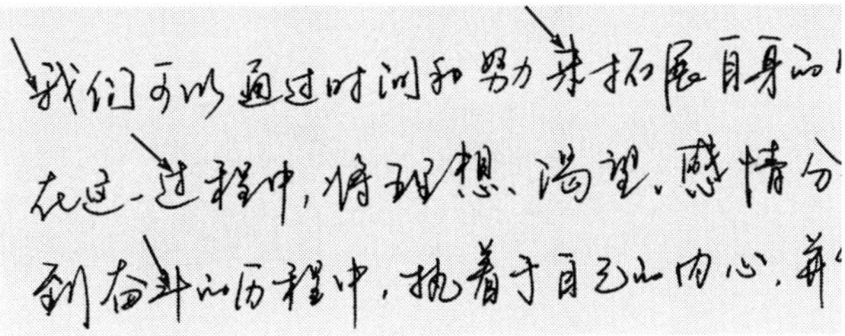

图 5-67　左横长大于右横长

2. 左横长小于右横长

当左横长小于右横长时，说明书写人对未来有信心和期许，并会积极进取和努力（如图 5-68 所示）。

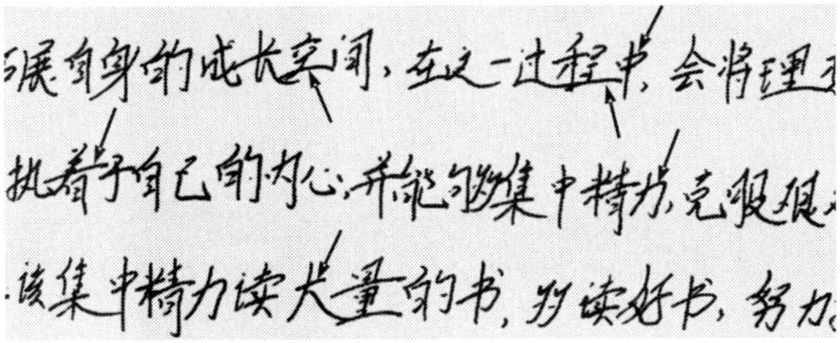

图 5-68　左横长小于右横长

3. 左横长与右横长近等

当左横长与右横长近等时，说明书写人专注、自控能力较强，既怀恋过去又不忘开拓未来（如图 5–69 所示）。

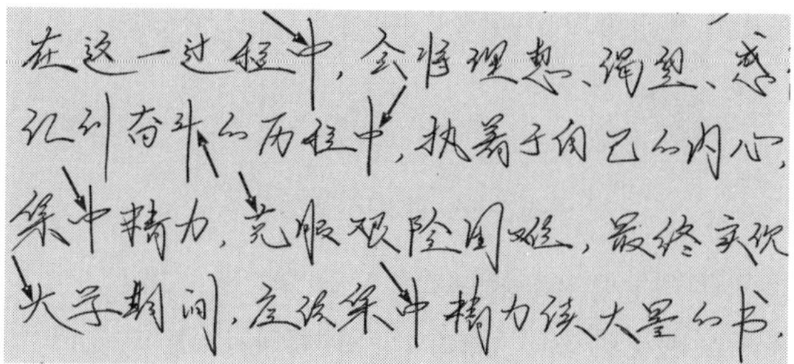

图 5–69　左横长与右横长近等

（二）竖

竖笔画在与其他笔画进行搭配组合时，根据交叉点的位置，可将竖笔画分为上竖和下竖。根据上竖长和下竖长的大小比例关系，可以反映书写人思想与现实的关系。

1. 上竖长大于下竖长

当上竖长大于下竖长时，说明书写人精神思想较为丰富，善于思考，但容易脱离实际，想得多，做得少（如图 5–70 所示）。

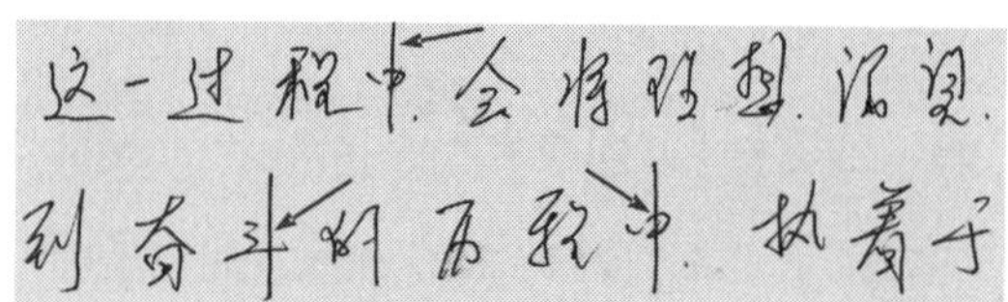

图 5–70　上竖长大于下竖长

2. 上竖长小于下竖长

当上竖长小于下竖长时，说明书写人比较注重实际，属于现实主义者，思考力相对缺乏（如图 5–71 所示）。

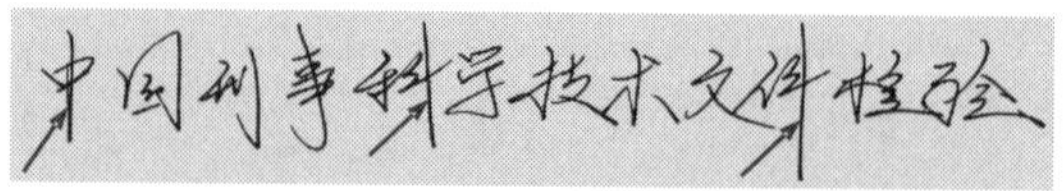

图 5–71　上竖长小于下竖长

3. 上竖长与下竖长近等

当上竖长与下竖长近等时，说明书写人自控能力强，理想较为现实（如图 5–72 所示）。

图 5–72　上竖长与下竖长近等

（三）其他部位比例关系突出

汉字笔迹属于象形文字，表意结构。书写人笔迹中突出的比例关系必然会蕴含着书写人相应的个性心理特征，即书写人的笔迹“突”在哪里，其个性心理特征就“突”在哪里（如图 5–73 所示）。

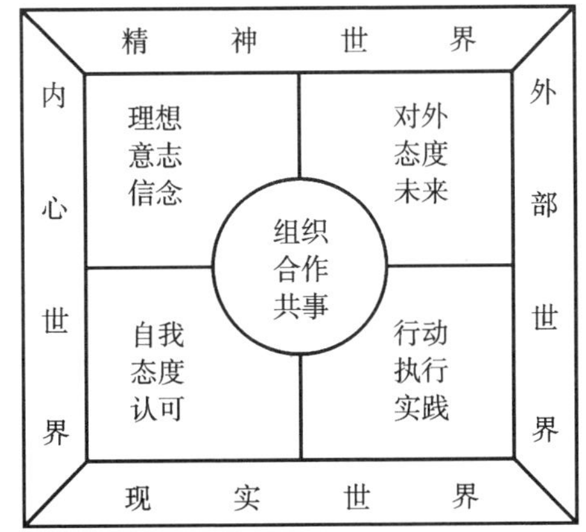

图 5–73　不同部位突出所对应的个性心理特征

利用笔画搭配比例关系进行笔迹分析时，要根据待分析笔迹的实际情况，有效判断比例关系的突出部位，灵活运用搭配比例这一特征，切忌生搬硬套，以免造成误析。

二、结构错位

结构错位，是指书写人的笔迹中所表现出来的部首间的上下、左右等位置失位现象。结构错位不是部首间的大小失称，部首间的大小失称会形成梯形字，而结构错位是书写人背离楷书书写规范结构匀称的要求所形成的部首位置失位。结构错位给人一种有错位心理存在的特点（如图 5–74 所示）。

习惯于结构错位，一般表现为：书写人的理想与现实不能够很好地融合，即理想与现实不符，两者差距较大时会产生错位心理。

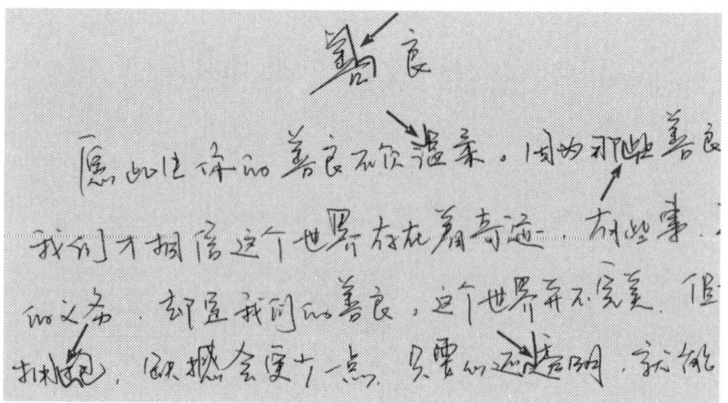

图 5–74　结构错位

第四节　运 笔 特 征

运笔特征，是指每一笔画的起笔、行笔以及收笔过程中的动作特点及其外部形象表现特征。每一个运笔过程均包含起笔、行笔、收笔三个基本动作，并由三个基本动作外化为连笔特征、笔力特征、笔速特征以及笔画的基本形态特征，具体表现为“起、收、转、折、连、绕、顿、提、摆、颤、抖、拖、带”13 种细微书写动作及其笔力、笔速等特征。

运笔水平的高低取决于书写人运笔的功力、笔法技巧和书写水平的高低，与书写人是否经常进行书写练习密不可分。因此，运笔特征能够反映书写人的对外态度、意志品质、思维能力以及行为方式等个性心理特征。由于本章第一节已对笔画形态做过讲述，现主要讲述运笔特征中的起笔、收笔、连笔、抖笔、拖笔以及笔力、笔速等特征。

一、起笔

起笔，亦称落笔，是运笔动作的开始。起笔代表着书写人在任务开始时的态度、信念和心理状态，是书写人的潜意识在落笔中的流露和体现。因此，起笔能够反映出书写人的对外态度、自信程度、意志品质和行事风格等个性心理特征。书写不同的笔画有不同的起笔要求，再加上书写人自身的书写习惯，就会形成不同的起笔特征（如图 5–75 所示）。

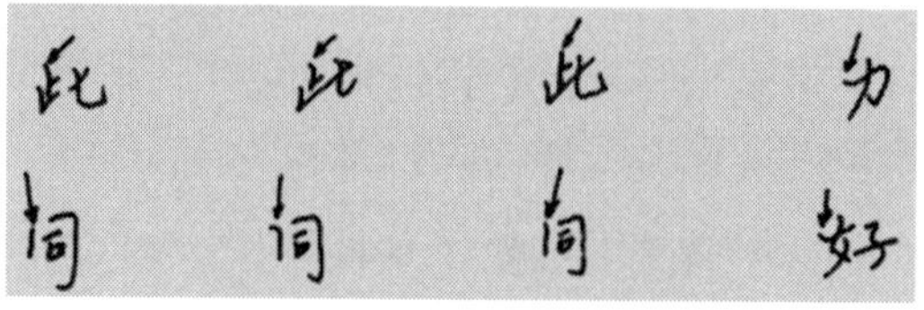

图 5–75　不同笔画起笔特征

根据不同的起笔特点，可将常见的起笔特征分为直起笔、折起笔、顿起笔、回锋起笔四种类型，不同的起笔特征所对应的个性心理特征亦不同（如图 5–76 所示）。

直起笔　折起笔　顿起笔　回锋起笔

图 5–76　起笔特征类型

（一）直起笔

直起笔，是指直接起笔、下笔平稳，而没有其他多余的书写动作，起笔形态与其后的笔画在方向、力度、速度等方面表现一致。直起笔给人一种直奔主题、不急不躁、平和的特点（如图 5–77 所示）。

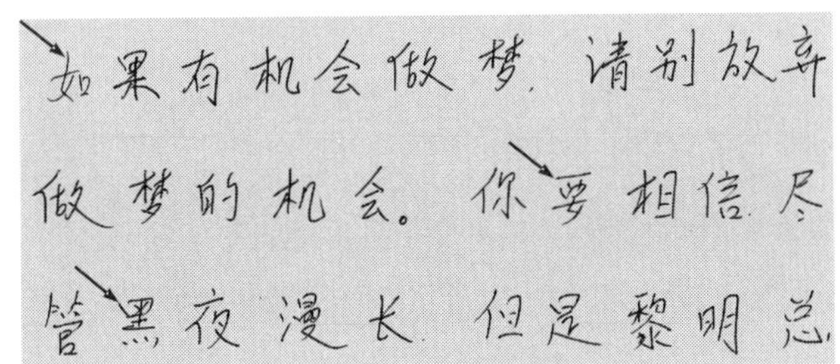

图 5–77　直起笔

习惯于直起笔，一般表现为：书写人个性率直、坦荡、理性；说话做事不急不躁、从容不迫、直截了当。

（二）折起笔

折起笔，是指落笔时笔尖先有一顿压书写动作后再正式行笔，形成一折角大于 90° 的折笔笔画。折起笔一般表现为“欲横先竖、欲竖先横”的形态，给人一种先做试探准备活动，再正式开始的特点（如图 5–78 所示）。

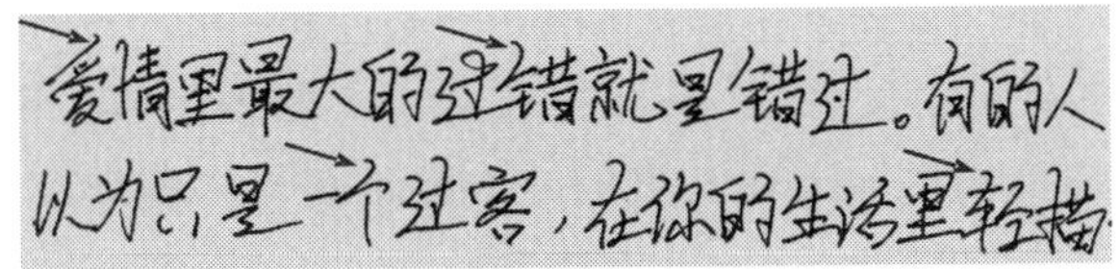

图 5–78　折起笔

习惯于折起笔，一般表现为：书写人胆小谨慎、保守；做事不惜牺牲效率也要讲究美观和形式，注重外在表现，有虚荣心。

（三）顿起笔

顿起笔，是指落笔时笔尖略有停顿、思考，形成起笔点相对墨浓的现象。顿起笔给人一种谨慎、三思而后行的特点（如图 5–79 所示）。

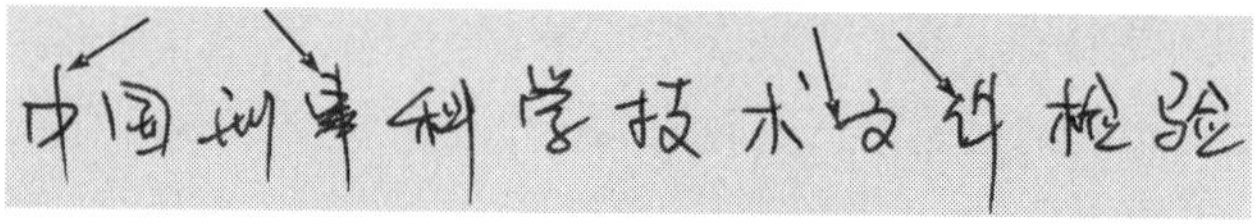

图 5-79　顿起笔

习惯于顿起笔，一般表现为：书写人态度认真、严谨、自信、意志坚强；做决定前善于思考，并会做好充分的准备和计划。

（四）回锋起笔

回锋起笔，是指落笔时笔尖先有一反向书写动作后再正式行笔，形成一夹角小于 90° 的回锋笔画。如果回锋角度过小，主笔笔画会掩盖住回锋笔画。回锋起笔给人一种尽管开局不利，但历经挫折后依然能够继续前行的特点（如图 5-80 所示）。

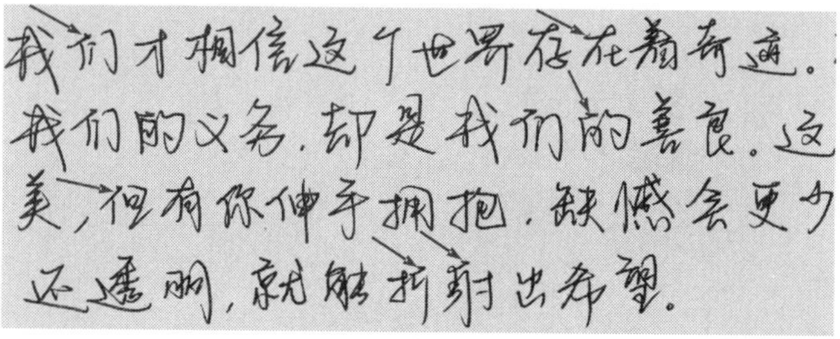

图 5-80　回锋起笔

习惯于回锋起笔，一般表现为：书写人深沉多谋、意志坚强，能够克服困难，迎难而上，积极进取。

二、收笔

收笔，亦称提笔，是运笔动作的结束。收笔代表着书写人完成任务后的态度、情绪感受和体验，是书写人的潜意识在提笔过程中的流露和体现。因此，收笔更能够反映出书写人的态度、自信程度和情绪状态等个性心理特征。

根据不同的收笔特点，可将常见的收笔特征分为露锋收笔、直收笔、顿收笔、收笔上翘和收笔下压五种类型，不同的收笔特征所对应的个性心理特征亦不同（如图 5-81 所示）。

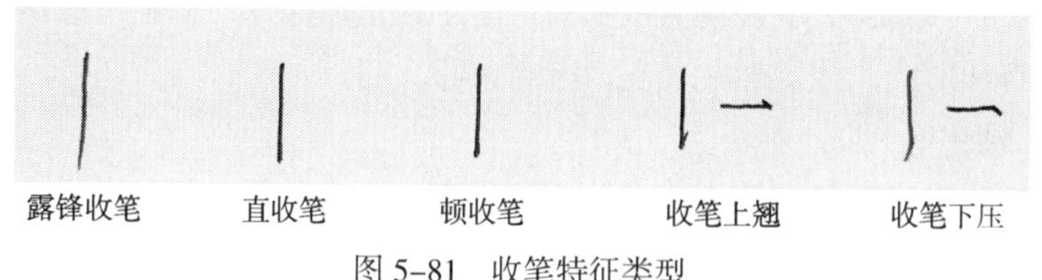

图 5-81　收笔特征类型

（一）露锋收笔

露锋收笔，是指无任何多余的书写动作迅即收笔，也就是平时所说的“已往即收”。露锋收笔给人一种直截了当、针锋相对的特点（如图 5–82 所示）。

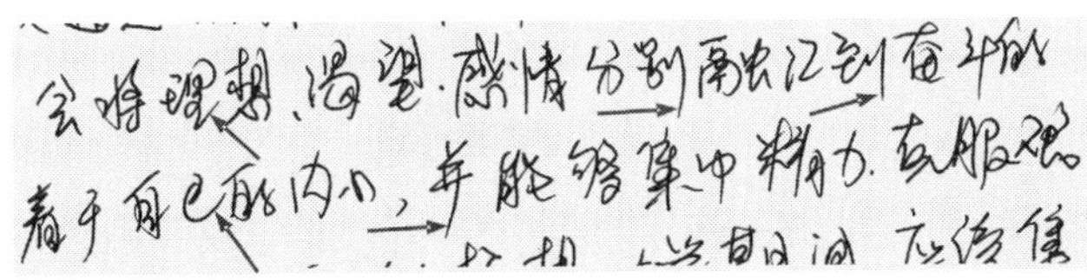

图 5–82　露锋收笔

习惯于露锋收笔，一般表现为：书写人性格直爽、洒脱，情绪外露，做事果断、干脆，易发泄情绪。

（二）直收笔

直收笔，是指笔画的尾端与其前的笔画在方向、力度、速度等方面表现一致，收笔平稳。直收笔给人一种有始有终、心态平和稳定的特点（如图 5–83 所示）。

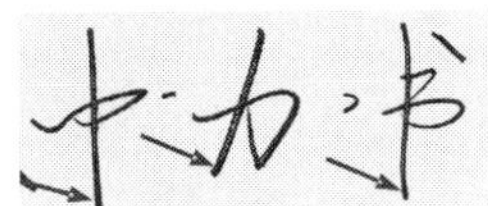

图 5–83　直收笔

习惯于直收笔，一般表现为：书写人心态平和、稳定，做事有始有终、从容镇定、不急不躁、沉稳。

（三）顿收笔

顿收笔，是指提笔前笔尖在笔画末端略做压笔、停顿，形成末端墨相对较浓的现象。顿收笔给人一种克制力强、犹豫不决的特点（如图 5–84 所示）。

图 5–84　顿收笔

习惯于顿收笔，一般表现为：书写人性格稳重，态度认真；意志坚强、克制力、耐力较好；有时也会表现为不达目的不罢休、固执己见、自以为是的个性心理特征。

（四）收笔上翘

收笔上翘，是指笔尖行笔至笔画末端时，有一向上、向右的提笔动作。收笔上翘给人一种意犹未尽、激动的特点（如图 5–85 所示）。

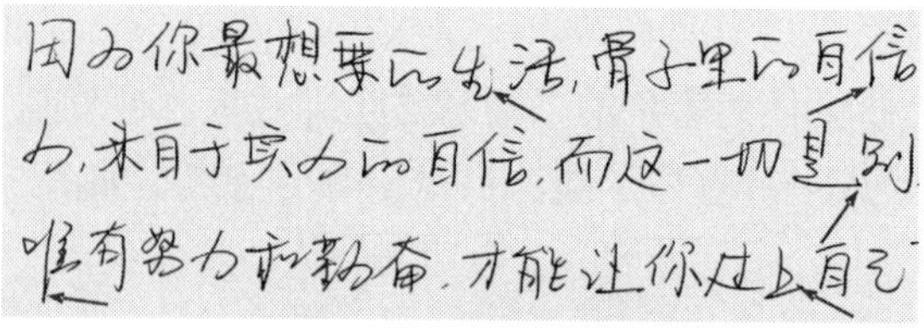

因为你最想要的生活，骨子里的自信
力，来自于实力的自信，而这一切是别
唯有努力和勤奋，才能让你过上自己

图 5-85　收笔上翘

习惯于收笔上翘，一般表现为：书写人做事意犹未尽，内心情绪收不住，易兴奋、激动，甚至内心有种得意扬扬、沾沾自喜的感觉。

（五）收笔下压

收笔下压，是指笔尖行笔至笔画末端时，有一向下、向左按压的书写动作。收笔下压给人一种意兴阑珊的特点（如图 5-86 所示）。

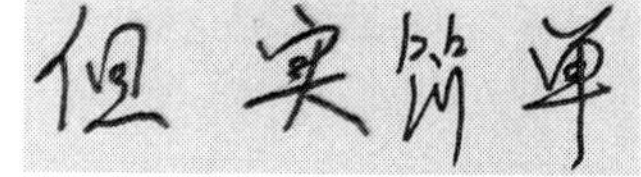

图 5-86　收笔下压

习惯于收笔下压，一般表现为：书写人做事意兴阑珊，虎头蛇尾，内心有种消沉、悲观的情绪，不自信、力不从心。

三、连笔

连笔，是指笔画与笔画之间的连接过渡及弯绕转折的形象表现。连笔是书写人在执行任务过程中处理各种事情的能力体现，能够反映出书写人的思维能力、行事风格以及与人合作共事的能力等个性心理特征。

根据连笔程度的不同，可将连笔特征分为连笔丰富和连笔缺乏两种类型。

（一）连笔丰富

连笔丰富，是指书写人的连笔动作较多，甚至一个单字几乎是一笔连写而成。具体表现为笔迹中笔画的轻重疾徐、抑压顿收的节奏感、韵律感强烈，是书写人控笔能力强、书写水平高的体现。连笔丰富能够反映出书写人思维敏捷、灵活，做事有条理、计划性强，能够很好地处理各种事情之间的轻重关系等个性心理特征（如图 5-87 所示）。

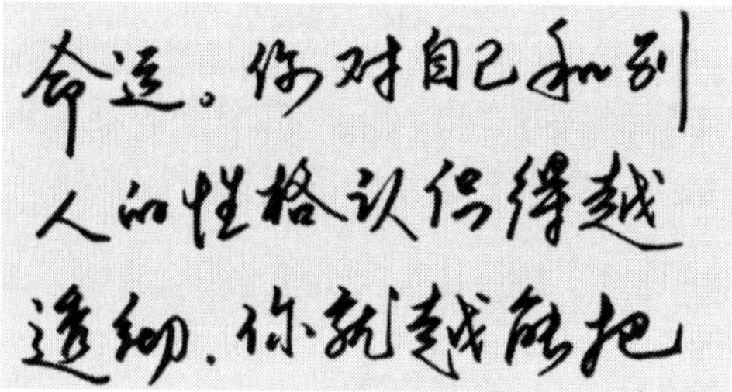

命运。你对自己和别
人的性格认识得越
透彻，你就越能把

图 5-87　连笔丰富

注意事项：由于连笔丰富是以连笔方式得以体现的，因此，在利用连笔丰富特征分析书写人个性心理特征时，要根据笔迹中所表现出来的连笔方式灵活运用。连笔方式可分为环绕、转折、正连、反连四种类型（如图 5–88 所示）。

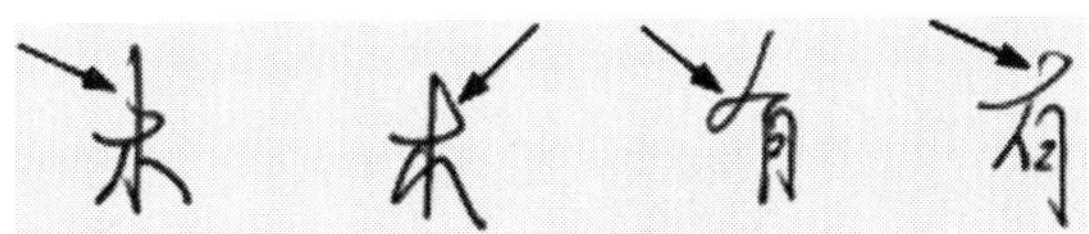

图 5–88　连笔方式

因此，如果书写人连笔丰富，但连笔方式复杂且环绕笔画较多致使主附笔画不分明，则说明书写人思维虽具有连贯性，但做事分不清重点，思虑繁杂，敏感（如图 5–89 所示）。

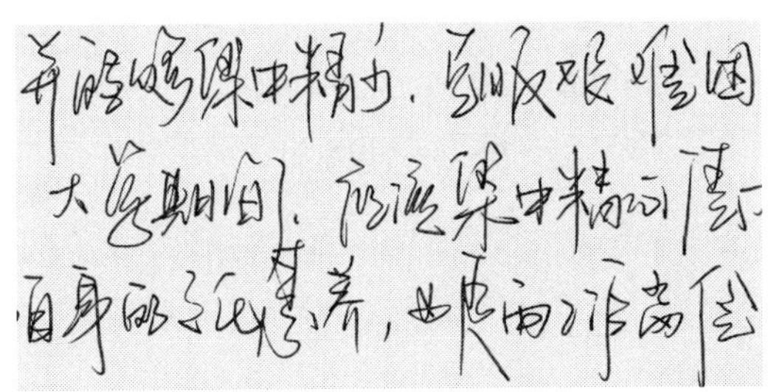

图 5–89　连笔方式复杂

如果书写人连笔丰富，连笔方式简约、明朗，则说明书写人思维连贯、思路清晰，行动目的性较强，善于抓住重点和主线，做事讲究效率，合作共事能力强（如图 5–90 所示）。

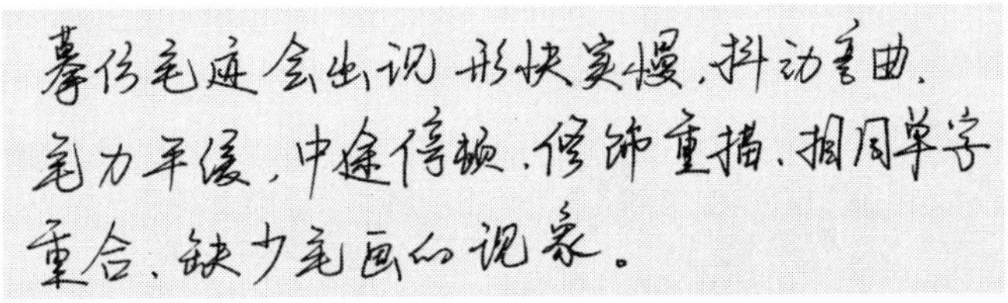

摹仿笔迹会出现形快实慢、抖动弯曲、笔力平缓、中途停顿、修饰重描、相同单字重合、缺少笔画的现象。

图 5–90　连笔方式清晰

（二）连笔缺乏

连笔缺乏，是指书写人连笔动作较少，甚至单字中根本没有连笔，而是一笔一画书写形成。连笔缺乏给人一种执着、反应慢、不灵活的特点（如图 5–91 所示）。

中国刑事科学技术文件检验

图 5–91　连笔缺乏

习惯于连笔缺乏，一般表现为：书写人思维相对单一且具有跳跃性，不连贯，反应迟钝；做事认真、执着，甚至固执；持久力、耐力一般较好。

四、抖笔

抖笔，是指行笔过程中由于控笔能力差导致的笔尖抖动现象，在笔迹中具体表现为笔画的抖动弯曲痕迹（如图 5-92 所示）。

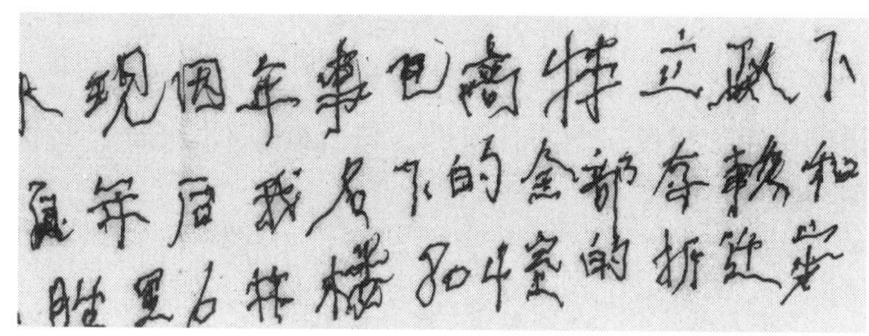

图 5-92　笔画抖动

抖笔能够反映出书写人的生理状况、心理活动特点以及即时状态下的书写条件。根据抖笔的形成因素，可将抖笔特征分为主观因素抖笔和客观因素抖笔两类。

（一）主观因素抖笔

所谓主观因素抖笔，是指由于书写人的主观因素行为而引起的抖笔，一般在摹仿笔迹、伪装笔迹中较为常见。摹仿笔迹是书写人不想抖却因担心摹仿不到位从而导致控笔能力变差才出现的抖，而伪装笔迹是由于书写人故意或心理紧张等导致的抖。无论是摹仿笔迹的抖还是伪装笔迹的抖，都给人一种迟缓、迟疑的特点，反映出书写人心理紧张、心事重重、犹豫迟缓的心理活动特点（如图 5-93 所示）。

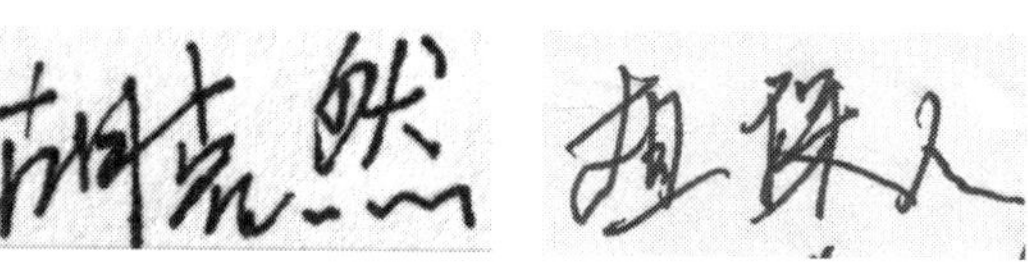

摹仿笔迹的抖　　伪装笔迹的抖

图 5-93　主观因素抖笔

（二）客观因素抖笔

所谓客观因素抖笔，是指由于客观因素导致形成的抖笔。此种情况又可分为生理条件抖笔和书写条件抖笔两种类型。

1. 生理条件抖笔

所谓生理条件抖笔，是指书写人由于年龄、书写器官受伤等原因导致的书写

机能衰退或下降形成的一种全局性的抖笔。因此，此种抖笔能够反映出书写人的自身生理特点及书写器官伤残等情况（如图 5–94 所示）。

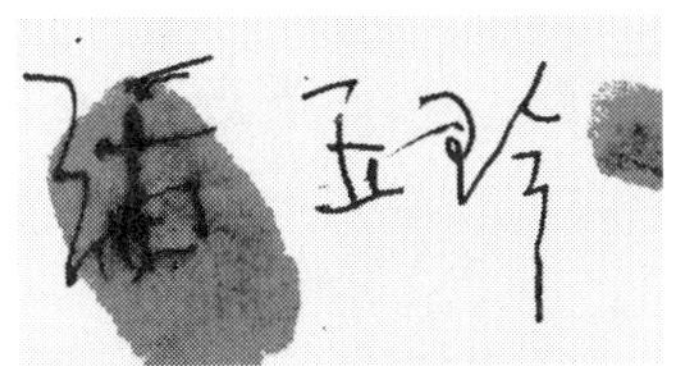

图 5–94　老年人笔画抖动

2. 书写条件抖笔

所谓书写条件抖笔，是指由于书写衬垫物自身不光滑形成的一种全局性的抖笔。因此，此种抖笔能够反映出书写人的客观书写条件情况（如图 5–95 所示）。

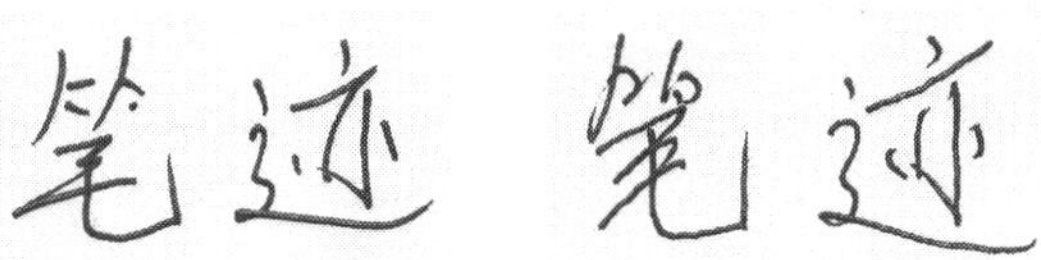

图 5–95　书写条件抖笔

注意事项：笔迹分析实践中，选用的笔迹一般要求为正常笔迹，但笔迹中的笔画出现弯曲抖动时也有可能是正常笔迹。例如，由于生理机能衰退形成的老年人笔迹就是正常笔迹的一种。因此，实践中要根据具体情况进行具体分析，正确区分正常笔迹与非正常笔迹，切忌一看到笔画抖动弯曲就认为是摹仿笔迹、伪装笔迹等异常笔迹。通常情况下，摹仿笔迹、伪装笔迹等异常笔迹具有局部“抖”的特点，即部分笔画抖；而生理条件、书写条件异常等形成的笔迹则具有全局“抖”的特点，即全部笔画均抖（如图 5–96 所示）。

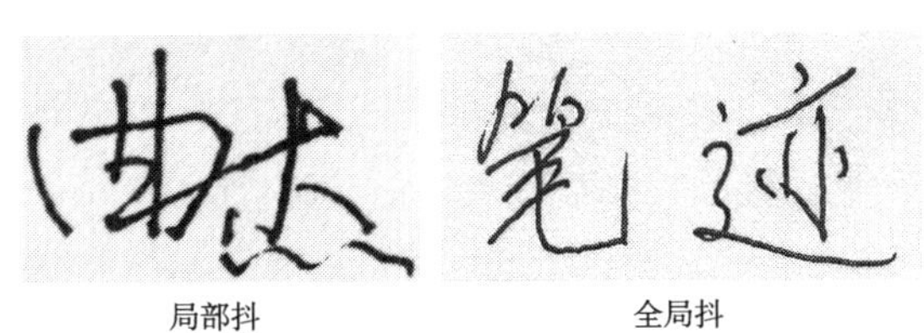

图 5–96　抖笔情况

五、拖笔

拖笔，是指在两个笔画连接过渡时拖动笔尖而形成的一种附加拖动笔画。拖笔给人一种想继续探索新事物并急于了解事情真相的特点（如图 5–97 所示）。

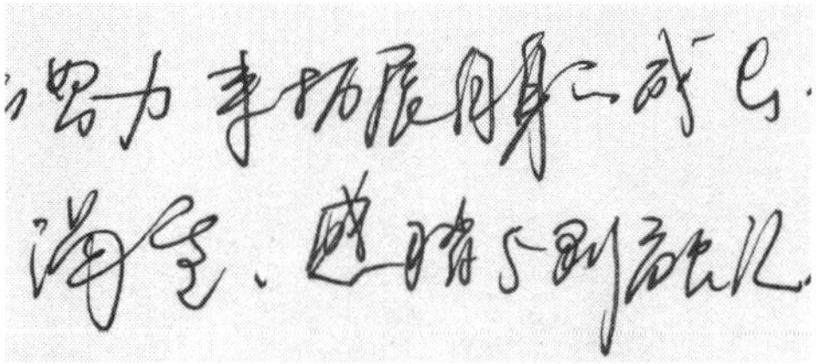

图 5–97　拖笔

习惯于拖笔，一般表现为：书写人好奇心强，喜欢追寻新鲜事物；思维灵活，探索能力强；但做事容易冲动，缺乏耐性。

六、笔力

笔力，是指运笔时在笔画中所表现出来的笔压大小特点。笔力是书写人在执行任务中所表现出来的决心、毅力、信念和情绪，能够反映出书写人的态度、意志、信心、情绪状态和行事风格等个性心理特征。

根据笔力特点的不同，可将笔力分为笔力大与笔力小两种类型。

（一）笔力大

笔力大，是指书写人握笔重，行笔力度大，从而导致笔画的笔压较大，具体表现为笔画墨迹较浓、笔画沟痕深、纸张背面有凸起痕迹等特点。笔力大给人一种坚决、沉重、投入专注的特点（如图 5–98 所示）。

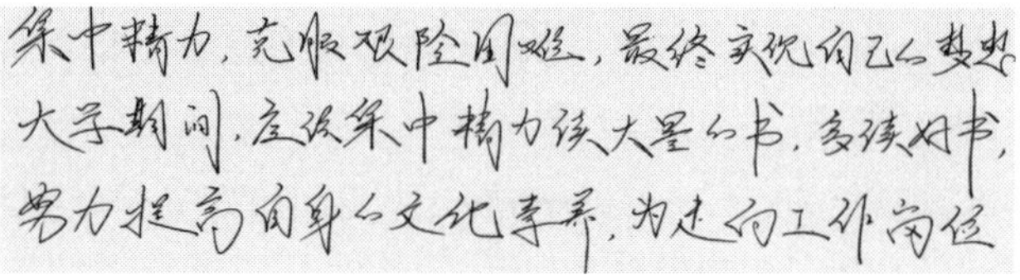

图 5–98　笔力大

习惯于笔力大，一般表现为：书写人态度积极乐观、意志坚定、坚决；做事认真、执着、专注、投入，对目标矢志不渝，不达目的誓不罢休，也有可能表现为自负、固执；有主见、独立性强、胆大、敢于冒险。

（二）笔力小

笔力小，是指书写人握笔轻，行笔力度小，从而导致笔画的笔压较小，具体表现为笔画墨迹相对较为浅淡、沟痕及纸张背面凸起痕迹不明显。笔力小给人一种灵活、轻浮的特点（如图 5–99 所示）。

习惯于笔力小，一般表现为：书写人态度委婉，做事容易蜻蜓点水、轻浮、不踏实、不执着；意志不坚定、不坚决，做决定容易受外界条件或他人影响，优柔寡断；但书写人灵活，一般不固执。

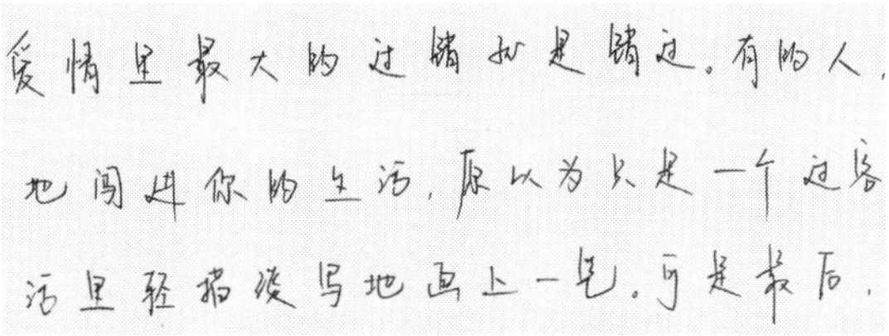

爱情是最大的过错也是错过。有的人，
也闯进你的生活，原以为只是一个过客
活里轻描淡写地画上一笔。可是最后，

图 5-99　笔力小

注意事项：在使用笔力大小特征进行笔迹分析时，需要注意两个方面的问题。

1. 要注意“力、速、形”的综合运用

使用笔力大小特征时，要注意结合笔速快慢特征以及笔画形态特征进行综合评断。正常笔迹笔画中的笔力、笔速、形态三种特征是融为一体的，即“力、速、形”三者相互关联，使用其中任何一种特征进行笔迹分析时，均要结合其他两种特征，否则很容易造成误析，严重者贻笑大方。

例如，当笔画中的笔力大，而书写速度慢时，笔画形态就表现为笔力平缓、涩形运笔等特点，此时反映出书写人内心犹豫、迟疑、心事重重的心理活动痕迹；如果分析人员只是利用笔力大这一种特征进行分析，则又反映出书写人坚定、执着、投入、专注的心理特征。很显然与第一种综合分析相比，第二种分析结果失之偏颇。

2. 掌握笔力大小的判断方法

一是依据笔画压痕的深浅变化。笔力大，形成的笔画压痕较深；笔力小，形成的笔画压痕较浅。二是依据笔画的粗细浓淡变化。笔力大，形成的笔画较粗，墨迹较浓；笔力小，形成的笔画较细，墨色较淡。除此之外，分析笔力的大小，还要考虑书写速度快慢以及书写工具笔头出水量的大小等因素。

例如，圆珠笔、中性笔属于具有滚珠类的硬笔书写工具，当使用这种滚珠类的硬笔书写工具进行书写时，如果书写笔画两端不露白，墨迹相对较浓，而笔画中间却露白，则说明书写人下笔点重，中间行笔速度快，由于墨料跟不上滚珠的转速，从而导致笔画中间出现露白。因此，该笔画一定为使用滚珠类的硬笔书写形成的一种“笔力大、笔速快”的刚性笔画（如图 5-100 所示）。

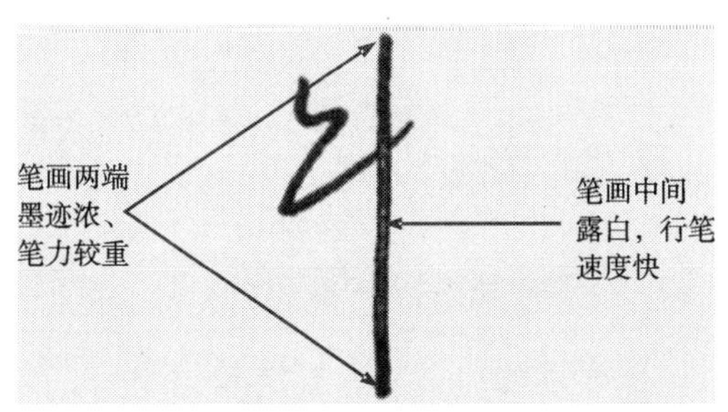

图 5-100　笔力大、笔速快形成的刚性笔画

七、笔速

笔速，是指书写人在单位时间内书写字迹的数量。因此，笔速大小因人而异，是一个相对概念。每个书写人的笔速都有一个阈限范围，超出或低于这一阈限范围则会表现为快速或慢速书写，而速度控制在阈限范围内，则是书写人的正常笔速。正常笔速是书写人在漫长的书写练习过程中练就的潜意识，包括用笔的潜意识、单字结构的潜意识、笔画组合关系以及笔顺的潜意识等，如果上述内容在书写过程中还需要去思考、去想的话，书写人必然会影响和打破这一正常笔速。因此，书写人只有在正常笔速下才能让每一个具体书写动作都不存在思考，都更自然，也更达意，并将笔画中的“力、速、形”三者融为一体，从而形成正常笔迹中“形、力、神”相协调的特点，以准确反映出书写人的潜意识。

根据不同书写人的笔速特点，可将笔速分为笔速快和笔速慢两种类型。

（一）笔速快

笔速快，是指书写人用笔速度快，单位时间内书写的汉字数量多。笔速快多伴随着连笔多的特点，并给人一种反应快、灵活、一气呵成的特点（如图 5–101 所示）。

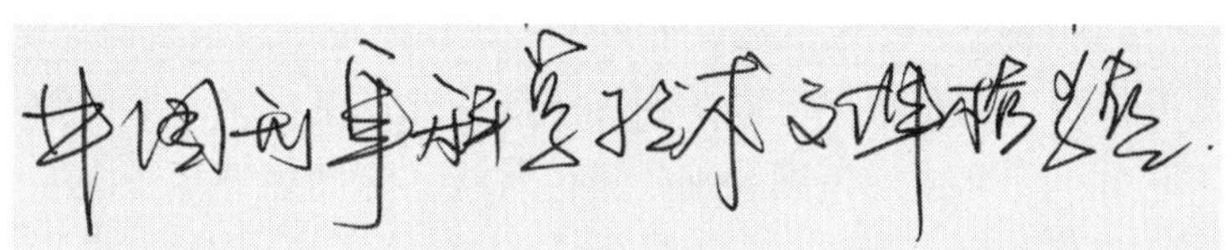

图 5–101　笔速快

习惯于笔速快，一般表现为：书写人思维敏捷，具有贯穿力，头脑灵活，反应快；做事速度快，讲究效率，不喜拖沓或拖泥带水，冲动、急躁。

（二）笔速慢

笔速慢，是指书写人用笔速度慢，单位时间内书写的汉字数量少。笔速慢通常会表现为连笔缺乏，并给人一种迟钝、专注的特点（如图 5–102 所示）。

中国刑事科学技术文件检验

图 5–102　笔速慢

习惯于笔速慢，一般表现为：书写人思维较为单一，头脑反应不灵活、迟钝，但做事较为执着，耐力较好。

第五节　书写节奏变化特征

一、书写节奏变化特征概述

（一）书写节奏变化特征的界定

书写节奏，是指书写人进行书写活动时，由笔画的落笔至提笔的脉冲动作。因此，书写节奏变化特征，是指书写人进行书写活动时，在笔迹中所表现出来的书写节奏的数量、变化部位以及变化方式的综合反映特点。

书写习惯已经定型的书写人在进行正常的书写活动时，不可能始终运用单一的运笔力度，而是根据自身书写动作习惯以及所写汉字笔迹的具体特点，频繁地落笔、行笔、提笔，以完成笔画之间的过渡和衔接。笔者将书写人每一次落笔至提笔的脉冲动作称为一个书写节奏数，通过对笔迹中书写节奏的数量、各书写节奏间的变化部位、变化方式以及每个书写节奏内的笔画数量、名称进行分析判断，就可以掌握书写人的书写节奏变化特征，进而分析书写人的书写动作习惯特点以及思维能力、意志品质、情绪状态、行事风格等个性心理特点。

（二）书写节奏变化特征的判断方法

1. 判断笔迹中书写节奏的数量

书写人的每一个书写节奏的落笔、提笔动作，必然会在笔画中得到反映。判断方法通常有三种，一是在相邻笔画起收笔之间的衔接书写动作痕迹得到反映；二是当书写人的笔尖似离非离于纸张等承载物表面时，在形成的形断意连的笔画中得到反映；三是在形连笔画中笔力出现明显变化的部位得到反映，笔力明显变化的部位多表现为半提笔、半落笔的书写动作痕迹。通过上述三种方法就可以判断出字迹中书写节奏的数量以及各书写节奏间的变化部位、变化方式。不同书写人书写的相同字迹中，书写节奏的数量及各书写节奏间的变化部位、变化方式不同。

2. 判断笔迹中每个书写节奏内包含的笔画数量、名称

单个书写节奏有时表现为一个笔画，有时表现为多个笔画，如果是多个笔画，那么多个笔画之间均是以连笔形式出现，连笔笔画的数量、名称在不同人笔迹中的表现形式不同，变化方式亦不同。

3. 判断笔迹中书写节奏间及每个节奏内的变化情况

对笔迹中书写节奏的数量、各书写节奏间的变化部位、变化方式以及每个书写节奏内包含的笔画数量、名称进行综合分析判断，就可以掌握书写人书写

节奏变化特征，从而分析出书写人的思维能力、意志品质和情绪状态等个性心理特征。

二、书写节奏变化特征的心理释义

根据笔迹中所反映出的书写节奏的变化情况，可将书写节奏变化特征分为书写节奏变化丰富和书写节奏变化单一两种类型。

（一）书写节奏变化丰富

书写节奏变化丰富，是指笔迹中各笔画之间的连接照应关系及笔力变化丰富，且具有轻重疾徐、抑压顿收的节奏感和韵律感，并与笔速及笔画的形态等融为一体，达到"形、力、神"和谐一致的特点，在书写水平高的书写人笔迹中较为常见。一般来讲，如果字迹中的笔画数量较多，书写节奏变化丰富则具体表现为：书写节奏数及其节奏内的笔画数量均相对较多，各个书写节奏间的变化部位具有明显的节点，连笔丰富。因此，书写节奏变化丰富给人一种反应灵活、一气呵成、气脉相连的特点（如图 5–103 所示）。

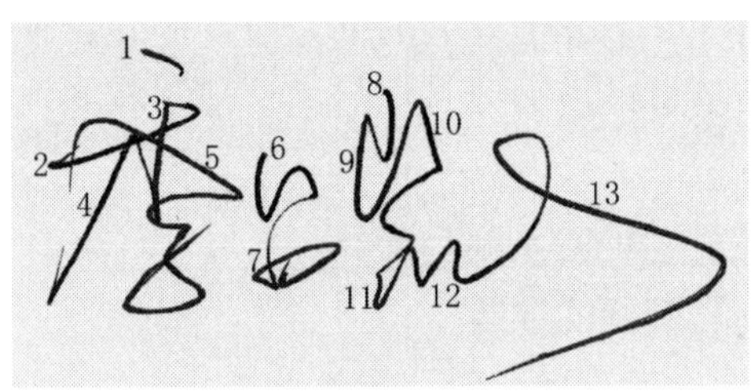

图 5–103　书写节奏变化丰富

分析："季台凯"签名字迹中实际共有 21 个笔画，而书写节奏的数量为 13 个，且每个书写节奏内的笔画数量不一，每个书写节奏间的连接照应关系及笔力变化均较明显。

习惯于书写节奏变化丰富，一般表现为：书写人性格多外向、乐观开朗、自信；意志坚强、能屈能伸、能量充沛；思维连贯、灵活，具有穿透力；做事有条理、有计划，能够积极进取，富于开拓精神；情感体验丰富，但易急躁、冲动。

（二）书写节奏变化单一

书写节奏变化单一，是指笔迹中各笔画之间的连接照应关系及笔力变化较为缺乏，无轻重疾徐、抑压顿收的节奏感和韵律感，笔迹中的"形、力、神"虽也和谐一致，但各笔画多呈孤立形式存在，少有连笔动作，在书写水平低的书写人笔迹中较为常见。因此，书写节奏变化单一给人一种不急不躁、沉稳的特点（如图 5–104 所示）。

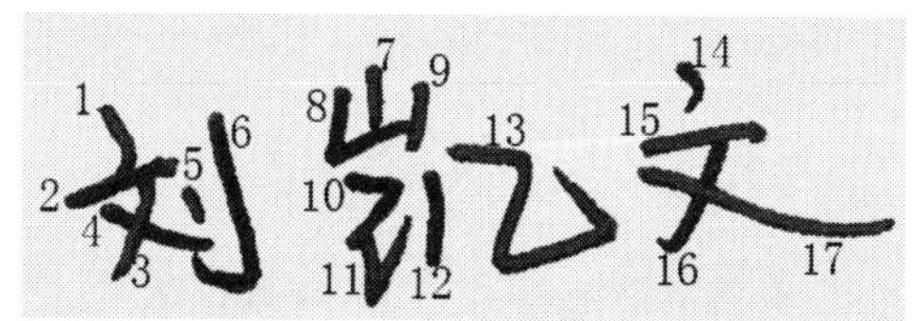

图 5-104　书写节奏变化单一

分析："刘凯文"签名字迹中实际共有 18 个笔画，而书写节奏的数量却为 17 个，几乎每个笔画就是一个书写节奏，且各书写节奏之间几乎无连接照应关系及笔力变化。

习惯于书写节奏变化单一，一般表现为：书写人性格多内向、执着、固执、自卑；思维较为单一、不连贯、具有跳跃性；做事缺乏条理性和计划性，但有耐力和坚持力。

第六节　笔顺特征

一、笔顺特征概述

（一）笔顺特征的定义

笔顺，是指书写汉字时偏旁或笔画的先后书写顺序，包括偏旁的先后书写顺序和笔画的先后书写顺序。①

汉字笔迹起源于象形文字，表意结构，笔顺作为汉字笔迹笔画的先后书写顺序，经历了数千年的发展演变，并形成了一套科学完整的笔画书写顺序系统。笔顺特征能够反映出书写人的认知能力、自我意识、思维状态及行事风格等个性心理特征。

（二）笔顺特征的分析判断方法

1. 根据起收笔的反射动作和收笔与起笔的照应关系判断（如图 5-105 所示）

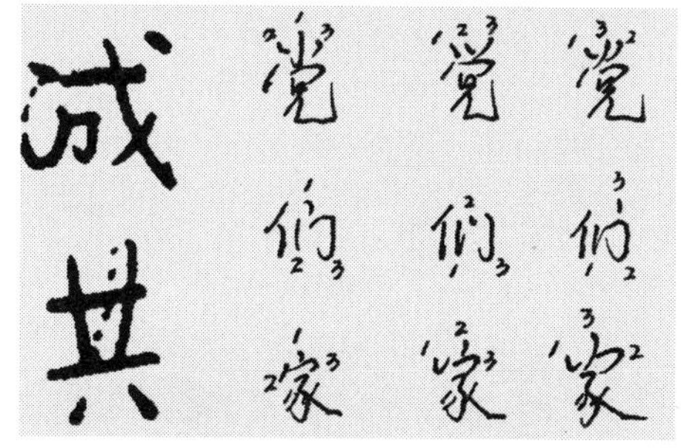

图 5-105　根据起收笔反射动作及照应关系判断笔顺

① 涂丽云主编：《文件检验学》，群众出版社 2007 年版，第 67 页。

2. 根据笔画运行的趋向和运笔态势判断（如图 5-106 所示）

王 （"十"横先竖后）
好 （"女"横先撇折后）

图 5-106　根据运笔趋向或态势判断笔顺

3. 根据笔画或部首的间隔比例分析判断（如图 5-107 所示）

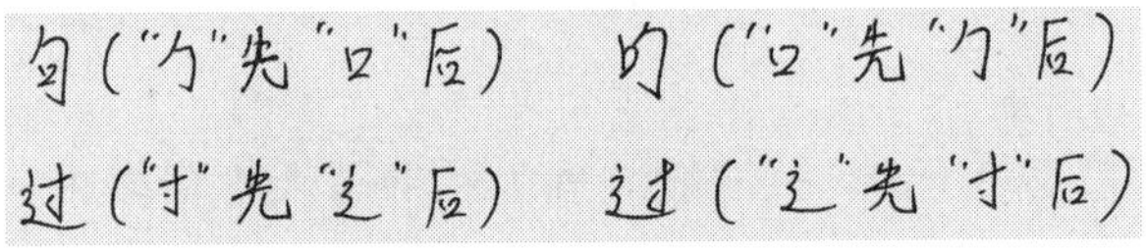

句（"勹"先"口"后）　的（"口"先"勹"后）
过（"寸"先"辶"后）　过（"辶"先"寸"后）

图 5-107　根据笔画或部首的间隔比例判断笔顺

4. 根据字部的搭配比例判断（如图 5-108 所示）

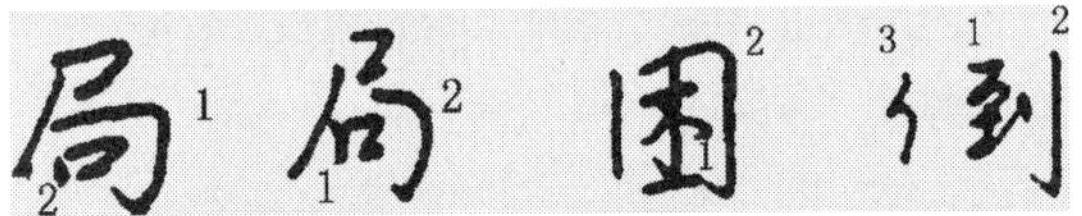

图 5-108　根据字部搭配比例判断笔顺

5. 根据笔画叠压判断（如图 5-109 所示）

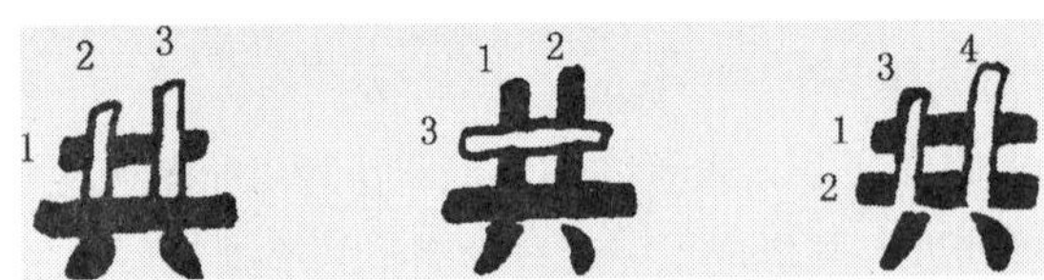

图 5-109　根据笔画叠压判断笔顺

6. 根据游离笔画判断（如图 5-110 所示）

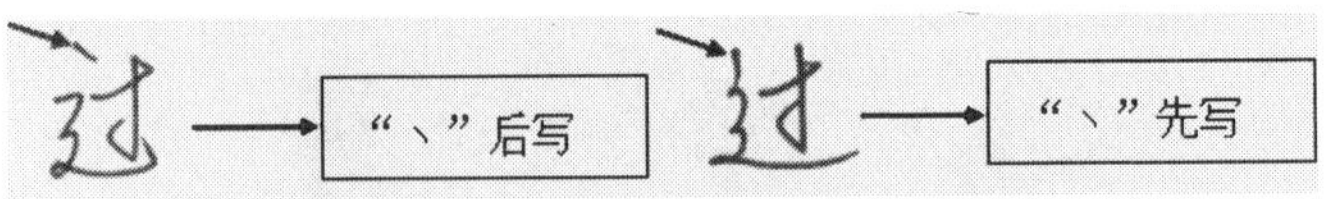

图 5-110　根据游离笔画判断笔顺

7. 根据笔画切断特征判断（如图 5-111 所示）

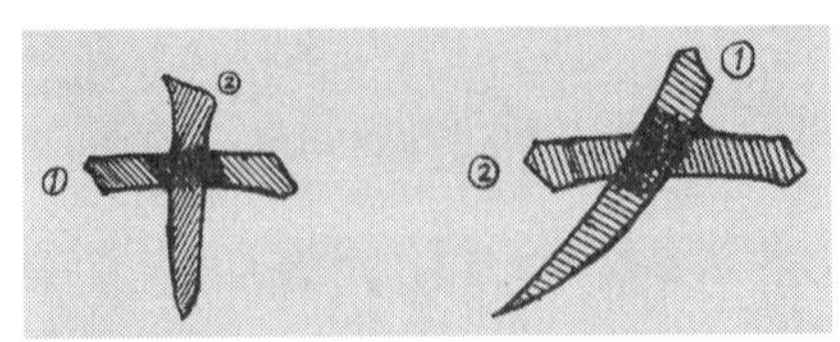

图 5-111　根据笔画切断特征判断笔顺

二、笔顺特征的分类及其心理释义

现代汉字笔迹的书写工具多为圆珠笔、中性笔、钢笔等硬笔，根据硬笔楷书书写规范的特点，可将笔顺特征划分为规范笔顺和非规范笔顺两种类型。

（一）规范笔顺

规范笔顺，是指按楷书笔顺规则书写的笔顺。楷书笔顺规则分为基本规则和补充规则。

1. 基本规则（如表 5-1 所示）

表 5-1　规范笔顺的基本规则详解

	基本规则	具体案例
（1）	先横后竖	十
（2）	先撇后捺	人
（3）	从上到下	二
（4）	从左到右	川
（5）	先外后里	问
（6）	先外后里再封口	国
（7）	先中间后两边	水

2. 补充规则（如表 5-2 所示）

表 5-2　规范笔顺的补充规则详解

	补充规则	具体案例
（1）	点在上边或左上边先写	衣、为
（2）	点在右上或字里后写	我、叉
（3）	两面包围结构的字	右上和左上包围结构，则先外后里，如司、厅
		左下包围结构，则先里后外，如过、延
（4）	三面包围结构的字	缺口朝上的，则先里后外，如山、凶
		缺口朝下的，则先外后里，如同、冈
		缺口朝右的，则先上后里再左下，如区

规范笔顺给人一种保守、克制、认真、教条的特点（如图 5–112 所示）。

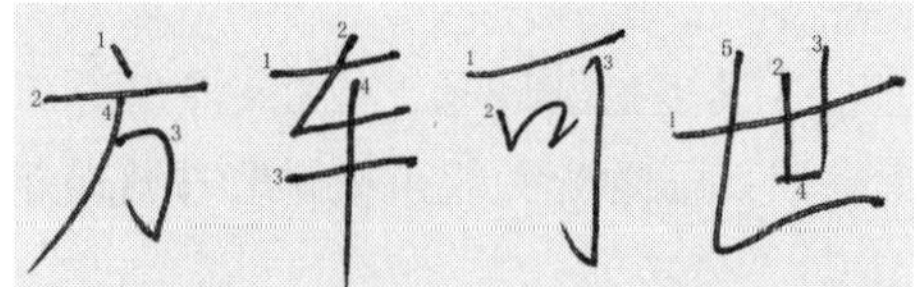

图 5–112　规范笔顺特征

习惯于书写规范笔顺所投射出的书写人的个性心理特征，一般表现为：书写人性格保守、服从、克己忍让；态度认真，遵守社会习俗和相关规定；做事严格并严于律己，比较机械、死板、固执、不知变通，灵活性不足。

（二）非规范笔顺

非规范笔顺，是指不同于楷书笔顺规范的笔顺。又分为通用笔顺和特殊笔顺两种。

1. 通用笔顺

通用笔顺，是指由于约定俗成的习惯，某种笔顺写法在一定人群中具有普遍性的一类笔顺，因此难以用规范不规范、对与错来界定。因此，通用笔顺给人一种遵守、随和的特点（如图 5–113 所示）。

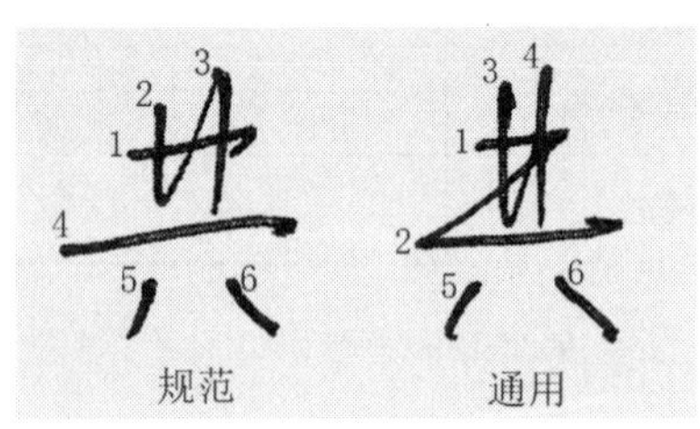

图 5–113　通用笔顺特征

习惯于书写通用笔顺，一般表现为：书写人性格较随和、服从、理智；能够根据外界的发展形势及时调整自己的心态，跟随大众，紧跟潮流。

2. 特殊笔顺

特殊笔顺，亦称错笔顺，是出现率比较低的一类笔顺，特征价值较高。特殊笔顺给人一种特立独行、叛逆、固执的特点（如图 5–114 所示）。

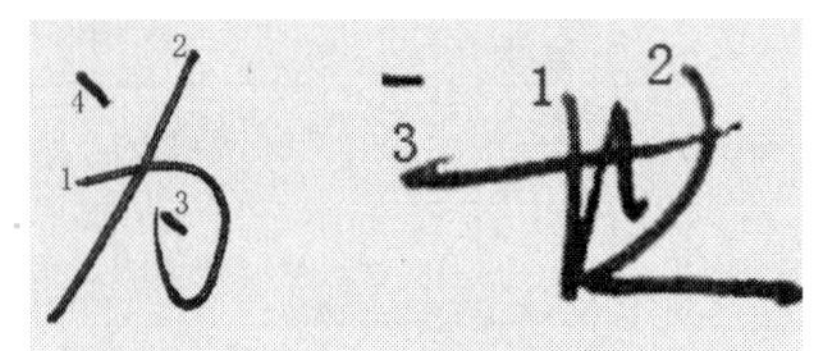

图 5–114　特殊笔顺特征

习惯于书写特殊笔顺，一般表现为：书写人性格较为固执，特立独行，喜欢标新立异，具有叛逆精神和创造性，并敢于坚持自己的原则和一贯的行事风格。

另外，汉字笔迹书写过程中还有一类逆行笔的书写动作，即笔画的行笔方向与书写规范的要求不一致，逆向行笔。在汉字笔迹中具体表现为反撇形态，多出现于第一笔为短撇的字迹中。从笔迹特征分类角度来讲，这种逆行笔特征既可以作为运笔特征中的一类，同时由于其逆向行笔的特点，亦可将其归为非规范笔顺。逆行笔给人一种以自我为中心、反其道而行之的特点（如图 5-115 所示）。

图 5-115　逆行笔特征

习惯于逆行笔，一般表现为：书写人性格较为固执，喜欢特立独行，自我意识强烈，并以自我为中心。

第七节　符 号 特 征

一、符号特征概述

我国的汉字文化博大精深、源远流长。汉字文化的繁华和精深不仅仅体现在语言、书法等方面，作为书写内容重要组成部分的符号，不仅具有表示词句语义并帮助人们更好地理解书面语言的作用，更能够表达书写人内心丰富的思想感情色彩。因此，符号特征能够反映出书写人的认知能力、情绪状态、意志品质等个性心理特征。

根据书写内容中常见的符号种类，可将其分为标点符号和修改符号两种类型。

二、标点符号

（一）标点符号的种类

1951 年 9 月，我国出版总署制定了《标点符号用法》，同年 10 月国务院公布使用。1990 年 3 月，国家语言文字工作委员会和国家新闻出版署对《标点符号用法》作了修订和补充，并由原来的 14 种标点符号增加为 16 种，增加了连接号和间隔号，并对标点符号的使用方法和书写格式作出了具体说明。[①]

随着现代语言文化的不断发展，标点符号的种类和内容也进一步丰富。从严格意义上来讲，标点符号可分为点号、标号、符号三类内容（如表 5–3 所示）。

表 5–3　标点符号种类示意表

点号	逗号（，）　顿号（、）　句号（。）　分号（；） 冒号（：）　问号（？）　感叹号（！）
标号	引号（“”　‘’）　括号［（）［］｛｝］　书名号（《》〈〉）　破折号（——） 省略号（……）　着重号（.）　间隔号（·）　连接号（–）　专名号（__）
符号	注释号（*）　隐讳号（×）　虚缺号（□）　斜线号（\或/） 标示号（▲或●）　代替（～）　连珠号（…）　箭头号（→）

（二）标点符号特征及其心理释义

1. 位置关系特征

位置关系特征，是指标点符号与前后汉字笔迹之间在空间位置上所表现出的远近关系特点。根据远近位置可将其分为三种类型。

（1）标点符号与前后汉字笔迹之间的距离适中。此种情况给人一种清晰、规范、匀称的特点，并能够反映出书写人思维清晰，观察力、判断力好，做事情认真且能够合理安排事情间的轻重关系，人际关系处理得较好，自控能力强的个性心理特征（如图 5–116 所示）。

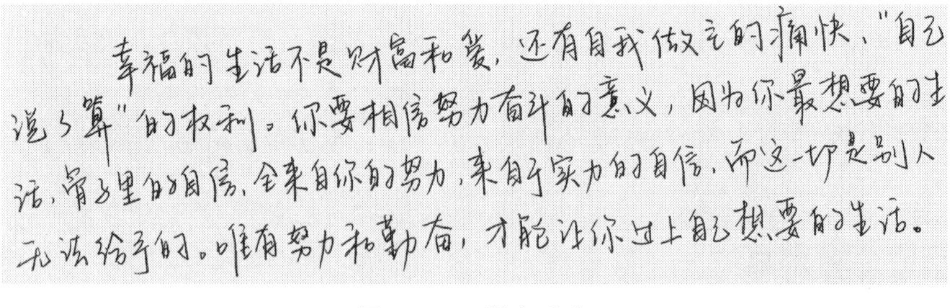

幸福的生活不是财富和爱，还有自我做主的痛快，"自己说了算"的权利。你要相信努力奋斗的意义，因为你最想要的生活，骨子里的自信，全来自你的努力，来自于实力的自信，而这一切是别人无法给予的。唯有努力和勤奋，才能让你过上自己想要的生活。

图 5–116　距离适中

（2）标点符号与前后汉字笔迹之间的距离近。此种情况给人一种密密麻麻

① 贾玉文、邹明理主编：《中国刑事科学技术大全·文件检验》，中国人民公安大学出版社 2002 年版，第 169 页。

的特点，并能够反映出书写人胆小谨慎，节俭节约，勤快的个性心理特征（如图 5–117 所示）。

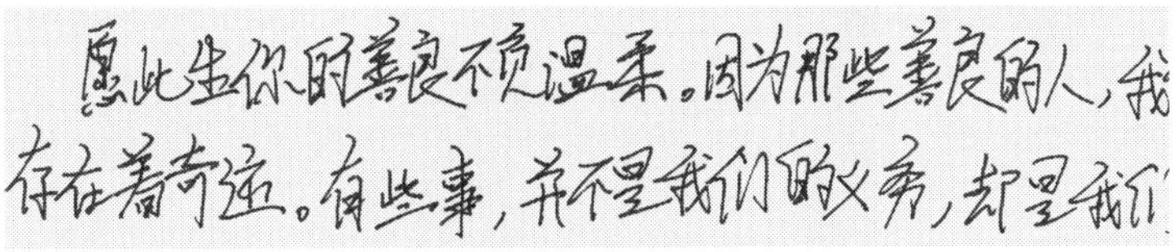

图 5–117　距离近

（3）标点符号与前后汉字笔迹之间的距离远。此种情况给人一种层次感分明、慢性子的特点，并能够反映出书写人性格多内向，胆小谨慎，克制，心态平和，做事不急不慌的个性心理特征（如图 5–118 所示）。

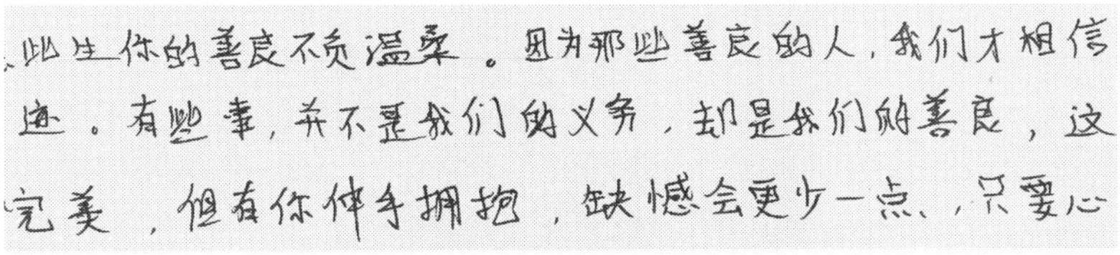

图 5–118　距离远

2. 标点符号使用特征

标点符号使用特征，是指在书写内容中所呈现出来的书写人习惯使用标点符号的特点。标点符号的种类虽然较多，但在书写人的日常书写过程中，使用标点符号的种类多集中于逗号、顿号、句号、感叹号、问号等常见的几种类型。

根据书写人所习惯使用标点符号的特点，可将标点符号的使用情况分为以下两种类型：

（1）严格按书写规范要求使用标点符号。此种情况给人一种规范、严谨的特点，并能够反映出书写人态度认真，严格遵守和服从社会习俗和相关规定、秩序的个性心理特征。

（2）通篇几乎使用同一标点符号。此种情况较为常见的是一逗到底、一叹到底。其中，一逗到底，是指书写人除最后语句使用句号或其他标点符号外，其余语句均使用逗号，并给人一种话说不尽的特点，能够反映出书写人做事有依赖性，善于表达的个性心理特征（如图 5–119 所示）。一叹到底，是指书写人书写的内容中每句话后的标点符号均使用感叹号，并给人一种感叹不尽、意犹未尽的特点，能够反映出书写人凭借感叹号发泄心中压抑或对外渲染感情色彩的个性心理特征（如图 5–120 所示）。

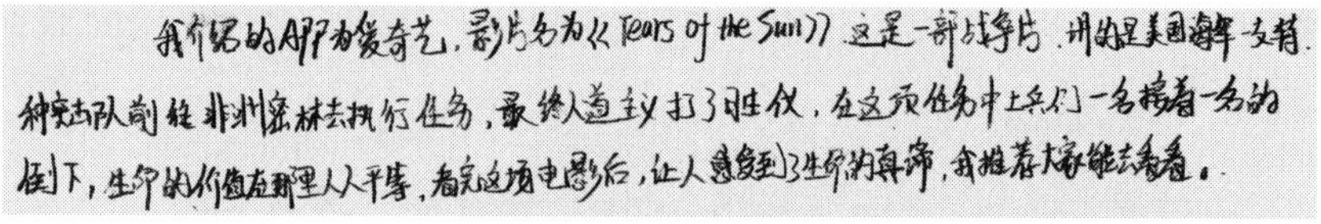

我介绍的APP为爱奇艺，影片名为《Tears of the Sun》这是一部战争片，讲的是美国海军一支精种突击队前往非洲丛林去执行任务，最终人道主义打了胜仗，在这项任务中士兵们一名接着一名的倒下，生命的价值在那里人人平等，看完这项电影后，让人感受到了生命的尊严，我推荐大家能去看看。

图 5–119　一逗到底

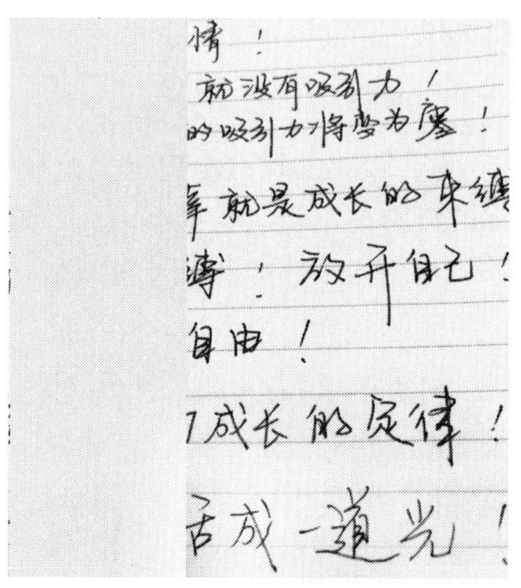

图 5–120　一叹到底

三、修改符号

修改符号主要用于对文稿的添加修改、增删调整等。修改符号并没有书写规范的严格要求，而是约定俗成，为人们所能共同理解和接受。常见的修改符号主要有添加符号和删除符号两种类型。

（一）添加符号

添加符号，亦称增补符号，即将需要补充增加的词语引入文句中所使用的符号。具体表现形式有行上添加和行下添加两种。

1. 行上添加

行上添加即在行内需要修改的地方通过增加添加符号并将添加内容置于行上，并给人一种突出、强调添加内容的特点。习惯于行上添加能够反映出书写人希望能够引起他人注意的个性心理特征（如图 5–121 所示）。

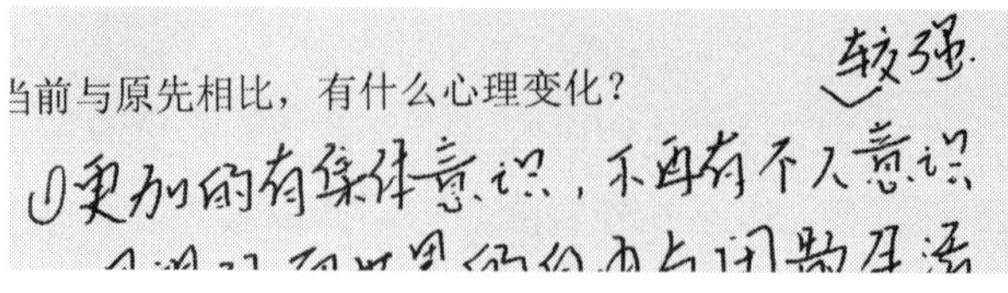

图 5–121　行上添加

2. 行下添加

行下添加即在行内需要修改的地方通过增加添加符号并将添加内容置于行下，并给人一种需要做但又不想太过于明显的特点。习惯于行下添加能够反映出书写人小心谨慎、谦虚低调的个性心理特征（如图 5-122 所示）。

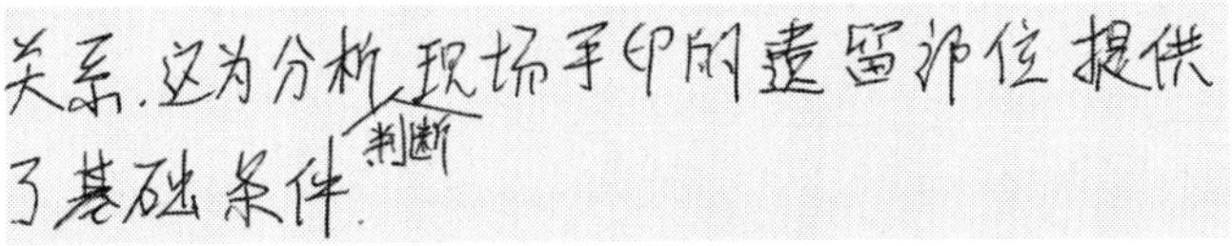

图 5-122　行下添加

（二）删除符号

删除符号，是指把不需要的字、词、语句、段落删除时所使用的符号。具体表现形式有“—”删除符号或“×”删除符号，一般情况下，“×”删除符号多是针对删除段落时使用；而“—”删除符号多是针对删除部分字、词、语句时使用。这里我们主要介绍比较常见的“—”删除符号。

使用“—”删除符号时，一般涂画一道或两道“—”即可说明原内容已被删除，属于大众的正常做法。而笔迹分析实践中，还会遇到使用“—”删除符号来回涂画需要删除内容的情况，并给人一种过于认真、强迫的特点（如图 5-123 所示）。

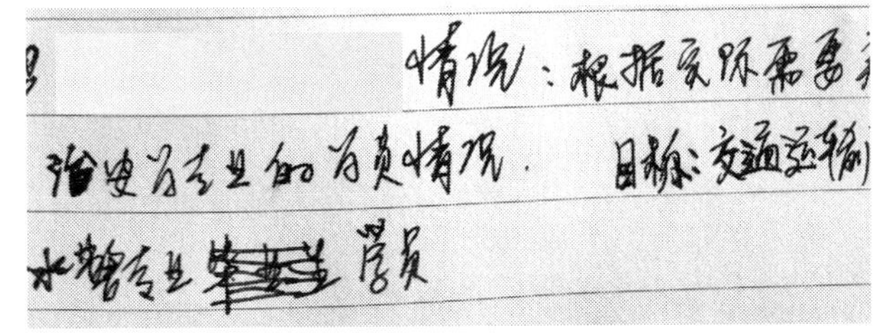

图 5-123　来回涂画

习惯于来回涂画删除内容，一般表现为：书写人性格粗犷、压抑；做事往往过于认真，情绪焦躁、易愤怒，甚至会有强迫症的心理表现。

第六章　笔迹分析的程序与方法

笔迹作为人体书写运动习惯外化的产品，不仅能够反映出书写人内在的书写习惯，同时还能够反映出书写人内在稳定的生理、心理机制以及即时书写状态下的心理活动痕迹。因此，人们通过书写活动形成的笔迹，除了代表文字符号这一客观存在之外，更是书写人人生经历的记录，身心能量的流动，呈现出书写人的一种情怀、一种态度，并能够反映出书写人的性格、气质类型、认知能力、情绪素养、意志品质等个性心理特征，而这些特征毫无疑问蕴含在笔迹之中，并以笔迹特征的形式记录和保存下来。因此，笔迹分析的过程也就是笔迹特征的寻找、发现、选择、分析与综合评断的过程，采用的是建立在量化基础上的特征法，亦必然会遵循一定的程序与方法。

第一节　笔迹材料的检验

笔迹材料检验的过程，如同中医所讲究的“望、闻、问、切”四诊法过程，只有对笔迹材料的书写条件、书写要素以及书写人的基本情况进行如实掌握，才能对症下药，作出准确的分析意见。这既是笔迹分析的前提条件，亦是笔迹分析具备科学性的体现。

一、“望”——书写条件

“望”，是对笔迹材料检验的第一步，即对笔迹材料的书写条件进行审查。笔迹分析所要求的笔迹材料必须是书写人在正常书写条件下书写形成，虽然条件变化笔迹、伪装笔迹，甚至摹仿笔迹也能在一定程度上反映出书写人即时书写状态下的心理活动痕迹，但必然会对书写人稳定的书写习惯及其个性心理特征的反映产生一定的干扰作用。因此笔迹分析时，一定要对笔迹材料的书写条件进行审查，只有确认为正常笔迹且能够反映书写人稳定的书写习惯时才可受理。

（一）正常笔迹的特点

正常笔迹，是指书写人在正常的生理、心理状态及通常的书写条件下，采用

习惯的书写方式，通过书写活动所形成的墨迹形象系统。[①] 正常笔迹的特点通常表现在以下三个方面。

1. 笔迹特征具有一定的规律性

书写人书写的相同字迹、偏旁或部首、笔画中的宏观特征、中观特征、微观特征等均会呈一定规律性的重复再现。

2. 笔迹的风貌特征表现自然

正常笔迹中的笔画整体表现为形态合理，运笔自然流利，无形快实慢、抖动弯曲等摹仿迹象特征的反映，字与字之间、单字内部结构之间、笔画与笔画之间的搭配位置、搭配比例合理，笔画墨迹粗细、色泽浓淡变化与运笔速度快慢及笔力轻重相对应，笔力变化自然并伴有轻重疾徐、抑压顿收的节奏感、韵律感。

3. 书写水平与语文水平一般相匹配

通常情况下，书写人的语文水平以及受教育程度的不断提高，离不开书写人日常的书写练习活动，随着书写练习活动的不断积累，必然会使书写人的书写习惯由量变发生质变，从而使书写水平得以不断提高。因此，正常情况下，书写人的书写水平与语文水平相一致。

（二）非正常笔迹与正常笔迹的区别

所谓非正常笔迹，是指相对于正常笔迹而言，书写人的书写活动受到生理、心理、书写条件等主客观因素的影响，形成的一类特征发生相应变化的笔迹。笔迹检验实践中，经常遇到的非正常笔迹包括书写条件变化笔迹、伪装笔迹、摹仿笔迹。非正常笔迹中反映书写人真实书写习惯的笔迹真象与主客观因素影响形成的笔迹假象，会发生数量上的明显变化。因此，相对于正常笔迹而言，非正常笔迹只能反映出书写人的部分书写习惯，这是两者最根本的区别，具体表现在以下三个方面。

1. 笔迹特征的表现规律方面

正常笔迹的笔迹特征具有一定的规律性，书写人先后书写相同字迹的概貌特征、细节特征、组合特征等表现一致，不会发生较大变化；而书写人书写的非正常笔迹中，重复出现的单字、偏旁或部首、笔画的书写水平前后表现不一，甚至发生明显变化，笔迹特征无规律性。

2. 运笔方面

正常笔迹的笔画运笔果断，笔画形态舒展、有活力，前后书写的笔画有连接照应关系，墨迹流痕边缘光滑，笔力变化伴有轻重疾徐、抑压顿收的节奏感、韵律感；而非正常笔迹中往往是正常的文字、笔画与非正常的文字、笔画相互交织

---

① 邹明理、杨旭主编：《文书物证司法鉴定实务》，法律出版社 2012 年版。

在一起，整体表现为运笔不自然、生涩呆板，笔画形态怪异，搭配比例不协调。

3. 摹仿迹象方面

摹仿迹象是指笔画的运笔存在形快实慢、笔力平缓、修饰重描、中途停顿、抖动弯曲、另起笔等摹仿笔迹的征象。正常笔迹中若出现上述摹仿迹象特征，通常为书写人的笔误修正笔迹或老年人笔迹；而在其他情况下若出现上述摹仿迹象特征，则为非正常笔迹。

因此，笔迹分析实践中，拿到一份笔迹材料，一定不能立刻进行特征选择与分析，应首先进行书写条件的审查，审查内容通常包括：书写工具的类型，书写是否正常，如果是伪装笔迹，采取的又是哪种伪装方式等。下面以 ×× 年 ×× 部门能力验证中笔迹检验试题来说明书写条件审查的重要性和必要性（如图 6–1 所示）。

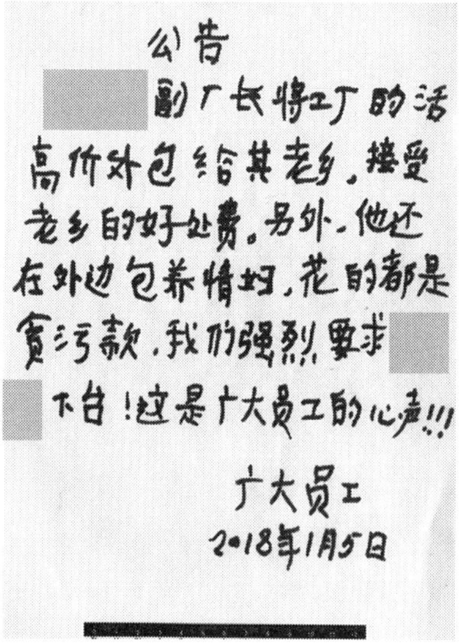

公告

副厂长将工厂的活
高价外包给其老乡，接受
老乡的好处费。另外，他还
在外边包养情妇，花的都是
贪污款，我们强烈要求
下台！这是广大员工的心声!!!

广大员工
2018年1月5日

图 6–1　笔迹材料

分析：图 6–1 中的字迹均为软笔书写，字间距、行间距等布局特征基本正常，其上字迹所反映出来的书写速度较慢，连笔趋势缺乏，笔画间的笔力变化及连接照应关系缺失，有伪装书写动作痕迹的反映；又根据单字中所呈现出的笔画形态特点及其拖笔等特征，可判断书写人采用的是左手伪装方式进行书写形成，即图 6–1 中笔迹系左手伪装笔迹。

这里需要注意的是伪装笔迹的判断方法，右手伪装笔迹与左手伪装笔迹的机理效果完全不同。右手伪装是书写人的大脑指挥手的书写动作使其脱离固有书写习惯的束缚，通常情况下笔画的形态偏直且僵硬，搭配比例有时也会出现明显变化，伪装得越不像自己的笔迹越好；而左手伪装是书写人的大脑拼命指挥左手进行书写，但由于左手书写活动未成习惯，肌肉群协调不精确，控制力不好，即使

想听从大脑的指挥却达不到那种效果，故而左手伪装的笔迹是想写好却写不好，控笔能力差，在该快的地方却快不起来，单字结构松散，笔画抖动、下沉，逆行笔增多且多伴有拖笔痕迹等特征（如图 6-2 所示）。

右手伪装笔迹　　　　左手伪装笔迹

图 6-2　伪装笔迹

现补充书写人正常情况下书写的笔迹，如图 6-3 所示。

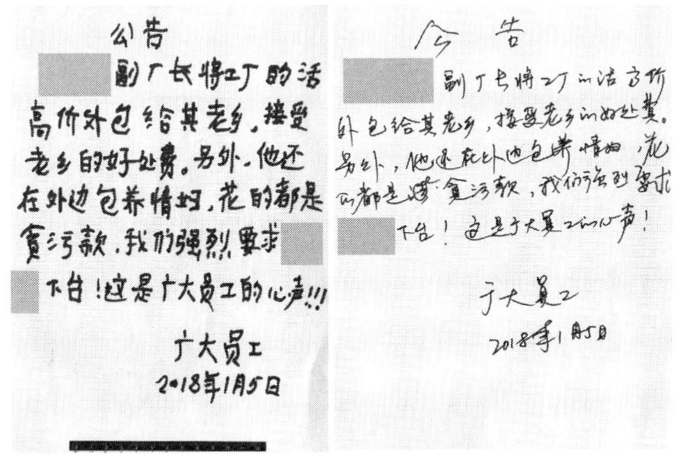

公告

副厂长将工厂的活高价外包给其老乡，接受老乡的好处费。另外，他还在外边包养情妇，花的都是贪污款，我们强烈要求 下台！这是广大员工的心声!!!

广大员工

2018年1月5日

公告

副厂长将工厂的活高价外包给其老乡，接受老乡的好处费。另外，他还在外边包养情妇，花的都是贪污款，我们强烈要求 下台！这是广大员工的心声！

广大员工

2018年1月5日

左手伪装笔迹　　　　右手正常书写笔迹

图 6-3　同一人书写笔迹材料

针对该份笔迹，如果笔迹分析人不对笔迹材料的书写条件进行严格审查，很容易会作出两种不同的笔迹分析意见。当然，实践中鲜有左手伪装笔迹分析的案例，但书写人出于紧张形成的条件变化笔迹或一般的右手伪装笔迹也较为常见。因此，牢固掌握正常笔迹与非正常笔迹的特点与区别，注重笔迹材料书写条件的审查，对于出具科学、准确的笔迹分析意见至关重要。这也就是笔迹鉴定知识是进行笔迹分析的基础和前提的原因所在。

二、“闻”——书写要素

“闻”是笔迹材料检验的第二步，即对笔迹材料的相关书写要素进行审查。笔迹分析实践中，笔迹材料的书写要素一般包括书写内容、书写字数、书写工具及其笔痕特征三个方面。

（一）书写内容

笔迹分析对书写内容的要求虽无明确的规定，但笔迹分析所使用的笔迹特征具有一定的广度和深度，从宏观特征中的言语习惯、“神”态、整体布局、局部安排，中观特征中的单字大小、字形、字位以及微观特征中的笔画形态及其组合关系、搭配关系、运笔、书写节奏、笔顺、符号甚至阿拉伯数字等特征均能够反映出书写人的个性心理特征。因此，从笔迹特征的角度来讲，笔者认为书写内容要尽量满足以下条件。

1. 尽可能多地收集书写人不同时期书写的笔迹材料

这样做的目的：一是能够在一定程度上丰富笔迹特征的种类和内容，全面分析书写人的个性心理特征；二是通过对不同时期书写的笔迹材料进行分析，可以掌握书写人个性心理特征演变的过程，更好地了解书写人的过去，并为其未来作出合理的建议和规划；三是书写人平时书写的内容字迹一般均为正常笔迹，从多份正常笔迹中可以有效快速地发现本质属性特征，并反映出书写人自然状态下的稳定的个性心理特征。

2. 尽量以现场抄写内容形成的笔迹材料为主，平时书写的笔迹材料为辅

笔迹分析实践中，分析人可以事先准备好笔迹特征丰富的抄写材料，让书写人在正常书写条件下进行抄写，并与书写人平时书写的笔迹材料进行比对分析。这样做的目的：一是让书写人无暇思考，逐渐进入潜意识书写状态，更能够反映出书写人潜意识下的个性心理特征；二是抄写内容经过笔迹分析专家事先设计编辑，尽可能多地拓宽笔迹特征的种类和内容，从抬头、正文、落款等丰富的笔迹特征体系中，更能够全面分析出书写人的个性心理特征；三是将抄写内容形成的笔迹材料与书写人平时书写的笔迹材料进行比对，通过特征分析，可以发现书写人即时书写状态下的心理、情绪变化过程，从而掌握书写人的心理过程。

（二）书写字数

国内笔迹分析专家或相关著作对笔迹分析材料中字数的要求一般为“百字以上”。笔者认同这一观点，并在此基础上略补充以下两点内容。

1. 书写字数越多越好，尽量保证书写内容的全面性

书写人在进行书写活动时，通常不会立刻进入正常书写状态，而是伴随书写活动的进行逐渐进入的过程。因此，书写的字数越多，书写人在正常书写模式下书写正常笔迹的字数就相对越多，笔迹特征就相对越稳定；另外，书写的笔迹材料中尽量要保证“横、竖、撇、捺、点、折、提、钩”八种基本笔画及多样标点符号的存在，只有这样，才能在有限的正常笔迹字数内，使笔迹特征体现得越丰富，从而实现笔迹特征稳定、全面的要求，以准确分析书写人的个性心理特征。

2. 要尽量保证有段落布局的特征存在

该种情况主要针对书写人现场抄写的内容材料，在有限的字数内，尽量有分段内容出现，可以分析书写人的段落布局安排特点，进而分析书写人的认知能力、组织计划管理意识和能力等个性心理特征（如图 6–4 所示）。

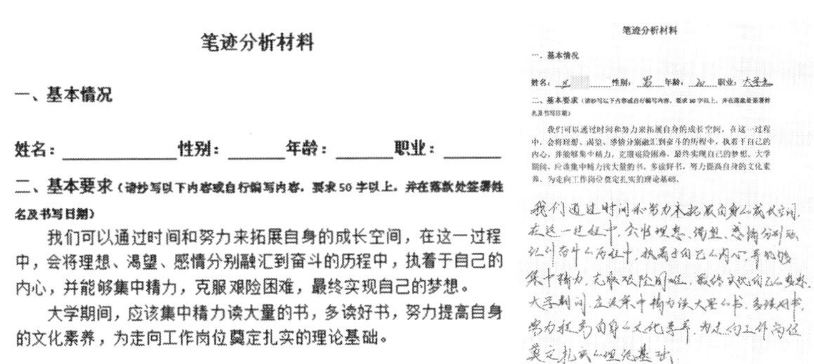

笔迹分析材料

一、基本情况

姓名：________ 性别：______ 年龄：______ 职业：______

二、基本要求（请抄写以下内容或自行编写内容，要求 50 字以上，并在落款处签署姓名及书写日期）

我们可以通过时间和努力来拓展自身的成长空间，在这一过程中，会将理想、渴望、感情分别融汇到奋斗的历程中，执着于自己的内心，并能够集中精力，克服艰险困难，最终实现自己的梦想。

大学期间，应该集中精力读大量的书，多读好书，努力提高自身的文化素养，为走向工作岗位奠定扎实的理论基础。

图 6–4　段落布局特征

（三）书写工具及其笔痕特征

笔迹分析实践中，较为常见的是硬笔书写的笔迹，常见的硬笔书写工具包括圆珠笔、中性笔和钢笔等。不同硬笔书写工具的笔尖、笔头结构及其所使用的墨料成分不同，必然会在纸面等书写载体上形成不同的笔痕特征。笔痕特征，是指书写人的书写动作支配书写工具作用于纸面形成的划痕和墨迹流痕的表现特征。书写工具与纸面等载体在摩擦力的作用下，使笔痕特征以运笔中的笔力、笔速等运动形式表现出来，亦是书写人心理刻痕的一种表现。①

笔迹分析实践中，对书写工具的要求主要是根据各类书写工具产生笔痕特征的丰富度方面，而笔痕特征的丰富度却是因笔而异、因人而异的。即使都是使用中性笔，其笔尖、笔头结构相同，但也会因不同生产厂家生产制作工艺不同或因书写人执笔姿势、书写水平等方面的差异，形成不同程度的笔痕特征。因此，笔者认为笔迹分析中对书写工具的要求其实就是对笔痕特征的认识和掌握。实践中，分析人必须掌握笔痕特征的表现形式及其特点，以准确判断笔痕中所流露出来的书写人的心理刻痕。

1. 常见硬笔书写工具产生笔痕特征的表现形式及特点

（1）墨点与白点特征。墨点与白点特征主要出现在笔头为球状的滚珠类书写工具中，如圆珠笔、中性笔等。由于圆珠笔笔油相对中性笔笔油较为黏稠，因此墨点与白点等笔痕特征主要出现在圆珠笔中，尤其是在起笔、收笔和转折笔画

① 庄寅亮：《试论笔迹摩擦理论中的分子排列与心理显现》，转自《中国笔迹学论文选编内部刊物》，2008 年。

处，表现最为明显，并能够反映出书写人即时书写状态下的心理变化、情绪反应等特征（如图 6–5 所示）。

（2）墨线与白线特征。使用笔头结构为球状的圆珠笔或笔头出水量较大的中性笔书写时，在笔画的两侧边缘会出现油墨堆积，而笔画的中央会出现不着墨或着墨很淡的笔画露白现象。不同人或同一人使用不同的圆珠笔及中性笔书写，其墨线与白线的分布位置亦会存在差别，形成因人而异或因笔而异的墨线与白线特征。墨线与白线特征能够反映出书写人运笔中的笔力、笔速等特点，从而可以分析出书写人的意志、情绪、思维等个性心理特征（如图 6–6 所示）。

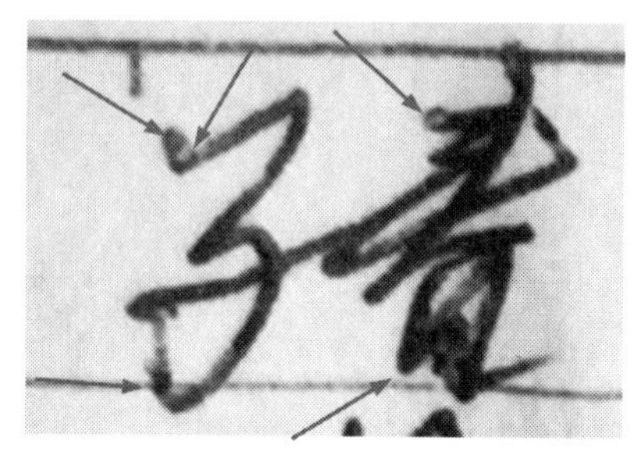

图 6–5　墨点与白点特征

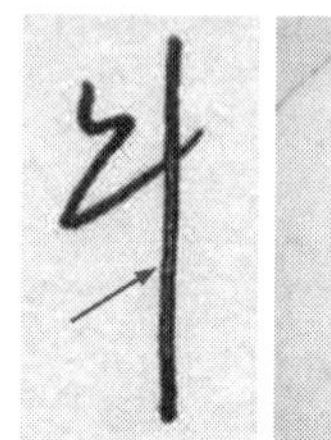

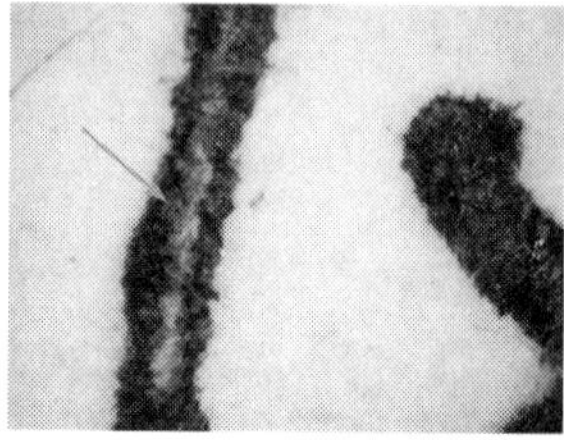

图 6–6　墨线与白线特征

（3）划痕与压痕特征。划痕与压痕在圆珠笔、中性笔、钢笔中都有可能出现，在书写人书写压力较大的作用下，笔尖与纸张等载体发生摩擦，从而形成一定的划痕和压痕。不同的书写工具或不同书写人形成的划痕和压痕特征通常会存在差异，这与书写人的笔力、控笔姿势等因素有关，并能够反映出书写人的性格、意志、情绪状态等个性心理特征。

（4）粗细与浓淡特征。笔痕特征的粗细、浓淡主要与书写工具笔尖的粗细、笔头出水量或笔尖供墨状态、用笔的压力、书写人的书写速度等因素有关。

2. 常见硬笔书写工具产生笔痕特征的作用

常见的圆珠笔、中性笔、钢笔等硬笔类书写工具均会表现出一定的笔痕特征，笔痕特征会因笔而异，亦会因人而异。因此笔迹分析实践中，分析人要善于抓取笔迹中的笔痕特征，能够从细微之处透视书写人的潜意识，从而揭示书写人内心深处的心理活动痕迹及其个性心理特征。

三、“问、切”——书写人基本情况

笔迹材料是笔迹分析的物质基础和研究对象，而笔迹材料的书写人则是笔迹分析的归宿和具体指向对象。因此，“问、切”便是针对笔迹材料书写人的基本情况进行审查和分析。由于不同书写人的家庭成长环境、文化教育程度、年龄、性别、职业类别等情况的不同，都会形成书写人各自不同的性格、气质类型、认

知能力、情绪素养、意志品质等个性心理特征，而这些特征均会通过书写人书写运动习惯的外化产品——笔迹，所反映出来。因此，了解和掌握书写人的年龄、性别、职业类别等情况，结合笔迹中所反映出的书写人的个性心理特征，不仅可以知晓书写人的过去经历，还能通过笔迹分析技术对书写人的未来和事业发展提供某种建议。

（一）书写人的年龄

年龄，是指一个人从出生时起到计算时止生存的时间长度。通常用年岁来表示，包括自然年龄和心理年龄。自然年龄，是指按照个体出生后的年限来确定比较客观的实际生理年龄；心理年龄，是指依照个体心理活动的健全程度来确定的年龄，主要表现形式为：个体在社会实践中发展起来的以思维和语言为核心的认知、情感和意志相统一的心理活动过程，以及个体构成意识活动的独特心理组织系统。

由于笔迹能够反映出书写人的个性心理特征，因此依据其笔迹特点就能够判断出书写人的心理年龄，从而可以确定书写人心理年龄与其自然年龄是否相符的情况。根据个体心理年龄与自然年龄是否匹配可以分为以下三种类型：

1. 心理年龄早于自然年龄

心理年龄早于自然年龄，即书写人的心理成熟度高于其实际自然年龄所应具备的心理特点，亦称心理早熟。在书写人实际自然年龄阶段内，书写人所经历的事情多，积累的社会阅历及其经验丰富，已超出这个年龄段所应匹配的心理年龄。由于笔迹能够反映出书写人的心理特点，书写人的笔迹成熟度与其心理成熟度是相互统一、相互匹配的。因此，此阶段书写人的笔迹成熟度是高于其自然年龄的，通过其笔迹特点就能够了解和知晓书写人过去所发生的经历（如图 6–7 所示）。

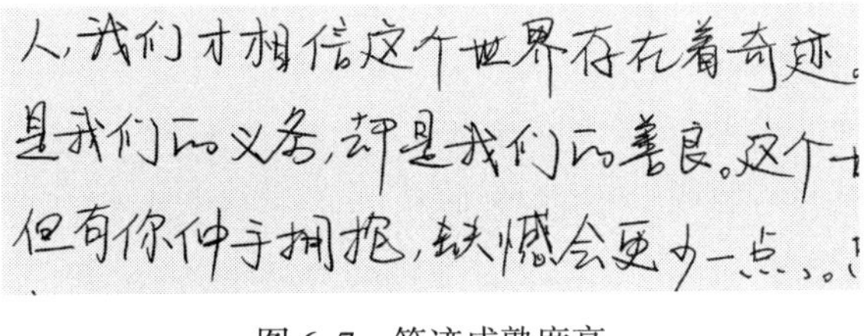

人，我们才相信这个世界存在着奇迹。
是我们的义务，却是我们的善良。这个
但有你伸手拥抱，缺憾会更少一点。。。

图 6–7　笔迹成熟度高

注：此份笔迹是一位 20 岁的大学三年级学生抄写形成，通过其笔迹反映出的特点可以判断其心理年龄早于生理年龄，这也与他平时在班级、学生会工作中表现出的稳定、成熟的个性心理特征相符。

2. 心理年龄与生理年龄相当

心理年龄与生理年龄相当，即书写人的心理成熟度与其实际自然年龄所应具备的心理特点相匹配。在书写人的自然年龄阶段内该经历的事情都已经经历了，因此，其笔迹中反映出的成熟度亦符合书写人的实际自然年龄（如图 6–8 所示）。

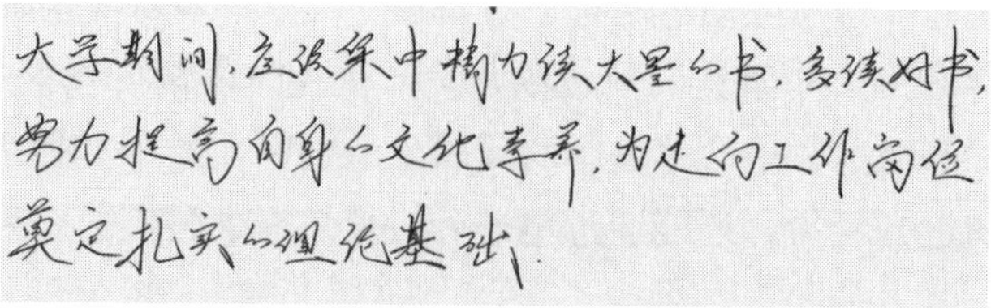

大学期间，应该集中精力读大量的书，多读好书，
努力提高自身的文化素养，为走向工作岗位
奠定扎实的理论基础

图 6–8　笔迹成熟度与自然年龄相匹配

注：此份笔迹是一位 20 岁的大学二年级学生抄写形成，其笔迹成熟度与其实际自然年龄匹配，心理成长轨迹正常。

3. 心理年龄晚于自然年龄

心理年龄晚于自然年龄，即书写人的心理成熟度低于其实际自然年龄，亦称心理晚熟。在书写人的自然年龄阶段内应该经历的事情却未亲身经历，社会阅历缺乏。因此，其笔迹中反映出的成熟度亦低于其自然年龄。通过其笔迹所反映出的特点亦能够了解书写人的过去，一般情况下，这种心理晚熟现象多出现于父母过于溺爱孩子，孩子的各种事情包管太多，孩子在成长期内丧失了本该亲身经历和锻炼的机遇，导致孩子的心理成长轨迹落后于其实际自然年龄（如图 6–9 所示）。

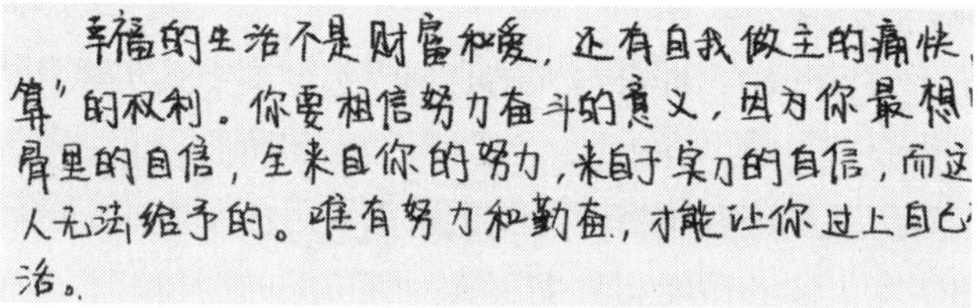

幸福的生活不是财富和爱，还有自我做主的痛快，
算”的权利。你要相信努力奋斗的意义，因为你最想
骨里的自信，全来自你的努力，来自于实力的自信，而这
人无法给予的。唯有努力和勤奋，才能让你过上自己
活。

图 6–9　笔迹成熟度低

注：此份笔迹是一位参加工作近两年的 26 岁男性抄写形成，通过其笔迹反映出的特点可以看出其心理年龄晚于自然年龄，心理成熟度相对较低。

（二）书写人的性别

性别的不同确实对性格有一定的影响，正如阳刚之气多形容的是男性，而阴柔之美则多形容的是女性，这是普遍现象。由于笔迹能够反映出书写人的性格，而性格与性别又存在普遍的对应关系，因此，多数情况下可以通过笔迹有效判断书写人的性别。但实际中，也有个别相反现象存在，如男人缺少阳刚之气，而像女性性格，其笔迹特点就表现为“男人写女字”；女人缺少阴柔之美，多了阳刚之气，则像男性性格，也即人们所说的“女强人、女汉子”，那么其笔迹特点就表现为“女人写男字”。因此，这也就是“性格变，笔迹变”“笔迹变，性格变”的直接体现和有力说明。

笔迹分析实践中，了解书写人的性别，结合笔迹中所反映出的性格特点，就能够推测判断出书写人的成长经历。例如，一位女性所书写的笔迹中反映出了

刚毅、意志力坚强、善于开拓进取、攻坚克难的性格特质，则说明该女性性格中本应具有的阴柔之美占据下风，而男性性格中的坚毅、刚强、阳刚之气却占据上风。由此可以判断该女性的成长经历中，要么是家人喜欢将其当男孩子养育、教育，要么是其缺乏安全感，并通过自身反抗、勤奋努力积极进取获得了存在感和安全感，取得了明显效果，而逐渐形成这一“女强人”性格（如图 6-10 所示）。

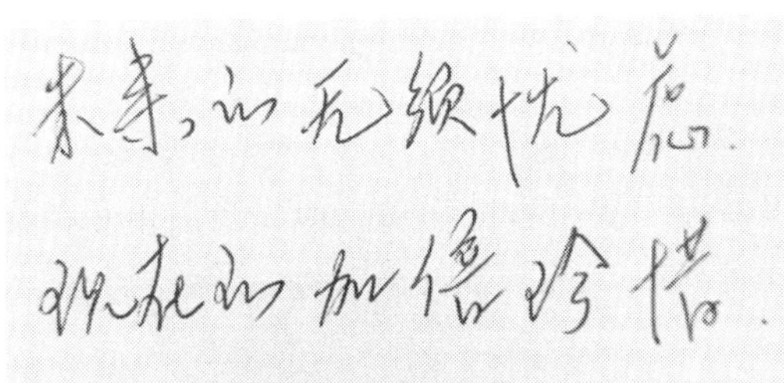

图 6-10　“女强人”笔迹

注：此份笔迹是一位 60 岁的事业成功女性书写形成，通过其笔迹的特点可以看出其坚毅、刚强、自信、进取的性格特点，这也与其本人所担任过的领导职务及工作行事风格相符。

（三）书写人的职业类别

职业对人生有着一定的影响，包括对你自己的生活，对你的家庭，对朋友均能产生影响，而这些影响最终会引起一个人性格的变化。例如，从事会计的人员大都会对数字比较敏感；从事笔迹鉴定的人员往往观察力比较强，容易从事物的表面现象看透事物的本质，抓取细节的能力突出；文科人员发散思维能力较好，而理科人员抽象思维能力较好（如图 6-11 所示）。

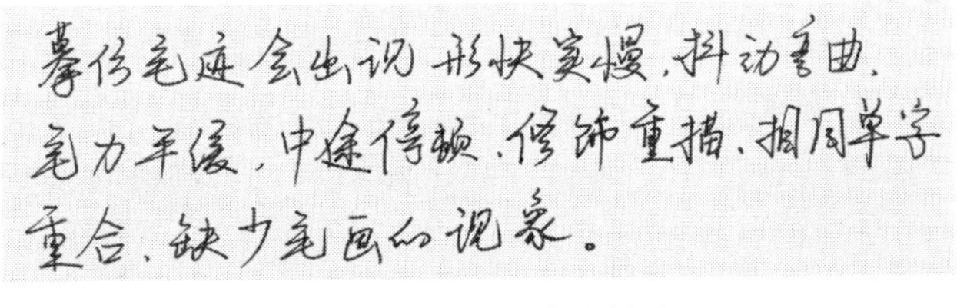

摹仿笔迹会出现形快实慢，抖动弯曲，笔力平缓，中途停顿，修饰重描，相同单字重合，缺少笔画的现象。

图 6-11　笔迹鉴定人笔迹

注：此份笔迹是一位 30 岁的笔迹鉴定人在其笔记本上书写的专业内容字迹，通过其笔迹的特点可以看出其观察力、判断力强，抓取细节能力突出的个性心理特点。

通过了解书写人的职业类别或结合其笔迹中所反映出的性格、气质类型、思维能力等特点，根据职业与性格的匹配度，就可以对书写人未来的职业选择或事业发展提供指导和建议。例如，书写人的职业跟其笔迹中反映出的性格之间的匹配度差，如果书写人不去作出改变，主动适应这一职业，那么他将很难在这项职业中取得显著成绩；而如果书写人的职业跟其笔迹中所反映出的性格之间的匹配度好，那么书写人经过努力将会实现职业与性格的同频共振，很容易在其职业岗位上取得佳绩，以达到人尽其才，才适其职，职配其位。

因此，这也就是笔迹分析技术能够在人力资源管理领域中具有广阔的应用前景的原因所在，尤其在大学生就业选择、人才招聘、岗位选拔与配置中更是具有举足轻重的作用。

第二节　选择笔迹特征

书写过程中，书写人的个性心理特征及其即时书写状态下的心理活动痕迹将会记录和保留在笔迹之中，并以笔迹特征的形式投射出来。因此，选择笔迹特征是笔迹分析的关键所在，特征选择的质量将决定着笔迹分析的准确度。实践中，选择笔迹特征必须遵循一定的原则与方法。

一、选择笔迹特征的原则

选择笔迹特征要善于抓取能够稳定反映书写人个性心理的特征，不能盲目地随便选择，而是要遵循一定的原则。

（一）抓取本质特征原则

本质特征，是指能够反映出书写人书写习惯的特征，必须具备变异性和重复再现性等特点，而重复再现性则是本质特征的标准和要求。笔者在笔迹分析实践中，通常会让书写人提供一份其平时书写的笔迹材料，然后再让其抄写事先设计好的笔迹材料，通过对两份材料中的笔迹进行比对分析，发现具备重复再现性的本质特征，以确定书写人某种稳定的个性心理特征。例如，宏观特征具有易受书写条件影响而发生变化的特性，有时仅凭一份笔迹材料难以评断其特征性质，但通过对两份或两份以上笔迹材料进行印证，如果发现宏观特征中的某种布局特征能够重复再现，就说明其具备本质特征的属性，书写人也就具备与之相应的稳定的个性心理特征（如图 6–12 所示）。

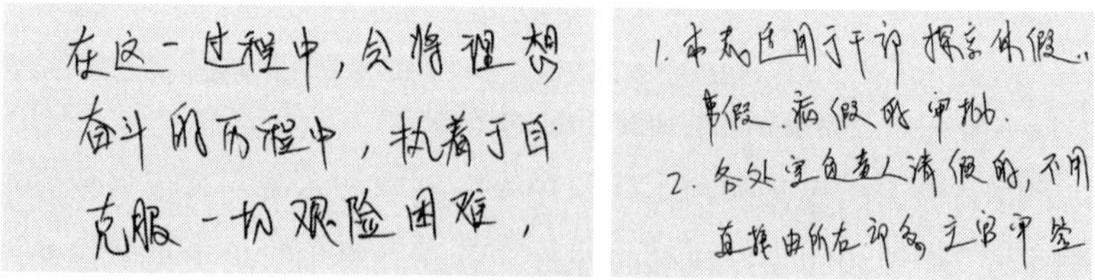

图 6–12　本质特征

注：两份笔迹均出自同一人书写，左边缘留白先窄后宽的特征重复再现，说明书写人在布局上就有这种特点，反映出书写人胆小谨慎，内心保守，立场不坚定的稳定个性心理特征。

（二）抓取突出特征原则

一个人的笔迹特征“突”在哪里，这个人的性格就“突”在哪里，即笔迹“怪”，性格也“怪”。因此，拿到一份笔迹材料后，通过整体观察呈现出的“神”态特征，并找出其突出特征，往往就能抓住书写人比较突出的个性心理特征（如图 6–13 所示）。

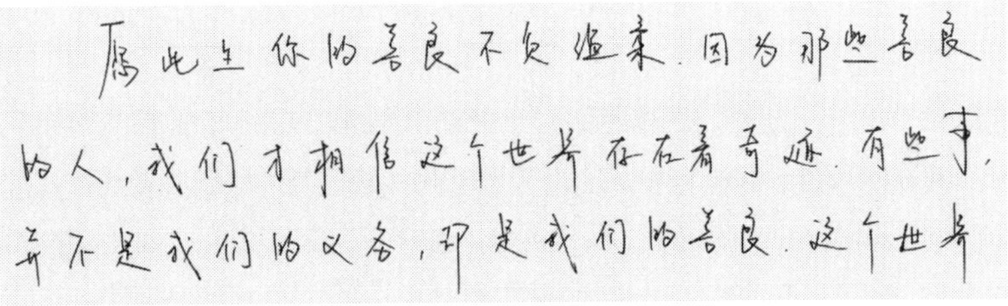

愿此生你的善良不负遇来。因为那些善良
的人，我们才相信这个世界存在着奇迹。有些事，
并不是我们的义务，却是我们的善良。这个世界

图 6–13　突出特征

注：此份笔迹中最突出的特征为“竖向”笔画，长且笔力轻，说明书写人“有主见，但立场不坚定”就是其相对突出的个性心理特征。

（三）抓取同性特征原则

一种笔迹特征可能会代表多种个性心理特征，而两种或两种以上的笔迹特征也有可能同时代表一种个性心理特征。因此，笔迹分析中所谓的同性特征就是指的后者，亦称加强性特征，即多种笔迹特征共同指向书写人的某一种个性心理特征，那么这些笔迹特征就称为同性特征。例如，书写人的笔迹中具备以下特点：整体布局特征中左边缘留白先窄后宽，说明书写人胆小谨慎、想法易变的个性；微观特征中“竖”笔画虽长但无力，说明书写人立场不坚定、意志易动摇的个性。因此，这两种笔迹特征就共同指向了书写人立场不坚定的个性心理特征，这两种笔迹特征就称之为笔迹分析中的同性特征（如图 6–14 所示）。

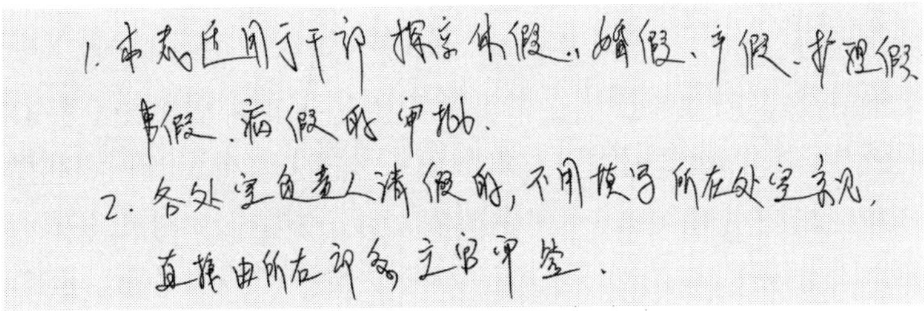

1. 本表适用于干部探亲休假、婚假、产假、护理假、
事假、病假的审批。
2. 各处室负责人请假的，不用填写所在处室意见，
直接由所在部门主管审签。

图 6–14　同性特征

同性特征的出现更能够进一步突出加强书写人某种稳定的个性心理特征，在笔迹分析实践中，要注意抓取使用同性特征。

二、选择笔迹特征的方法

选择笔迹特征既不能以偏概全，也不能盲目下手、本末倒置，而是要遵循一定的方法。

（一）从宏观特征、中观特征到微观特征依次选择

拿到一份笔迹分析材料，首先，进行宏观特征的整体性观察。从书写内容的整体中去发现笔迹所呈现出来的“神”态特征，是“形神兼备、其力内充”还是“形神相悖、力有未逮”，再根据整体布局和局部安排特征确定书写人的排版布局特点。其次，进行中观特征观察。发现并挖掘书写人笔迹中所呈现出的单字大小特征、字形特征、字位特征，这一步一定要仔细、认真，要挖掘出书写人笔迹中大多数字迹的特征一致性，不能仅凭少数字或个别字的特点盲目下结论。最后，进行微观特征的观察。微观特征不同于宏观特征、中观特征，比较隐蔽、细小，分析人必须具备足够的专注力才能“从字里悟性格”，即从单字内部笔画的状态、搭配关系、运笔、书写节奏、笔顺、符号甚至阿拉伯数字中去寻找蛛丝马迹，探索书写人的潜意识内容在微观特征中的汇聚与流露。

注意事项：从宏观特征、中观特征到微观特征依次去寻找、发现、选择笔迹特征时，要注意“全、深、细、特”四字要诀，即笔迹特征选择要全面、深入、细致、特殊，以准确、全方位地揭示书写人的个性心理特征。

（二）从重点到一般依次选择

选择笔迹特征时，要根据笔迹材料所呈现出的特点，从宏观特征、中观特征、微观特征中依次罗列出笔迹中所呈现出的笔迹特征，接下来就要对三类特征中的笔迹特征按照从重点到一般的顺序进行排列，这一过程要注意以下事项。

第一，通常情况下，笔迹特征的稳定性、重要性是按同性特征、本质特征、突出特征、异性特征、普通特征依次排列的。同性特征，即加强性特征；本质特征，即重复再现性特征。两种特征的稳定性强，同理，两者所对应书写人的某种个性心理特征的稳定性也强；突出特征，是书写人某种突出的个性心理特征通过笔迹向外在的一种投射与彰显，同样具有重要性；异性特征，是指两种或两种以上的笔迹特征指向书写人的个性心理特征相反，能够反映出书写人个性心理特征中存在矛盾性的一面或相对不突出、健全的特点；普通特征，在单独一份笔迹材料中，由于其特征性质难以评断，故其特征稳定性、重要性相对以上特征较低。

第二，微观特征虽然更能体现出书写人的潜意识内容，但并不一定说明微观特征的重要性就一定高于易受书写条件影响而发生变化的宏观特征。例如，书

写人平时书写的多份笔迹材料中均呈现出了一致性的整体布局特征或局部安排特征，那么这种宏观特征所对应书写人的某种个性心理特征就较稳定，该宏观特征就是书写人笔迹中的一个重点特征。

因此，对笔迹分析材料中呈现出的宏观特征、中观特征、微观特征的稳定性和重要性，并不是在任何情况下均是按此顺序排列。笔迹分析实践中，一定要根据笔迹分析材料的特点灵活掌握、因字而定。

第三节　综 合 评 断

笔迹分析的主要方法是建立在量化基础上的特征法，即在特征量化的基础上辩证地研究笔迹特征与书写人个性心理特征之间的内在关联性。在笔迹分析实践中，一种笔迹特征不一定只代表一种个性心理特征，还会存在多种笔迹特征共同指向书写人的某一种个性心理特征的情况，甚至还会存在多种笔迹特征指向书写人的个性心理特征相反的情况。因此，这就需要笔迹分析人员全面地考量和评估各种特征，并掌握特征的综合评断方法，以准确判断笔迹特征与书写人个性心理特征之间的对应关系，为准确出具笔迹分析意见书奠定扎实的基础。

一、同性特征的分析

同性特征，是指两种或两种以上的笔迹特征共同指向书写人的某一种个性心理特征，这些笔迹特征就构成了同性特征，亦称加强性特征。同性特征能够进一步佐证、突出书写人的某种个性心理特征。例如书写人的字大且成熟，说明书写人自我意识大、不甘于平庸和默默无闻、胆大、敢于冒险，如果其笔迹中的笔画处于扩张、舒展之态势，则更能够突出书写人的胆大、敢于冒险和积极开拓进取的精神（如图 6–15 所示）。

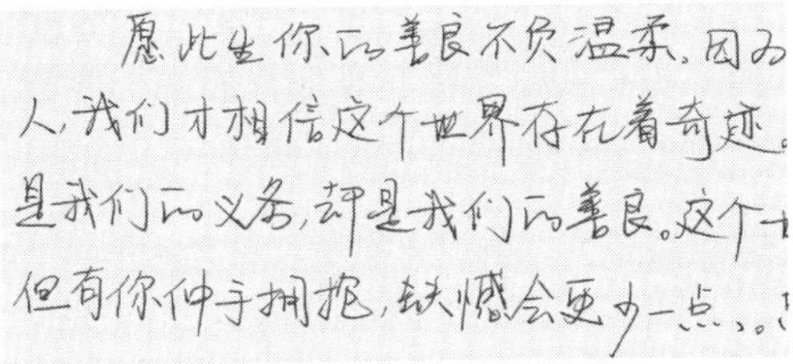

图 6–15　字大且笔画外展

由于笔迹能够反映出书写人的性格，在书写人的某一时期阶段，其性格具有稳定性，笔迹亦具有稳定性。因此，每个人笔迹中都会存在同性特征，否则就不会存在书写人因人而异的性格特质。笔迹分析实践中，要善于抓取笔迹中的同性特征，同性特征具有特征加强的特性，能够更加准确地揭示、反映书写人的某种稳定的个性心理特征。

二、异性特征的分析

异性特征，是指两种或两种以上的笔迹特征指向书写人的个性心理特征相反，这些笔迹特征就构成了异性特征。这里需要注意的是，由于笔迹分析使用的是特征法，不要因为多种笔迹特征指向书写人的个性心理特征相反，就认为这些笔迹特征之间就可以互相抵消了。同性特征属于加强性特征，而异性特征却不等于特征抵消。笔迹分析实践中，异性特征能够反映出书写人的个性心理特征往往具有如下某一方面的特点。

（一）异性特征代表书写人的个性心理特征具有矛盾性的一面

书写人的笔迹中，如果既有字位偏正的字，同时又有字位偏左、字位偏右的字，即书写人的字位不固定。那么字位偏左与字位偏右这两种特征就构成了异性特征，这种异性特征的存在说明书写人性格较怪异、善变，或即时书写状态下的心理情绪表现反差大、不稳定，具有矛盾性的一面（如图 6–16 所示）。

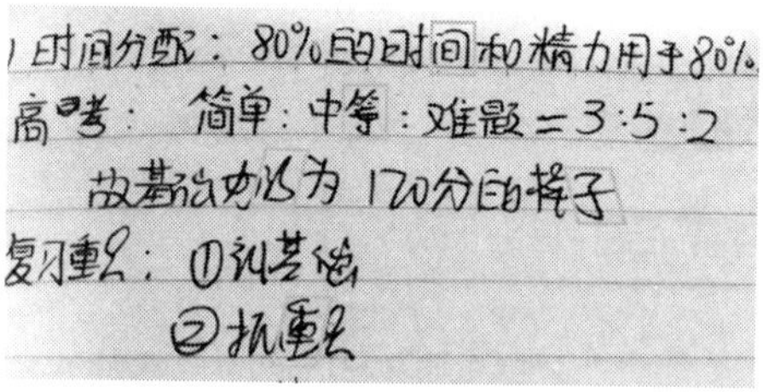

图 6–16　字位方向不固定

（二）异性特征代表书写人的个性心理特征具有相对不突出的一面

书写人的笔迹中，如果既有长方形的字，又有正方形字、梯形字，即书写人的字形不固定。那么这种不固定的字形特征之间必然会有异性特征存在，此种情况下，说明书写人同时具备这几种字形特征所代表的个性心理特征，但均不如单一字形特征所代表的个性心理特征表现得突出和强烈（如图 6–17 所示）。

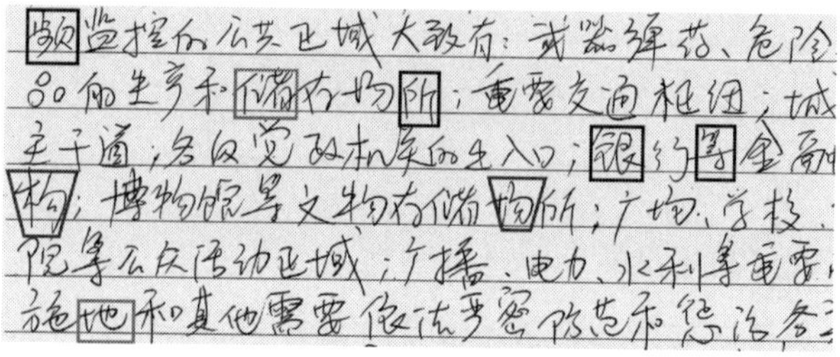

图 6–17　字形不固定

（三）异性特征代表书写人的个性心理特征具有更为健全的一面

异性特征的存在并不代表特征抵消，有时反映出的书写人的个性心理特征更为全面。

第一，在书写水平高的书写人笔迹中，异性特征存在率相对更高。如书写人的笔迹中存在单字大小呈规律式变化的特点，不仅美观，更是书写水平高的一种体现。这种笔迹中的单字大小特征就是一种异性特征的体现，然而这种异性特征并不是特征抵消——“字大胆大、字小胆小”，而是这种单字大小呈规律式变化的异性特征更能够反映出书写人头脑灵活、随机应变能力强的个性心理特征。（如图 6–18 所示）。

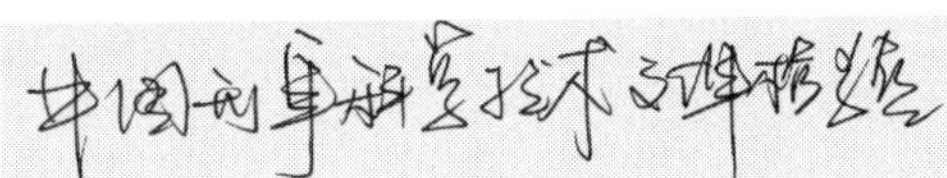

图 6–18　单字大小呈规律式变化

第二，在社会阅历丰富、城府相对较深的书写人笔迹中，异性特征存在率相对更高。有过一定的社会阅历，经历过挫折失败，并通过自身努力获得成功的人士，其城府一般较深，性格亦相对沉稳、成熟，其笔迹特征一般表现为：笔画开张自然、收放自如、伸缩有度，书写节奏具有轻重疾徐、抑压顿收的节奏感、韵律感，这种亦张亦驰、亦快亦慢的异性特征，反映出书写人能屈能伸、思维敏捷、做人做事能够掌握分寸、拿捏自如的稳定、成熟的个性心理特征（如图 6–19 所示）。

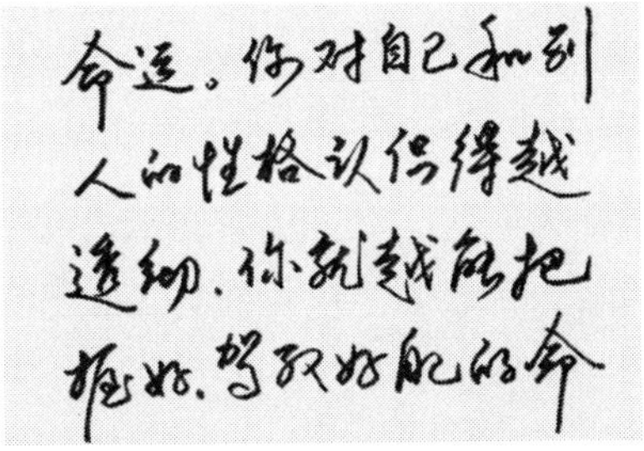

图 6–19　异性特征丰富

第四节　笔迹分析意见

笔迹分析意见是笔迹分析专家经过对笔迹材料进行初审检验、特征选择、综合评断后所出具的专门性意见。一份完整的笔迹分析意见书，不仅代表着笔迹分析人员的技术水平，更体现着笔迹分析的科学性和规范性。而当前笔迹分析意见书并未有统一的标准格式，笔迹分析意见的表述内容亦没有相应规定。笔者结合自身实践，根据笔迹分析的程序、方法并结合其应用领域，对笔迹分析意见的表述形式及内容做一探讨，供读者参考。

一、笔迹分析意见的表述形式

当前，笔迹分析意见的表述一般有两种情况：一是直接得出书写人的性格特点，非此即彼；二是表现为性格“大融合”，表述含糊其词。如笔迹分析意见表述中常用的“内向”这一词，具有很大的包容性、共性化的特点，这样出具笔迹分析意见确实很保险，但未免会显得大而空，不具有因人而异的特点。假如分析100个人，70个人得到了“内向”的结论，那么试问这70个人又有什么样的个性心理特点呢？

因此，笔者认为笔迹分析意见的表述形式应具备以下要求：

第一，笔迹分析意见的表述内容应全面准确、语言简明扼要。在性格表述的基础上，描述书写人的认知、情感、意志品质和气质类型等内容，突出不同书写人因人而异的个性心理特征。

第二，笔迹分析意见的表述形式应包含两个方面的内容。一是表述书写人的个性心理特征，具体内容如第一点所述；二是对书写人的个性心理特征中存在的优点和缺点提供评估和建议，以健全书写人的性格心理，使其更好地融入社会，适应社会的发展。

如上所述，才能体现笔迹分析意见的全面性，凸显笔迹学的仁爱之心和社会价值感。

二、笔迹分析意见的种类及表述内容

笔迹分析的应用领域较为广泛，如人力资源管理领域、教育教学领域、心理咨询领域、司法领域以及婚恋领域等。应用领域不同，笔迹分析意见表述内容的侧重点亦应有所不同。

（一）人力资源管理领域中笔迹分析意见的表述内容

笔迹分析在人力资源管理领域中的应用，主要集中在大学生就业选择、人才招聘与选拔、人事安排、人才使用等方面。因此，笔迹分析意见的表述中，除对书写人个性心理特征中的优缺点进行评估外，还应侧重对书写人的就业选择、职业规划，企业关于人才的使用及岗位安排等事项提供指导和建议。

（二）教育教学领域中笔迹分析意见的表述内容

笔迹分析在教育教学领域中的应用，主要集中在了解不同学生的性格、心理，真正做到因材施教，以及针对不同学生所存在的性格不足或缺陷，通过有针

对性的书写强化训练矫正其不良个性心理等方面。因此，笔迹分析意见的表述中，除分析总结学生的个性心理特征外，还应针对学生存在的性格心理不足，提供有针对性的心理疏导和书写强化训练指导，以矫正其性格心理特征中的不良个性，促使其不断健全性格，更好地适应校园生活和学习。

（三）心理咨询领域中笔迹分析意见的表述内容

笔迹分析在心理咨询领域中的应用具有独到之处，通过笔迹分析和心理咨询能够准确得出书写人存在的心理问题。因此，笔迹分析意见表述中，除对书写人个性心理特征中的优缺点进行评估外，还应结合心理学知识对书写人的心理问题提供心理疏导、心理治疗建议，充分发挥笔迹分析与心理咨询的融合运用之优势。

（四）司法领域中笔迹分析意见的表述内容

笔迹分析在司法领域中的应用，主要集中在案件侦查、司法鉴定、未成年人犯罪教育改造等方面。其中，笔迹分析在案件侦查、司法鉴定方面主要起到辅助性作用，故在此只针对未成年人犯罪教育改造进行探讨。因此，笔迹分析意见表述中，除分析总结未成年人的个性心理特征外，还应针对未成年人的性格心理缺陷，提供有针对性的心理疏导和书写强化训练指导，以矫正其性格心理特征中的不良个性，促使其不断健全性格，更好地适应社会发展。

（五）婚恋领域中笔迹分析意见的表述内容

笔迹分析在婚恋领域中的应用，主要是通过笔迹分析测评婚恋双方的性格心理问题，帮助双方能够更好地认识和了解对方。因此，笔迹分析意见表述中，除对书写人个性心理特征中的优缺点进行评估外，还应侧重对婚恋双方当事人提供恋爱、婚姻方面的指导和建议。

第七章　笔迹身心画像

笔迹，是指书写人内在稳定的书写习惯同特定时空条件下的主客观因素相互作用，外化成的一种文字符号形象系统。由笔迹的定义可知，笔迹的形成与书写人的生理机制、心理机制密不可分，而生理机制、心理机制则与个人的遗传因素、性格、成长经历、认知水平、文化程度等因素有关，且具有因人而异性、相对稳定性的特点。因此，通过笔迹可以还原、分析出书写人的生理机制、心理机制，揭示出书写人的人生成长经历及身心能量流动状况，从而实现对书写人进行笔迹身心画像。

第一节　科学逻辑推理与笔迹身心画像

科学是指建立在可检验的解释和对客观事物的形式、组织等进行预测的有序的知识系统。[①] 由科学的定义可知，科学的研究方法包括实验法和逻辑推理法，即科学研究的本质就是提出假说，并在实验法的基础上，通过逻辑推理验证假说、修正假说，直至揭示事物的本质及其运动规律，最终得出科学原理。因此，具备科学的逻辑推理能力能够对事物作出符合逻辑关系的正确推断，使人们的认识能够拨开表面的迷雾从而深入事物的本质。

笔迹不仅能够反映出书写人的个性心理特征以及当下状态，而且还蕴含着与书写人个性心理特征相应的身体特点以及过往的成长经历。而由笔迹去全面、准确地了解一个人的身心状态变化过程，就需要笔迹分析人员具备较强的科学逻辑推理能力。

一、科学逻辑推理在笔迹身心画像中的应用价值分析

（一）丰富笔迹身心画像的内容

通过笔迹可以直接分析出书写人的性格、气质类型、认知能力、情绪素养、

① 周建武编著:《科学推理　逻辑与科学思维方法》，化学工业出版社 2017 年版，第 2 页。

意志品质等个性心理特征，如果在笔迹分析意见中直接简单、笼统地表述书写人的性格特点，虽然能够保证笔迹分析意见的准确率，但会因缺乏具体内容而显得大而空，从而使得笔迹分析意见具有共性化、普适性的特点，缺少因人而异的个性化区分度。因此，笔迹分析人员一定要具备科学的逻辑推理能力，通过笔迹在反映出的书写人的性格、气质类型、认知能力、情绪素养、意志品质等个性心理特征的基础上，进一步全面、准确、合理地推断出与书写人个性心理特征相应的人际关系、职业倾向、情感婚恋、过往成长经历以及书写人的生理、病理等身体机制特点。

通过科学的逻辑推理能力，能够进一步丰富笔迹身心画像的内容，使得笔迹分析意见具有因人而异的个性化特点，也进一步体现笔迹分析的科学性。

（二）有效提高笔迹身心画像的准确率

当我们养成某种习惯时，可以不再依靠意识也能轻松完美地完成自己所做的事情，如书写习惯、行走习惯等。由于笔迹就是书写人通过自身潜意识下的自动化书写动作习惯形成的一种文字符号系统，笔迹中必然会蕴含着书写人的潜意识状态和内容。而由于意识是理性的意志，潜意识则是本能愿望，是在此之前的理性意志的结果，是自发的、习惯的过程。也就是说，从意识到潜意识的转变，其实就是从刻意到自觉再到习惯的转变，而这一过程与书写人从开始刻意地识字、练习，到后期的自觉书写练习，再到书写动作定型成为一种习惯，并被潜意识记录下来的过程相一致。因此，既然笔迹能够反映出书写人的潜意识状态和内容，经过因果关系这一逻辑推理，也必然会推断出书写人从意识形成潜意识的过程，包括书写人的观察、感知、记忆、想象、思维等认知能力以及意志品质等特点，从而通过笔迹更好地了解书写人的过去。这也就是为什么说笔迹中蕴含着书写人曾读过的书，走过的路，看过的景以及过往成长经历的原因之所在。

因此，抓住研究对象及其属性之间的因果联系，通过科学的归纳推理，执果索因，能够从笔迹中全面、准确地反映出书写人的潜意识内容以及潜意识形成的过程。虽然并非必然，有限不能证明无限，但有了科学逻辑推理，能够确保相对合理，大大提高推理为真的程度，进而提升笔迹身心画像的准确率。

二、科学逻辑推理在笔迹身心画像中的应用程序与方法

在笔迹分析实践中，应用科学逻辑推理时要注意其应用程序与方法。首先，要对需检的笔迹材料进行观察、感知，总结归纳出笔迹中的突出特征、本质特征、同性特征、异性特征；其次，在观察、感知笔迹特征的基础上，对笔迹特征的性质及其心理释义进行分析、判断，并要善于通过笔迹中的主要特征挖掘出书写人的主要个性心理特征；最后，在分析、判断书写人的主要个性心理特征的基

础上，通过科学逻辑推理能力，进一步作出全面、准确、合理的推理和联想——笔迹身心画像。例如，书写人为什么会具有这样的身心特征？与书写人形成该种身心特征有关的家庭背景、学习 / 成长环境、职业类别、情感婚恋状况以及过往成长经历如何等等内容？只有这样因果循环的反复推理，才能深刻锁定书写人内心深处的潜意识内容以及身体机制特点，以准确进行笔迹身心画像。

下面以一起实际案例来简单阐述科学逻辑推理在笔迹身心画像中的应用（如图 7–1 所示）。

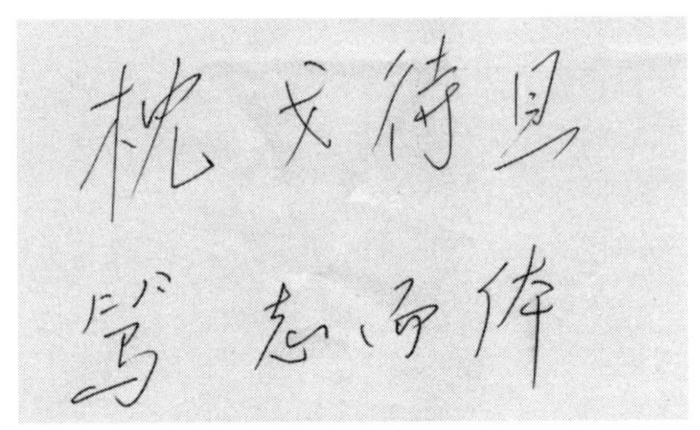

图 7–1　笔迹材料

（一）观察、感知

行向上仰，单字大，结构开张、疏朗，笔画舒展、圆润、不衔接，笔力整体偏轻亦有刚性笔画。

（二）分析、判断

书写人精神世界丰富，思想超脱、境界高，心胸豁达、大度，不拘小节，思维善于发散但不严密，感情细腻而不失强烈。

（三）推理、联想

工作方面，书写人内心有较高的理想追求和事业心，工作认真、负责，对待一些原则性问题，据理力争、毫不退让；日常生活方面，书写人为人真诚、实在，心胸豁达、大度，不拘泥于日常生活中的细微、琐碎之事，有时会表现为马虎、随意、丢三落四的一面，看淡利益、更注重感情；情感方面，情绪稳定、平和，有女性的细腻和柔情，但在触及其底线和原则时，亦有雷霆万钧、强势爆发的一面，属于性情中人；其他方面，书写人成长 / 生活环境相对顺利，在家庭成长中与母亲关系较好，心理情感距离近，身心特点属于心宽体胖型，职业类型更倾向于从事文科（文学研究、理论创作）方面的工作。

总之，书写人过去积极进取、一腔热血、满怀激情，当前思想超脱，虽依然保持事业心和志趣追求，但对现实的利益、荣誉等无意追求，“淡泊明志”是其内心真实的写照。

第二节　笔迹特征与身心特征变化关系研究

一种行为经过不断强化与巩固，慢慢会形成一种对应该行为的习惯，一种习惯的养成则又会影响或改变一个人的性格，在性格心理形成、发展的基础上又会潜移默化一个人的身体机制特点，从而影响或改变一个人的身心特征。大道相通，通简于字。由于笔迹的因人而异性、稳定性、知人识人性的特点，笔迹特征的改变与书写人身心特征的改变也存在这种内在逻辑关系，即书写习惯演变与身心演变具有同序性，两者是一种同序对的关系。

一、笔迹特征与性格心理特征的关系

书写习惯是指书写人在书写实践过程中形成的自身独有，具有一定规律性，且一时又难以改变的书写动力定型系统。因此，由书写习惯的理论可知，同一人书写的笔迹短期看特征较为稳定，而长期看则是按照书写技能发展演变的规律而出现一定的变化，这一变化遵循客观事物由量变到质变的发展过程。通常情况下，这些变化特征主要表现在字迹的写法、字形字体、布局、形态、搭配、运笔等特征方面，这种特征变化是伴随着书写人后天的文化教育、自我认知、审美习惯、书写练习等情况发生的，与书写人的生理、心理变化相适应，具有同序性和因果关系。

因此，书写人由于笔迹特征变化导致其书写习惯演变与书写人因生理、心理、认知、文化教育导致其性格演变是一种同序对。所以说一个人的性格变了，其书写习惯也会作出相应改变，从而导致笔迹特征发生相应变化；同理，书写人笔迹特征变了，必然会影响书写人书写习惯的变化，进而影响其性格的表现及改变。这也就是通过有针对性的书写强化训练可以矫正青少年的不良个性心理，也是由“字如其人”可以反推“人如其字”的原因之所在。

二、性格心理特征与身体特征的关系

世界上的一切物质均是能量的不同表现形式，物质是能量的组合，亦是能量转换的一种呈现。同理，人体也是一种物质，是由组织、器官、细胞、分子、原子、质子和中子等组成，质子和中子又是由夸克组成，夸克不断产生与消亡，表现为一种波动式的能量。从这一视域下去看物质，物质和能量是不断转化的，因此只要从微观上改变粒子的组合状态，进而就会改变物质的整体状态。

同理，鉴于潜意识是不断重复、自动反应造就的一个能量系统，记录着我们所有的认知和行为方式，表现为习惯。人类通过积极调动自身的潜意识可以改变身体这一物质系统的组合状态，从而改变性格以及身体机制。因此，性格并不是与生俱来、一成不变的，性格的形成与发展受到多种因素的影响，具体包括生理、家庭、社会、自然、教育等因素。一个人在其成长过程中，所经受过的各式各样的风雨洗礼、磨难历练、环境熏陶不仅会在大脑中进行思考，形成潜意识，还会在身体上形成记忆，最终便形成了与之相应的生理、病理等身体特点。例如，成就型的人把自己的人生变成了竞技场，用有限的生命追逐着无限的目标，为目标和成就而活，久而久之便形成了容易急躁、愤怒和指责的个性心理特征。而怒伤肝，在身体方面则表现为气血上逆攻心，并冲击头部及肩颈部位，肩颈易高起，易患高血压、心脑血管等疾病。其笔迹特征则主要表现为字体开张，右上角 / 右下角强化、中宫部位减笔 / 省笔，笔画变异的特点；思虑型的人一天到晚忧心忡忡，考虑很多事情，神经片刻不放松，久而久之便形成了容易紧张、焦虑的个性心理特征。而思伤脾，在身体方面则表现为脾的运、化等功能减弱，身体消瘦，脊椎呈弓形、驼背的特点，易患头痛、失眠多梦、焦虑症以及脾胃等消化系统疾病。其笔迹特征则主要表现为字体拘谨、中宫紧缩、连笔紊乱、牵丝引带的特点。

综上所述，笔迹能够反映出一个人的个性心理特征、潜意识内容，而不同的个性心理特征及其潜意识又会形成与之对应的身体特点。因此，通过笔迹能够反映出书写人的生理、病理等身体机制特点也就不足为奇。

三、同源笔迹可变性特征与多重性格表现的关系

了解和认识同一书写人笔迹特征的可变性及其变化规律，对于准确判断笔迹特征性质以及与书写人个性心理特征的关系，具有重要的实践指导意义。

（一）同源笔迹可变性特征的界定

所谓同源笔迹是指同一人书写的笔迹，即多个笔迹之间均是出自同一人书写习惯的反映。笔者在研究同源笔迹的特征稳定性时发现，即使书写水平很高的人在正常的书写条件下并采用同一书写模式连续书写相同的字迹，其笔迹特征也会存在一定的差别，并不能精准地完全复制，而是在一定的幅度、角度、弧度、位置、方向及力度等范围内进行自然变化，这些发生自然变化的特征称其为可变性特征。因此，同源笔迹可变性特征可以界定为当书写人以正常的书写条件并采用同一书写模式连续书写相同的字迹时，在书写人书写习惯的动态阈限范围内发生自然变化的特征。

该定义强调以下内容：

1. 限制条件

要求书写人必须在正常的书写条件下并采用同一书写模式进行书写活动，以使同一人书写的相同字迹之间在书写风格、布局、写法、字形、字体、书写速度

等方面保证一致性。

2. 可变性特征

可变性特征主要表现在相同字迹之间相应笔画的幅度、角度、弧度、位置、方向、力度、形态、搭配关系等特征方面。

3. 可变性特征的变化范围

可变性特征的变化范围有一定的限度，即只能在一定的幅度、角度、弧度、位置、方向和力度等范围内进行自然变化，而不能超出书写人书写习惯的动态阈限范围。

通过研究同源笔迹的可变性特征，可以深入认识同一人笔迹特征的变化规律，以准确判断笔迹特征的性质及其与书写人性格心理特征的对应关系。

（二）同源笔迹可变性特征形成的机制

由书写习惯的理论可知，不同书写人书写的笔迹不同，同一书写人，即使是书写水平很高的人在正常的书写条件下并采用同一书写模式连续书写的相同字迹，其笔迹特征也总是会存在细微的差别，而且每次出现差异的部位和形态都有一定的随机可变性。这种随机可变性特征是如何产生的呢？常规笔迹鉴定理论与笔迹分析理论均没有过多地关注过这一现象，这可能也是令许多笔迹同行感到困惑的问题。笔者经过多年的研究发现，物理学中的混沌理论与波粒二象性对困扰我们同一人笔迹出现可变性特征的问题上给出了很好的解释。

1. 混沌理论

混沌（Chaos）又称浑沌，通常指错综复杂、杂乱无章的状态。[①] 混沌现象指的是一种确定的但不可预测的运动状态。它的外在表现和纯粹的随机运动很相似，即都不可预测。但和随机运动不同的是，混沌运动在动力学上是确定的，它的不可预测性是来源于运动的不稳定性，或者说混沌系统对无限小的初值变动或微扰也具有敏感性，无论多小的扰动在长时间以后，也会使系统彻底偏离原来的演化方向。这就犹如一个人的性格养成，当一种行为逐渐成为习惯以后，这种习惯会潜移默化一个人的性格，也即从量变到质变的缓慢发生过程。进一步研究表明，混沌是非线性动力系统的固有特性，是非线性系统普遍存在的现象。

通过研究混沌理论，发现大脑是通过混沌组织起来的，人脑是一个复杂的非线性反馈系统，它包含一百亿个互相关联着的神经元。笔迹的实质是书写器官对大脑中枢传递的文字符号信息的外化，即写字的过程是由书写人的大脑神经中枢发出指令，由书写器官最终完成书写动作。而书写动作的输出是在视觉、本体感觉、手指、手腕和臂肘触压觉的监督和调控下，依靠手指、手腕、手臂等书写器

① 梅静译：《混沌学》，当代中国出版社 2014 年版。

官组成的非线性动力系统来实现的，而混沌是非线性动力系统的固有特征，具有内在随机性的特点。因此，书写动作亦具有内在随机性的特点。这也就是为什么书写人即使在正常的书写条件下并采用同一书写模式连续书写相同的字迹，其笔迹特征也会存在一定的差别，不可能达到完全精准复制的原因之所在。

2. 波粒二象性

波粒二象性（Wave-particle Duality）是量子力学里的核心概念，指的是所有的粒子或量子不仅可以部分地以粒子的术语来描述，也可以部分地用波的术语来描述。1801 年杨氏干涉证明光是波，1905 年爱因斯坦光电效应证明光是光子，1961 年电子衍射实验证明一切物质均具有波粒二象性。

人体本身也是一种由能量组成的物质系统，人体及其组织器官等可见的客体是以粒子的形式存在，而思想、意识、潜意识等则以不可见的波的形式存在。写字的过程是由书写人的大脑神经中枢发出指令，通过可见的手指、手腕、手臂等书写器官完成规律式的书写动作，而能够使书写器官完成规律式书写动作的则是书写动力定型系统，也即书写习惯，是一种不可见的潜意识，并以不可见的、振动的波的形式驱动书写器官进行规律式的书写活动。因此，笔迹是由可见的书写器官（粒子）以及不可见的潜意识（波）共同参与完成的。这也就是笔迹能够反映书写人潜意识内容的原因之所在。而波的本质则是具有规律式的振动性，是在规律性的阈限范围内进行的振动，再加之可见的手指、手腕、手臂等书写器官构成的非线性动力系统具有内在随机性的特点。因此，即使书写人在正常的书写条件下采用同一书写模式连续书写相同的字迹，其笔迹特征虽具有规律性，但也总是会存在细微的差别，而且每次出现差异的部位和形态都有一定的随机可变性。

（三）同源笔迹可变性特征的变化规律及其性格心理解读

由书写习惯的理论可知，即使同一书写人在正常的书写条件下并采用同一书写模式连续书写相同的字迹，其笔迹特征也会存在一定的差异。但这种差异特征属于同源笔迹的可变性特征，是在一定范围内发生的自然变化，有些特征较为稳定，变化程度较小，有些特征相对容易发生变化，但其变化程度也不会超出书写人书写习惯的动态阈限。正如一个人的人格特征是有主人格和 N 个次人格组成一样，某种人格的表现均是在书写人的性格轮廓内进行切换，而不会超出其性格的整体轮廓。因此，笔迹分析实践中，掌握同源笔迹可变性特征的变化规律对于分析书写人个性心理特征具有重要的意义。

1. 研究方法

采用实验法以及实际案例分析法，对同源笔迹的可变性特征进行深入分析与研究。实验法中，要求每位书写人在正常的书写条件下并采用同一书写模式连续书写 100 个以上自己的签名字迹作为分析研究对象；实际案例分析法中，挑选书

写人在正常书写条件下并采用同一书写模式书写的字迹作为分析研究对象。

2. 变化程度较小的可变性特征

（1）主要笔画的行笔趋势。行笔趋势是指在静态笔迹的笔画中反映出来的书写人行笔轨迹、行笔方向等方面的书写动作习惯。行笔趋势特征是一种蕴含在静态笔迹中的动态特征，且这种动态特征是书写人在长期书写练习过程中形成的一种自身独有、呈一定规律性、且一时又难以改变的书写动力定型系统。因此，行笔趋势特征较为稳定，尤其是签名笔迹中的较大笔画、实笔画、特殊笔画等主要笔画的行笔趋势特征更能够体现书写人比较独特的行笔动作习惯及其认知特点。

书写人在进行正常的书写活动时，笔迹中体现行笔趋势的较大笔画、实笔画、特殊笔画等主要笔画的行笔幅度、角度、弧度等特征有时会在一定范围内发生变化，但体现行笔趋势的行笔轨迹、行笔方向等特征较为稳定，变化程度较小（如图 7–2 所示）。

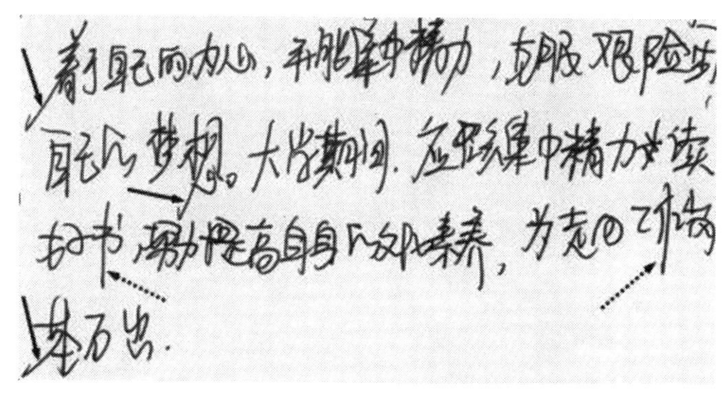

图 7–2　主要笔画的行笔趋势

（2）主要笔画的笔力变化。笔力变化是指书写人进行书写活动时，在书写字迹的主要笔画中所表现出来的笔压大小及其轻重变化方式的反映特点。书写人运笔力度的轻重变化蕴含于整个书写运动过程中，在静态笔迹中具体表现为笔画的粗细、着墨的浓淡以及书写压痕的深浅、凹凸程度。

通常情况下，笔力的大小分为笔力重、笔力轻、笔力适中三种形式。笔力重是指笔尖对纸张等承载物的压力大，使得纸张表面上静态笔迹的笔画粗、墨迹浓、压痕深、纸张背面有明显的笔痕凸起痕迹；笔力轻是指笔尖对纸张等承载物的压力小，使得纸张表面上静态笔迹的笔画细、墨迹浅淡、压痕浅、纸张背面无明显凸起痕迹；笔力适中是指笔力介于笔力重与轻之间。

每个人书写的笔迹，其笔力在笔画中分布的力点、力段是呈规律变化的，尤其是在签名笔迹中的较大笔画、实笔画、特殊笔画等主要笔画中，笔力变化的形

式更为明显，呈现一定的轻重疾徐、抑压顿收的节奏感、韵律感。通常情况下，笔力变化分布的规律一般表现为：不连接笔画笔力比连接笔画笔力重；主笔画的笔力比附笔画的笔力重，比连接笔画的笔力轻重变化更为精细自然。

笔迹分析实践中，必须通过纸上静态字迹中笔画的粗细变化及压痕的深浅变化，挖掘出较大笔画、实笔画、特殊笔画等主要笔画中动态的力点、力段的分布，掌握书写人的笔力变化规律及其心理情绪变化特点。笔力变化特征是书写人书写动作习惯及其意志、态度、情绪在静态笔迹中的一种投射，在书写人正常书写的字迹中，一些附笔画、小笔画的笔力变化会存在一定的差异，反映出书写人即时书写状态下的情绪变化起伏，但字迹中的较大笔画、实笔画、特殊笔画等主要笔画的笔力变化特征较为稳定，变化程度较小（如图 7–3 所示）。

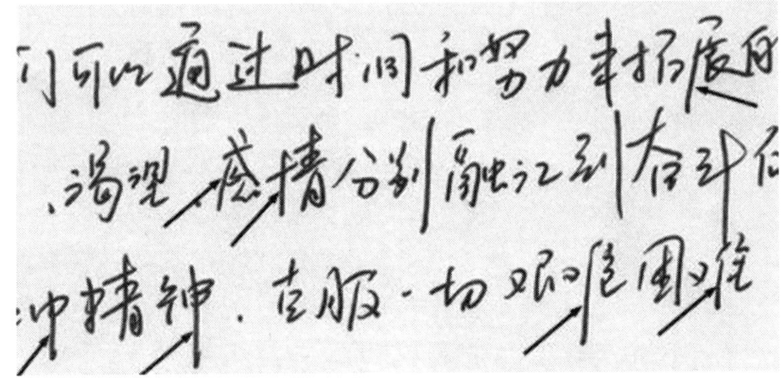

图 7–3　主要笔画的笔力变化

上述字迹中主要笔画——“撇、竖”的笔力变化规律稳定，均是起笔笔力轻，越接近收笔时笔力越重，反映出书写人有主见和谋略、敢于表现、立场坚定，将事业进行到底的个性心理特征。

（3）书写节奏。书写节奏是指书写人进行书写活动时，由笔画的落笔至提笔的脉冲动作。书写节奏是通过静态笔迹中的运笔动作痕迹得以体现的。

书写习惯已经定型的书写人在进行正常的书写活动时，不可能始终运用单一的运笔力度，而是根据自身书写动作习惯以及所写字迹的具体特点，频繁地落笔、行笔、提笔，以完成笔画之间的过渡和衔接。笔者将书写人每一次落笔至提笔的脉冲动作称为一个书写节奏数，通过对笔迹中书写节奏的数量、各书写节奏间的变化部位、变化方式以及每个书写节奏内的笔画数量、名称进行分析判断，就可以掌握书写人在书写节奏方面的书写动作习惯特点。

书写人在正常书写条件下书写的相同签名字迹，其书写节奏的数量、各书写节奏间的变化部位、变化方式以及每个书写节奏内的笔画数量、名称等书写节奏特征较为稳定，变化程度较小（如图 7–4 所示）。

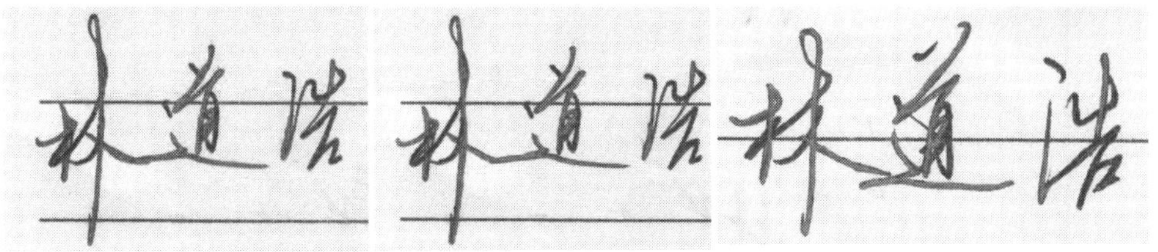

图 7–4　书写节奏

分析：林道浩本人在正常书写条件下连续书写多个“林道浩”签名字迹，每个签名字迹中的书写节奏的数量均为 16 个，且各书写节奏间的变化部位、变化方式以及每个书写节奏内的笔画数量、名称等书写节奏特征均一致。

（4）大笔画的搭配位置、搭配比例。书写工具的运行轨迹是在书写人书写动作习惯的控制之下进行的，而书写动作习惯是书写人长期进行书写练习活动形成的一种较为稳定的书写动力定型系统。因此，书写人在进行正常的书写活动时，书写工具的运行轨迹只能在书写动力定型的框架内进行。反映在纸张等载体上的静态笔迹中，书写工具的运行轨迹表现为书写人按照自身书写习惯书写“横、竖、撇、捺、点、折、提、钩”等基本笔画相互交叉搭配组成的汉字框架结构。

汉字框架结构中，大笔画一般是指“横、竖、撇、捺”四种笔画，常见的搭配形式主要表现为横竖搭配、撇捺搭配、横撇搭配、横捺搭配、竖撇搭配、竖捺搭配六种。“横、竖、撇、捺”等大笔画的六种形式的搭配位置特征较为稳定，尤其是书写人前后书写的四种大笔画的搭配位置特征更为稳定，变化程度较小（如图 7–5 所示）。

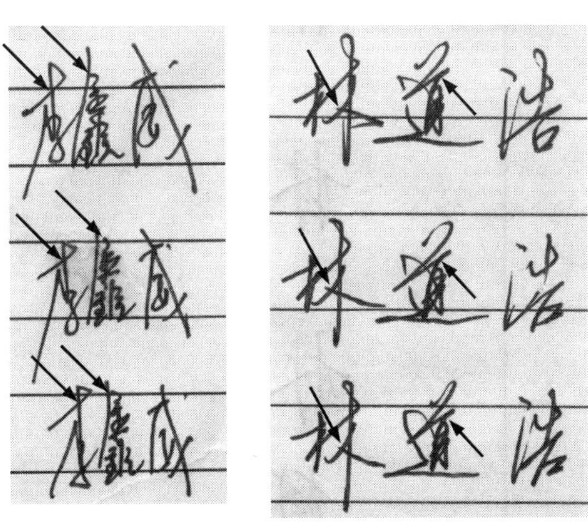

图 7–5　大笔画的搭配位置

汉字框架结构中，“横、竖、撇、捺”等大笔画起支撑汉字结构、塑造汉字外形特点的作用，是书写人独特的观察力、想象力、创造力以及对外态度在笔迹中的一种投射。在书写人正常书写的字迹中，“横、竖、撇、捺”等大笔画之间的长短、角度等搭配比例特征较为稳定，变化程度较小（如图 7–6 所示）。

图 7–6　大笔画的搭配比例

（5）处于多个转折动作中间的转折笔画角度。由于书写人经长期书写练习实践形成的书写动作习惯较为稳定，因此，书写人在进行正常的书写活动时，笔迹中能够反映书写人书写动作习惯的特征能够保持一定的稳定性和重复再现性。在静态笔迹的转折笔画中，转折角度的稳定性具体表现为：只有一处转折动作的笔画会在幅度、弧度、角度等特征方面发生小幅度变化，但其变化程度不会超出书写人书写习惯的动态阈限；具有多个转折动作的大笔画，在笔画起笔处、收笔处的转折角度会有小幅度的变化，表现为尖角或圆角形态，但处于多个转折动作中间的转折笔画角度则比较稳定，变化程度较小（如图 7–7 所示）。

图 7–7　转折笔画角度

分析："谢国炀""汤朝宏"签名字迹中，"炀"字及"汤"字的右侧结构均系多个转折动作连笔书写形成，位于其中间部位的转折笔画角度比较稳定，均表现为"尖角"形态（图 7–7 中实线箭头所指），而处于起笔处、收笔处的转折角度相对于中间部位的转折角度则存在小幅度的变化，表现为"尖角"或"圆角"形态（图 7–7 中虚线箭头所指）；"郑强"签名字迹中，"强"字的"弓"部均系多个转折动作连笔书写形成，位于其中间部位的转折笔画角度比较稳定，均表现为"尖角"形态（图 7–7 中实线箭头所指），而"强"字的"虽"部的收笔处只有一处转折，且转折角度存在小幅度的变化，表现为"尖角"或"圆角"形态（图 7–7 中虚线箭头所指）。

3. 容易发生变化的可变性特征

（1）小笔画。小笔画，是指组成汉字结构中的"点、折、提、钩"等笔画，但在书写人的书写习惯体系中，甚至"撇、捺"等相对较大的笔画有时也会变异为撇点、捺点等小笔画。小笔画在汉字的框架结构中能够起到一定的修饰作用，使得由大笔画构建起来的汉字框架结构更为丰满。因此，小笔画往往会存在变异写法，并成为书写人独特的个性心理特征在笔迹中的一种投射。但由于小笔画形态小，受书写动作这一非线性动力系统的内在随机性的影响较为明显，从而使得小笔画的形态、位置较易发生变化，甚至会使某些小笔画产生缺失或发生变异成为附笔画（如图 7–8 所示）。

图 7–8 小笔画

（2）单个弯绕转折笔画。书写人在进行正常的书写活动时，笔迹中反映书写人书写动作习惯的特征能够保持一定的稳定性和重复再现性。由于静态笔迹中的单个弯绕转折笔画受书写动作这一非线性动力系统的内在随机性的影响较为明显。因此，相对来讲，单个弯绕转折笔画容易发生变化，变化形式一般表现为：弯绕转折笔画的幅度、角度、弧度、绕转方式等特征发生小幅度变化，但其变化程度不会超出书写人书写习惯的动态阈限（如图 7–9 所示）。

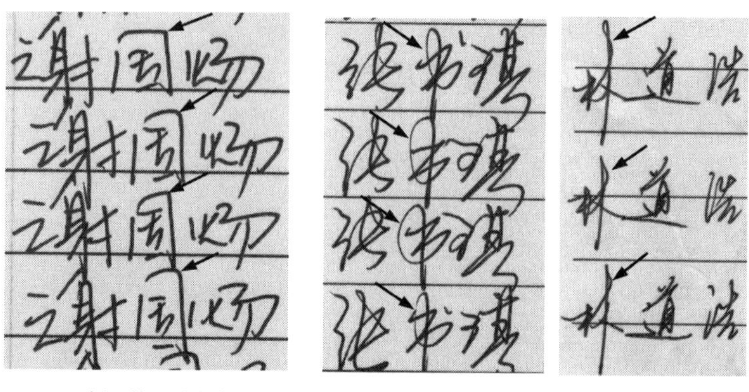

图 7–9　弯绕转折笔画的角度、幅度、弧度、绕转方式

（3）细微书写动作特征。细微书写动作是指书写人进行书写活动时，在笔画的起收笔处、连绕转折处、小笔画处表现出来的书写动作痕迹。细微书写动作特征主要蕴含在组成汉字结构的“横、竖、撇、捺、点、折、提、钩”八种基本笔画中，具体表现为八种基本笔画的“起、收、转、折、连、绕、顿、提、摆、颤、抖、拖、带”十三种细微书写动作痕迹，这十三种细微书写动作痕迹的形态、位置、方向、幅度、弧度、角度等特征既是书写人本能书写习惯的反映，又是书写人的某种个性心理特征在笔迹中的一种投射，一般较为稳定。但由于细微书写动作特征表现为一种细小的书写动作痕迹，受书写动作这一非线性动力系统的内在随机性的影响较为明显，从而使得部分细微书写动作痕迹常常表现为时有时无的特点，能够反映出书写人即时书写状态的变化（如图 7–10 所示）。

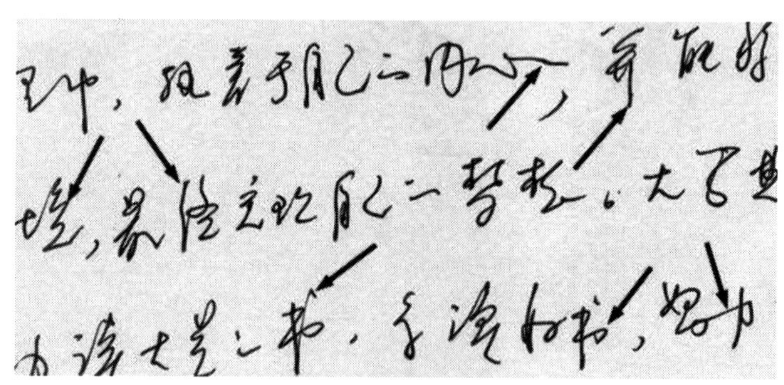

图 7–10　细微书写动作特征

（4）小笔画的书写笔顺特征。笔顺，是指书写汉字时笔画或偏旁的先后书写顺序，包括笔画的先后书写顺序以及偏旁的先后书写顺序。书写人在正常条件下书写的笔迹中，笔顺特征相对其他特征来讲，一般不会发生变化，较为稳定。但对于部分书写水平较高的人来讲，尤其是书写人书写的签名字迹，某些较小笔画

的笔顺会存在表现形式的多样性，具有一定的笔顺变化，表现出书写人具有随机应变、灵活的性格特点（如图 7–11 所示）。

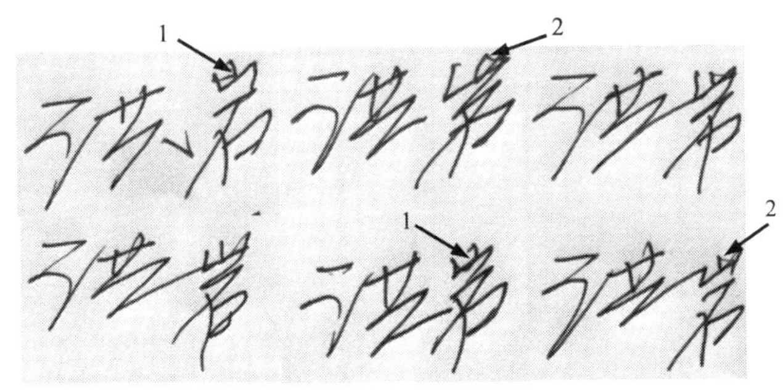

图 7–11　小笔画笔顺特征

4. 变化规律总结

综上所述，虽然同一书写人在正常书写条件下并采用同一书写模式连续书写的相同字迹或笔画，其笔迹特征也会存在一定的差异，但这种差异特征属于同源笔迹的可变性特征，是在书写人书写习惯的动态阈限范围内发生的自然变化，其变化方式和特点与书写人的个性心理特征具有一定的对应性（如表 7–1 所示）。

表 7–1　同源笔迹可变性特征与个性心理特征

同源笔迹可变性特征与个性心理特征	
变化程度较小的可变性特征	容易发生变化的可变性特征
主要笔画的行笔趋势 主要笔画的笔力变化 书写节奏 大笔画的搭配位置及搭配比例 处于多个转折动作之间的转折笔画角度	小笔画 单个弯绕转折笔画 细微书写动作特征 小笔画的书写笔顺特征
心理投射：主要表现为书写人内心某些稳定的个性心理特征	心理投射：多表现为书写人即时书写状态下的心理、情绪变化，以及多重性格中的一面

（四）同源笔迹可变性特征对于笔迹分析的意义

同源笔迹可变性特征的提出进一步解释了具有内在随机性特点的书写动作对笔迹特征产生的影响，从而证明书写人每次书写的相同字迹、相同笔画均不可能精准地完全复制，而是在一定的幅度、角度、弧度、位置、方向及力度等范围内进行自然变化。也就是说，即使是同一书写人也绝不会写出一模一样的字来。同理，一个人的人格特征中包括主人格和 N 个次人格，通常情况下，主人格彰显个人的性格外在表现，特殊情况下也有可能会存在某种次人格越位代替主人格，彰显此刻的性格外在表现。因此，我们平时所说的某个人“性格善变”，有时并不是因为这个人“怪”，而只是这个人多重性格中的一面在某种特殊条件下的外在表现而已。

同源笔迹可变性特征形成的机理与书写人的生理机制、心理机制密不可分，而书写人的性格更是离不开其生理机制、心理机制的共同作用。因此，笔迹与性格具有内在联系性，笔迹特征具有可变性，性格心理也有可变性；性格在变，笔迹也在变。同源笔迹可变性特征的提出为笔迹与性格心理的变化对应关系进行了辩证解读。笔迹分析实践中，一定要加强对同源笔迹可变性特征的认识，以准确判断笔迹特征的可变性同书写人性格心理特征的对应关系，进而提高笔迹分析的准确率。

第三节　笔迹身心画像技术

笔迹的形成与书写人内在稳定、独特的生理机制、心理机制密不可分，且具有因人而异性、稳定性、知人识人性的特点。因此，通过笔迹可以还原、分析出书写人的身心机制（生理、病理）特点，进而实现对书写人进行笔迹身心画像。

一、笔迹身心画像技术的提出

任何事物都是由其内部矛盾和外部矛盾共同作用形成的统一体，由于事物间的内部矛盾和外部矛盾不可能达到完全一致，这就形成了事物的个体特殊性。同理，由于个人特殊的内在因素及外在经历的风雨洗礼、磨难历练、环境熏陶、文化教育等因素的种种不同，再经过大脑有意识的思考，便会形成人各不同的潜意识内容，潜意识内容又会储存在身体中形成身体记忆，从而形成人各不同的生理、病理等身体机制特点。而由于笔迹是书写人潜意识内容的反映，潜意识又与书写人的生理、病理等身体机制特点存在因果关系。因此，笔迹与书写人的潜意识、身体机制三者之间亦存在这种内在的因果逻辑关系。

综上，笔者根据笔迹、潜意识、身体机制三者之间存在的因果逻辑关系为纽带，以笔迹学、心理学知识为牵引，通过科学逻辑推理，借鉴整合生理学、病理学、中医学、心身医学、生物学、相貌学、逻辑学等相关学科知识，融“笔迹+九型人格+身体”于一体的识人技术，提出“笔迹身心画像技术”一说。

笔迹身心画像技术，是指通过对书写人的笔迹材料进行分析，得出书写人的性格、心理、生理、病理等身心特征，从而呈现出书写人身心能量流动状况的一门技术。

二、笔迹身心画像技术的理论依据

（一）潜意识理论

思想是行动的内驱力，人类的行为绝大多数都受潜意识的支配而存在，这就是弗洛伊德的潜意识理论。笔迹作为一种客观存在，是书写人潜意识支配下的自动化书写动作习惯形成的一种文字符号系统。人的书写动作习惯，是经过长期不断反复书写练习后形成的高度自动化的书写动力定型，书写人在正常书写过程中几乎不需要意识去控制，而是在潜意识下完成书写活动。因此，书写人的书写过程就是通过笔迹去表达内心潜意识内容的过程，其心理活动痕迹及其潜意识内容必然会通过笔迹的状态流露于字里行间。

（二）心身医学理论

心身医学，是研究心身相互关系的科学。其狭义概念是研究心（心理）和身（躯体、器官）之间的相互关系及其在疾病的发生、发展和转归中的作用，主要的实际研究领域是心身疾病；其广义概念是研究正常和异常的心理与生理之间的相互作用，为疾病的多因素发病机制提供科学的理论基础。①

我国古代就有关于心身医学方面的研究，主要集中在中医领域，并以唯物主义哲学观为指导，提出了“形神合一”的观点。“形”是形体，指人体的脏腑、组织和器官等有形结构；“神”指个体的认知、情绪、意志等心理活动。“形”与“神”之间的平衡、和谐对人的心身健康有促进作用。这一“形神合一”的观点在我国现存最早的古典医籍《黄帝内经》中就有了记录，并指出“心者，五脏六腑之主也……”以及“怒伤肝、喜伤心、忧伤肺、思伤脾、恐伤肾”的心理因素致病的机制。《黄帝内经》的问世奠定了心身医学的理论基础，正式赋予其医学特性，并诞生了中医心身医学。

随着社会经济的快速发展，心理社会应激不断增加，人们的心理健康问题日渐凸显，心身疾病发病率逐渐提高。有关部门统计数据显示，性格及情志异常是心身疾病的主要致病因，总共占据 83% 的比例（如图 7–12 所示）。

因此，心身医学得到越来越广泛的关注。到了 20 世纪 80 年代，我国现代心身医学进入快速发展期，相关院校纷纷成立心身医学专业，学术组织及相关著作亦相继出现。

鉴于笔迹能够反映出书写人内心深层次的心理活动痕迹及其潜意识内容，根据心身医学理论中关于“心”“身”之间的相互作用关系，故通过笔迹就能够反映出书写人的个性心理、身体机制（生理、病理）等特征，进而实现笔迹身心画像（如图 7–13 所示）。

---

① 潘芳、吉峰主编：《心身医学》，人民卫生出版社 2018 年版，第 1 页。

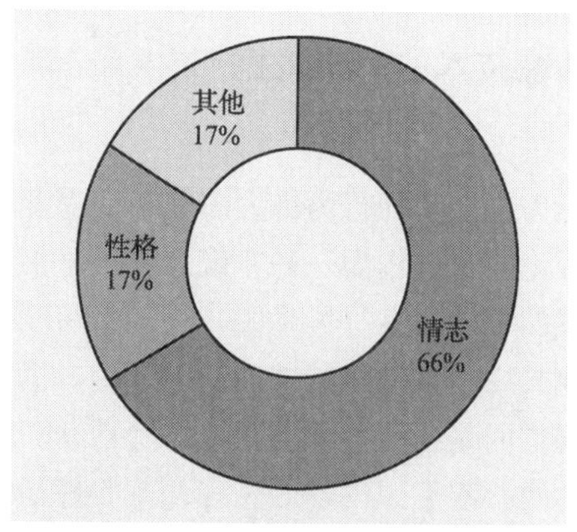

图 7–12　心理因素致病医案分布

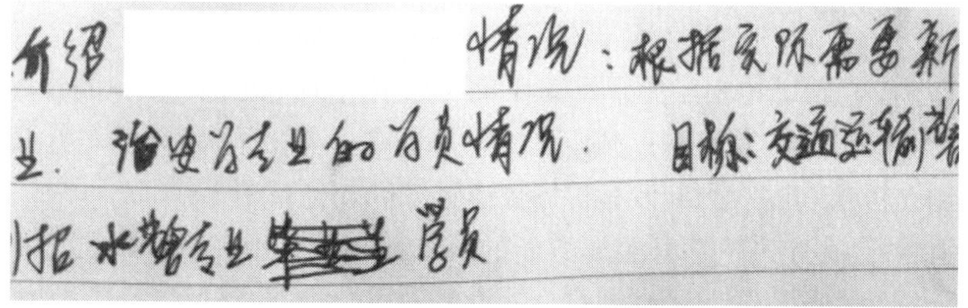

图 7–13　笔迹反映出的心理特征

注：该份笔迹的主要笔迹特征表现为笔画聚集、叠加、交叉、来回涂画，反映出书写人内心压抑、强迫，过于认真、纠结，内心常伴有烦躁、愤怒的情绪等个性心理特征。根据心身医学理论中关于“心”“身”之间的相互作用关系，怒伤肝，而肝主血，导致气血上逆攻心，并冲击头部及肩颈部位，易患心脏、颈椎、心脑血管、甲亢等方面的疾病。这一点与书写人本人患有甲亢病症相符。

（三）生物全息理论

全息一词，是个舶来品，是借用全息摄影照片被破碎后，每一块碎片仍能完整地显示被摄物全貌这一特性，人类发明了全息照相。全息生物学是我国著名生物学家张颖清教授创立的，生物全息是基于以小窥大的中医整体观，嫁接全息照相的全息概念，来说明生物体每一相对独立的部分，为整体成比例缩小这一全息现象。全息理论认为，每个生物体的每一具有生命功能又相对独立的局部（称为全息元或子息系统），包含了整体的全部信息。全息元或子息系统在一定程度上可以说是整体的缩影，在各个全息元或子息系统的内部均可以勾画出整体的各器官或部位的定位图谱，且每一对应点的特性都与其对应器官或部位的生物学特性相似。因此，各个全息元或子息系统内不仅含有整体的遗传信息和生理信息，而且在病理条件下，整体的病理信息也会相应地出现在各个全息元或子息系统内。

由生物全息理论可知，笔迹是书写人的潜意识指导书写器官按习惯规律进行书写形成，是脱离于人体（整体）的一种外在习惯性客体形象，亦是整体这一全息系统的一个全息元或子息系统，反映着书写人的潜意识内容，亦必然能够反映出与潜意识内容相对应的生理、病理等身体机制特点。

经笔者多年研究，发现：笔迹中呈现出的“形、力、神”与书写人的“精、气、神”存在内在的对应关系。具体表现如下。

1. 笔迹中的“形”对应着书写人的“精”

“形”是指笔迹中所呈现出的笔画的具体形态（刚柔、舒展、收敛、凝滞）、运笔技巧、搭配关系（交叉）、疏密程度（聚集、疏散、叠加、缠绕）等；“精”则是指书写人的形状态精微物质，具体则表现为构成人体生命活动的各层次的有形元素，包括组织、器官、肌肉、骨骼等。如笔迹中某些部位的笔画聚集交叉成结，则说明对应书写人该部位的组织、器官等不健康或患有疾病（如图 7–14 所示）。

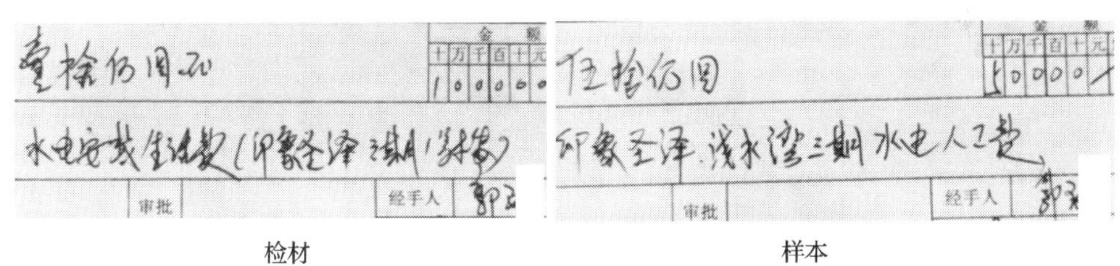

检材　　　　样本

图 7–14　笔迹中的“形”表现特征

注：本案是一起“郭某”签名笔迹鉴定案，委托方提供的涉案材料只有一份检材和一份样本，要求对检材中“郭某”签名字迹的真实性进行鉴定。由于时间关系，郭某本人也无法确认检材中“郭某”签名字迹是否其本人书写。经初步检验，检材与样本中的“郭某”签名字迹、正文中相关字迹均应是同一人书写，但鉴于检验材料少，“郭某”签名字迹的写法、部分笔画的搭配比例等特征亦有一定的差异。为谨慎起见，经进一步检验，发现：检材与样本中的笔迹均存在笔画凝滞、内部笔画聚集、叠加、缠绕的现象，“郭某”签名字迹亦是如此，这样的笔迹特征在检材与样本中重复出现，反映出书写人具有思维不清、思虑繁杂、有心结、组织计划管理意识较差的个性心理特征，在身体方面则表现为脾胃等消化系统不健康。经进一步询问查证，郭某本人确实与上述笔迹中所反映出来的身心特征相符合，进一步佐证了检材与样本笔迹是同一人书写的事实。

本案是笔者利用笔迹身心画像技术解决笔迹鉴定案件中的其中一例，在此亦进一步说明笔迹分析可以为笔迹鉴定案件提供案情分析、特征支持、特征差异点性质解析的重要作用。

2. 笔迹中的“力”对应着书写人的“气”

“力”是指笔迹中各笔画之间的力度大、小关系，轻重疾徐、抑压顿收的节奏感、韵律感，以及由此衍生出来的连笔有无、笔画形态等特征；“气”则是指书写人的无形状态的能量，具体则表现为气脉、经络等。书写人的“气”所达之处必表现为笔迹的“力”有所及之处（如图 7–15 所示）。

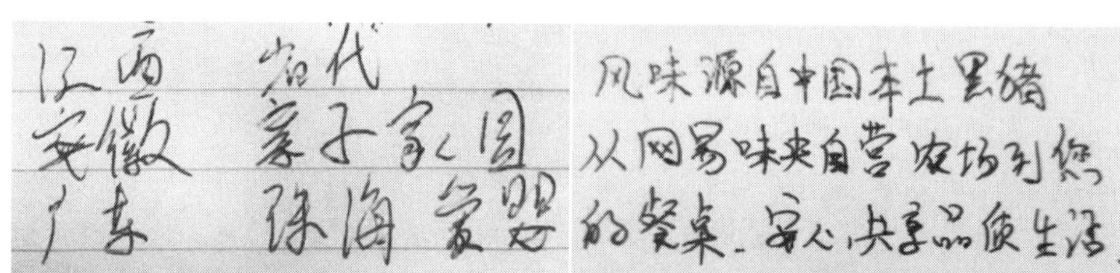

案例1　　案例2

图 7–15　笔迹中的“力”表现特征

注：案例 1 中书写人的年龄为 30 岁、男性，其主要笔迹特征表现为内部笔画缠绕、笔画凝滞、笔力抖缓，反映出书写人思维迟钝、顾虑重重的个性心理特征。在身体特征方面，笔迹中的“力”缓、弱反映出书写人“气”的不畅，能量运行受阻，与书写人患有严重的消化系统疾病相符；案例 2 中书写人年龄为 41 岁、女性，其主要笔迹特征表现为笔画聚集成结，尤其是下部笔画粘连一起，反映出书写人内心有心结、压抑的个性心理特征。在身体特征方面，笔迹中下部笔画的“力”聚成结反映出书写人“气”的不畅，表现为经络、血液等运行受阻，与书写人患有下肢静脉曲张疾病相符。

3. 笔迹中的“神”对应着书写人的“神”

笔迹的“神”是指书写水平、书写风格、布局、搭配以及运笔等特征在书写人的静态笔迹中所表现出来的一种控笔能力的综合反映特点，具体表现为雄伟、刚劲、端庄、舒朗、飘逸、洒脱等特点；而书写人的“神”则是指精神、活力，具体则表现为书写人的精神面貌及能量活力（如图 7–16 所示）。

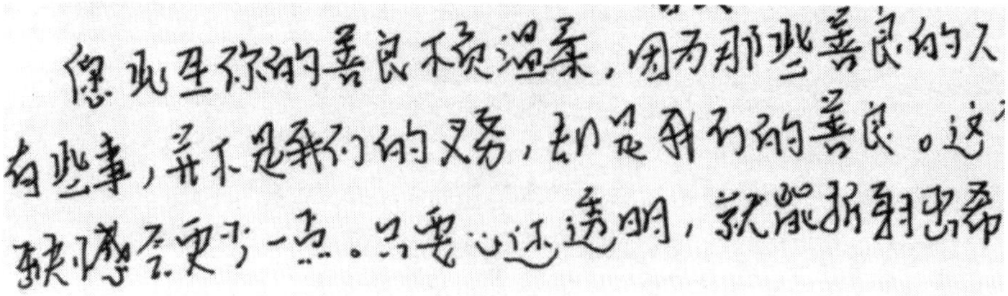

图 7–16　笔迹中的“神”表现特征

注：该份笔迹所呈现出的“神”态特征表现为凌乱、怪异，笔画呈现杂乱性变异。字怪人也怪，这与书写人本人的身心特征亦相符合。

综上所述，笔迹能够反映出一个人的个性心理特征、潜意识内容，而不同的个性心理特征及潜意识内容又会形成与之相应的生理、病理等身体机制特点。因此，笔迹中蕴含着书写人的身心能量，笔迹中的“形、力、神”正是书写人“精、气、神”的一种外在投射和集中体现。

三、不同身心类型特征与笔迹特征

根据不同潜意识内容中的深层动机及外部行为习惯方式，可以划分为不同的人格特征，具体包括完美型、服务型、成就型、抑郁型、思考型、忠诚型、开朗型、领导型、和平型九种类型。鉴于笔迹能够反映出书写人的潜意识内容，不同的潜意识内容又会影响、形成不同的身体机制特点。因此，每种类型的人格特征、身体特征、笔迹特征三者之间均存在内在的因果关联性。需要注意的是，这种内在的因果关联性并不是指三者之间在具体特征方面一一对应，而只是表现为主要特征的因果关联。因此，实践中需要根据具体情况进行具体分析，不可机械式对应。

（一）“完美型”身心特征与笔迹特征

1. 人格特征

（1）核心价值观。“我正故我在”，只要极致的美。

（2）最关心的问题。我应该怎样做才能避免出错?

（3）内在动机及外在行为习惯表现。内在动机方面：“对”并快乐着，要将快乐建立在把事情做得完美上。外在行为习惯表现方面：事必躬亲、追求完美，对待问题或事情容易看缺点，时常检查哪里出现差错，哪里不符合规定和要求，对自己和别人要求高，近乎苛刻，并常常指责他人。

（4）性格特征。总体性格方面：独立、勤奋、自律、理性，客观公正、是非分明，不妥协、讲究原则、遵守规定，做事有目标、责任心强，严谨、不苟言笑、脚踏实地。性格优势方面：客观公正、精确细致、严谨理性、责任心强、自律、匠人精神。性格缺陷方面：吹毛求疵、刻板教条、原则性强、缺乏灵活性，过于苛求细节而忽视整体效果，眼里揉不得沙子，压抑内心欲望，不愿意承认自己内心的愤怒。

2. 身体特征

（1）眼神方面。目光审视、犀利、直盯。

（2）体质方面。身体板正、腰杆挺直、后背僵硬，有军人风范；因常见情绪为愤怒，外在行为模式为指责，所以肩颈易高起，且易患心脑血管、心脏、颈椎等方面的疾病。

（3）其他方面。交往时理性，对错分明，语速中等偏快；着装以干净、整齐、素雅为主，穿着得体、板正。

3. 笔迹特征（如图 7-17 所示）

（1）宏观特征方面。布局规整、严谨，字行走势平稳。

（2）中观特征方面。字位多居中、字形多为方形。

（3）微观特征方面。多直角折，折笔画有时会有过度处理现象，起收笔多以直、顿形态为主，即使收笔处有笔锋出现，也多以慢速书写动作形成，笔画衔接紧密，字体搭配结构严谨，书写能量强。

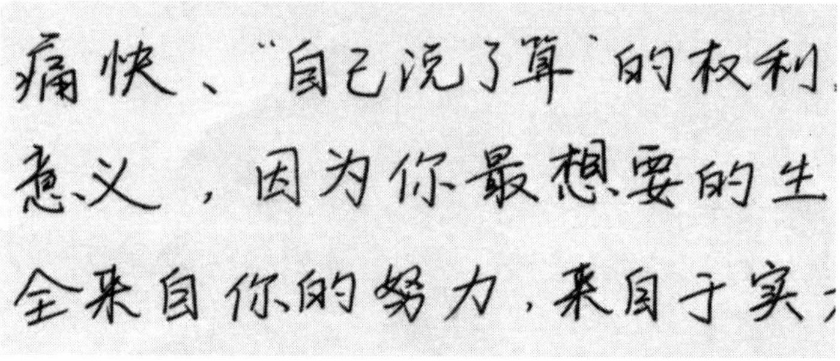

图 7-17 “完美型”笔迹特征

4. 逻辑探秘

（1）成长经历。童年时家里有比较严厉的长辈，不易得到赞美和鼓励，凡事要求其追求完美。因此，使得他们早年形成了这样的认知，即一切不认真的态度和随心所欲的行为举动均会遭到惩罚，每个人都必须按部就班地把事情做完美、做正确。

（2）适合职业类别。“完美型”的潜在性格优势主要表现在客观公正、精确细致、严谨理性、责任心强、自律、匠人精神等方面。因此，“完美型”的人较为适配的工作类型包括警察、法官、检察官、司法鉴定人、律师、审计、纪检、财务、质检、教育等。

（二）“服务型”身心特征与笔迹特征

1. 人格特征

（1）核心价值观。“我爱故我在”，要想得到别人的爱和认可，就必须付出相应的代价。只有别人认为他们重要时，才会感觉到他们存在的价值。

（2）最关心的问题。我应该如何做才能帮助别人？

（3）内在动机及外在行为习惯表现。内在动机方面：“爱”并快乐着，渴望被爱和需要，并将快乐建立在帮助他人上。外在行为习惯表现方面：凡事均为别

人着想和服务，常常忽略自己，以自我牺牲的方式提供爱和友情给他人，并以能够帮助他人为乐。

（4）性格特征。总体性格方面：道德感、责任感强，主动、慷慨、大方、积极、热情、感情丰富。性格优势方面：人际关系洞察能力强、社会交往能力强、情感表达沟通能力强、利他主义精神。性格缺陷方面：不愿承认自己也有内心需求，常常忽视自我而一味地迎合他人，不懂拒绝、爱管闲事，有好胜心和占有欲。

2. 身体特征

（1）眼神方面。目光温柔、热情、亲和。

（2）体质方面。体型多圆润；因常见情绪为委屈，容易导致内分泌失调，从而引起向心胖（后背肩胛处高起、腰腹部有赘肉、腿细），易患糖尿病、高血压等方面的疾病。

（3）其他方面。交往时笑容灿烂、表情和善，语速偏快，愿意有肢体接触；着装以舒适为主。

3. 笔迹特征（如图 7–18 所示）

（1）宏观特征方面。字行走势上仰。

（2）中观特征方面。单字大小适中、字位多偏右、字形多呈圆形。

（3）微观特征方面。笔画多舒展、流畅，长撇 / 外弧撇、圆角折居多，提钩笔画不明显、不深入，起收笔多以直、顿形态为主，即使出锋，也是顺势提笔而成，字体左下角相对突出，书写能量中等。

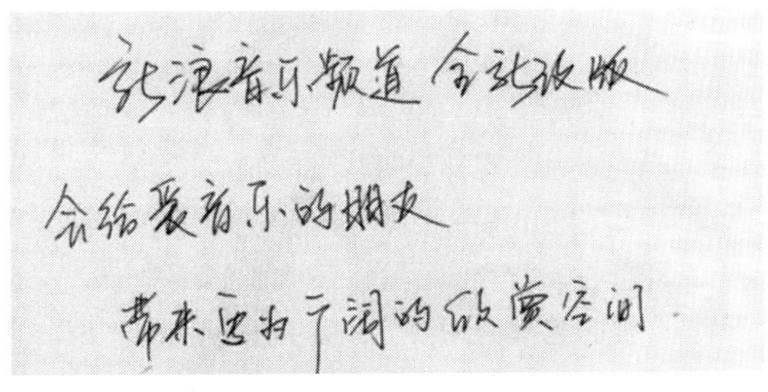

图 7–18　“服务型”笔迹特征

4. 逻辑探秘

（1）成长经历。童年时家里有给予型、服务型的父母，或其童年成长被忽略，在家庭中过早地承担了家庭生活，甚至是本应该成年人做的工作，自己却默默承担了。因此，使得他们早年便形成了这样的认知，要想获得别人的爱首先要对别人先付出爱。

（2）适合职业类别。“服务型”的潜在性格优势主要表现在人际关系洞察能力、社会交往能力、情感表达沟通能力、利他主义精神等方面。因此，“服务型”的人较为适配的工作类型主要集中在服务领域，如心理咨询师、教师、中介服务人员、乘务人员、导游、讲解员、咨询师等。

（三）“成就型”身心特征与笔迹特征

1. 人格特征

（1）核心价值观。“我牛故我在”，以成就衡量价值高低，人生目的就是追逐一个个的外在目标和成就。

（2）最关心的问题。我应该怎样做才能取得成功？

（3）内在动机及外在行为习惯表现。内在动机方面：“忙”并快乐着，无法忍受自己不优秀，渴望出人头地，成就动机感强，并将快乐建立在获取成就上。外在行为习惯表现方面：实干者、野心家，好胜心强，常与他人作比较，以成就来衡量自己价值的高低；爱出风头、当主角，希望得到大家的注意；讲究效率、有时为了效率而放弃细节走捷径，甚至会撒谎也要保持在别人心目中的地位，或为达到目的不择手段。

（4）性格特征。总体性格方面：外向、态度积极、拼搏进取、主动、自信，专注执着、精力充沛、充满活力和自信，好胜心强、竞争意识强，不甘于平庸和碌碌无为，做事以结果为导向，敢于冒险、勇于行动、适应能力强。性格优势方面：自信、积极进取，执行力、行动力、成就动机感强，讲究效率、务实，注重形象、善于公关和资源整合。性格缺陷方面：做事喜欢走捷径并以结果为导向，易忽视细节和潜在风险，工作狂，个人英雄主义、爱张扬，不愿面对自己内心真实的感受，活在外在形象、表现和认可中。

2. 身体特征

（1）眼神方面。目光直射、有神、明亮。

（2）体质方面。体型相对匀称；因常见情绪为愤怒，外在行为模式为急躁，所以肩颈易高起，且易患心脑血管、心脏、颈椎等方面的疾病。

（3）其他方面。交往时善于使用手势，吸引注意，语速快、直接；着装以职业装、商务装为主，其他衣饰注重品牌，光鲜亮丽、有吸引力。

3. 笔迹特征（如图 7-19 所示）

（1）宏观特征方面。字行走势上仰或平直。

（2）中观特征方面。字体相对较大，字位多偏右，字形多为长方形。

（3）微观特征方面。笔画舒展、流畅，上仰横、长竖 / 右倾竖、长撇、长捺，“戈”字部突出，折笔画弧度处于尖角与直角范围内，字体开张而内部结构连笔丰富，且多表现为减笔、省笔形式，笔画变异，收笔处多出笔锋，钩锋犀利，字体右上角 / 右下角有强化现象，书写能量强。

图 7-19 “成就型”笔迹特征

4. 逻辑探秘

（1）成长经历。童年做事经常得到父母或邻居的赞美和鼓励，使其从内心树立优越感，或是童年被父母寄养在其他亲人家，心中不服气，必须让自己做出成绩，以赢得父母的认可。因此，他们早年便形成了这样的认知，父母爱我是因为我的表现而不是我本身，我只有做出成绩，才能赢得别人的爱和喝彩，所以要不断努力进取。

（2）适合职业类别。“成就型”的潜在性格优势主要表现在自信、积极进取、成就动机感强、执行力和竞争意识强、注重效率、攻坚克难等方面。因此，“成就型”的人较为适配的职业类型包括运动员、培训师、部门经理、商人、市场开拓者、自主创业者、公关人员等。

（四）“抑郁型”身心特征与笔迹特征

1. 人格特征

（1）核心价值观。“我真故我在”，努力脱离平凡才是生存的意义。

（2）最关心的问题。我应该如何才能保持自我、做到真我、与众不同？

（3）内在动机及外在行为习惯表现。内在动机方面：“真”并快乐着，渴望找到真正的自己，并将快乐建立在自己想象的世界里，内心需要的是这个世界上根本不存在的真空美和不食人间烟火的爱。外在行为习惯表现方面：易被外界触碰内心，自怜、自伤；做事受感情主导，不喜欢做某种工作时便不做，不会考虑责任问题；跟生活无关的事情很难进入他们的内心世界。

（4）性格特征。总体性格方面：艺术家的性格，内向、被动、自尊心强，多愁善感、感情细腻丰富、易受外界影响，直觉敏感、富有创造力和想象力，理想主义。性格优势方面：想象力、创造力强，灵性灵感、情感丰富，对色彩搭配及美的理解超乎人的想象。性格缺陷方面：看不见自己已经拥有的美好，易受外界干扰产生情绪化反应，过分敏感，沉溺于幻想，自卑、自怜，理想高远，却缺乏实干精神，魄力不足，行动力弱。

2. 身体特征

（1）眼神方面。目光忧郁，眼睛里充满故事。

（2）体质方面。一般身材消瘦，体态婀娜；因常见情绪为悲伤、忧郁，所以肩颈部位有明显的凹陷，易伴有肺气虚弱、咳嗽的症状。

（3）其他方面。交往时以感觉为主，语速不均，但无夸张性大动作；着装虽喜欢奇装异服，但注重品味，色彩搭配能力超强。

3. 笔迹特征（如图 7–20 所示）

（1）宏观特征方面。布局特征不拘一格。

（2）中观特征方面。字位多偏左。

（3）微观特征方面。左长横、上长竖 / 左倾竖、长撇 / 内弧撇，笔锋相对较少，即使有笔锋也多以慢速提笔形成，笔画末笔通常向左折回，单字结构有错位现象，上方有时会伴有夸张性笔画，书写能量弱。

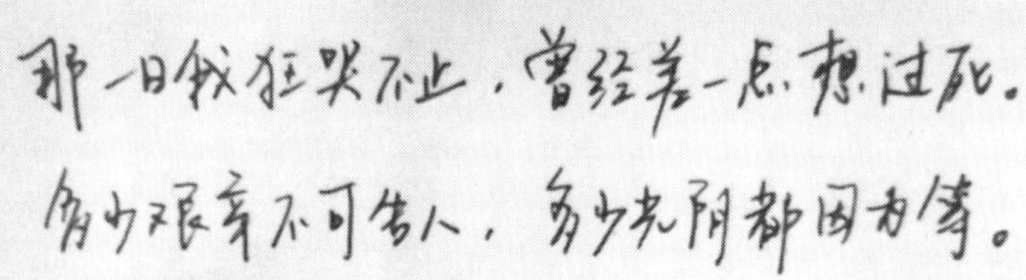

图 7–20 “抑郁型”笔迹特征

4. 逻辑探秘

（1）成长经历。童年时认为世界是美好的，但成长环境可能遭遇巨变，或与父母发生分离，造成童年记忆创伤，既渴望父母的爱，心里又恨父母不关注自己，于是决定自己满足自己，并学会创造满足自己的方式，让自己沉浸在幻想的世界里满足自己的内心渴望。

（2）适合职业类别。“抑郁型”的潜在性格优势主要表现在审美意识强、情感细腻丰富、悟性好、想象力、创造力丰富等方面。因此，“抑郁型”的人较为适配的职业类型包括设计师、广告创意师、艺术从业者（音乐、美术）、艺术设计者、方案策划、文学编剧等。

（五）“思考型”身心特征与笔迹特征

1. 人格特征

（1）核心价值观。“我知故我在”，没有知识的人是无能的人。

（2）最关心的问题。我应该怎样做才能获取更多的知识？

（3）内在动机及外在行为习惯表现。内在动机方面：“思”并快乐着，渴望躲在私人空间里进行研究，弄懂外部世界的本质和真相，并将快乐建立在获取知识和技能上。外在行为习惯表现方面：喜欢读书、独处，不喜别人打扰自己；大智若愚、难以表达内心的感受；不在意外表的装扮，崇尚精神世界和心灵境界；有时能用获取的知识去指导实际的行动，有时却表现为“思想上的巨人、行动上的矮子”。

（4）性格特征。总体性格方面：内向、独立、理性，善于独处、观察、分析和思考，有好奇心，专注力、理解力、洞察力、逻辑思维能力强，缺乏热情、不善变通。性格优势方面：专业研究聚焦能力、深度思考能力、专注力、创造力、独处能力强。性格缺陷方面：想得多、做得少，反复预演、迟迟不动，人际疏离，不愿与别人发展深入的关系，情感隔离、孤独。

2. 身体特征

（1）眼神方面。目光凝滞、专注、内收。

（2）体质方面。一般身材消瘦，脊柱呈弓形、驼背；因常见行为模式为思考，所以脾易虚弱，易患有失眠、焦虑以及肠胃等方面的疾病。

（3）其他方面。交往时双手交叉胸前，喜怒不形于色，冷静，易进入思考状态，语速慢、平；着装不注重打扮，颜色单调、款式简单。

3. 笔迹特征（如图 7–21 所示）

（1）宏观特征方面。布局特征规整。

（2）中观特征方面。字位多偏左。

（3）微观特征方面。连笔趋势较强，笔锋相对较少，笔画末笔通常向左折回，单字上方有时会伴有夸张性、延伸性笔画，单字结构外围稳固而内部笔画拘谨且与外围存在空隙，书写能量弱。

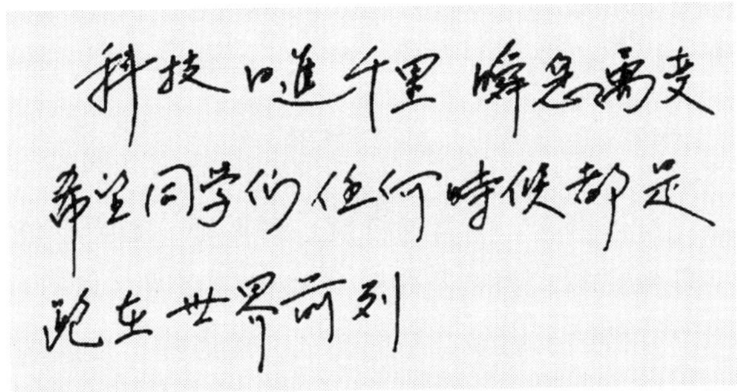

图 7–21 “思考型”笔迹特征

4. 逻辑探秘

（1）成长经历。童年时期，没有从父母或长辈那里得到稳定的感情、关爱和安全感，甚至会被父母或长辈的情绪所左右，这直接导致他们去主动观察、发现父母的情绪规律，以适应环境、避免伤害。因此，他们从小便养成了善于观察、学习、思考的习惯，并通过知识的积累去发现客观世界的各种规律。

（2）适合职业类别。“思考型”的潜在性格优势主要表现在专注力强、善于深度思考、分析、研究、创造力、独处能力等方面。因此，“思考型”的人较为适配的职业类型包括科研工作者（数学、物理、化学、医学等）、司法鉴定人、律师、专家教授、分析家、理论家、企业家等。

（六）"忠诚型"身心特征与笔迹特征

1. 人格特征

（1）核心价值观。"我安故我在"，认为世界是充满危险和不确定的，必须谨慎从事，做好万全准备，才能安心踏实。

（2）最关心的问题。我应该怎样做才能避免危机、化险为夷？

（3）内在动机及外在行为习惯表现。内在动机方面："疑"并快乐着，渴望获得安全感，并得到他人的支持和认可，总想着寻求肯定性答案，以保护自己内心的信念。外在行为习惯表现方面：时间安排紧凑，生活很有规律；相信和崇拜权威人士；需要做决定时，非常依赖别人的意见，在未决定之前，内心会感到紧张、焦虑、犹豫不决，甚至会产生愤怒的情绪；凡事做最坏的打算，永远在担心未来；一天到晚忙个不停，忧心忡忡，神经片刻不放松，有的人会用实际行动打消犹豫和焦虑，取得成绩，而有的人则会在犹豫和焦虑中慢慢抑郁。

（4）性格特征。总体性格方面：怀疑论者，内向、保守、谨慎，忠诚、值得托付和信赖，多疑、敏感、焦虑、缺乏安全感、内心有防御性，做事小心谨慎、犹豫不决、疑虑重重，甚至会有悲观、逃避情绪。性格优势方面：周密细致、谨慎忠诚、策划谋略、团队意识、风险防控。性格缺陷方面：瞻前顾后、犹豫不决，半途而废、虎头蛇尾，缺乏安全感、思虑重、焦虑不堪。

2. 身体特征

（1）眼神方面。目光游离、扫描，行动派则锐利。

（2）体质方面。身体紧绷，后背像铁块一样僵硬，双肩微耸向前弯，皮肤偏暗，习惯皱眉头、低头前行；因常见情绪为恐惧、紧张，所以身体易发紧，肾、脾易虚弱，骶骨部位有板结、僵硬，易患失眠、焦虑症、皮肤病，以及肠胃等方面的疾病。

（3）其他方面。交往时拘束，表情紧张，肌肉不放松，感情色彩不丰富，语速平静时慢，愤怒时快；着装传统、低调、保守，色彩以偏暗为主。

3. 主要笔迹特征（如图 7-22 所示）

（1）宏观特征方面。布局特征规整、严谨，字间距多偏大。

（2）中观特征方面。单字大小适中，字位偏左或居中。

（3）微观特征方面。短竖 / 弧度竖常见，起收笔多以直、顿形态为主，收笔处会伴有墨汁凝滞痕迹，少有笔锋，笔画衔接到位，结构严谨，书写能量中等；行动派会出现长竖或个别夸张性笔画，书写能量强。

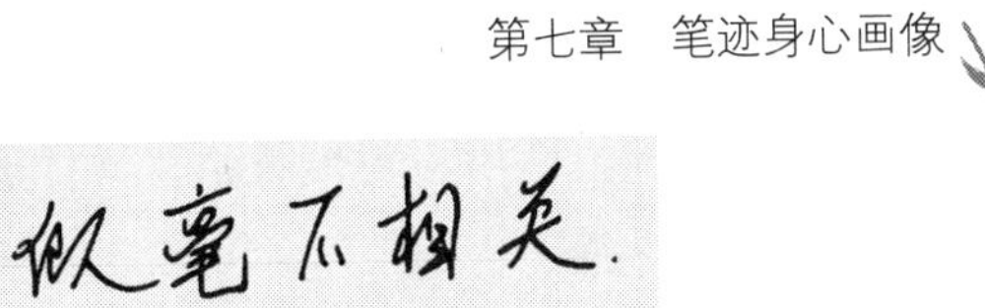

图 7-22　“忠诚型”笔迹特征

4. 逻辑探秘

（1）成长经历。“忠诚型”的人在童年时期，随着自己年龄的逐渐长大，发现父母并不完全属于自己，他们很忙，有时甚至没有时间关注自己，父母亦并非自己想象的那样无所不能，他们也有很多无奈，甚至还会责罚自己，态度反复无常。这直接导致他们形成了这样的认知，对别人缺乏信任感和安全感，认为这个世界是不确定的，只有小心谨慎、反复求证，才能防止被欺骗和伤害。

（2）适合职业类别。“忠诚型”的潜在性格优势主要表现在周密细致、谨慎忠诚、策划谋略、风险防控与规避等方面。因此，“忠诚型”的人较为适配的职业类型包括战略决策参谋、管理咨询师、商务顾问、策划师、财务人员、校对员、文秘、教师、司法鉴定人、律师、人民警察、法官、检察官、军人、质检/安检人员、金融风险管理师、理财规划师等。

（七）“开朗型”身心特征与笔迹特征

1. 人格特征

（1）核心价值观。“我爽故我在”，认为世界是充满无限可能的，将有限的生命投入到无限的快乐体验中去。

（2）最关心的问题。我应该怎样做才能给自己和他人带来快乐？

（3）内在动机及外在行为习惯表现。内在动机方面：“变”并快乐着，渴望快乐和满足，渴望多样化的享受生活，讨厌、逃避焦虑、紧张不安。外在行为习惯表现方面：注重物质生活，害怕负面情绪，开心快乐永远放在第一位；心疼自己、不喜欢过刻板的生活；幻想很多计划，并会立即付出行动，冲动后的结果往往有别人来收场；多才多艺，什么都懂，但又懂得不精。

（4）性格特征。总体性格方面：乐天派，外向、活泼、热情、乐观，精力充沛、追求新鲜感、刺激、冒险、多样化生活、不喜被束缚，爱好多、幻想多、冲动、敢于尝试和冒险、急性子、缺乏耐性。性格优势方面：激情热情、思维敏捷、挑战冒险、社交能力强。性格缺陷方面：冲动、缺乏专注和耐心，自由放纵、害怕限制，话痨、习惯打岔，样样通、样样不精。

2. 身体特征

（1）眼神方面。目光明亮、灵动，眼球转动快、飘忽不定。

（2）体质方面。身材方面不好区分，一般挺拔结实，但多数会有一明显的特点，后背从上到下沿脊柱有一道比其他人深而宽的沟。

（3）其他方面。交往时表情放松，笑容灿烂，不拘束，坐不住，语速快，思路变换也快；着装不按常理出牌，敢于尝新，以颜色鲜艳、款式新颖为主，不喜欢穿着职业装、正装等拘束性衣服。

3. 笔迹特征（如图 7–23 所示）

（1）宏观特征方面。布局特征欠缺规范、不拘一格，字行走势有时不平稳。

（2）中观特征方面。字体不规整、有动态跳跃感，字位有时会伴有变化性。

（3）微观特征方面。露锋竖 / 外钩竖、有钩不钩，单字笔画有夸张式写法，笔画变异、连笔简化，有时会伴有减笔、省笔、漏笔现象，字体结构松散，右下角相对强化，书写能量中等偏强。

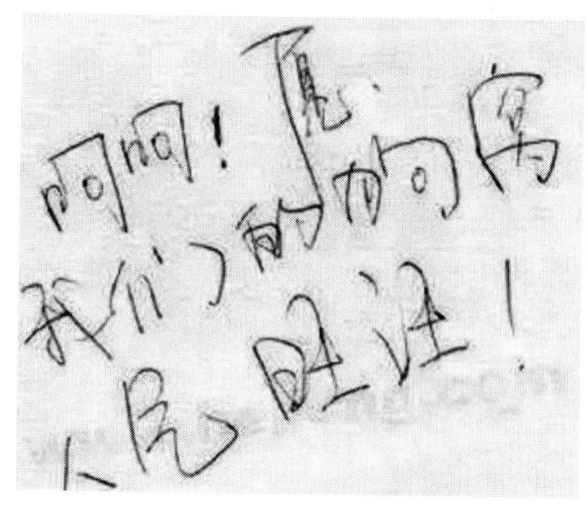

图 7–23“开朗型”笔迹特征

4. 逻辑探秘

（1）成长经历。“开朗型”性格的形成可能有以下三种情况。第一，在童年时期拥有十分快乐和安逸的生活，享受着欢乐与愉悦，某种原因突然使这种享乐的生活发生改变，将他们从幸福的美梦中唤醒，使他们感到沮丧，在以后的生活中遇到快乐就会抓住不放，害怕再次失去快乐；第二，童年时期他们有一个人口多而贫寒的家庭，抑或有一对每天争吵而无暇顾及他们的父母，致使他们内心想逃避这种压抑、紧张的生活，长大后屏蔽所有负面、不快乐的事情，只向往快乐；第三，童年时认为这个世界上有很多新鲜有趣、丰富多彩的事物，他们只关注积极方面而屏蔽掉消极方面，想方设法寻找各种理由让自己开心快乐。

（2）适合职业类别。“开朗型”的潜在性格优势主要表现在激情热情、创新、思维敏捷多变、敢于冒险和挑战、社交能力等方面。因此，“开朗型”的人较为适配的职业类型包括喜剧演员、相声 / 小品表演艺术家、项目策划、编剧、导演、娱乐节目主持人、自由职业、各种兼职、社会活动家、项目经理、培训师、市场营销等。

（八）“领导型”身心特征与笔迹特征

1. 人格特征

（1）核心价值观。“我强故我在”，我要成为不可战胜的强者，强权就是公理，做自己命运的掌舵人。

（2）最关心的问题。我应该怎样做才能让自己拥有更强大的能力?

（3）内在动机及外在行为习惯表现。内在动机方面：“斗”并快乐着，渴望强大和不可战胜，依靠自己、抗拒软弱。外在行为习惯表现方面：做事雷厉风行、干脆果断、不喜拖泥带水；独立自主、一切靠自己，明确目标，并努力完成，甚至为了达到目标，愿意付出很大的代价；有正义感和责任担当。

（4）性格特征。总体性格方面：外向、乐观、主动、积极、自信、勇敢、独立、独断、控制欲强、豪爽，有主见、立场坚定、意志力坚强，不喜被束缚、敢闯敢干、精力充沛、敢于冒险和挑战，做事雷厉风行、干净利落、势如破竹。性格优势方面：领导能力、竞争意识、意志力、挑战力、保护担当能力。性格缺陷方面：情绪暴躁、过于好胜、攻击性、强权、占有思想、不愿受制于人。

2. 身体特征

（1）眼神方面。目光直射，有威严。

（2）体质方面。肩宽、背厚，高高隆起，像是铜墙铁壁，多浓眉大眼；因常见情绪为压抑，行为模式为承担，所以易代谢紊乱、内分泌失调，易得心脏、心脑血管、高血压、高血脂等方面的疾病。

（3）其他方面。交往时喜欢用手指挥，有气势，表情威严，语速快而坚定；着装以庄重合体为主，有力量感。

3. 笔迹特征（如图 7-24 所示）

（1）宏观特征方面。字行走势多上仰。

（2）中观特征方面。单字较大，字形多为长方形。

（3）微观特征方面。上仰横、长竖、长捺、钩锋犀利，折笔画弧度处于尖角与直角范围内，收笔露锋且为快速书写形成，连笔丰富，字体右上角相对强化，书写能量强。

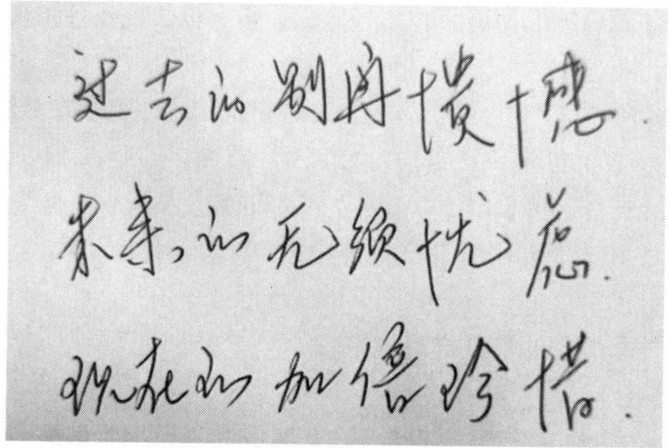

图 7-24 “领导型”笔迹特征

4. 逻辑探秘

（1）成长经历。“领导型”性格的形成可能有以下几种情况。第一，童年时期受到的爱和关注度不够，必须强烈地坚持己见，才会得到父母的反应。因此，开始意识到要勇于发表自己的意见和观点，让自己受到重视和关注；第二，通过强烈表达自己的观点，得到父母的肯定，父母可能又会灌输这一强者生存的思想，使得他们进一步强化了这一性格特质；第三，他们从小总是扮演老大，或在班级中一直担任班级干部，便形成、强化了这种性格特征。

（2）适合职业类别。“领导型”的潜在性格优势主要表现在领导能力、竞争意识、意志力、挑战力、保护担当、责任承担等方面。因此，“领导型”的人较为适配的职业类型包括运动员、销售主管、董事长、总经理、CEO、政治领袖、军人、特警、创业者、市场开拓者、自主创业者、自由职业者、安保人员等。

（九）“和平型”身心特征与笔迹特征

1. 人格特征

（1）核心价值观。“我宁故我在”，以和为贵。

（2）最关心的问题。我应该怎样做才能化解即将要发生的冲突？

（3）内在动机及外在行为习惯表现。内在动机方面：“宁”并快乐着，渴望安静、和谐的氛围。外在行为习惯表现方面：与世无争，渴望人人和平共处；做事动作慢、拖拉；做选择时犹豫不决；极富同理心、不懂拒绝、是个很好的倾诉对象；不会背后传话、打小报告。

（4）性格特征。总体性格方面：内向、乐观，心地善良、为人随和、亲切，做决定犹豫不决，不喜改变、与世无争，耐性好、很少发怒、脾气好。性格优势方面：乐观善良、协作配合、耐心、同理心、包容大度。性格缺陷方面：得过且过、梦游人生，缺乏主见、不懂拒绝、妥协求和，就一个“拖”字。

2. 身体特征

（1）眼神方面。目光温和，无攻击性。

（2）体质方面。胖者多见，身材、脸型多圆润；因常见情绪为委屈，所以易内分泌失调，易患糖尿病、心脏、高血压等方面的疾病。

（3）其他方面。交往时表情温和，一团和气，有亲和感，语速慢；着装以宽大、舒服为主，颜色简单不刺眼。

3. 笔迹特征（如图 7–25 所示）

（1）宏观特征方面。布局特征规范，字行走势平稳。

（2）中观特征方面。单字相对小，字形多表现为圆形。

（3）微观特征方面。横平、直竖 / 弧度竖、收笔多以直、顿形态为主，少有笔锋，笔画拘谨，鲜有夸张性、修饰性笔画，单字外围圆润，书写能量弱。

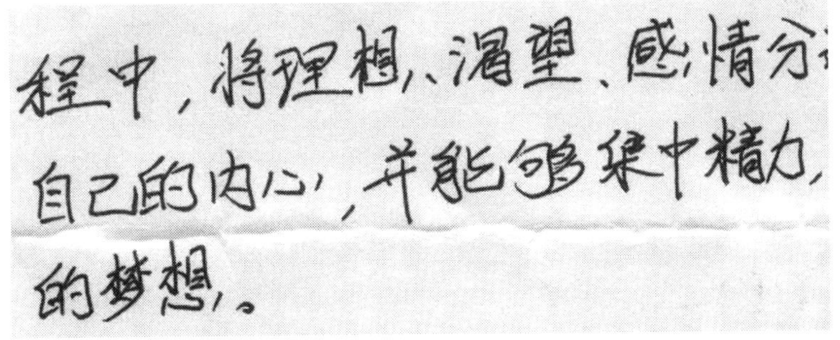

图 7–25 “和平型”笔迹特征

4. 逻辑探秘

（1）成长经历。“和平型”人格的形成，是由于从小受到忽视，在家庭里不受重视，基本没有话语权，即使发表了自己的意见也不会被采纳，必须去听从别人，甚至自己的言行、思维都要受到父母的管控。长此以往，便形成了顺应环境和他人的认知习惯，却忽略了自己的需求，以创造和谐的气氛和安宁的环境。

（2）适合职业类别。“和平型”的潜在性格优势主要表现在乐观善良、协作配合、耐心、同理心、包容大度等方面。因此，“和平型”的人较为适配的职业类型包括教师、秘书、窗口服务人员、心理咨询师、人力资源管理师、办公室主任等。

下篇
笔迹分析实务研究

第八章　笔迹分析在人力资源管理领域的应用

人力资源管理，就其本质意义来讲，就是通过实现对一定“人”的管理，从而充分发挥人的最大潜力，来实现个人的发展与组织目标的实现相衔接。若要实现对人的有效管理，则必须了解和掌握人的个性，而笔迹具有因人而异性、稳定性、知人识人性的特点。因此，笔迹分析技术已作为一项主要的人才测评技术渗透到人力资源管理领域的各个方面。

第一节　笔迹分析技术在人力资源管理中的应用研究

随着现代社会经济的迅速发展，企业面临着前所未有的机遇和挑战，企业之间的竞争变得日益激烈和残酷，而竞争的核心要素在于对“人才”的争夺。如何在众多应聘者中选出中意的人才，并科学合理地将其安排到合适的岗位，真正做到人尽其才、才适其职，既是企业能够获得长足发展、立于不败之地的关键所在，又是企业人力资源管理中所遇到的普遍难题。而由于笔迹能知人、识人，通过笔迹分析能够反映出书写人的性格、气质类型、认知能力、情绪素养、意志品质等个性心理特征，上述特征是企业“知人、识人、用人”的重点参考依据，而其他测评技术又无法取得有效结果。因此，笔迹分析技术在人力资源管理领域具有独到的用武之地，并发挥着越来越重要的作用。

一、人力资源管理概述

（一）人力资源管理的定义

人力资源（Human Resource，简称 HR）是指在一定范围内的人所具有的劳动能力的总和。人力资源管理，则是指根据企业发展战略的要求，有计划地对人力资源进行合理配置，通过对企业员工的招聘、培训、使用、考核、激励、调整等一系列过程，调动员工的积极性，发挥员工的潜能，为企业创造价值，给企业带来效益，确保企业战略目标的实现，是企业的一系列人力资源政策以及相应的管理活动。①

（二）人力资源管理的意义

随着现代社会知识、信息、经济的发展，企业的经营意识、管理观念亦逐渐发生巨大改变，并由传统的劳动人事管理制度向现代人力资源管理转变。通过现代人力资源管理，能够对企业的发展起到以下重要作用。

1. 提升企业的核心竞争力

“企”始于人，而又止于人。因此，现代社会企业竞争的核心元素在于对“人才”的争夺，人才是产生科技的基础，是发展的第一生产力。现代社会不缺少普通的劳动力，而对于高精尖优秀人才的需求似乎比以前任何时候都要迫切。因此，企业内部如果能够合理使用和储备一批优秀人才，无疑会大大提升企业的核心竞争力，使企业在竞争日益激烈的现代社会中立于不败之地。

2. 充分调动员工的工作积极性，提升企业的生产效益

美国菲尼克斯笔迹协会的副理事长威廉·莫让说过：职员流动的最大原因不是技能缺乏，而是个性与工作的配合不当。因此，企业如何用人不仅关系着员工的工作积极性，更直接影响着企业的生产效益。通过引进科学合理的人才测评技术来强化人力资源管理，全面了解和掌握员工的性格、能力、爱好及特长，并根据以上特点与岗位职责的要求，真正做到优化岗位配置，使人岗合一，让企业的人才能够充分发挥自身潜力，提升工作效率，从而实现企业效益的最大化。

3. 有利于企业各项工作的顺利开展

通过在现代人力资源管理中引进科学合理的人才测评技术，真正做到“知人、识人、用人”，使每位员工都能够在自己合适的岗位上安心稳定地工作，实现人尽其才、才适其职，充分调动员工的工作积极性，从而使企业的人力资本达到最佳配置，最终使企业的各项工作得到顺利开展和实施。

二、人才测评技术

企业通过对员工的招聘、培训、使用、考核、激励、调整等措施来实现对员工的有效管理，实现企业效益的最大化。而上述措施的有效实施则是以“知人、识人、用人”为基础，因此，在人力资源管理中便引进了多项关于人才测评的技术，其中就包括笔迹分析技术。

1. 申请表

申请表是人才测评技术中最为常用的方法，也是人才测评技术的第一环节。

---

① 张鹏：《我国现代人力资源管理现状浅析》，载《人力资源管理》2014 年第 3 期，第 180 页。

企业在招聘企业员工时，通常会让应聘者如实填写申请表，包括应聘者的一些基本信息以及所需应聘的岗位。如果应聘者提供给企业的申请表中所填写的信息是真实的，那么通过申请表中的信息去评定应聘者的实际工作能力就是比较客观的。关键是，如果应聘者提供的申请表中信息有假，那么测评结果就会出现误差，这也是申请表这项人才测评方法最大的缺点。因此，申请表测评结束后往往还需要其他测评技术来进行验证、综合评断。

2. 个人履历档案

个人履历档案分析是根据档案中所记载的信息，了解应聘者的成长学习经历、工作经历等情况，从而对其学习、成长背景有个大概的了解和掌握。由于个人履历档案是由个人所在的单位进行保管，具有一定的严肃性、保管的严密性等特点，因此个人履历档案分析测评的结果在一定程度上是有效的、可靠的，亦是人才测评技术的重要方法之一。但问题有两点：一是很多应聘者的个人履历档案中对学习、工作的经历记录不全，导致测评结果不全面，或者个人履历档案中根本就没有记录，甚至有很多应聘者根本就没有个人履历档案；二是个人履历档案虽具有保管的严密性，但也不能完全排除个别人更改其中事项的可能。因此，个人履历档案分析亦有其一定的缺陷和不足。

3. 综合知识测验

综合知识测验主要是针对应聘者的基本知识、专业知识、综合知识能力以及书面语言表达能力的考核，如国家公务员考试、地方大学生入伍考试中有关行政职业能力测试及申论的考试就是采用的综合知识测验这项测评技术。综合知识测验能够了解应聘者掌握的基本知识、业务能力的广度和深度，对于掌握应聘者的基本知识面和思维分析能力比较有效，对知识、技能、能力测评的信度和效度比较高。但是综合知识测验只是集中于测试应聘者的知识、思维等方面，而对于应聘者的性格、意志品质、人际关系处理能力、组织计划管理能力、价值观等对于企业至关重要的参考特征却无能为力。因此，综合知识测验往往还需要结合其他测评技术进行综合评断，以补其短。这就是为什么地方大学生入伍考试后还要进行面试、心理测试等环节测评的原因所在。

4. 心理测验

心理测验可以对应聘者的个体能力特征进行测评以及对其未来发展潜力进行评估和预测，还可以对应聘者的部分个性心理特征和职业兴趣进行测评。但心理测验存在两个问题：一是心理测验结果多依赖于专家的解释；二是心理测验的题目多为选择题、判断是非题，且具有明显的意图性，应聘者完全可以为了取得较好的成绩去作出明显的指向性选择。因此，心理测验的客观性会受到一定的影响。

5. 面试

面试是应聘者现场对企业招聘人员所提出问题的解答。通过面试，可以达到以下目的：一是可以考察应聘者实际分析问题的能力、实际工作能力、思维能力以及言语表达能力；二是根据应聘者所提供的申请表、个人履历档案或综合知识测验中的情况进行现场质证问答，以确认应聘者的实际工作能力；三是通过与应聘者进行面对面交流，可以观察其外表、气质、情绪素养以及临场应变能力等特征。但是面试也存在不可避免的缺点，时间有限，所提问题未必能够全面反映应聘者的实际工作能力。另外，测评结果较为主观，甚至会出现以貌取人的现象。

6. 评价中心技术

评价中心技术是人才测评技术的一种全新的方法，近年来在干部测评中应用较多，它是将被测者置于某种模拟的情景中，通过采用多种评价技术，观察和评价被测者在这种模拟的工作情景中所展现出来的心理和行为倾向等特征。由于评价中心技术是以各种方式对被测者进行全面综合的考察，因此测评结果也较为可靠，效度很高。但是评价中心技术的成本相对较高，另外如果测评人对评价中心技术没有进行充分的研究，使用技能欠缺，其测评结果的质量会受到很大的影响。

7. 笔迹分析技术

笔迹分析技术是通过对应聘者书写的笔迹进行分析，得出应聘者的性格、气质类型、认知能力、情绪素养、意志品质等个性心理特征。而上述特征均是企业在“知人、识人、用人”时所重点考察的关键因素，除笔迹分析技术外，其他人才测评技术在针对上述特征的考察时则显得捉襟见肘、无能为力。另外，加之笔迹具有因人而异性、稳定性的特点，应聘者在书写过程中，即使存在伪装心理也难以靠意志长时间控制其书写动作习惯，即应聘者不可能处处做到“意在笔先”。因此，笔迹分析技术相对其他人才测评技术来讲具有针对性、可靠性、稳定性的特点，在人力资源管理领域发挥着越来越重要的作用。

三、笔迹分析技术在人才测评技术中的主要优势

（一）测评项目的全面性

企业在“知人、识人、用人”等方面，并不仅仅局限于对应聘者专业技术能力的需求，而更需要了解和掌握应聘者的个性心理特征，如应聘者的性格品质、特长、人际关系处理能力、组织计划管理能力，以及世界观、人生观、价值观等因素。而由于笔迹不仅能够反映出书写人内在稳定的书写习惯，还能够反映出书写人内在稳定的生理、心理机制及其即时书写状态下的心理活动痕迹。故通过笔

迹分析可以得出应聘者的性格、气质类型、认知能力、情绪素养、意志品质等个性心理特征，而这些特征不仅完全符合企业“知人、识人、用人”的参考依据，又是其他人才测评技术无法有效测知的。

（二）测评简便、效度高

笔迹分析技术不像综合知识测验、个人履历档案分析、评价中心技术等测评方法，具有取材方便、分析迅速、准确性高的特点。笔迹分析时，只需要了解应聘者的年龄、性别、职业和文化程度，让书写人在正常书写条件下进行书写即可，如果应聘者还能够提供几份其平时书写的笔迹材料，分析人可通过对现场书写材料与平时书写材料的比对，分析应聘者的过往成长经历，以便更好地了解和掌握应聘者的个性心理特征，为企业提供全面、准确的用人参考数据。

（三）提供测评建议

通过笔迹分析能够反映出应聘者个性心理特征中的优缺点，针对优缺点进行评估后，可以根据应聘者的个性与选择的职业岗位是否匹配提出适当建议，对其职业生涯规划提供一定的指导。这也是其他人才测评技术所不具备的。

相关专家曾利用效度、公平程度、可用性和成本四个指标对以上常见的各种人才测评技术进行比较研究（如表 8–1 所示）。

表 8–1　各种人才测评技术比较

方法	效度	公平程度	可用性	成本	综合
评价中心	高	高	低	高	8
个人履历资料	高	中	高	低	9
申请表	低	高	中	低	9
智力测验	中	中	高	低	10
性向和能力测定	中	高	中	低	10
个性与兴趣测验	中	高	低	中	10
面试	低	中	高	中	10
笔迹分析	高	高	高	低	12

注：1. 每一项指标各分为高、中、低三级，其中效度、公平程度和可用性的高、中、低的指数分别为 3、2、1，成本的高、中、低的指数分别为 1、2、3。

2. 在本表中，将心理测试细分为智力测验、性向和能力测定及个性与兴趣测验。

由表 8-1 可知，笔迹分析技术在人才测评时相比其他测评技术具有明显的优势，在效度、公平程度、可用性和成本四个指标中得分均为最高值，共计 12 分。

四、笔迹分析技术在人力资源管理中的具体应用

人才测评技术是人力资源管理中为了更好地“知人、识人、用人”所引进的各种测评技术和方法。由于笔迹分析技术相对其他测评技术具有明显的优势，因此笔迹分析技术在人力资源管理中具有独到的用武之地，并发挥着越来越重要的作用。

（一）人才招聘

笔迹分析技术在人力资源管理中的主要应用就是人才招聘。企业根据自身的发展战略规划，会在人力资源市场以及各大院校进行人才招聘。传统的人才招聘模式中，应聘者往往会向用人企业提供个人的学历证明、求职简历等材料，然后企业相关部门再根据简历情况进行人员选择和面试，但求职简历的真实性以及面试过程中的客观性、准确性难以掌握。而笔迹分析技术却不同，由于笔迹的因人而异性、稳定性、知人识人性的特点，使得笔迹分析技术在人才招聘时能够独具慧眼，为企业选用和储备优秀的人才奠定基础。

实践中，具体做法为：首先，企业待所有应聘者报名结束后，将收到的求职简历（手写）或应聘者的手写笔迹材料交由笔迹分析专家；其次，笔迹分析专家对每位应聘者的笔迹材料进行逐一笔迹分析，并将笔迹材料中所反映出的性格、气质类型、认知能力、情绪素养、意志品质等个性心理特征进行汇总，总结出每位应聘者个性心理特征中的主要优势与不足等优缺点；最后，根据每位应聘者的个性心理特征与所应聘岗位的责任要求进行全方位的评估和建议，并出具客观、科学的笔迹分析意见书，为企业用人部门提供用人参考依据。只有这样，企业才能迅速地从众多应聘者中作出筛选，缩小面试范围，以提高人才招聘的效率和准确度。

（二）岗位选拔与配置

当企业设置岗位需求并在众多竞争者中挑选合适人选时，可以借助于笔迹分析技术。笔迹分析技术在岗位选拔与配置中的具体作用，是通过对岗位的责任、要求与竞争者的个性心理特征是否匹配、哪一位竞争者最能胜任这一岗位需求等事项进行评估和建议，为用人单位提供参考。实践中，具体做法为：首先，笔迹分析专家根据企业提供的岗位职责与要求进行定向分析，确定什么样性格的人适合这一岗位；其次，对众多竞争者的笔迹进行分析，确定每位竞争者独特的个性心理特征；最后，根据企业岗位需求与竞争者的个性心理特征是否匹配，以及哪

些竞争者的个性心理特征最适合这一岗位，哪些不适合等事项均要进行全方位的评估和建议，并出具客观、科学的笔迹分析意见书，为企业作出最终决定提供参考依据。

笔迹分析实践中的一些案例足以表明：在配置领导班子时，笔迹分析技术可以发挥其独到的作用。如一个单位的主管往往需要具备开拓创新精神，善于规划谋略，成就动机感强烈的特质，而副管则应具备较好的人际沟通、执行决定、踏实、专注的特质。当双方的笔迹特征反映出的个性心理特征与其职位相匹配时，双方搭班子会比较团结，工作配合才会默契；而当双方的笔迹特征反映出的个性心理特征与其职位相反或两人性格能力相当时，双方搭班子容易出现矛盾，不团结，工作效率也就可想而知了。

（三）考核与换岗

笔迹分析技术在考核与换岗中的具体作用，是通过对考核过程中落后人员的笔迹进行分析，总结其个性心理特征，并结合其岗位特点，分析其落后、考核不理想的原因。

一般情况下，当员工的个性心理特征与其岗位职责相匹配时，员工的长处及优势容易得到发挥，并通过自身努力和激励等措施能够在其岗位上做出优异的成绩；而对于那些个性心理特征与岗位职责不匹配的员工，由于其自身长处及优势得不到充分发挥，在其岗位上做不出优异成绩也在所难免。而对于后一种情况，笔迹分析专家可以根据其笔迹中反映出的个性心理特征中的主要优势与不足，结合其岗位特点，出具笔迹分析意见书，并提供指导性建议，为企业提供参考依据，通过对考核中的落后人员进行调换工作岗位等措施，提高其工作效率。如通过笔迹分析，对于那些交际能力强、性格外向开朗、具有一定开拓精神的人才可以安排到销售、管理等部门，而对于那些性格偏内向、做事专注、执着、踏实的人才安排到财务、专业研究、技术开发等部门，能够充分发挥每个人的工作积极性，提高工作效率。

（四）轮岗

当前，我国政府机关、军队、企事业单位以及一些大型企业均有中层领导干部轮岗的制度。如果在干部轮岗之前对其笔迹进行分析，可以发现其能力特长甚至鲜为人知的内在素质，如果这些能力素质与其所要就职的岗位相匹配，则能够最大限度地发挥其个人潜力，实现人尽其才、才适其职、职配其位。

（五）职业规划

职业规划是个人对其职业生涯乃至人生进行持续的系统的计划过程。由于笔迹分析可以准确、全面地认识和了解应聘者的性格、气质类型、认知能力、情绪素养、意志品质等个性心理特征，笔迹分析专家可以根据不同时期笔迹中所反映出的个性心理特征，对其作出持续的、可靠的参考意见。实践中，具体做法为：首先，如果员工还未进行过笔迹分析，在其试用期或工作初期先让其书写一份笔迹材料，并由笔迹分析专家根据笔迹中反映出的特点，得出员工的性格、气质类型、认知能力、情绪素养、意志品质等个性心理特征；其次，结合员工在企业工作期间的能力表现，根据其个性心理特征中的主要优势与不足进行综合评估，并出具笔迹分析意见书，帮助员工克服工作表现中的不足，鼓励工作中取得的成绩，调动员工的工作积极性和主动性，并为其未来事业发展和职业规划提供指导和建议；最后，随着员工社会阅历及工作经验的不断积累，其工作能力和个人潜力也将得到充分发挥，个人能力的提高必然会影响其自信、思维、意志等发生变化，进而潜移默化地影响其性格改变。性格变，其笔迹也在变。通过对员工此阶段的笔迹进行分析，可以及时了解和掌握员工的个性心理变化及工作能力变化，并做好下阶段员工的事业发展目标及职业规划，以便更好地使员工个人的发展和企业目标的实现相融合。

五、展望与总结

由于笔迹具有因人而异性、稳定性、知人识人性的特点，在国外，笔迹分析技术已逐渐渗透到各个领域。据统计，德国有 80% 的大型公司，以色列、比利时等国家有 50% 以上的大公司都是使用笔迹分析技术来决定人才的选用，美国则有 3000 多家大型企业配有笔迹分析专业人才，而且数量和比例正处于不断增加的趋势。由此可以看出笔迹分析在世界许多发达国家均具有广泛的应用。

随着我国笔迹分析理论的不断发展与完善，笔迹分析技术已成为人才测评技术中的一种主要方法，并与其他测评技术方法相比，具有明显的“知人、识人”优势，能够帮助企业获得高素质人才，提高企业的核心竞争力，促进企业在竞争日益激烈的现代社会中立于不败之地，并获得长足发展。因此，笔迹分析技术在人力资源管理领域拥有广阔的应用前景，并发挥着越来越重要的作用。

第二节　具体案例应用与分析

【案例一】：画龙需点睛，用人需识人

一、基本情况

某公司根据未来发展规划，需招录和培养一名专业知识扎实、工作认真负责，又具备一定的业务档案管理能力的新人，女性优先。因此，特向应届毕业大

学生发出招聘通知，并要求提供个人的《求职简历》以及一份书写的《求职简历自我评价》等求职材料。

根据公司提供的岗位职责、要求，以及结合《求职简历自我评价》中的书写笔迹材料，从众多应聘者中选出一名毕业生作为重点候选人，为公司提供用人参考依据（如图 8–1 所示）。

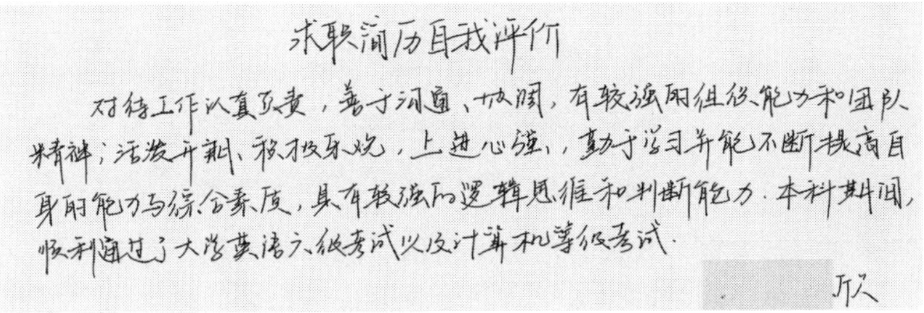

求职简历自我评价

对待工作认真负责，善于沟通、协调，有较强的组织能力和团队精神；活泼开朗、积极乐观，上进心强，勤于学习并能不断提高自身的能力与综合素质，具有较强的逻辑思维和判断能力。本科期间，顺利通过了大学英语六级考试以及计算机等级考试。

图 8–1　《求职简历自我评价》笔迹材料

二、分析过程

（一）笔迹材料的检验

1. 笔迹材料书写人的基本情况

通过审查应聘者提供的《求职简历》得知：《求职简历自我评价》系一位大学四年级女生书写，年龄 22 岁，大学期间各门课程的考试成绩均在良好以上，参加各类社会实践活动较为丰富，整体表现优异。

2. 笔迹材料的书写情况

《求职简历自我评价》系中性笔书写形成，其字迹所反映出来的书写水平中等，书写速度中等，笔画之间的连接照应关系及笔力变化明显，运笔自然流畅，系正常书写形成。字数较多，笔画种类、数量丰富，特征反映明显，具备分析条件。

（二）特征选择

1. 宏观特征

（1）“神”态特征方面。“形神兼备、其力内充”，书写人能量、精力充沛，耐力好，独立性强。

（2）整体布局特征方面。安排合理，书写人观察力、判断力好，认真遵守规定。

（3）局部安排特征方面。字间距、行间距均适中，书写人思维清晰，自控能力较强，具备人际关系处理及社会适应能力；字行走向略上仰，书写人态度积极向上；台头、正文、落款等局部安排合理，书写人观察力、判断力强，注意力集中，且表现出一定的组织计划管理能力；签名与正文的写法、大小等特征相符，书写人内外表现一致。

2. 中观特征（如图 8-2 所示）

（1）单字大小特征方面。单字大小适中，书写人认真，遵守社会习俗和相关规定。

（2）字形特征方面。正梯形字居多，书写人有精神追求，并注重实际。

（3）字位特征方面。字位偏正，书写人具有正直、客观、公正的品质。

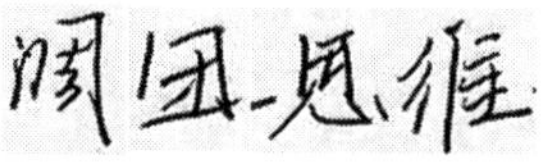

图 8-2　中观特征

3. 微观特征（如图 8-3 所示）

（1）笔画形态方面。长横且上仰，自信、心胸较大度、态度积极、努力进取；长竖，有主见；撇笔画形态丰富，兼具直撇、短撇、弧度撇，既直率、克制，又不乏温柔，表达沟通能力一般；直捺较多，做事干脆利落，自控；折笔画中直角折居多，亦有圆折，果断又不失委婉；笔画刚柔相济且收放自如，既能专注于细节，又不忘开拓进取；笔画变异，有主见，做事讲究效率。

（2）笔画组合关系方面。笔画多照应，做事有条理、有计划，能够照应他人，具有团队意识。

（3）搭配关系方面。部分单字存在上下结构错位，理想与现实不符；左横长大于右横长，阅历丰富。

（4）运笔方面。折起笔居多，具备克服困难的能力；收笔形态中回锋收笔居多，亦有露锋收笔，时而情绪外露，时而隐藏情绪；部分单字存在减笔、省笔特点，做事讲究效率，有好奇心和探索欲；笔力较大、笔速适中，执着、做事投入、耐力好。

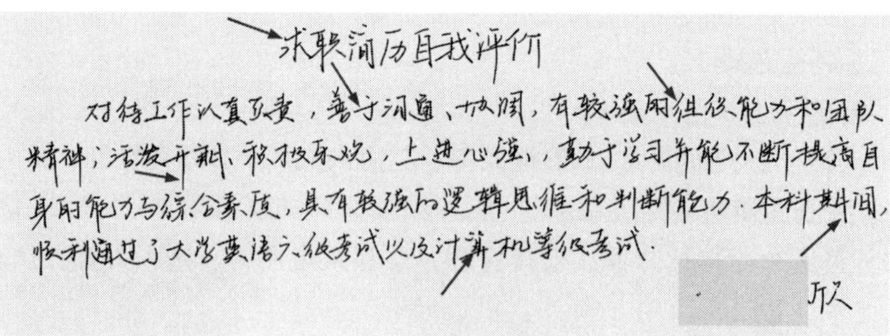
求职简历自我评价

对待工作认真负责，善于沟通、协调，有较强的组织能力和团队精神；活泼开朗、积极乐观，上进心强，勤于学习并能不断提高自身的能力与综合素质，具有较强的逻辑思维和判断能力。本科期间，顺利通过了大学英语六级考试以及计算机等级考试。

图 8-3　微观特征

（三）综合评断

综上所述，经对《求职简历自我评价》中的笔迹进行宏观特征、中观特征、

微观特征的全面选择与分析后，发现：

本质特征及突出特征主要表现为整体布局安排合理、局部安排规范、笔画收放自如、长横且上仰、长竖、笔画照应等特征方面，突出反映出书写人做事认真，有责任心，态度积极向上，能够遵守相关规定，有自我成就动机感和团队意识。

同性特征主要表现为整体布局安排合理、字间距、行间距均适中等特征，共同反映出书写人遵守社会习俗和相关纪律规定，自我控制，具备组织计划管理意识的特性；字行走向略上仰、长横且上仰、长竖、折起笔等特征，共同反映出书写人有主见、自信、态度认真积极、具备克服困难的能力；单字大小适中、笔画收放自如、笔画照应等特征，共同反映出书写人做事有条理、有计划，讲究团队意识；直捺、直角折、减笔、省笔等特征，共同反映出书写人做事果断干脆、讲究效率、有好奇心和探索欲。

异性特征主要表现为撇笔画形态丰富，兼具直撇、短撇、弧度撇，反映出书写人兼具直率、克制、活泼、温柔，自我评价谦虚的特点，但表达沟通能力一般；收笔有露锋收笔、直收笔、回锋收笔等特点，反映出书写人做事认真、有始有终，情绪方面会因事而异、因人而异，有时外露，有时内心克制、隐藏。

（四）分析意见

1. 书写人的个性心理特征

书写人性格内外兼修、偏中性，态度认真、负责、积极向上。认知能力方面，有一定的观察力、判断力，思维灵活，做事讲究效率，并能够根据客观实际情况随时做出调整，具备社会适应能力；情绪素养方面，直率、克制，心理阅历丰富，在工作、生活中比较明了“你—我”之间的人际关系和距离；意志品质方面，意志坚定，具有克服困难的意识和能力，并把认真努力、积极向上作为自己的人生态度。

2. 评估建议

主要优势：态度积极、认真负责、遵守规定，具备社会适应能力和人际关系处理能力。

不足之处：沟通交流能力及思想包容力、接纳力一般。

建议：应进一步加强、提高个人的沟通交流表达能力，丰富自己的精神思想，以适应未来工作发展的需要。

三、总结

根据该公司提供的岗位要求，需要招录的人员除具备一定的专业知识能力外，还应具备工作态度认真、细心负责，能够将公司的业务档案管理工作做细、做精，管理规划完善的要求。根据岗位要求，通过对所有应聘者书写的《求职简历自我评价》中的笔迹进行分析后，推荐的这位应聘者个性心理特征符合这一岗位要求，且应聘者认真、努力、负责、积极向上的人生态度也与公司的发展相衔接，最终双方顺利签约。工作以来，经公司用人部门评定，应聘者工作表现优异，并赢得了部门领导及同事的广泛好评。

【案例二】：好钢用在刀刃上

一、基本情况

某机构在进行年终总结会议时，机构办公室主任在其笔记本上简要书写的年终总结会议发言材料，以下简称《总结会议》（如图 8–4 所示）。

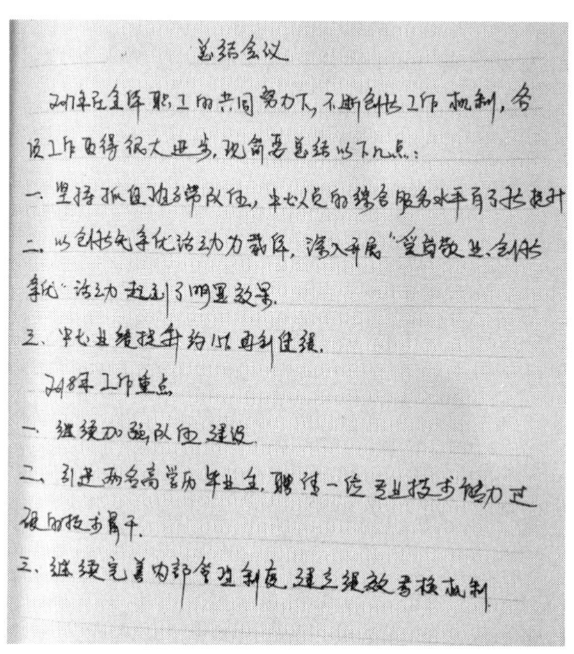

总结会议

2017年在全体职工的共同努力下，不断创新工作机制，各项工作取得很大进步，现简要总结以下几点：

一、坚持抓自身建设带队伍，中心人员的综合服务水平有了新提升

二、以创新文化活动为载体，深入开展"爱岗敬业、创新争优"活动起到了明显效果。

三、中心业绩提升[illegible]再创佳绩。

2018年工作重点

一、继续加强队伍建设

二、引进两名高学历毕业生，聘请一位专业技术能力过硬的技术骨干。

三、继续完善内部管理制度，建立绩效考核机制

图 8–4 《总结会议》笔迹材料

二、分析过程

（一）笔迹材料的检验

1. 笔迹材料书写人的基本情况

《总结会议》系某机构办公室主任书写，男性，34 岁，担任机构办公室主任职务三年。

2. 笔迹材料的书写情况

《总结会议》系原件复制件，拍照提取，稍有变形。其上字迹系中性笔书写，

反映出来的书写水平中等，书写速度中等，笔画之间的连接照应关系及笔力变化明显，运笔自然流畅，系正常书写形成。字数较多，笔画种类、数量丰富，特征反映明显，具备分析条件。

（二）特征选择

1. 宏观特征

（1）“神”态特征方面。表现为“形神兼备、其力内充”、洒脱的特点，书写人能量、精力充沛，有主见。

（2）整体布局特征方面。安排合理，书写人具有一定的观察力、判断力，且具有组织计划管理能力。

（3）局部安排特征方面。字间距适中，书写人思维清晰，有一定的自控能力，人际关系处理能力及社会适应性较好；行间距受笔记本格线影响，基本压格线书写，在原则性问题上遵守规定，注重实际，能够根据客观实际随时作出调整；字行走向特征受拍照变形影响，但字行轴线较直，书写人对目标把握能力以及行动能力较强；台头位置相对正文靠左，急躁、冲动，有时做事欠考虑。

2. 中观特征（如图 8–5 所示）

（1）单字大小特征方面。单字大小适中且有一定的规律变化，书写人做事灵活，有随机应变能力。

（2）字形特征方面。长方形字居多，亦有正方形字，书写人积极进取，胆大，敢于冒险和行动，有拼搏意识，正直。

（3）字位特征方面。字位偏正，书写人具有正直、客观、公正的品质。

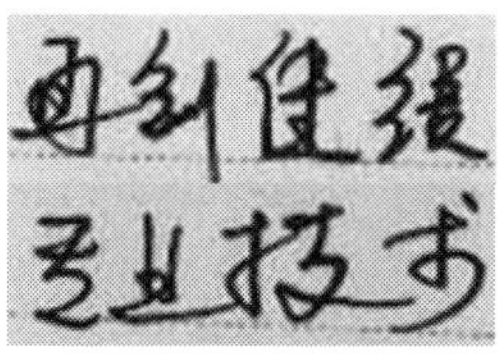

图 8–5　中观特征

3. 微观特征（如图 8–6 所示）

（1）笔画形态方面。横笔画以平横为主，兼有上仰横，态度积极，心态平和稳定；长竖且收笔露锋，有主见，干脆、果断、不固执；长撇，善于表达、沟通和交流，洒脱，自我认可；捺笔画形态丰富，以长捺、平捺为主，做事雷厉风行，敢拼敢闯，积极进取，行动能力较强；圆角折，为人处世能力较强，既不锋芒毕露、咄咄逼人，又不一味退让，能以缓和、委婉的方式解决实际问题和应对各种变化；钩笔画形态丰富，表现为长钩、圆弧钩、无钩，心胸较大度，做事干脆、果断，但有时会偏于急躁，只注重结果，不注重过程；笔画刚柔相济且收放自如，有开拓进取意识，能屈能伸；笔画变异，有主见和想象力，做事讲究效率。

（2）笔画组合关系方面。笔画多照应，做事能够照应他人，具有团队意识；内部笔画有聚集特征，处理细节问题一般。

（3）搭配关系方面。单字上部不露头或露头很少、下部笔画延伸，精神世界不丰富，更注重实际；单字左上部搭配开放不封口，内心开放、直率、真诚。

（4）运笔方面。折起笔居多，克服困难能力较强；收笔露锋，情绪外露、做事干脆、果断、洒脱；笔力、笔速适中，书写节奏变化丰富，能量、精力充沛，耐力好。

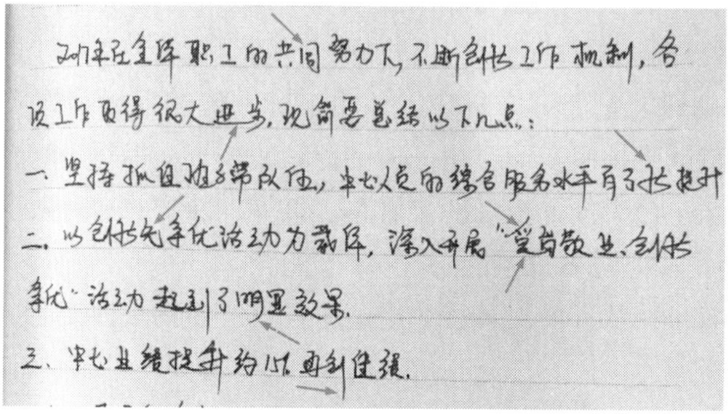

图 8-6　微观特征

（三）综合评断

综上所述，经对《总结会议》中的笔迹进行宏观特征、中观特征、微观特征的全面选择与分析后，发现：

本质特征及突出特征主要表现为字间距适中、笔画收放自如、长竖露锋、长撇、长捺、直捺、圆角折、书写节奏变化等特征方面，突出反映出书写人为人处世及人际关系处理能力较强，做事积极进取、雷厉风行，能量、精力充沛，有时偏急躁、冲动。

同性特征主要表现为字间距、行间距、单字大小等特征，共同反映出书写人思维灵活，随机应变能力及社会适应能力强的特性；长方形字、长竖、长捺、平捺、有钩不钩、折起笔、收笔露锋、笔画变异等特征，共同反映出书写人善于开拓进取，胆大，敢于冒险，做事干脆果断、雷厉风行，行动能力及克服困难能力较强的特性；长撇、圆角折、笔画照应等特征，共同反映出书写人善于表达、沟通和交流，做事能够考虑他人，具有团队意识，情商高，为人处世能力强的特性；长钩、内部笔画聚集等特征，共同反映出书写人急性子，做事有时急躁、冲动，不在乎细节和过程，更注重结果的特性。

异性特征主要表现为字间距适中与有钩不钩、收笔露锋等特征方面，反映出书写人既有一定的自控力，但做事又具有急躁、冲动的一面。

（四）分析意见

1. 书写人的个性心理特征

书写人性格外向，爱交际，正直。认知能力方面，思维灵活，做事干脆利落，能够根据客观实际情况随时作出调整，并能以缓和、委婉的方式处理问题和应对变化，社会适应能力较好；情绪素养方面，情绪偏急躁、冲动，自控能力一般，善于表达、沟通、交流，公关能力和为人处世能力较好；意志品质方面，行动能力及克服困难能力较强，以豁达大度、积极进取作为自己的人生态度和目的。

2. 评估建议

主要优势：交际能力、为人处世能力较强，积极行动并能克服困难，社会适应能力好。

不足之处：做事偏急躁、冲动，不太在意过程，相对更注重结果。

建议：应进一步加强、提高个人的理论水平，丰富精神世界，在追逐目标的同时也要注重过程，以更加宽广的心态和能量促进事业的发展。

三、总结

无论是在公司还是在企事业单位，根据办公室主任这一岗位的职责和特点，一位优秀的办公室主任应具备以下能力：

第一，应具备圆滑、方润、灵活的能力。这里的圆滑是褒义词，即在处理日常繁杂公务时能够巧妙化解各种困难和尴尬，又不至于得罪人，并能够根据客观实际情况随机作出各种调整，保证单位的各项工作顺利进行。

第二，具备较强的管理能力。办公室主任下面通常都会有文员和助理，而单位的一些繁杂之事通常都会由办公室来承担，因此，办公室主任要为人正直，率先示范，对待下属能够做到公平公正，这样才能管理好下属，并能以结果为导向，控制住事情进展的方向。

第三，具备较强的公关接待能力。这就需要办公室主任具有一定的为人处世能力，并善于交际，以建立广泛的人际关系，促进单位各项事情正常运转。

第四，具备较强的文笔能力。在公司、企事业单位，大大小小的汇报、总结、讲演稿必不可少，作为办公室主任不但要善于表达、沟通和交流，更要有将其表达能力转化为书面的文笔理论能力。

综上所述，该份《总结会议》中笔迹所反映出的书写人的个性心理特征主要表现为书写人善于交际，公关能力和为人处世能力强，且具备克服困难和应对事件变化的特质，如能进一步提升其文笔理论水平，将会在办公室主任这一岗位上干出更大的业绩，正所谓好钢用在刀刃上。

【案例三】：人岗合一，方能才适其职

一、基本情况

某集团发展有限公司根据集团业务发展规划，成立了某纳米材料研究院，开展纳米材料的研究、开发、推广工作。材料研究院成立后，研究工作虽然取得了一定的成果，但成果的实际转化能力却表现一般，在同行业内几乎没有竞争优势，且研究院的管理也存在一些问题。因此，经集团发展有限公司董事会决定，拟招录一位业务能力扎实，在行业内有一定的学术影响地位，且具有竞争意识、管理经验丰富以及业务开拓能力强的实干人员作为研究院的院长，为研究院的未来发展蓄力护航。

该集团发展有限公司人力资源管理部经过对众多应聘者进行初审、考察和面试，最终在学术地位、业务能力等方面筛选出了六位候选人，并收集到六位候选人平时所书写的笔迹材料，交由笔迹分析专家进行笔迹测评，以确定哪位候选人的个性心理素质最适合研究院院长这一职位，以为其提供用人参考依据（如图 8–7 所示）。

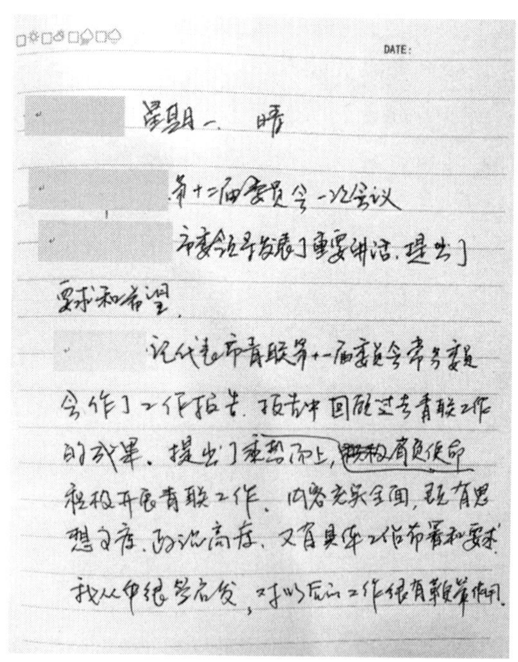

DATE:

星期一 晴

第十二届委员会一次会议

市委领导发表了重要讲话，提出了要求和希望。

记代表市青联第十一届委员会常务委员会作了工作报告，报告中回顾过去青联工作的成果，提出了新形势下，肩负使命积极开展青联工作。内容充实全面，既有思想高度、政治高度，又有具体工作布置和要求，我从中得到启发，对以后的工作很有指导作用。

图 8–7 《会议记录》笔迹材料

二、分析过程

（一）笔迹材料的检验

1. 笔迹材料书写人的基本情况

《会议记录》系一研究机构主任书写，男性，42 岁，担任机构主任职务五年。从其简历得知，《会议记录》的书写人在专业学术领域及市青联担任一定的职务，业务能力及工作能力较为突出。

2. 笔迹材料的书写情况

《会议记录》系原件复制件，拍照提取。其上字迹为中性笔书写，反映出来的书写水平中等，书写速度中等，笔画之间的连接照应关系及笔力变化明显，运笔自然流畅，形神兼备、其力内充，系正常书写形成。字数较多，笔画种类、数量丰富，特征反映明显，具备分析条件。

（二）特征选择

1. 宏观特征（如图 8-8 所示）

（1）整体布局特征方面。安排合理，书写人具有一定的观察力、判断力，且具有组织计划管理能力；右侧留白先宽后窄，书写人注重实际，现实主义强烈。

（2）局部安排特征方面。字间距适中，书写人思维清晰，自控能力强，人际关系处理能力及社会适应性较好；行间距相对较大且不受格线的影响，书写人思维清晰，做事有条理、有计划，不甘于现状，有理想、有追求，且不易受外界或他人的影响，能够根据客观实际随时作出调整；字行走向平直，书写人做事目的性、指向性明确，对目标矢志不渝。

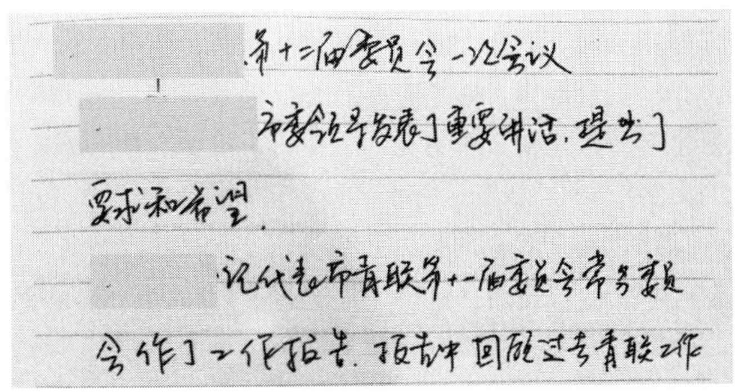

第十二届委员会一次会议
市委[illegible]发表了重要讲话，提出了
要求和希望。
[illegible]代表市青联第十一届委员会常务委员
会作了工作报告。报告中回顾过去青联工作

图 8-8　宏观特征

2. 中观特征（如图 8-9 所示）

（1）单字大小特征方面。单字较大且伴有一定规律的大小变化，书写人自

信、成就动机感以及自我意识强烈，做事有计划性和条理性，思维敏捷、灵活，随机应变能力强，社会适应能力强。

（2）字形特征方面。长方形字，书写人积极进取，行动能力强，有拼搏意识。

（3）字位特征方面。字位偏正居多，亦有左倾字，书写人正直、客观，有忍耐力。

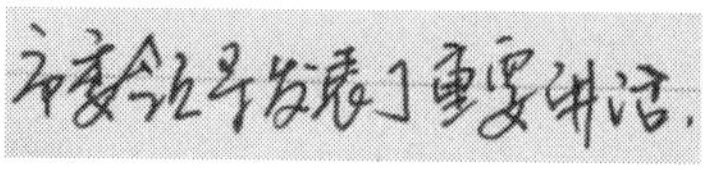

图 8–9　中观特征

3. 微观特征（如图 8–10 所示）

（1）笔画形态方面。短横、长横、上仰横，积极进取，时而心胸大度，时而克制、认真；竖笔画形态丰富，有长竖、短竖、直收和顿收，有主见、有谋略，时而干脆果断，时而追求完美，固执己见；长撇、短撇、直撇，既具备表达沟通能力，又能自我克制；捺笔画形态丰富，以长捺、平捺为主，做事积极进取，行动能力较强；圆角折，为人处世能力较强，温文尔雅，不会锋芒毕露、咄咄逼人；有钩不钩、短钩，果断、注重长远利益；笔画刚柔相济、转折圆润、收放自如，书写人温文尔雅，有较强的面对挫折的忍耐力和对不同工作环境的适应力，应变性强；笔画变异，有主见和想象力，讲究效率。

（2）搭配关系方面。单字上部不露头，精神世界不丰富，单字左上部、上部开口，思想持开放态度，包容力、接纳力强；单字右上角突出且转折圆润居多，不安定，不甘于现状，有抱负，且外在表现不会咄咄逼人，懂得收敛锋芒。

（3）运笔方面。顿起笔居多，自信，三思而后行；部分笔画的末笔收笔存在下意识的顿笔，心理能量聚集，做事有始有终，追求完美；笔力、笔速适中，连笔、书写节奏变化丰富，能量、精力充沛，执着、沉稳、耐力好；逆行笔，自我意识强烈。

（三）综合评断

综上所述，经对《会议记录》中的笔迹进行宏观特征、中观特征、微观特征的全面选择与分析后，发现：

本质特征及突出特征主要表现为字间距适中、字行走向平直、长方形字、单字右上角突出、连笔丰富等特征方面，突出反映出书写人为人处世能力强，思维清晰，做事有条理、有计划，内心有抱负和理想，不甘于现状，对认定的事或目标矢志不渝，有较强的面对挫折的忍耐力和对不同工作环境的适应力。

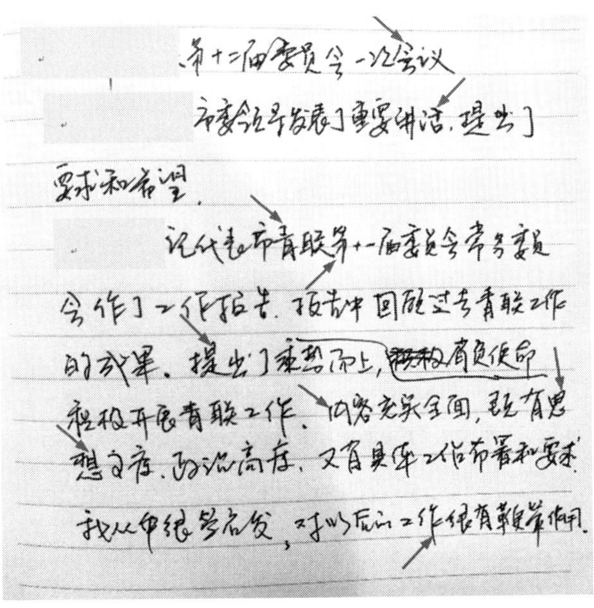
第十二届委员会一次会议
市委领导发表了重要讲话，提出了
要求和希望。
记代表市青联第十一届委员会常务委员
会作了工作报告。报告中回顾过去青联工作
的成果，提出了新形势下，肩负使命
积极开展青联工作。内容充实全面，既有思
想高度，又有具体工作布置和要求
我从中很受启发，对以后的工作很有帮助作用。

图 8–10　微观特征

同性特征主要表现为整体布局、字间距适中、行间距相对较大、字行走向平直、单字大小呈规律式变化、书写节奏变化等特征，共同反映出书写人思维清晰、做事有条理、有计划，自控，独立性强、意志坚强、组织计划管理能力强的特性；长方形字、上仰横、长捺、平捺、笔画变异、单字右上角突出、顿收笔、逆行笔等特征，共同反映出书写人自我意识及成就动机感强，有抱负和理想，有竞争意识和行动能力，不甘于现状，积极进取，能量、精力充沛的特性；短竖有力、长撇、短撇、圆角折、短钩、笔画刚柔相济且转折圆润、收放自如，共同反映出书写人有谋略，注重长远利益，为人处世能力强，虽有强烈抱负，但做人做事能够收敛锋芒、能屈能伸。

异性特征主要表现为单字上部不露头，但单字上部呈开口状，说明书写人的精神世界虽不丰富，但思想持开放态度，具有包容力和接纳力。

（四）分析意见

1. 书写人的个性心理特征

书写人性格呈中性、内外兼修、温文尔雅，态度积极，努力进取，组织计划管理能力强。认知能力方面，博学多才、思维敏捷、灵活，做事目的性、指向性明确，社会适应能力较好；情绪素养方面，情绪稳定，自控能力强，既善于表达又能够自我克制，能够根据客观实际作出调整，为人处世能力较好；意志品质方面，有较强的面对挫折的忍耐力和对不同工作环境的适应力。

2. 评估建议

主要优势：博学睿智，情绪稳定，有忍耐力、抗压能力和自控能力，积极进取，组织计划管理能力强。

不足之处：优柔寡断，做重大决定犹豫不决，攻坚克难能力稍逊。

建议：在开拓进取的基础上，进一步提升自身的决断能力。

三、总结

根据该集团发展有限公司提供的研究院院长这一岗位的职责和特点，研究院院长应具备以下能力：

第一，具备一定的学术地位及影响力。研究院院长在纳米材料行业内应具有学术影响力，或具有一定的行业职务，如具有较高的学术专业著作、学术论文或担任行业协会职务等。只有这样才能利用自身的影响力有效地搭建专家团队，主导提出项目的研发方向，并对研究院的整体技术水平负责。

第二，具备较强的管理能力。研究院的人员基本上都是由科研人员组成，因此，作为研究院院长自身应具备系统的研究方法论和丰富的行业研究经验，并能根据各科研人员的特长以及所从事的研究方向，制定具体的研发任务和激励措施，激活科研人员的主动性和创造性，使其人尽其才、才适其职，从而实现对研究院科研人员的有效管理。

第三，具备较强的业务开拓能力。研究院院长代表公司、研究院对外进行技术交流、项目评审答辩等重大活动，通过参加行业内的专家会议，实现“走出去、引进来”战略，有效开拓业务，进而提升公司、研究院的成果转化能力和形象。

第四，完成上级公司授权或安排的其他工作。

综上所述，通过笔迹分析测评，重点推荐的这位候选人的个性心理特征主要表现为逻辑思维能力强，做事计划性明确，具备竞争意识及组织管理、业务开拓能力，博学多才，有忍耐力和适应力，而上述特征与该集团发展有限公司所提供的研究院院长这一职务正好符合，正所谓人岗合一，方能人尽其才、才适其职。

第九章 笔迹分析在教育教学领域的应用

教育，不仅仅是让受教育者掌握一定的专业知识和技能，从本质上来讲，教育更应该注重让受教育者的个性能够更好地适应社会发展的需要，即促进个体的个性社会化。因此，健全受教育者的个性，以更好地适应社会发展是教育教学的重点，而由于笔迹能够反映出书写人的性格、气质类型、认知能力、情绪素养、意志品质等个性心理特征，且笔迹的书写活动贯穿于整个教育教学过程中。通过对不同阶段学生的笔迹进行分析，及时了解和掌握学生的个性心理特征，再结合有针对性的书写训练强化其优良个性，矫正其不良个性，能够不断健全学生的性格，满足教育教学的需要。因此，笔迹分析与笔迹书写训练在教育教学领域具有举足轻重的作用。

第一节 笔迹分析技术在教育教学中的应用研究

教育体制改革已经进入全面深入阶段，而其中一项便是由应试教育向素质教育转变，即教育的重点应该注重培养学生的个性健全，提高其个人素养以更好地适应社会发展。由于笔迹具有因人而异性、稳定性、知人识人性的特点，因此通过笔迹分析技术可以反映出不同阶段学生的个性心理特点，并辅以有针对性的书写强化训练，使其“内化于心、外化于行”，最终会不断健全学生的个性心理，以塑造其完美的性格。

一、书写训练在小学阶段教育教学中的应用

在小学阶段，应根据小学生的性格特点进行正确的书写行为训练指导。书写行为训练主要包括前期的识字练习阶段和后期的书写练习阶段。

（一）识字练习阶段

这一阶段主要是进行识字练习。识字是书写练习和书写技能的基础，不识字

就无法正确地理解字的含义，更不能正确地使用文字，书写练习阶段就易出现错字、别字。因此，通过识字练习能够锻炼小学生的观察力、判断力、想象力等认知能力。此阶段教学要注意让小学生掌握正确的握笔姿势及身体姿势等两方面的问题。

1. 握笔姿势

正确的握笔姿势是书写的前提，对于刚入小学的新生而言，由于自制能力较差，手掌鱼际肌不发达，握笔、控笔能力较差。在该阶段，如果老师不予以正确握笔姿势的指导，小学新生很容易形成不正确的握笔姿势，从而影响书写视线，导致侧着写、趴着写等错误姿势，不但损害视力，严重者还会影响骨骼发育。小学新生常见错误的握笔姿势包括如图 9–1 所示的八种。

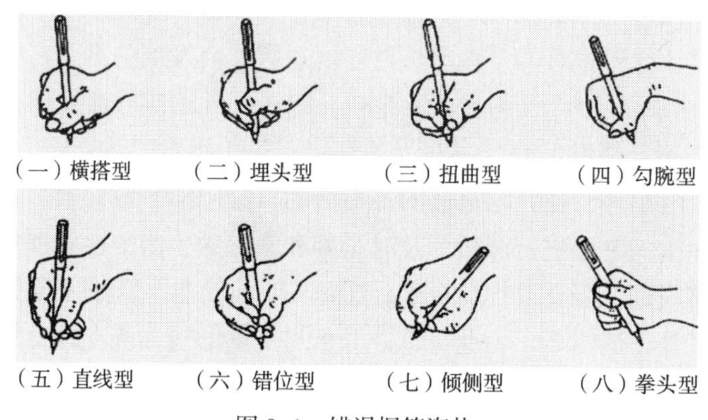

图 9–1　错误握笔姿势

正确的握笔姿势应该为：右手执笔，大拇指、食指、中指分别从三个方向捏住离笔尖约 3 厘米的笔杆下端；食指稍前，大拇指稍后，中指在内侧抵住笔杆，无名指和小指依次自然地放在中指的下方，并向手心弯曲；笔杆上端斜靠在食指的最高骨处，而不是虎口部位，笔杆和纸面呈 50° 左右；另外，执笔时要做到“指实掌虚”，就是手指握笔要实，掌心要空，只有这样书写起来才能灵活运笔（如图 9–2 所示）。

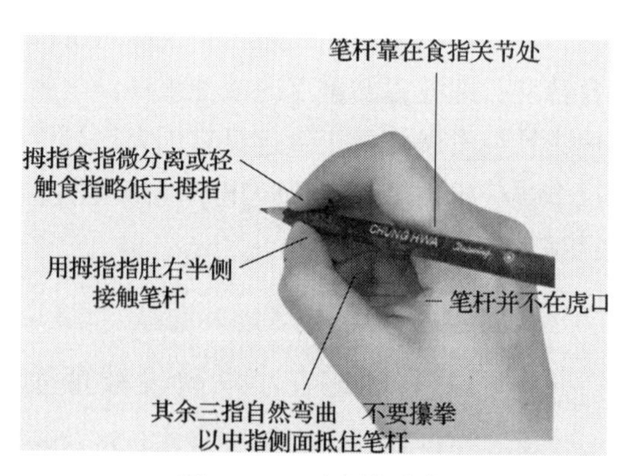

图 9–2　正确握笔姿势

2. 身体姿势

身体姿势同握笔姿势一样重要，不正确的身体姿势不但损害孩子的视力以及骨骼发育，而且还不利于写一手好字。正确的身体姿势应该表现为以下四个方面（如图 9–3 所示）。

（1）头部端正。头要居中，稍向前下方俯视，不可左偏，也不可右斜，眼睛与纸面保持约一尺距离，具体距离数值要根据孩子的身高变化等作出适当调整。

（2）身直肩平。臀部平坐于椅子中间大部，不能扭向一边，两肩保持平齐，不可侧斜，上身后背要挺直，不可靠于椅，以保持上身重心平稳。

（3）臂开胸舒。两臂自然开张，两肘平放于桌面，保持一线，腹背挺直，胸口与桌沿保持一拳距离，保持呼吸顺畅。

（4）腿开足安。两腿自然分开，与肩膀保持同宽，自然下垂，内侧保持平行，两腿平放于地，使全身保持平衡。

图 9–3　正确的身体姿势

书写时保持正确的身体姿势，才能使字写得端正，重心保持平衡，给小学新生的身心健康带来益处。

（二）书写练习阶段

通过前一阶段识字练习、练习仿写，小学生已形成各个书写器官之间的有效协调，并逐渐发展为书写练习阶段。书写练习是识字的继续，同时还能巩固和提高识字的效果，是书写技能掌握和提高的主要手段。这一阶段务必要掌握好书写练习的方法，才能够有效提高小学生的观察力、判断力、注意力以及初步的思维能力。

实践中，通过对处于书写练习阶段的小学生的笔迹进行分析，可以及时掌握小学生的性格心理发展情况。根据这一特点，老师可以针对每个小学生的性格心理及行为表现特点，实施针对性的引导，并辅以正确的、有针对性的书写练习方法，培养其优良性格的养成，真正做到因材施教，练字育人。

二、笔迹分析技术在中学阶段教育教学中的应用

书写技能形成的初期，学生所掌握的书写技能是一种较为低级的水平，此时

的书写活动一般表现为书写速度慢，并伴有多余的书写动作痕迹及其心理紧张特点，而这一阶段也符合小、初衔接阶段学生普遍存在的不稳定的个性心理特点。而到了中学阶段，中学生经过不断反复的书写练习强化，大脑皮层通过整合机制对书写运动的各个因素、各个局部动作，经过分析与综合，从而形成完整的书写运动系统，并在反复书写过程中得到强化，此时的书写习惯已开始形成，随着书写技能熟练程度的提高，书写动力定型也将由此及彼，逐渐全面展开。与此同时，其性格也逐渐养成。

中学阶段是个人性格心理养成的关键时期，同时也是其叛逆心理最强的时期。因此在这一阶段，通过笔迹分析及时了解和掌握中学生的性格心理发展状况极为重要。

第一，有利于教学管理，提高教育教学质量。教师作为班级的管理者，面对着不同个性心理的学生，做到有效管理，有针对性地对每一位学生开展教育工作至关重要。毫无疑问，笔迹分析技术可以做到这一点。通过对每个学生的笔迹进行分析，了解其性格心理发展状况，帮助教师更快、更准确地掌握学生的心理特点和性格类型，因材施教，做到目标式、指向式的管理教育，以提高每位学生的学习积极性和主动性，从而提高班级教学管理和教育教学质量。

第二，建立学生的性格心理成长档案，记录和引导其成长轨迹。通过笔迹分析技术，了解和掌握学生的个性心理特点，结合其家庭教育、成长背景，建立学生的性格心理成长档案，对症下药，做到有针对性地对每一位学生进行具体引导和教育。例如，对于在班级内学习表现较好的学生，结合其性格心理成长档案，查找个性中的主要优势与不足，结合个性中的主要优势，进一步鼓励、强化其优良个性；而个性中的主要不足，则要通过鼓励，以及有针对性地强化书写训练和心理疏导，帮助其矫正不良个性和不足，使其建立自信并进一步端正积极、主动的学习态度。对于在班级内学习表现较差的学生，结合其性格心理成长档案，查找学习表现差的原因所在，以确定是其个性中的优势未得到充分发挥所致，还是个性中的不足或叛逆心理所致。如果是个性中主要优势得不到充分发挥导致学生的学习表现差，则可以通过对其进行心理教育引导，鼓励、帮助学生挖掘内心的潜力来弥补当前的不足；如果是个性中的不足或叛逆心理导致学生的学习表现差，此时应该通过鼓励和有针对性的书写强化训练、心理疏导教育，帮助和引导学生树立正确的学习态度，抵制和消除叛逆心理的表现，并将其内心中的自卑、消极、被动、悲观等不良状况向自信、积极、主动、乐观进行转变，以逐渐培养其健康、健全的性格心理。

三、笔迹分析技术在大学阶段教育教学中的应用

大学阶段，大学生的书写活动经过不断地反复练习和强化，书写技能逐渐演变为一种稳固而复杂的动作系统，也即书写动力定型的锁链系统，该系统的形成意味着意识对书写动作的监督作用已开始减弱，书写活动成为一种自动化的书写动作。与此同时，伴随着书写动力定型的稳固，大学生的性格心理也进入了一种相对稳定成熟的时期。

大学生处于人生发展的重要阶段，是由高中生到社会人的过渡期。由高中较为单纯的学习生活到大学毕业独自承担社会责任的成熟个体，大学生在此期间会面临学业、人际、恋爱、职业发展等多种问题和挑战，也会出现各种心理问题。因此，通过笔迹分析技术，可以及时了解和掌握大学生的性格和心理状态，并在以下两个方面发挥重要作用。

（一）职业规划

职业规划是个人对其职业生涯乃至人生进行持续系统的计划过程。一个人适合从事什么样的职业与其性格有着较大的关联，如果性格与职业特色相匹配，那么凭借兴趣、爱好及个人努力能够取得显著的成绩，亦适合在该职业上继续发展。反之，则易于背道而驰，很难取得佳绩。而对于大学生来讲，虽然对自己的性格、爱好、特长等有一定的了解，但对于未来所要从事的职业，多数大学生仍处于迷茫或走一步看一步的状态。由于笔迹能够准确反映出书写人的性格、气质类型、认知能力、情绪素养、意志品质等个性心理特征，而这些特征又与将来所从事职业的特点具有密切的相关性。因此，通过笔迹分析技术深入剖析大学生的个性心理特征，找出其性格中的主要优势与不足，这一点有时连他本人也未必能够清晰地意识到，结合职业岗位的特点，可以对大学生未来所适合从事的职业以及事业发展提供建议和指导。

（二）心理疏导

由于每个人的家庭成长环境、学习经历、社会阅历的不同，导致每个人的个性心理特征亦不同。大学阶段是个人学习成长的关键时期，来自全国各地的大学生齐聚校园，各种思想观点激烈碰撞。那些性格乐观开朗、态度积极的大学生很容易适应大学生活，而那些性格内向甚至自卑的大学生有可能一时适应不了大学生活，再加上学习成绩、恋爱、人际关系等各种困扰因素的影响，难免会导致部分大学生的心理健康出现问题，此时即使进行心理健康咨询，由于涉及个人隐私，个别大学生也会有意回避关键点上的问题和困扰。而笔迹却不同，通过笔迹分析技术可以准确反映出书写人的性格特点及其当前的心理状态，再辅以有针对性的心理疏导和教育，注重培养其良好的品质和自尊、自爱、自律、自强的优良品格，增强其克服困难、经受考验和承受挫折的能力，[①]以逐渐使其走出各种心理困扰，为毕业后走向工作岗位奠定良好的心理基础。

第二节 青少年个性心理培养与书写训练的内在联系

笔迹分析的主要方法是建立在量化基础上的特征法，即在特征量化的基础上辩证地研究笔迹特征与个性心理特征之间的内在关联性。一个人具备什么样的个性心理特征，就会写出与之相对应的笔迹特征；反之，通过书写强化训练某种笔迹特征也会影响和改变书写人与之对应的某种个性心理特征。这是一个“内化于心、外化于行”的潜移默化的过程，也是通过有针对性的书写训练来培养、塑造书写人优良个性心理特征的原因所在。

一、青少年进行书写训练的必要性分析

书写人通过书写活动写出的字，除了笔迹本身这一客观存在之外，字迹中还保留和记录着书写人的个性和心理状态。因此从某种意义上讲，写字，其实是书写人书写的一种情怀、态度以及意志品质。故通过有针对性的书写强化训练，可以起到以下两个方面的作用。

（一）有利于培养、塑造青少年健全的个性心理特征

教育部《关于在中小学加强写字教学的若干意见》（教基〔2002〕8号）中明确提出：“中小学写字教学要使学生学会写铅笔字和钢笔字，学习写毛笔字，使学生养成良好的写字习惯，正确的写字姿势，并有一定的书写速度。具备正确书写汉字的基本能力。使学生保持正确的写字姿势容易把字写得端正美观；有利于呼吸顺畅和精神集中，能防止儿童脊椎弯曲和眼睛近视；在写字过程中，坚持正确的写字姿势，书写认真仔细，规范整洁，会促进学生良好品格和意志力的发展。”[②]正所谓“写好字、塑好心、做好人”。

青少年正处于性格心理的快速成长及养成时期，在这一阶段，如果家长、老师一味地强调青少年的学习成绩、身体成长，而忽视了青少年的个性心理成长，将会对青少年以后的成长发展埋下心理隐患。因此，通过对青少年的笔迹进行分析，得出其性格心理中的主要优势与不足，并在笔迹分析专家的指导下，辅以有针对性的书写强化训练，进一步优化青少年性格心理中的优良个性，矫正和消除不良个性，使其“内化于心、外化于行”，以培养、塑造青少年健全的个性心理特征。

---

① 王建中、宫辉主编：《大学生心理健康教育研究》，西安交通大学出版社2016年版，第1页。

② 吴志强：《创建“练字矫正”办学特色的实践》，载《福建教育学院学报》2008年第6期。

（二）有利于学习能力的提高

学习能力是指学生通过教师的指导而掌握科学的学习方法，也就是通常所说的“会学”。所以，青少年只有懂得“会学”，才能实现“学会”，进而提升学习能力。“会学”往往与青少年的观察力、记忆力、想象力、思维能力、情绪控制力、注意力、独立性、自制性、成就动机感等因素有关，而通过笔迹，不仅可以反映出青少年的上述个性心理特征，而且还可以根据不同青少年的个性心理特点实施有针对性的书写强化训练，以促进、强化青少年的上述个性心理特征的发展，矫正和消除对学习能力不利的不良个性。

总之，结合青少年学生的具体笔迹特点及其个性心理特征，笔迹分析专家可以制定有针对性的书写强化训练计划和内容，以促进青少年的身心健康、学习能力等全面发展。

二、认知能力与书写训练

认知能力，是指人们获得知识、运用知识、加工知识的能力，也就是平常我们所说的智力，主要是指观察力、记忆力、想象力、思维能力等。人们认识客观世界，获得各种各样的知识，主要依赖于人的认知能力。[①]因此，认知能力与学习能力具有密切的相关性。而由于笔迹能够反映出书写人的认知能力，通过有针对性的书写强化训练，能够提高认知能力，伴随认知能力的提高又能提高书写人的学习能力；同理，学习能力的提高会带动认知能力的提高，也会影响书写人的笔迹发生变化（如图 9–4 所示）。

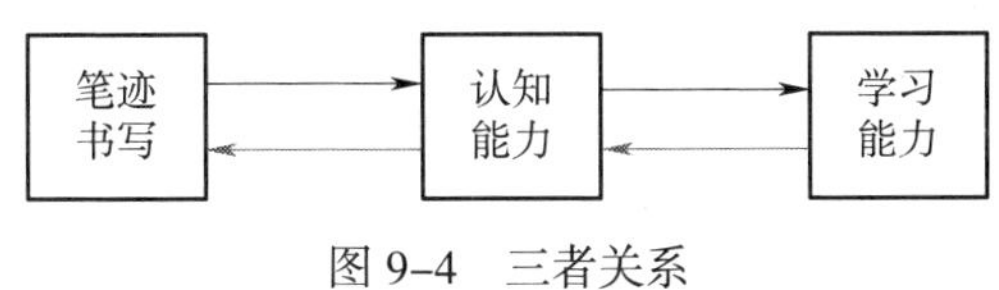

图 9–4　三者关系

（一）观察力与书写训练

1. 观察力及其笔迹表现

观察力是指对客观事物进行知觉、感知的能力。观察力强，对客观事物感知深刻、仔细、认真，可以避免受表面现象的迷惑，真正地看到客观事物的本质和变化的规律；而观察力差，则对客观事物感知较浅，往往只停留在事物的表面，缺乏一定的精细性和全面性。

观察力差在青少年的学习能力及笔迹方面表现为：作业完成质量较差，作业本上布局安排能力差，往往抓不住重点；抄写作业时对字词语句的观察不深入，

① 陈会昌主编：《中国学前教育百科全书 · 心理发展卷》，沈阳出版社 1995 年版，第 121 页。

容易出现涂画痕迹，甚至单字会存在丢笔少画的现象（如图 9–5 所示）。

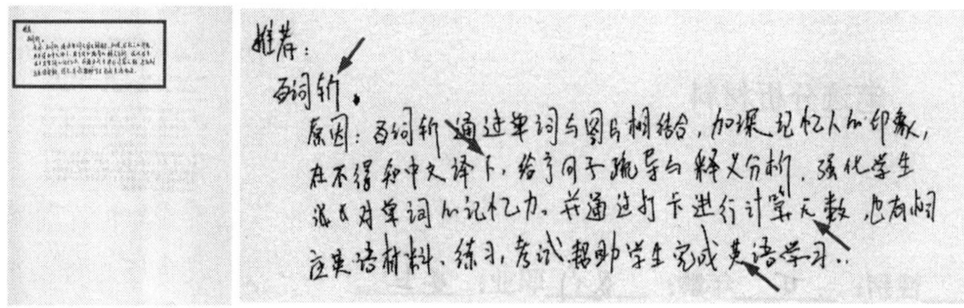

图 9–5　观察力差笔迹

2. 观察力差的书写训练矫正方法

青少年观察力差，反映在笔迹中可以表现在多个方面。实践中，要根据青少年笔迹中所反映出的具体特点，结合其个性心理特征，制定有针对性的书写强化训练计划和内容。

（1）整体布局训练矫正法。让青少年在有外部框架及内部格线的纸张上进行抄写训练，开始时一定要严格在格线范围内进行书写，后期可根据青少年的观察力、判断力等特点逐步作出调整。

（2）复杂单字训练矫正法。让青少年专门观察、练习笔画数量较多、结构复杂且容易出现错写的楷书印刷体汉字，如“藏、燕、霞、夏”等字。

（3）套摹笔迹训练矫正法。让青少年通过套摹（复写、抑压、透视）方法进行书写训练，被套摹的字迹可以为手写体，可以为印刷体，但被套摹字迹的结构、笔画越复杂越好。只有这样，才能更好地锻炼青少年的观察力、判断力、注意力和耐力（如图 9–6 所示）。

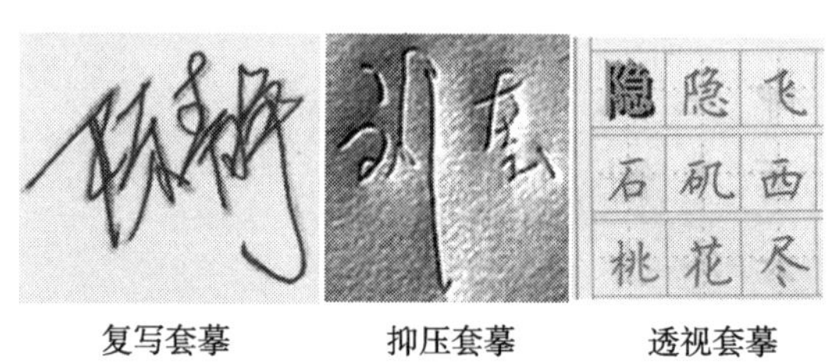

复写套摹　　抑压套摹　　透视套摹

图 9–6

（二）记忆力与书写训练

1. 记忆力及其笔迹表现

记忆力，是指识记、保持、再认识和重现客观事物所反映的内容和经验的能力。记忆力好，对客观事物的识记能力强，过目不忘；而记忆力差，则对客观事物识记能力差，容易忘记。

记忆力差在青少年的学习能力及笔迹方面表现为：知识理解能力差、记忆能力差，个别单字会存在错字现象，部分复杂单字有丢笔少画现象。

2. 记忆力差的书写训练矫正方法

实践中，要根据青少年的笔迹中所反映出的具体特点，并结合其个性心理特征，制定有针对性的书写强化训练计划和内容。

（1）默写背诵内容训练矫正法。让青少年在纸张上默写曾背诵过的内容，训练其记忆力。

（2）复杂单字训练矫正法。让青少年先观察、认识笔画数量较多、结构复杂且容易出错的楷书印刷体汉字，如“藏、燕、霞、夏”等字，然后，让其在空白纸张上进行默写。

（3）忆摹笔迹训练矫正法。让青少年先观察、认识被摹仿笔迹，然后在空白纸张上让其凭借记忆力进行回忆式仿写。

以上三种训练矫正方法同时还能够锻炼青少年的观察力、判断力、注意力。

（三）想象力与书写训练

1. 想象力及其笔迹表现

想象力，是指人们在已有形象的基础上，在头脑中创造出新形象的能力。想象力一般是在掌握一定的知识量的基础上完成的，是智力的重要组成部分。

想象力差在青少年的学习能力及笔迹方面表现为：知识串联能力差，实际应用能力差，笔迹形象较为接近楷书书写规范的写法，基本上无变异笔画及结构存在（如图 9–7 所示）。

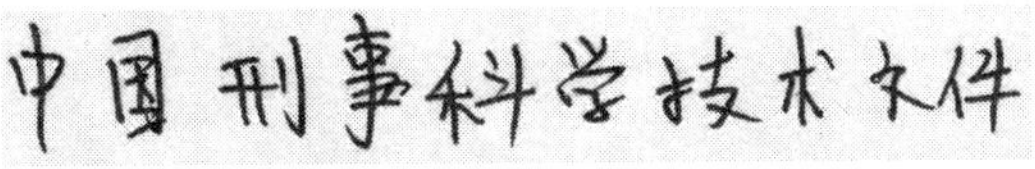

图 9–7　想象力差笔迹

2. 想象力差的书写训练矫正方法

我国唐代画家张璪提出过“外师造化、中得心源”的艺术创作理论，意思是指“艺术创作来源于大自然的师法，但是自然的美并不能够自动地成为艺术的美，这之间还需要艺术家的情思和构设”。因此，青少年想象力差可以在以下两个方面进行书写强化训练：

（1）象形文字训练矫正法。通过象形文字与现代汉字进行对照观察练习，形成一个形象化的教案，有利于青少年的大脑开发和思维训练，以实现其创造想象力的突破。

（2）字画鉴赏训练矫正法。通过对我国的古代名人字画进行观察、揣摩、练习临摹等书写强化训练，激发青少年的思维发散能力、创造性想象力。

（四）思维能力与书写训练

1. 思维能力及其笔迹表现

思维能力，是指通过分析、综合、概括、抽象、比较、具体化和系统化等一系列过程，对感性材料进行加工并转化为理性认识及解决实际问题的一种能力，即反映和认识客观事物本质属性和规律的一种能力，是智力的核心。按照思维方式的不同，可以将思维分为形象思维、逻辑思维、经验思维、发散思维、创造性思维等不同类别形式。实践中，要根据青少年笔迹中的具体特点及其个性心理特征，制定有针对性的书写强化训练计划和内容。

第一、根据起收笔的反射动作以及照应关系判断
第二、根据笔画运行和的趋向和运笔态势判断

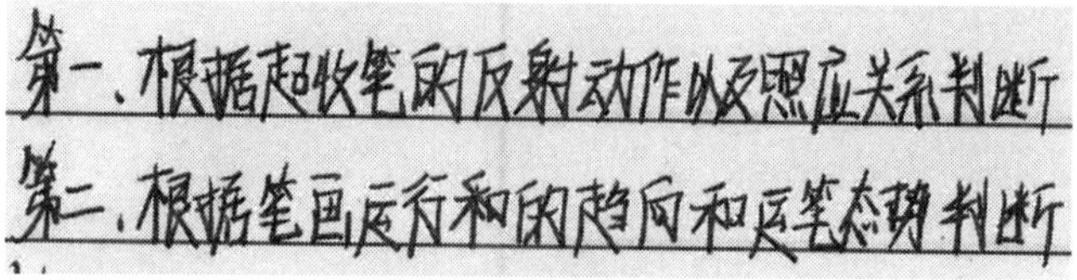

图 9–8 思维单一性笔迹

图 9–8 为思维单一性笔迹，该笔迹的主要特点为：笔力重，笔画刚直，笔画间连接照应关系及笔力变化缺乏，反映出书写人思维较为单一的特点。

2. 思维单一的书写训练矫正方法

（1）行楷字体训练矫正法。让青少年多练习行楷字帖，增加笔画之间的连笔动作，使笔画之间呈现出轻重疾徐、抑压顿收的节奏感、韵律感，以强化书写人的思维连贯性和贯穿力。

（2）笔力大小训练矫正法。让青少年使用削好的且具有一定尖度的铅笔在软硬适度的纸张上进行书写训练，以锻炼青少年的运笔力度。

三、情绪素养与书写训练

所谓情绪素养，是指人们在认识客观事物时所表现出来的态度体验和表现情况。青少年正处于性格心理成长的关键期，在认识客观事物时的态度体验和感情色彩较为明显，情绪控制能力相对较差，如果不进行适当教育和引导，有可能会形成习惯性的负面情绪和态度，不利于青少年的身心健康及学习能力的提高。因此，通过笔迹分析技术及时了解和掌握青少年的不良情绪状态，并制定有针对性的书写强化训练计划和内容，以培养青少年良好的情绪控制能力，对于学习能力的提高和未来事业的发展极为重要。

（一）消极悲观情绪与书写训练

1. 消极悲观情绪及其笔迹表现

消极悲观，是指个体心理的一种消极情绪反应，表现为信心缺失，对生活、

工作及未来发展有失望感、挫败感，缺乏激情和信念。

消极悲观情绪在青少年的学习能力及笔迹方面表现为：在学习能力方面缺乏主动性和积极性，对于布置的作业完成质量不高，逃避课堂，迟到早退；在笔迹方面表现为行向下沉、横笔画下倾等特点（如图 9–9 所示）。

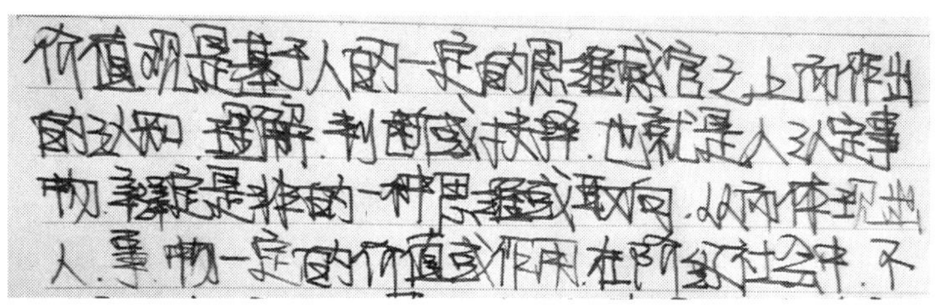

图 9–9　消极悲观情绪笔迹

2. 消极悲观情绪的书写训练矫正方法

（1）行向上仰格线训练矫正法。让青少年在带有行向上仰格线的纸张上进行书写，根据青少年的笔迹特点，必要时可沿上仰格线方向放置直尺进行矫正书写训练。如图 9–9 中纸张虽带有横向格线，但字行走向仍下沉，这一情况就可利用直尺进行矫正训练。

（2）横画上仰训练矫正法。让青少年强化书写训练上仰的横笔画，实践中要根据实际情况制定横笔画的长度及上仰角度。

（二）冲动急躁情绪与书写训练

1. 冲动急躁情绪及其笔迹表现

冲动急躁情绪是指个体在遇到事情时在情绪上总是不能实现自控，心急火燎，爱动怒、冲动，性情暴躁。

冲动急躁情绪在青少年的学习能力及笔迹方面表现为：在课堂上表现冲动、好动，与同学相处爱动怒；在笔迹方面表现为书写不工整，字体不规范，延伸性笔画多，收笔露锋，笔速快，连笔多，钩锋犀利（如图 9–10 所示）。

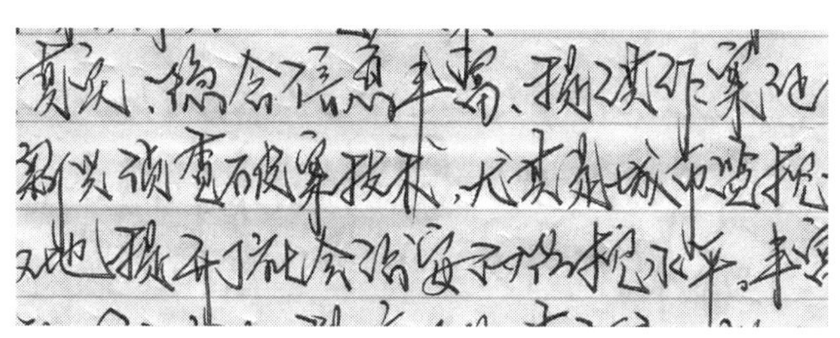

图 9–10　冲动急躁情绪笔迹

2. 冲动急躁情绪的书写训练矫正方法

（1）方格控制训练矫正法。让青少年在带有方格线的纸张上进行书写，字体大小一定要严格控制在方格线框架内，根据实际情况控制延伸性笔画探出方格的程度和数量。

（2）楷书顿收笔训练矫正法。让青少年使用楷书字帖进行透视套摹书写训练，以控制其字间连笔动作及收笔状态。

（三）情绪不稳定与书写训练

1. 情绪不稳定及其笔迹表现

情绪不稳定，是指个体的情绪状态起伏较大，易受外界干扰而产生波动。

情绪不稳定在青少年的学习能力及笔迹方面表现为：在课堂上注意力、精力不集中，易受外界干扰影响学习；在笔迹方面表现为字行走向不稳定，单字忽大忽小且缺乏规律性，笔力变化无规律（如图 9–11 所示）。

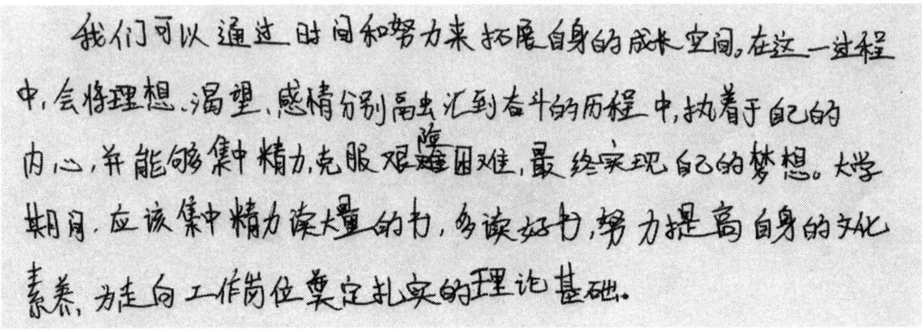

图 9–11　情绪不稳定笔迹

2. 情绪不稳定的书写训练矫正法

（1）行向平直训练矫正法。让青少年在带有横向格线的纸张上进行书写，根据青少年笔迹特点，必要时可沿横向格线方向放置直尺进行矫正练习。

（2）笔力大小训练矫正法。让青少年使用削好的且具有一定尖度的铅笔在软硬适度的纸张上进行书写训练，以锻炼青少年的运笔力度。

（3）方格控制训练矫正法。让青少年在带有方格线的纸张上进行书写，字体大小一定要严格控制在方格线框架内，以保证单字大小尽量一致。

四、意志品质与书写训练

意志品质，是指一个人在行动中具有明确的目的，不屈从于周围人的压力，按照自己的信念、知识和行为方式进行行动的品质。意志品质主要表现在个体的独立性、自制性、果断性、坚持性等方面。青少年正处于性格心理成长的关键期，培养其优良的意志品质，对于青少年的身心健康成长以及学习能力的提高至为重要。意志品质在青少年的学习能力上主要表现在注意力、独立性、自制性、成就动机感等方面。

（一）注意力与书写训练

1. 注意力及其笔迹表现

注意力，是指个人的心理活动指向和集中于某种事物的能力。注意力有两个基本特征，分别是指向性、集中性。注意是伴随着感知觉、记忆、想象、思维等心理过程的一种共同的心理特征，注意力是记忆力的基础，而记忆力则是注意力的结果，好的记忆力是建立在注意力基础上的。因此，注意力与青少年的学习能力密切相关。

注意力差在青少年的学习能力及笔迹方面表现为：在课堂上坐不住、好动，无精打采、心不在焉、容易走神、知识听不进去，做作业粗心大意、马虎、拖沓、磨蹭；在笔迹方面则表现为布局异常，容易出现错字，个别单字存在丢笔少画的现象（如图 9–12 所示）。

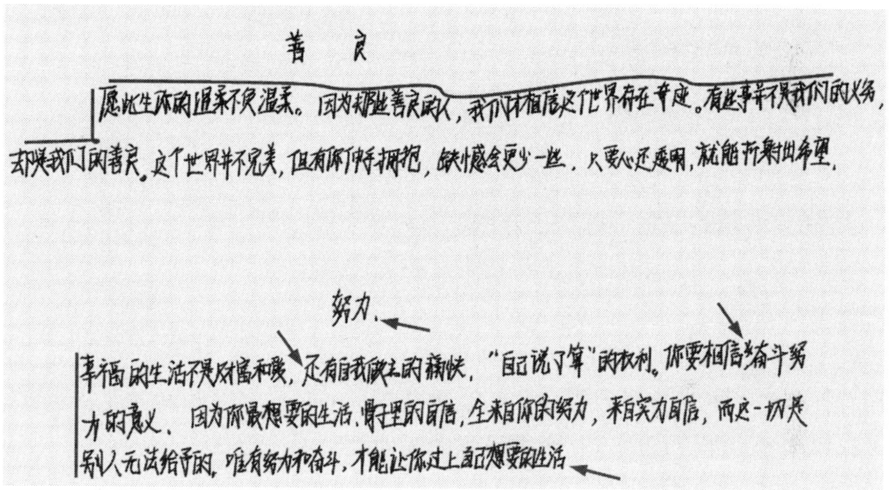

图 9–12　注意力差笔迹

2. 注意力差的书写训练矫正方法

青少年注意力差，反映在笔迹中可以表现在多个方面。实践中，要根据青少年笔迹中所反映出的具体特点，结合其个性心理特征，制定有针对性的书写强化训练计划和内容。

（1）复杂单字训练矫正法。让青少年专门观察、练习笔画数量较多、结构复杂且容易出现错写的楷书印刷体汉字，如“藏、燕、霞、夏”等字。

（2）摹仿笔迹训练矫正法。让青少年通过摹仿（临摹、忆摹、套摹）方法进行书写训练，被摹仿客体可以是我国古代名人字画，也可以是楷书印刷体汉字。但被摹仿笔迹的结构、笔画越复杂越好。只有这样，才能更好地锻炼青少年的注意力、观察力、判断力和耐力。

（二）独立性与书写训练

1. 独立性及其笔迹表现

独立性，是指人的意志不易受外界或他人的影响，有较强的独立提出观点和实施行为目的的能力，能够反映意志行为价值的内在稳定性。独立性会伴随勇敢、自信、认真、专注、责任感和不怕困难、敢于担当的精神。

独立性差在青少年的学习能力及笔迹方面表现为：在学习方面依赖性强，缺乏主动性，课堂讨论时即使有自己的观点但也不善于参与；在笔迹方面表现为单字较小，笔力较轻，孤立笔画相对较少，字位倾斜等特点（如图 9–13 所示）。

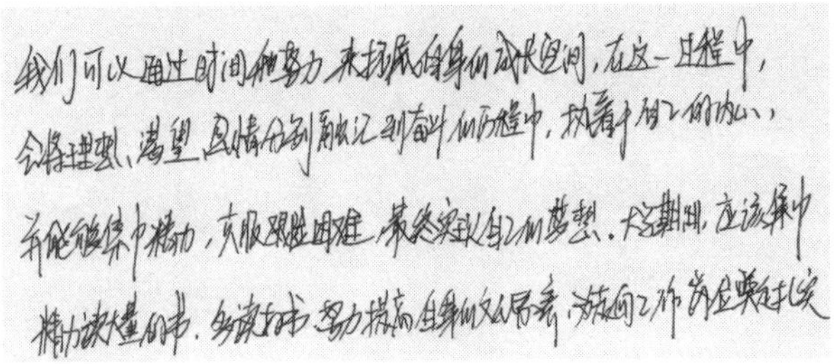

图 9–13　独立性差笔迹

2. 独立性差的书写训练矫正方法

（1）笔力大小训练矫正法。让青少年在软硬适度的纸张上加大一定的运笔力度进行书写训练。

（2）竖笔画训练矫正法。让青少年先练习竖笔画的写法及笔力训练，之后选用存在竖笔画的单字进行强化训练。需要注意的是，竖笔画的力度一定要掌握好，以培养青少年立场坚定、意志坚强的个性。

（三）自制性与书写训练

1. 自制性及其笔迹表现

自制性亦称自制力，是指个人善于控制和支配自己的情绪和行动的意志品质。自制性包括高度的克制力和忍耐力，克制力是指迫使自己按照已作出的决定所采取行动的能力品质，能够克服困难，完成任务；忍耐力是指善于抑制自己的情感冲动，有效控制自己的言语和行动。因此，自制性也是个人成熟的一种表现。

自制性差在青少年的学习能力及笔迹方面表现为：在学习方面缺乏主动性和自律性，作业能拖则拖；在笔迹方面表现为笔画过于延伸、突出，锋芒毕露，相对于书写规范的变异性较大（如图 9–14 所示）。

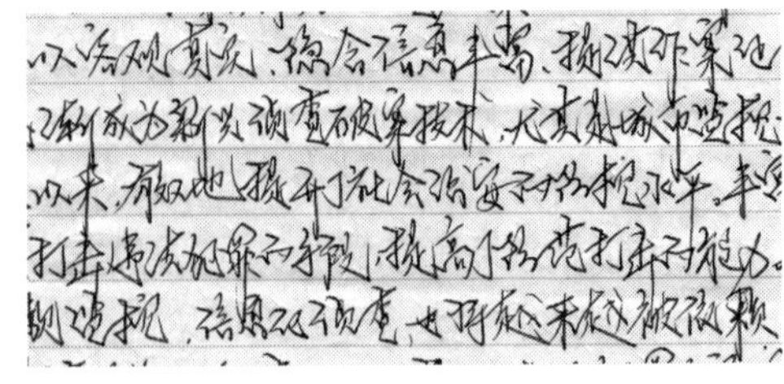

图 9–14　自制性差笔迹

2. 自制性差的书写训练矫正方法

（1）方格控制训练矫正法。让青少年在带有方格线的纸张上进行书写，字体大小一定要严格控制在方格线框架内，根据实际情况控制延伸性笔画探出方格的程度和数量。

（2）楷书顿收笔练习训练矫正法。让青少年使用楷书字帖进行透视套摹书写训练，以控制其字间连笔动作及收笔状态。

（3）竖笔画训练矫正法。让青少年强化书写训练竖笔画的写法及笔力，之后选用存在竖笔画的单字进行强化训练，以培养青少年立场坚定、意志坚强的个性。

（四）成就动机感与书写训练

1. 成就动机感及其笔迹表现

成就动机是人们希望从事对他有重要意义、有一定困难且具有挑战性的活动，在活动中能取得完美的、优异的结果和成绩，并能超越他人的动机。①

成就动机感差在青少年的学习能力及笔迹方面表现为：在学习方面缺乏动力和进取心，对于作业质量及考试成绩毫不在乎；在笔迹方面一般表现为单字较小，字形及笔画变异，局部安排不规范（如图 9–15 所示）。

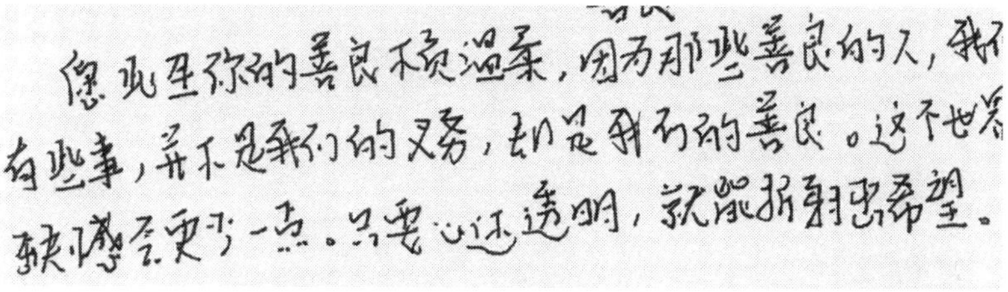

图 9–15　成就动机感差笔迹

2. 成就动机感差的书写训练矫正方法

（1）基本笔画训练矫正法。结合青少年的笔迹具体特点，制定相应的八种基本笔画的形态、写法、力度要求，让青少年进行强化书写训练，以培养其主动性、积极性、规范性。

（2）楷书训练矫正法。让青少年使用楷书字帖进行透视套摹强化书写训练，以培养其书写字迹的规范性。

（3）竖笔画训练矫正法。让青少年选用有竖笔画的单字进行强化训练，实践中要注意竖笔画的长度及力度，以培养青少年学习能力上的成就动机感。

① 彭聃龄编：《普通心理学》，北京师范大学出版社 2004 年版。

第三节　具体案例应用与分析

【案例一】：强刺激改变价值观，重复弱刺激塑造习惯

一、基本情况

一位小学生在白色 A4 规格纸张上（纸张长度裁剪）书写的《望湖楼醉书》的笔迹材料（如图 9–16 所示）。

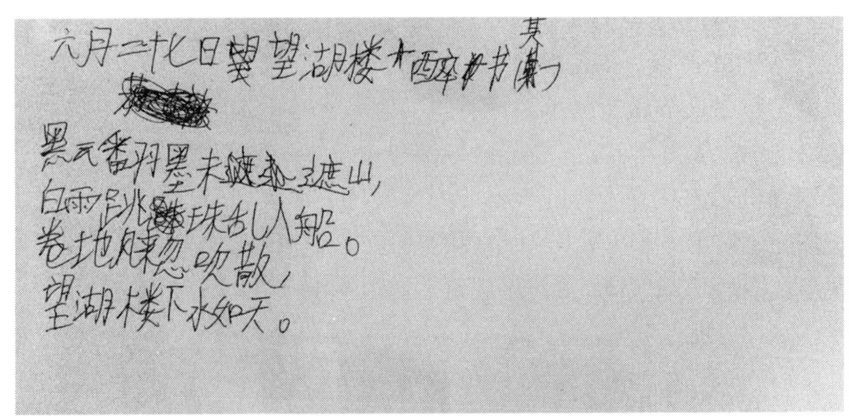

图 9–16 《望湖楼醉书》笔迹材料

二、分析过程

（一）笔迹材料的检验

1. 笔迹材料书写人的基本情况

《望湖楼醉书》系一位小学六年级男生书写，年龄 12 岁。

2. 笔迹材料的书写情况

《望湖楼醉书》系原件复制件，拍照提取。其上字迹系中性笔书写形成，反映出来的书写水平较低，书写速度中等，笔画之间的连接照应关系及笔力变化明显，运笔基本自然，系正常书写形成。字数较多，笔画种类、数量丰富，笔迹特征反映明显，具备分析条件。

（二）特征选择

1. 宏观特征

（1）整体布局特征方面。全幅字迹位于纸张左上部位，书写人的观察力、判断力弱，无全局统筹和计划管理意识，内心敏感、自尊心强，想得多做得少，动

手能力差；右侧留白先窄后宽，书写人做事胆小。

（2）局部安排特征方面。字间距小且部分笔画存在交叉，书写人自控能力差，无空间观念，孤僻，易与他人产生争执；行间距小，部分笔画存在上下交叉，有竞争意识，但思维不清，无组织计划管理意识；字行走向下沉，遇到困难容易灰心丧气，表现在学习方面，缺乏主动积极学习和面对困难的勇气，易产生被动、消极的情绪和心理。

2. 中观特征（如图 9-17 所示）

（1）字大小特征方面。单字较大，书写人自我意识强，喜欢自由，不愿被束缚。

（2）字形特征方面。兼有长方形字、扁形字，书写人内心想法多、固执、叛逆。

（3）字位特征方面。字位偏右，书写人有主见、想法多，执着。

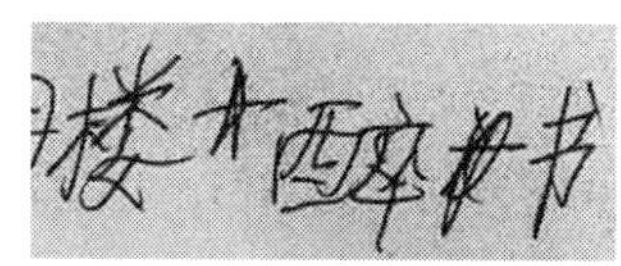

图 9-17　中观特征

3. 微观特征

（1）笔画形态方面。横笔画兼具上仰横、平横、长横，心态不稳定，但有追求向上的品质，说明其正处于性格、心理成长期；长竖，有主见和自我成就的意识；直捺、平捺、弧度捺，行动力方面不稳定；直角折、圆角折、锐角折，时而固执，时而委婉，时而锋芒毕露，说明其行事风格正处于塑造成长期，波动较大；笔画变异，喜欢标新立异，特立独行。

（2）笔画组合关系方面。笔画交叉，不该交叉的交叉，观察力弱，且执着固执，过于认真，易愤怒。

（3）运笔方面。起收笔带有多余的书写动作痕迹，且行笔不稳，书写动力定型系统还未完全稳固，正处于形成期；收笔上翘，性格急躁、冲动，容易紧张，兴奋；连笔不规范、紊乱，书写人做事随意、思维不清、想法多，喜欢标新立异；反复涂画，胆小谨慎，强迫甚至压抑。

（4）标点符号方面。逗号简化成撇，句号写成 0，形态较大，说明书写人急躁、冲动，做事随意性大，观察力弱，但想法多，喜欢与众不同，并希望引起别人注意和认可。

（三）综合评断

综上所述，经对《望湖楼醉书》中的笔迹进行宏观特征、中观特征、微观特征的全面选择与分析后，发现：

本质特征及突出特征主要表现为局部安排、单字较大、长竖、笔画交叉、笔画变异且不规范、运笔伴有多余书写动作痕迹、反复涂画等特征，突出反映出书写人的观察力、判断力弱，思维混乱、想法多，内心敏感、固执，并希望通过标新立异来达到与众不同，以便引起他人注意和认可。

同性特征主要表现为整体布局、连笔不规范，标点符号紊乱，共同反映出书写人内心敏感、孤僻、强迫，想法多、思维杂乱的特性；行间距小有上下笔画交叉、单字较大、长方形字、字位偏右、上仰横、长竖等特征，共同反映出书写人自我意识强烈，有竞争意识、追求向上、不甘于平庸的特性。

异性特征主要表现为横笔画、折笔画、起收笔伴有多余的书写动作痕迹等特征，反映出书写人的书写习惯正处于形成期，其性格心理亦处于成长塑造期。

（四）分析意见

1. 书写人的个性心理特征

书写人性格较孤僻、有依赖性，胆小谨慎。认知能力方面，观察力、判断力弱，想法多、思维杂乱；情绪素养方面，内心敏感、紧张，情绪易受外界或他人的影响而发生变化，遇事易急躁、愤怒；意志品质方面，虽有竞争意识和追求向上的进取心，但遇到困难，容易失去信心，自控能力差，想得多做得少，动手能力差。

2. 评估建议

主要优势：有竞争意识和追求向上的品质，有一定的想象力。

不足之处：观察力、判断力弱，思维混乱，做事随意性大，胆小敏感，动手能力差，在学习方面缺乏主动性和积极性，遇到困难和挫折易灰心丧气。

建议：第一，提升实际动手能力。从逐步改变当前的生活、学习习惯开始，学会每天给自己设立一个小目标，并能够有效完成，通过实现小目标来锻炼自身的实际动手能力、行动能力，进而也会提高自身的认知能力和意志品质。第二，提升自我积极性。通过参加集体活动或与同学多交流，使自己逐步树立自信、积极的学习、生活态度。第三，硬笔书法矫正训练。通过有针对性的硬笔书写强化训练来矫正个性心理特征中的不足，培养其认知能力、情绪秉性及意志品质，陶冶情操。

三、总结

由于书写人是小学六年级学生，其笔迹中所反映出的特点亦表明其书写动力定型系统尚未稳固，书写习惯正在形成过程中，书写人的性格、心理亦在成长期，但书写人内心具有竞争意识、追求向上的品质。因此，在这一时期通过实施

教育引导以及采取有针对性的强化刺激书写训练，完全可以强化以上优良个性，抵制和消除其内心敏感、紧张、胆小、动手能力差、认知能力不足的不良个性。例如，根据该小学生笔迹的特点，可以分为三个步骤，分别采用楷书基本笔画练习矫正法、方格控制矫正法、行向上仰矫正法等方法进行强化刺激训练，以培养其良好的书写习惯，从而塑造其健全的性格心理。正所谓“强刺激改变价值观、重复弱刺激塑造习惯”。

【案例二】：留守儿童，一个需要特别关注的群体

一、基本情况

这是一位中学生书写的《艺考生如何复习》的笔迹材料，由于该学生的父母常年外出打工，自小便与爷爷、奶奶生活在一起，成为典型的农村留守儿童（如图 9–18 所示）。

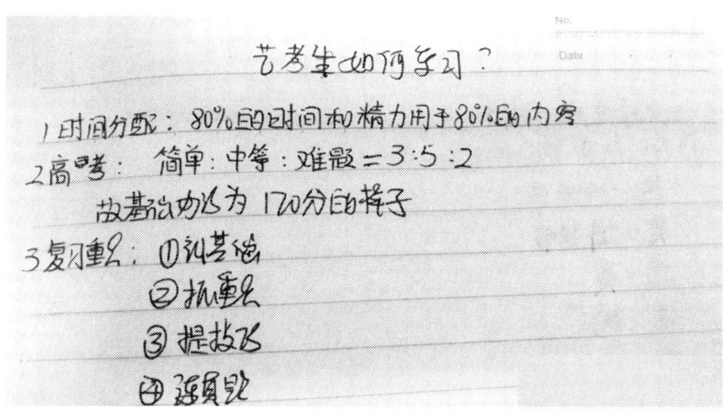
艺考生如何复习？
1 时间分配：80%的时间和精力用于80%的内容
2 高考：简单：中等：难题＝3:5:2
3 复习重点：①
②抓重点
③提技巧

图 9–18 《艺考生如何复习》笔迹材料

二、分析过程

（一）笔迹材料的检验

1. 笔迹材料书写人的基本情况

《艺考生如何复习》系一位高中三年级男生书写，年龄 18 岁。

2. 笔迹材料的书写情况

《艺考生如何复习》系原件复制件，拍照提取，稍有变形。其上字迹系钢笔书写形成，反映出来的书写水平中等，单字之间的书写速度不均匀，前半部分字迹连笔趋势缺乏，后半部分字迹连笔较多，但笔画之间的连接照应关系及笔力变化反映明显，运笔基本自然，系正常书写形成。字数较多，既有汉字，又有阿拉伯数字，笔画种类、数量丰富，笔迹特征反映明显，具备分析条件。

（二）特征选择

1. 宏观特征

（1）整体布局特征方面。左边留白先宽后窄，书写人开始做事时紧张，后来逐渐放开手脚，属于慢热型，索取性强，对安全感需求强烈。

（2）局部安排特征方面。字间距不均，前半部分字间距适中，后半部分字间距收紧，部分字迹之间有连笔交叉笔画存在，书写人自控力、持久力一般，孤单、索取性强，思维不清，有随心所欲性；行间距及字行走向基本按格线规定书写，书写人在一些原则性问题上能够遵守相关规定（如图 9–19 所示）。

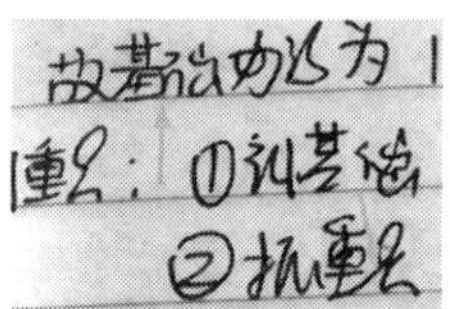

图 9–19　字间距特征

2. 中观特征

（1）单字大小特征方面。单字大小不均，后半部分字迹中等偏大，书写人有一定的自我意识或自我表现欲望。

（2）字形特征方面，兼有长方形字、正方形字、扁形字，书写人内心想法多、固执，亦有正直、仗义的一面。

（3）字位特征方面。字位偏正居多，兼有偏左、偏右的特征，书写人的性格有善变、情绪不稳定的一面。

3. 微观特征

（1）笔画形态方面。短竖有力，想法多；直撇，说话做事直接、直率；直捺、平捺，行动力强；圆角折、直角折，时而固执，时而委婉，服从；部分单字杂乱性笔画变异，性格怪异，有主见并想标新立异，但马虎，易丢三落四。

（2）笔画组合关系方面，部分单字笔画不衔接，马虎、大意，容易丢三落四；端正笔画与缠绕笔画相连，思维乱、易走极端；内部笔画聚集，内心敏感、纠结。

（3）运笔方面。连笔不规范、紊乱，随意、思维不清、思虑繁杂，喜欢标新立异；部分笔画凝滞，思虑多、放不开、情绪不稳；逆行笔，自我意识强烈，希望得到认可和关注。

（4）搭配关系方面。单字左上部位开口不封闭，直率、实在、开放。

（5）标点符号方面，该有的没有、不该有的却有，随意性大，容易丢三落四。

（6）单字写法方面。抬头连笔书写，正文前半部分字迹近楷体书写，后半

部分字迹又连笔书写，做事缺乏考虑、急于求成，在意结果而不注重过程，专注力、持久力较差。

（三）综合评断

综上所述，经对《艺考生如何复习》中的笔迹进行宏观特征、中观特征、微观特征的全面选择与分析后，发现：

本质特征及突出特征主要表现为字间距不均、字位不固定、端正笔画与缠绕笔画相连、笔画变异、聚集、连笔紊乱、单字写法、标点符号等特征方面，突出反映出书写人性格善变，思虑繁杂、专注力差，情绪易受外界或他人的影响，变化波动较大，做事具有随意性，内心敏感，并希望引起他人的注意和认可，渴望安全感。

同性特征主要表现为左边留白先宽后窄、字间距不均、标点符号、写法等特征方面，共同反映出书写人做事随意性大、有索取性，缺乏安全感；长方形字、字位、笔画杂乱性变异、连笔紊乱等特征，共同反映出书写人有一定的自我意识，爱表现，想通过标新立异引起他人的关注和认可；写法、短竖有力，单字笔画不衔接，内部笔画聚集，共同反映出书写人内心纠结、敏感、思虑多、想法多，做事容易丢三落四、马虎大意、专注力差的特性；直撇、直捺、直角折，共同反映出书写人行事风格较为直接、欠考虑、固执的特性。

异性特征表现为字位偏正、偏左、偏右，笔画杂乱性变异等特征，反映出书写人做事随意性大、无规律，性格善变、内心矛盾的特性。

（四）分析意见

1. 书写人的个性心理特征

书写人性格内向，行事风格有些怪异，内心矛盾，对当前生活学习持消极态度，渴望安全感和他人认可。认知能力方面，思虑繁杂、想法多、随意性大；情绪素养方面，内心敏感、压抑，情绪不稳定；意志品质方面，在大的原则性方面比较遵守规则，但专注力、持久力较差。

2. 评估建议

主要优势：有进取心和表现欲望，渴望自我实现。

不足之处：认知能力不足，做事随心所欲、马虎大意、内心矛盾，情绪不稳、易走极端。

建议：第一，提升认知能力。从逐步改变当前的生活、学习习惯开始，树立“你行、我也行”的自信，消除不切实际的想法和生活、学习中的随意性，锻炼自身的观察力、判断力，培养思维的灵活性、连贯性，最终在认知能力上实现转变。第二，锻炼意志。通过读书、锻炼等活动培养自己的意志力、耐力和持久力。第三，融入集体大家庭。在平常的学习生活中，通过多与同学交流、参加集体活动等方式让自己融入班级大家庭中，培养自己的团队意识和价值观念。第四，硬笔书法矫正个性。通过有针对性的硬笔书写训练矫正个性心理特征中的不足，培养其认知能力、情绪秉性及意志品质，陶冶情操。

三、总结

由于城乡之间的贫富差距持续加大，农村中年人多流向城市打工，而其子女基本上都留在乡村由老人抚养，在乡村便出现了一个特殊群体——留守儿童。据统计，目前我国 1.2 亿农民工常年在城市务工，产生了近 2000 万的留守儿童。而该位中学生年幼时便是众多留守儿童中的一位，现在虽然已 18 岁，但其个性心理中的缺少安全感、索取性强、自我意识强烈、随心所欲等特征，依然与其年幼时缺少父母关爱，老人过度溺爱并缺少相应的家庭教育等因素息息相关。因此，留守儿童问题已引起了社会的广泛关注，在学校教育中，教师必须加强对留守儿童的性格心理健全教育，促进留守儿童身心健康成长，培养其良好的人生观、价值观。

【案例三】：我适合从事什么样的工作

一、基本情况

每年毕业季，大学相关部门都会针对应届毕业生组织就业指导培训，培训过程中发现有不少同学对于未来所要从事的职业并未做好充分的心理准备，甚至自身性格与职业是否匹配亦知之甚少，处于走一步看一步的状态。鉴于笔者自身工作特点，平常与大学生接触较多，关于就业方向问题，笔者通常都会让大学生书写一份笔迹材料，根据笔迹中所反映出的个性心理特征，并结合其所学专业，为其进行就业指导和建议。

这是其中一位大学四年级学生书写的笔迹材料，关于自身适合什么样的工作进行相关咨询（如图 9–20 所示）。

二、分析过程

（一）笔迹材料的检验

1. 笔迹材料书写人的基本情况

《求职信》系一位大学四年级男生书写，年龄 23 岁。

2. 笔迹材料的书写情况

《求职信》系钢笔书写形成，其上字迹所反映出来的书写水平中等，书写速度较慢，连笔趋势缺乏，但部分笔画之间存有连接照应关系，运笔自然，系正常书写形成。字数较多，笔画种类、数量丰富，特征反映明显，具备分析条件。

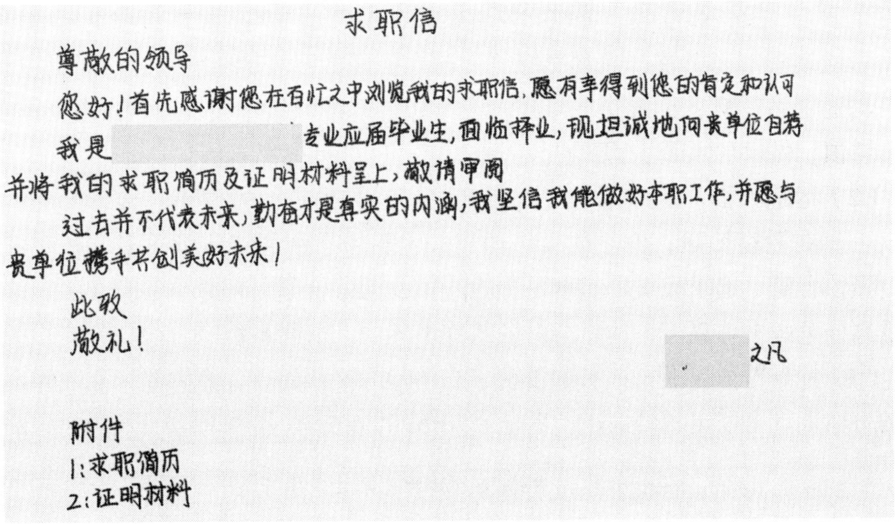

求职信

尊敬的领导

您好！首先感谢您在百忙之中浏览我的求职信，愿有幸得到您的肯定和认可

我是　　　　专业应届毕业生，面临择业，现坦诚地向贵单位自荐

并将我的求职简历及证明材料呈上，敬请审阅

过去并不代表未来，勤奋才是真实的内涵，我坚信我能做好本职工作，并愿与

贵单位携手共创美好未来！

此致

敬礼！

之凡

附件

1：求职简历

2：证明材料

图 9–20　《求职信》笔迹材料

（二）特征选择

1. 宏观特征

（1）整体布局特征方面。安排合理，书写人有一定的观察力、判断力，遵守规定。

（2）局部安排特征方面。字间距、行间距均适中，书写人思维清晰，有自控能力，比较明了人与人之间的关系；字行走向上仰但伴有上凸特征，书写人态度积极，但耐力、持久力一般；抬头、正文、落款等局部安排合理，书写人做事遵守规定。

2. 中观特征（如图 9–21 所示）

（1）单字大小特征方面。单字较小且笔画内敛，书写人性格内向，专注于眼前事，对全局性、宏观性问题关注度不高，做事小心谨慎，放不开手脚。

（2）字形特征方面。兼有长方形字、正方形字，书写人正直，内心不甘于平庸。

（3）字位特征方面。字位稍偏左，书写人性格内向，内心保守、封闭。

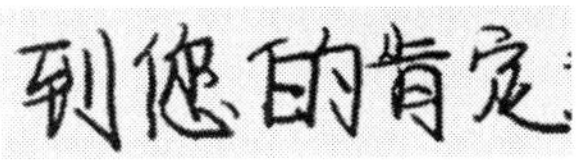

到您的肯定

图 9–21　中观特征

3. 微观特征（如图 9–22 所示）

（1）笔画形态方面。横笔画形态丰富，兼有平横、上仰横、上凸横，心态不

稳定，耐力一般；弧度竖，委婉，不善表达，说话做事不直接，但有一定的抗压能力；撇笔画形态丰富，兼具直撇、短撇、弧度撇，表达时而直接、时而克制，交流沟通能力一般；标准捺，自控；直角折，行事风格直接、固执；笔画内敛，胆小谨慎，做事放不开手脚。

（2）运笔方面。起收笔均带有多余书写动作痕迹，做事不直接，无用功较多，一直在勤奋忙碌，但往往事倍功半；收笔形态中回锋收笔居多，亦有顿收笔，谨慎含蓄、追求完美，有事易憋在心里，隐藏情绪；部分单字存在多余笔画以及部分笔画书写凝滞，注意力差，精神不集中，情绪不稳定。

（3）标点符号方面。该有的没有、有的地方又用错，注意力差，在一些不重要的事情上具有一定的随意性，容易丢三落四。

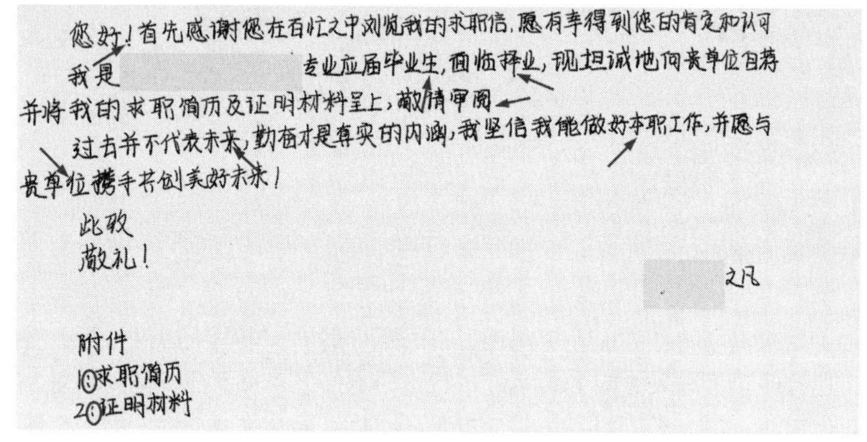
您好！首先感谢您在百忙之中浏览我的求职信，愿有幸得到您的肯定和认可

我是　　　　专业应届毕业生，面临择业，现坦诚地向贵单位自荐

并将我的求职简历及证明材料呈上，敬请审阅

过去并不代表未来，勤奋才是真实的内涵，我坚信我能做好本职工作，并愿与

贵单位携手共创美好未来！

此致

敬礼！

之凡

附件

1.求职简历

2.证明材料

图 9–22　微观特征

（三）综合评断

综上所述，经对《求职信》中的笔迹进行宏观特征、中观特征、微观特征的全面选择与分析后，发现：

本质特征及突出特征主要表现为局部安排规范、单字较小、笔画内敛，弧度竖、起收笔伴有多余书写动作，收笔回锋等特征方面，突出反映出书写人能够遵守社会习俗和相关规定，做事胆小谨慎、委婉含蓄、放不开手脚，具有一定的抗压能力，虽然做事勤奋努力，但无用功较多，取得的成绩不明显，往往事倍功半。

同性特征主要表现为单字较小、字位偏左、直角折、笔画内敛、顿收笔等特征，共同反映出书写人性格内向，内心保守、固执、封闭，做事胆小谨慎，放不开手脚的特性；横笔画形态多样，多余笔画、部分笔画凝滞，标点符号等特征，共同反映出书写人心理情绪不稳定、注意力不集中、专注力差的特性；弧度竖、

短撇、起收笔多余书写动作等特征，共同反映出书写人性格委婉含蓄，不善表达，做事不直接的特性。

异性特征主要表现为整体布局、局部安排、字行走向上仰、长方形字等特征，说明书写人具有一定的观察力、判断力，态度认真、积极。

（四）分析意见

1. 书写人的个性心理特征

书写人性格内向，态度端正、认真，但内心胆小谨慎、缺乏自信。认知能力方面，有一定的观察力和判断力，在重要事情上虽能专注于细节性等具体事情，但做事效率不高，思维较为单一，缺乏系统辩证地研究宏观问题的能力；情绪素养方面，克制、保守，行事风格较为直接，内心较为固执，有一定的抗压能力，也能明了人际关系；意志品质方面，有独立性，但耐力、持久力、注意力一般。

2. 评估建议

主要优势：态度较为端正、认真，遵守规定，有一定的观察力、判断力和独立性。

不足之处：保守、胆小谨慎，且不善于表达，有事容易憋在心里，容易造成心理压力，导致焦虑、抑郁；做事虽能专注于细节，但会做些无用功，事倍功半。

建议：提升自信、专注力和表达交流能力，如通过锻炼、读书或与同学、老师之间多进行交流，参加集体活动等方式；对于未来职业比较适合于技术类的具体性工作，如软件设计、制图员、摄影等工作。

三、总结

根据《求职信》中反映出的书写人的个性心理特征，结合技术型工作人员具有动手能力强，喜欢独立做事，偏好于具体任务，不善言辞，做事保守的特点，因此书写人更适合从事技术型的工作，而且在完成具体工作任务时，还可以从中体会到成就动机感，提升自信。

【案例四】：调整心态、学会适应

一、基本情况

某院校针对大学生的心理问题展开一次书面形式的调查问卷（如图 9–23 所示）。

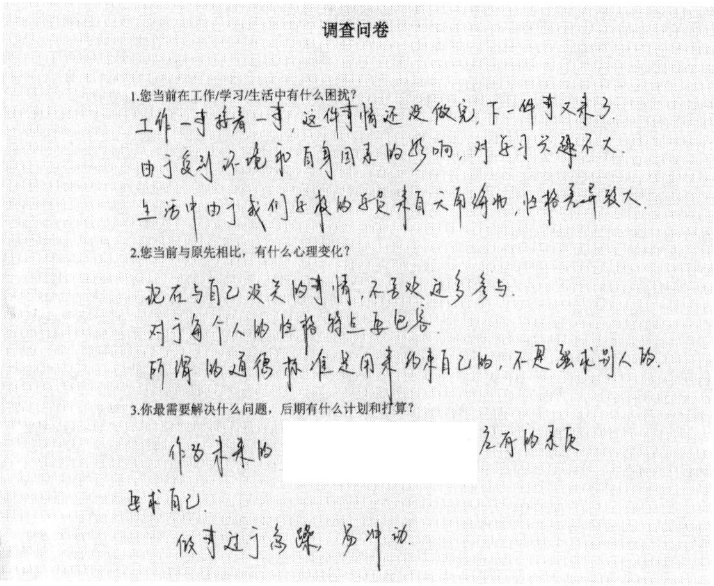

调查问卷

1.您当前在工作/学习/生活中有什么困扰？

工作一事接着一事，这件事情还没做完，下一件事又来了。

由于受到环境和自身因素的影响，对学习兴趣不大。

生活中由于我们年龄的差距，来自天南海北，性格差异较大。

2.您当前与原先相比，有什么心理变化？

现在与自己没关的事情，不喜欢过多参与。

对于每个人的性格特点要包容。

所谓的道德标准是用来约束自己的，不是强求别人的。

3.你最需要解决什么问题，后期有什么计划和打算？

作为未来的 应有的素质

要求自己。

做事过于急躁，易冲动。

图 9-23 《调查问卷》笔迹材料

二、分析过程

（一）笔迹材料的检验

1. 笔迹材料书写人的基本情况

《调查问卷》系一位大学二年级男生书写，年龄 20 岁。

2. 笔迹材料的书写情况

《调查问卷》系中性笔书写形成，其上字迹所反映出来的书写水平中等，书写速度中等，连笔趋势较强，笔画之间的连接照应关系及笔力变化较为明显，运笔自然流畅，形神兼备、其力内充，系正常书写形成。字数较多，笔画种类、数量丰富，笔迹特征反映明显，具备分析条件。

（二）特征选择

1. 宏观特征

字间距偏大，书写人性格内向，喜欢独处、幻想，且需要较大的空间才感觉自然、安全；行间距适中并伴有延伸性笔画，书写人思维清晰，做事有计划性和条理性，观察力、判断力好，能量、精力充沛，喜欢竞争与挑战，爱表现，自我控制力一般；字行走向上仰，书写人态度积极向上，进取心强。

2. 中观特征（如图 9-24 所示）

（1）单字大小特征方面。单字中等偏大，书写人有一定的自我意识。

（2）字形特征方面。长方形字，具体表现为长条形，书写人有行动能力，自

我表现欲望强烈，情感丰富、外露。

（3）字位特征方面。字位偏左，书写人性格内向，内心保守，不善于表达内心的情感和想法。

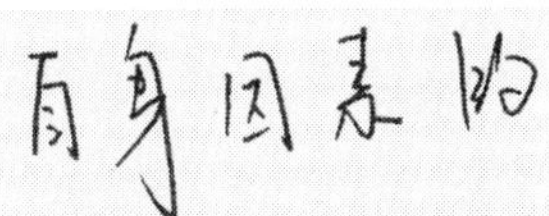

图 9-24　中观特征

3. 微观特征（如图 9-25 所示）

（1）笔画形态方面。横笔画形态丰富，短横居多，兼具长横、平横、上仰横，心态不稳定，胆小，易受外界条件或他人影响；长竖且无力、带钩、左倾，有主见和判断力，但立场不坚定、不固执，情绪外露；短撇，不善于表达，内心克制；长捺、短捺，时而敢于行动时而自我克制；圆角折，委婉、随和、服从；长钩，急躁、冲动；笔画变异，有主见，做事急躁、讲究效率。

（2）笔画组合关系方面。笔画内聚外展，内心封闭、压抑、敏感，外在表现欲望强烈；笔画交叉、缠绕、叠加，内心纠结矛盾、思虑过多、幻想多。

（3）搭配关系方面。单字左上角部位开放，直率、实在，能够听从别人意见，不固执。

（4）运笔方面。收笔露锋、回锋收笔，时而急躁冲动、情绪外露，时而隐藏情绪；逆行笔，自我意识强烈；连笔丰富，急躁冲动，逻辑思维好，善于系统辩证地认识客观问题；笔力轻，意志、立场不坚定，做事容易受他人或外界的影响，优柔寡断。

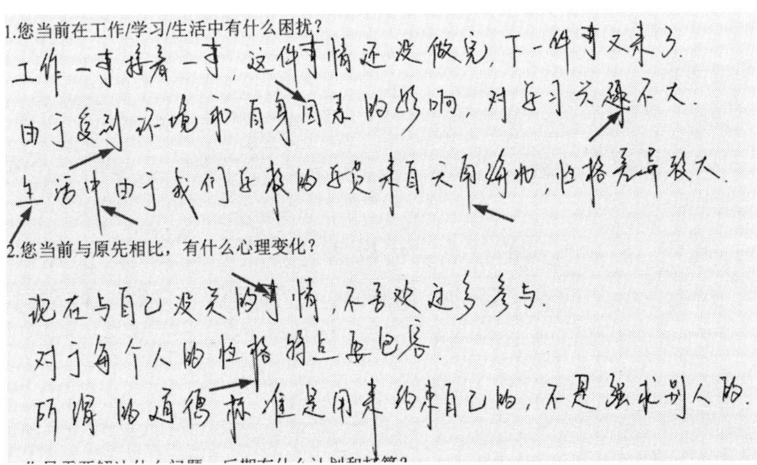

图 9-25　微观特征

（三）综合评断

综上所述，经对《调查问卷》中的笔迹进行宏观特征、中观特征、微观特征的全面选择与分析后，发现：

本质特征及突出特征主要表现为字间距大、字行走向上仰、长方形字、字位偏左、长竖、长钩、圆角折、连笔丰富、笔力轻等特征方面，突出反映出书写人性格内向、随和，内心敏感多疑、想法多，情绪外露，虽有主见，不甘于平庸，但意志、立场不坚定，做决定优柔寡断，易受外界或他人影响。

同性特征主要表现为字间距大、字位偏左、短撇、笔画内聚外展、交叉、缠绕、叠加等特征方面，共同反映出书写人内心敏感、压抑、思虑过多，而外在表现欲望强烈的特性；行间距适中且伴有延伸性笔画、字行走向上仰、长方形字、逆行笔，共同反映出书写人虽有主见和自我表现欲望强烈，但意志、立场不坚定，委婉、随和，做事易受他人或外界影响，优柔寡断；长钩、笔画变异、连笔丰富，共同反映出书写人思维敏捷、做事急躁、冲动的特性。

异性特征表现为横笔画形态丰富多样，反映出书写人当前心态不稳定的特性。

（四）分析意见

1. 书写人的个性心理特征

书写人性格内向，当前心态不稳定，易受外界环境影响。认知能力方面，有一定的观察力、判断力，善于想象，思维敏捷灵活，能够用普遍联系的观点去认识客观事物之间的关系；情绪素养方面，情绪不稳定，做事偏急躁、冲动，思虑较多，内心敏感、克制、压抑；意志品质方面，有进取心，爱表现，不甘于平庸，认定的事情虽有行动力，但意志、立场不坚定，容易受外界或他人影响。

2. 评估建议

主要优势：进取心强、有主见、想象力丰富，委婉、随和、不固执。

不足之处：做事偏急躁、冲动，思虑较多，内心敏感、压抑，不善于表达，做决定优柔寡断。

建议：第一，提高自身的信念。可以通过多读书或锻炼，用理智降低自身的敏感度，提高自信，培养坚定的立场和意志，抑制做事急躁、冲动的特质。第二，调整心态。通过多与老师、同学交流，锻炼自己沟通、交流与表达能力，使自己内心的压抑得以适当宣泄，摆正心态，学会适应。

三、总结

由于每个人的家庭、学习成长环境的不同，导致每个人的个性心理特征也不

同。大学阶段是个人学习成长的关键时期，该同学一时难以适应严格的学习、生活管理规定，造成心态不稳定亦属正常心理现象。由于该同学有进取心，加之委婉、随和的性格，因此通过提高自身信念、认知与交流沟通能力，最终会调整好心态，学会适应的。正所谓“朝着有阳光的地方走，永远是亮的”。

第十章　笔迹分析在心理咨询领域的应用

随着现代化的工作及生活节奏越来越快，人们所面临的压力及困境也越来越多，心理健康问题逐渐成为人们关注的焦点，心理咨询与心理治疗的案例不断增多。来访者在进行心理咨询时出于阻抗，有时会有意回避隐私或不愿透露内心真实的潜意识内容，而破除阻抗又并非易事，是心理咨询师进行心理治疗阶段最艰难的过程。由于笔迹能够反映出书写人内心最真实的潜意识内容，笔迹分析技术作为心理咨询中进行心理测量的一种主要技术方法，不仅是心理咨询师进行心理治疗的前提和基础，其笔迹分析意见更是成为心理咨询师对来访者进行心理评估的重要参考依据。因此，笔迹分析技术在心理咨询领域具有重要的实用价值和拥有广阔的发展前景。

第一节　笔迹分析技术在心理咨询中的应用研究

一、心理咨询概述

（一）心理咨询的定义

心理咨询，是指运用心理学的方法，对心理适应方面出现问题并企求解决问题的求询者提供心理援助的过程。对于该解释有广义和狭义之分，即广义上的心理咨询包括心理咨询和心理治疗，有时心理检查、心理测验也被列为心理咨询的范围；狭义的心理咨询不包括心理治疗和心理检查、心理测验，只局限于双方通过面谈、书信、网络和电话等手段向来访者提供心理救助和咨询帮助。[①]

（二）心理咨询的对象

心理咨询最一般、最主要的对象是健康人群或存在心理问题的人群，它有别

① 肖丹主编：《心理基础》，人民卫生出版社 2008 年版，第 114 页。

于极健康人群，也和心理治疗的主要对象有所不同。

二、心理测量

测量就是依据一定的法则使用量具对事物的特征进行定量描述的过程。美国心理学家桑代克曾说过：“所有存在的事物都是以某种量化的形式存在的”，即所有以量化形式存在的事物都是可以测量的。所谓心理测量（mental measurement）是依据一定的心理学理论，遵循相应的法则，使用标准的操作程序，对个体的认知、情绪、人格等心理特点和行为予以量化，并对其状况进行判断和解释的过程。[①] 广义的心理测量不仅包括以心理测验为工具的测量，也包括用观察法、访谈法、问卷法、实验法、心理物理法等进行的测量。心理测量是通过科学、客观、标准的测量手段对人的特定素质进行测量、分析、评价。现简要介绍几类心理测量的类型。

（一）智力测验

智力测验是心理测量中应用最广泛的一种测验，在特殊教育领域以及人才测评与选拔领域均有其用武之地。国家公务员考试、地方大学生入伍考试中的行政职业能力测试中，就有一大部分题目属于智力测验的类型，智力测验也是国家心理咨询师职业资格考试所要求掌握的一种重要的心理测验。智力测验的形式主要有选择题、判断是非题、填空题、匹配题、简答题、小论文等。

（二）量表法

量表（scale）是一种比智力测验更严格的测量工具，可以把量表看作一种尺子，然后用这把尺子对被试的属性进行测量，如 SCL-90 量表、16PF 量表等。量表法有严格的建构程序，客观化程度相对更高，也有常模可供参考。

（三）投射测验

投射法就是让被试通过一定的媒介，建立自己的想象世界，在不受限制的条件下作出反应，以了解其个性特征的研究方法。在测试前，通常不会告知被试测验的目的，以减少阻抗。因此，投射测验准确度很高。由于笔迹分析技术所依据的原理之一就是投射理论，故笔迹分析技术其实也是投射测验的一种。

三、笔迹分析技术在心理测量中的优势

无论是智力测验还是量表测验，都存在一个共同问题，即来访者出于阻抗，容易“伪装”，不愿意真实地回答测验中的问题，或不愿意暴露其真实的心理状态，做题时表现为心不在焉或即时状态下的情绪不稳定，上述情况均会导致测试

① 梁瑞琼主编：《心理评估与测量学》，广东高等教育出版社 2016 年版，第 1 页。

不准；投射测验准确率虽高，但程序相对复杂，时间较长，如著名的罗夏墨迹测验、主题统觉测验等。

笔迹分析技术的依据之一便是投射理论，除具有准确率高的特点外，笔迹分析技术还具有取材方便、分析快速的优点。而且加之笔迹所具有的因人而异性、稳定性、知人识人性等特点，使得笔迹分析技术能够准确反映出书写人内心深处的潜意识内容，书写人不但不容易伪装，而且通过笔迹分析技术有时还能够反映出连书写人自身都不曾意识到的内在个性心理特征，而这正是破除阻抗的有力武器，以及探寻来访者心理问题、心理困扰的根源。因此，笔迹分析技术相比其他心理测量技术具有明显的优势。

四、笔迹分析技术在心理咨询中的应用程序

结合自身实践，对来访者使用笔迹分析技术进行心理测评时，一般分为以下三个程序。

（一）确定来访者的心理问题

作为心理咨询师在面对来访者时，首先需要确定来访者有什么心理困扰，需要咨询什么内容，然后通过倾听，并与来访者进行交谈，以确定来访者的心理问题。

（二）通过笔迹分析验证来访者的心理问题

有时出于阻抗，来访者会有意回避隐私问题，或不愿真实回答内心中的潜意识内容，这时心理咨询师可以通过笔迹分析技术来破除这种阻抗。实践中，笔者通常让来访者提供一份或多份平时书写的笔迹材料，然后再让来访者现场书写心理咨询的内容以及存在的心理困扰，希望解决的心理问题等内容。通过对两种类型的笔迹材料进行比对鉴别，确认来访者现场书写笔迹材料是否正常以及现场书写时的心理状态等内容。通过笔迹分析技术对反映出的来访者的性格、认知、情绪、意志以及心理状态等内容与来访者诉说的内容，进行相互印证，以确定来访者所说的心理问题是否真实，为后续采取有针对性的心理疏导和心理治疗方案提供依据。

（三）解决来访者的心理问题

根据第二步笔迹分析测评出的来访者的个性心理内容与其诉说的心理问题是否一致，可分为以下两种情况进行探讨。

第一，如果笔迹分析测评出的来访者的个性心理内容与其现场诉说的心理问题一致，说明书写人并未刻意回避隐私，而是根据个人实际情况实事求是地进行心理求助。这时心理咨询师应根据来访者的实际心理状况作出全面准确的心理评估，以确定是进行心理疏导还是进一步接受心理治疗。

第二，如果笔迹分析测评出的来访者的个性心理内容与其现场诉说的心理问题不一致，说明来访者可能在某些关键问题上进行有意回避，不愿透露其内心真实的潜意识内容。这时心理咨询师可以根据笔迹分析测评出的来访者的实际个性心理内容采取试探性的引导交流策略，让来访者不经意间透露出其内心的潜意识或隐私内容，并根据来访者的实际反映情况作出准确的心理评估方案，以有效解决来访者的实际心理困扰。

第二节　具体案例应用与分析

【案例一】：“绘画”笔迹透露出的心理密码

一、基本情况

某院校针对大学生的心理问题展开一次书面形式的调查问卷（如图 10–1 所示）。

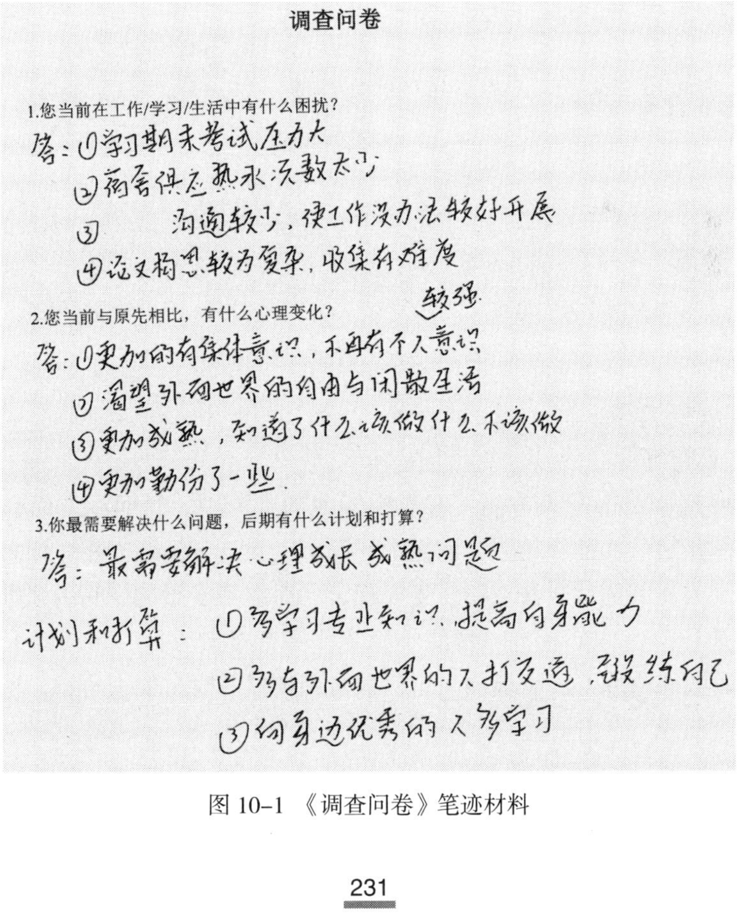

调查问卷

1.您当前在工作/学习/生活中有什么困扰？

答：(1)学习期末考试压力大

(2)宿舍供应热水次数太少

(3)沟通较少，使工作没办法较好开展

(4)论文构思较为复杂，收集有难度

较强

2.您当前与原先相比，有什么心理变化？

答：(1)更加的有集体意识，不再有个人意识

(2)渴望外面世界的自由与闲散生活

(3)更加成熟，知道了什么该做什么不该做

(4)更加勤俭了一些。

3.你最需要解决什么问题，后期有什么计划和打算？

答：最需要解决心理成长成熟问题

计划和打算：(1)多学习专业知识，提高自身能力

(2)多与外面世界的人打交道，锻炼自己

(3)向身边优秀的人多学习

图 10–1 《调查问卷》笔迹材料

二、分析过程

（一）笔迹材料的检验

1. 笔迹材料书写人的基本情况

《调查问卷》系一位大学三年级男生书写，年龄 21 岁。据他自己本人所述，在班级内与同学相处关系尚可，但别人有时总是不理解自己的做事方式，甚至在背后会说自己有些怪，参加班级活动时经常受到老师的批评，内心感到有些压抑，只能服从，性格与上大学前相比变化很大。

2. 笔迹材料的书写情况

《调查问卷》系中性笔书写形成，其上字迹所反映出来的书写水平较低，书写速度中等，笔画之间存在连接照应关系及笔力变化，笔画种类、数量丰富，笔迹特征反映明显，但笔画形态较为怪异。为进一步验证《调查问卷》的书写情况，笔者又进一步收集到书写人于近期书写的笔迹材料，经对两者字迹进行比对鉴别，可确认《调查问卷》中笔迹系其正常书写形成，具备分析条件（如图 10–2 所示）。

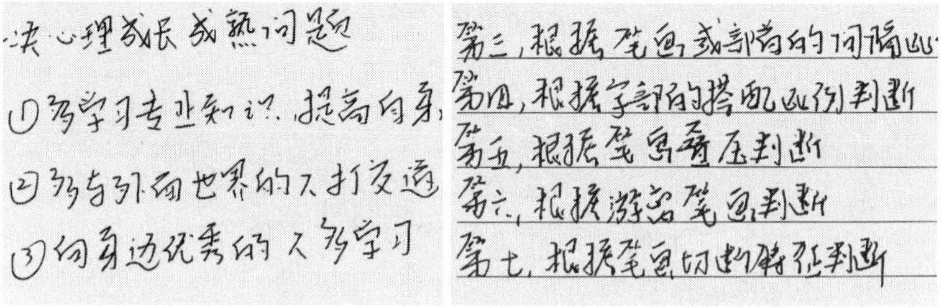

决心理成长成熟问题
①多学习专业知识，提高自身
②多与外面世界的人打交道
③向身边优秀的人多学习

《调查问卷》中笔迹

第三，根据笔画或部件的间隔……
第四，根据字部的搭配比例判断
第五，根据笔画重压判断
第六，根据游离笔画判断
第七，根据笔画切断转折判断

《笔记本》中平时书写笔迹

图 10–2　同一人书写材料对比

（二）特征选择

1. 宏观特征

字间距适中，书写人克制，有自控能力和判断力；行间距方面，在前两个问题中行间距适中，而在第三个问题中行间距变大、字间距亦相对变大，书写人在规定空间内能够通过自我克制，遵守规定，而在不受限的空间内，则表现为按照自身意愿行事，内心压抑、情绪不稳定；字行走向方面，字行略上仰、字行上凸，书写人有进取心，积极向上，但面对繁杂任务时易失去耐心，持久力有限（如图 10–3 所示）。

2. 中观特征（如图 10–4 所示）

（1）单字大小特征方面。单字有大小变化且无规律，书写人有一定的自我意

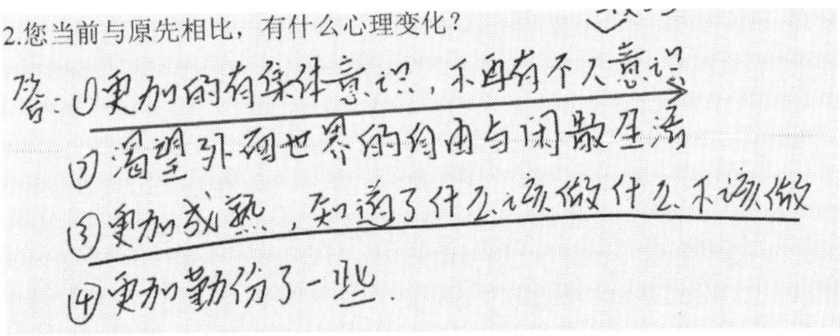

2.您当前与原先相比，有什么心理变化？
答：①更加的有集体意识，不再有个人意识
②渴望外面世界的自由与闲散生活
③更加成熟，知道了什么该做什么不该做
④更加勤俭了一些.

图 10–3　字行走向特征

识，但有时又表现为克制、随意，心态、情绪不稳定。

（2）字形特征方面。长方形字、扁形字，书写人有主见、想法多，有自我表现欲望，注重外在表现，固执、叛逆。

（3）字位特征方面。字位偏左，书写人性格内向、保守，不善于表达内心的情感和想法，欠缺沟通交流能力。

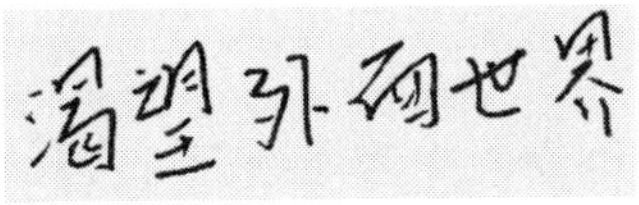

渴望外面世界

图 10–4　中观特征

3. 微观特征（如图 10–5 所示）

（1）笔画形态方面。笔画整体怪异，竖笔画、撇笔画均为折笔起笔，且从左侧起笔，书写人做事喜欢按自己意愿出发，但又迫于相关规定，克制自己按照规定行事，意象思维好，但内心压抑、束缚；横笔画形态丰富，长横、短横、上仰横、下凹横，书写人有积极向上、克服困难、努力进取的拼搏意识，但心态不稳定，时而宽阔时而克制；直撇，说话直接、直率；捺笔画表现为直捺、波浪捺，做事时而直接时而复杂，无规律，行为方式怪异；锐角折、直角折，做事直接，有进取心，但待人接物较为生硬，情绪外露；点多，甚至撇捺笔画亦简写为点笔画，思虑繁杂、想法多，做事喜欢应付、随意性大，不善表达，喜欢独思和幻想；连笔提，做事急躁、冲动，欠考虑；笔画收敛，性格内向，做事保守；笔画变异，有意象思维，做事急躁、冲动。

（2）笔画组合关系方面。笔画不衔接，甚至丢笔少画，注意力、专注力差，做事马虎大意，容易丢三落四。

（3）搭配关系方面。单字左上角封闭，内心封闭、保守；单字右上角突出且转折生硬，有抱负和理想，但做事太过直接，锋芒毕露。

（4）运笔方面。笔力轻、重分明且衔接过度笔画较少，态度时而坚定，时而优柔寡断，易走极端、两极分化。

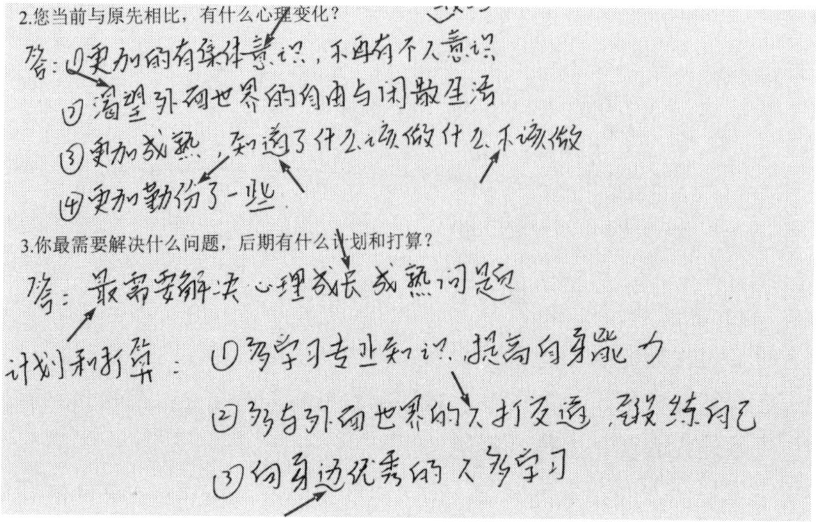

2.您当前与原先相比，有什么心理变化？

答：①更加的有集体意识，不再有个人意识

②渴望外面世界的自由与闲散生活

③更加成熟，知道了什么该做什么不该做

④更加勤俭了一些

3.你最需要解决什么问题，后期有什么计划和打算？

答：最需要解决心理成长成熟问题

计划和打算：①多学习专业知识，提高自身能力

②多与外面世界的人打交道，锻炼自己

③向身边优秀的人多学习

图 10–5　微观特征

（三）综合评断

综上所述，经对《调查问卷》中的笔迹进行宏观特征、中观特征、微观特征的全面选择与分析后，发现：

本质特征及突出特征主要表现为字间距适中、行向不稳定、字位偏左、笔画整体怪异、点多、笔画不衔接、单字右上角突出且转折生硬、连笔缺乏、笔力轻、重分明且缺少衔接过度笔画等特征方面，突出反映出书写人性格怪异、思维单一，有一定的自控能力和判断力，内心虽有理想和抱负，但外在表现较为直接，做事无规律，思虑繁杂、想法多，做事易丢三落四，完成质量较差，尤其是面对繁杂任务时耐力有限，心态、情绪不稳定，易随意应付了事或走极端。

同性特征主要表现为字间距、字行走向上仰、长方形字、长横、上仰横、单字右上角突出等特征方面，共同反映出书写人有自控能力，自我实现欲望强烈，有抱负、理想和进取心的特性；单字大小无规律、笔画不衔接、丢笔少画等特征，共同反映出书写人做事随意、马虎大意，容易丢三落四的特性；字位偏左、笔画收敛、单字左上角封闭等特征，共同反映出书写人性格内向、内心封闭、保守的特性；笔画整体怪异，波浪捺、点多、撇点、捺点等特征，共同反映出书写人行事风格怪异，有意象思维，喜欢独思和幻想，想法较多，思虑繁杂的特性。

异性特征表现为横笔画形态丰富、笔力轻重变化分明且缺少衔接过度笔画等特征，反映出书写人当前心态不稳定，态度时而坚定、时而优柔寡断的特性。

（四）分析意见

1. 书写人的个性心理特征

书写人性格内向，行事风格怪异，做事马虎大意，不愿被束缚，喜欢自由，

当前对学习、生活持消极态度。认知能力方面，有一定的观察力、判断力，但注意力、专注力差，喜欢独思和幻想，想法过多、思虑繁杂，意象思维好，逻辑思维能力一般；情绪素养方面，做事偏急躁、冲动，内心封闭、克制，不善表达、沟通和交流；意志品质方面，有抱负、理想和进取心，自控，但在面对困难或繁杂任务时耐力、持久力有限。

2. 评估建议

主要优势：有抱负、理想和进取心，自控，意象思维好。

不足之处：不善表达、沟通和交流，行事风格怪异，注意力、专注力差，心态、情绪不稳，思虑繁杂。

建议：第一，锻炼自身的表达能力。通过阅读相关书籍，多参加集体活动，并与老师、同学之间进行相互交流，将自己内心的想法和情感予以真诚的讲述，在沟通交流过程中学会锻炼自身的表达能力。第二，提高注意力和专注力。摒弃不切实际的想法和忧虑，从学习、生活中的具体事情做起，一件一件地做，认真完成，通过做具体事情锻炼自身的注意力和专注力。第三，摆正心态、学会适应。可通过心理和思想教育，逐渐调整自身的心态，做到心平气和、情绪稳定，以适应当前的学习、生活。第四，硬笔书法矫正训练。针对该份笔迹的特点，可采用楷书基本笔画练习法进行矫正训练，通过强化刺激训练，陶冶情操，进而改变价值观。

三、总结

看到该份《调查问卷》中的笔迹时立刻引起了笔者的好奇，笔画整体形态比较怪异，初看像是“绘画”笔迹，本以为是书写人故意书写形成，通过收集该同学近期书写的平时笔迹材料，发现这种类似“绘画”的笔迹系其正常书写形成。进一步与该学生谈心得知，在读中学时其笔迹中并没有这一“绘画”特点——“竖笔画、撇笔画均为折笔起笔且均从左侧起笔，捺笔画呈波浪状”。然而到了大学期间其笔迹特点就发生了变化，笔画形态怪异，具体原因他本人也不清楚，但有一点是确定的，即他的性格、心理相比以前发生了明显变化。到了大学期间，该同学喜欢自由、散漫，不愿被束缚的性格特点一时难以适应严格管理，但为了学业，自己一直在克制、忍耐，尽量让自己去适应。这一点从其“折笔左起笔”就可看出，其做事以自身想法为出发点，但又会通过自我控制来强迫自己服从规定和管理，再加上自身做事具有马虎、随意，甚至随意应付了事的特点，经常受到批评，内心想法和情感又不善表达，与同学、老师沟通交流较少。因此，最终导致该学生的性格心理发生了变化。

通过这一案例也证明了一点——“性格变、笔迹变；性格怪在哪里，其笔迹特征就突在哪里”。针对该同学的性格心理特点及笔迹特点，笔者对其进行了定期的心理疏导、交流，并制定了有针对性的强化书写训练，希望他能够尽快调整心态。

【案例二】：握不住的沙，放手也罢

一、基本情况

某院校针对大学生的心理问题展开一次书面形式的调查问卷（如图 10–6 所示）。

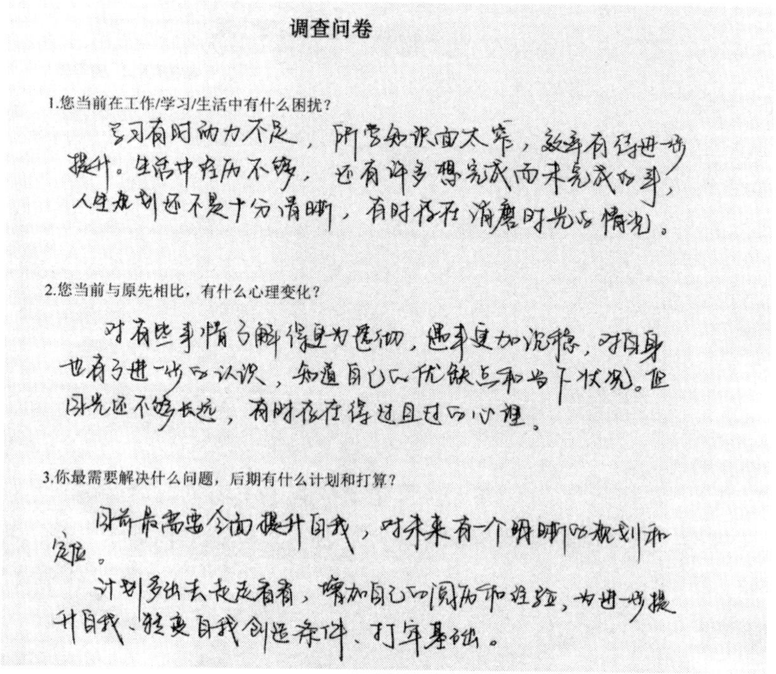

调查问卷

1.您当前在工作/学习/生活中有什么困扰？

学习有时动力不足，所学知识面太窄，致需有待进一步提升。生活中经历不够，还有许多想完成而未完成的事，人生规划还不是十分清晰，有时存在消磨时光的情况。

2.您当前与原先相比，有什么心理变化？

对有些事情了解得更为透彻，遇事更加沉稳，对自身也有了进一步的认识，知道自己的优缺点和当下状况。但目光还不够长远，有时存在得过且过的心理。

3.你最需要解决什么问题，后期有什么计划和打算？

目前最需要全面提升自我，对未来有一个明晰的规划和定位。

计划多出去走走看看，增加自己的阅历和经验，为进一步提升自我、转变自我创造条件、打牢基础。

图 10–6 《调查问卷》笔迹材料

二、分析过程

（一）笔迹材料的检验

1. 笔迹材料书写人的基本情况

《调查问卷》系一位大学二年级男生书写，年龄 20 岁，表现积极、态度认真、学习成绩较好。

2. 笔迹材料的书写情况

《调查问卷》系中性笔书写形成，其上字迹所反映出来的书写水平中等，书

写速度中等，连笔趋势较强，笔画之间的连接照应关系及笔力变化明显，运笔自然流畅，系正常书写形成。字数较多，笔画种类、数量丰富，笔迹特征反映明显，具备分析条件。

（二）特征选择

1. 宏观特征（如图 10–7 所示）

字间距适中，书写人观察力、判断力好，自控能力强；行间距适中且伴有上下伸展笔画，书写人思维清晰，做事有条理、有计划，不甘于现状，有竞争意识和组织管理意识；字行走向基本平直，书写人注意力、专注力好，做事认真执着，对目标矢志不渝，方向明确。

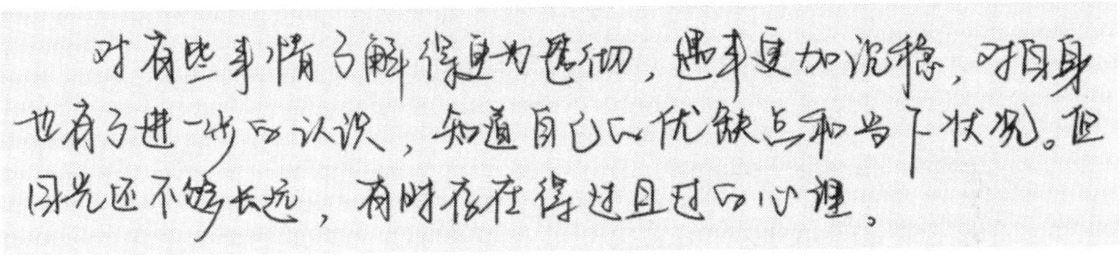

图 10–7　宏观特征

2. 中观特征（如图 10–8 所示）

（1）单字大小特征方面。单字大小适中，书写人遵守社会习俗和相关纪律规定。

（2）字形特征方面。长方形字，书写人表现积极，自我表现欲望强烈，敢于行动。

（3）字位特征方面。字位稍偏左，书写人性格偏内向、固执、求真。

图 10–8　中观特征

3. 微观特征（如图 10–9 所示）

（1）笔画形态方面，横笔画形态丰富，长横、上仰横、下凹横，心态积极，努力向上、克服困难能力较强；长竖且有力，成就动机感强，有主见，立场坚定、固执；长撇，善于表达，自我评价尚可；长捺、船形捺，敢于面对困难，行动能力强；折笔画形态丰富，直角折、圆角折、锐角折、钝角折，待人接物、为人处世具有多面性；笔画刚柔相济、收放自如，既能积极进取，又能收敛锋芒；笔画变异，做事讲究效率。

（2）笔画组合关系方面。笔画衔接，认真、专注；笔画缠绕，思虑多、想法多；笔画叠加，太过认真反而过犹不及。

（3）运笔方面。书写节奏变化丰富，能量、精力充沛，思维敏捷、灵活；笔画重描，认真、谨慎；笔力较大，执着、专注、固执；收笔上翘，做事有种意犹未尽的感觉。

（4）搭配关系方面。单字上方不露头，精神世界不丰富，相对更注重实际；部分单字结构错位，理想与现实不符。

（5）标点符号方面。规范使用，认真，遵守规定。

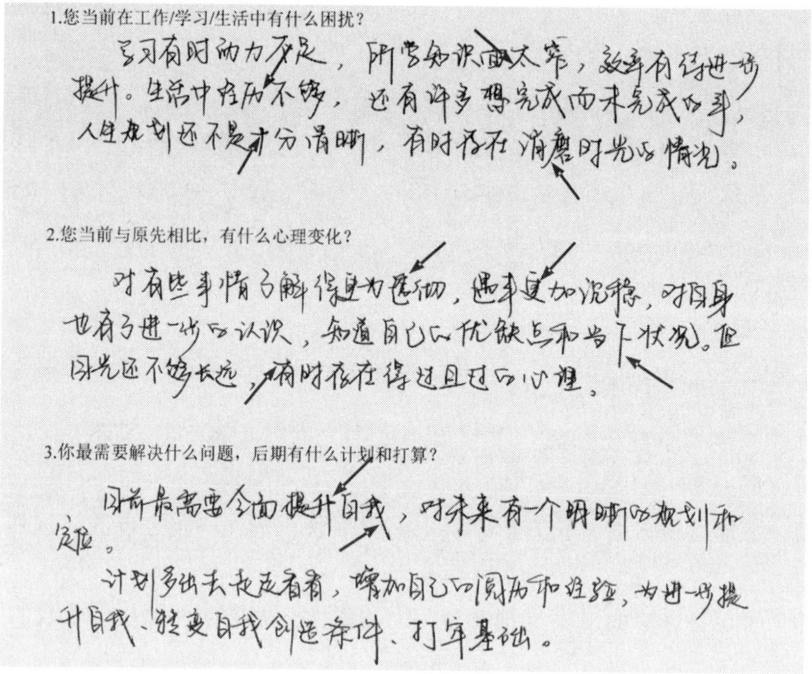

1.您当前在工作/学习/生活中有什么困扰？

学习有时动力不足，所学知识面太窄，还有待进一步提升。生活中经历不够，还有许多想完成而未完成的事，人生规划还不是十分清晰，有时存在消磨时光的情况。

2.您当前与原先相比，有什么心理变化？

对有些事情了解得更为透彻，遇事更加沉稳，对自身也有了进一步的认识，知道自己的优缺点和当下状况。但目光还不够长远，有时存在得过且过的心理。

3.你最需要解决什么问题，后期有什么计划和打算？

目前最需要全面提升自我，对未来有一个明晰的规划和定位。

计划多出去走走看看，增加自己的阅历和经验，为进一步提升自我、转变自我创造条件、打牢基础。

图 10-9　微观特征

（三）综合评断

综上所述，经对《调查问卷》中的笔迹进行宏观特征、中观特征、微观特征的全面选择与分析后，发现：

本质特征及突出特征主要表现为字间距适中、行间距适中且有上下伸展笔画、字行走向平直、长方形字、长竖、长撇、长捺、连笔丰富、笔力大、单字上方不露头、部分单字结构错位等特征方面，突出反映出书写人态度认真，注意力集中，持久力强，思维清晰，做事执着、专注，行动能力较强，有竞争意识，在学习方面表现较为主动，善于沟通交流、求真务实，有钻研和探索精神。

同性特征主要表现为字行间距适中、连笔丰富等特征，共同反映出书写人思维清晰，做事有条理、有计划，具有组织管理意识和自控能力等特性；单字中

等偏大，长方形字、上仰横、下凹横、长竖且有力、长捺、船形捺、笔画刚柔相济、笔力大等特征，共同反映出书写人自我表现欲望强烈，有主见、立场坚定，面对困难能够付诸行动，态度积极、执着、坚定的特性；字行走向基本平直，笔画衔接、笔画叠加、笔画重描、标点符号等特征，共同反映出书写人注意力集中，做事认真、执着，遵守纪律规定的特性。

异性特征表现为折笔画形态丰富，结构错位等特征，反映出书写人待人接物、为人处世具有多样性的一面，且理想与现实不符的特性。

（四）分析意见

1. 书写人的个性心理特征

书写人性格偏内向，态度积极、努力进取、认真执着。认知能力方面，观察力、判断力好，注意力集中，逻辑思维能力强，能系统辩证地研究客观事物之间的关系，喜欢钻研、求真务实，并有自己独立的观点和判断标准；情绪素养方面，情绪稳定，善于表达，但思虑繁杂、想法多；意志品质方面，自控能力强，做事情专注、执着，甚至固执。

2. 评估建议

主要优势：态度积极、努力进取、喜欢钻研、求真务实、情绪稳定、做事专注、执着，遵守规定。

不足之处：思虑较多，精神世界不丰富，做事有时过于认真，甚至较真、易钻牛角尖、固执。

建议：根据事情的重要性，学会区别对待。有些不必要的事情，不必刻意要求自己做到最好，学会放松。

三、总结

通过与该同学谈心，他自称总感觉很累。结合其笔迹特点，该同学做事过于认真，尤其对问题喜欢刨根问底，钻研精神可嘉，但在一些不必要事情上过于较真反而会过犹不及，从而造成很大的精神压力和思想困扰。因此，做事应讲究方式方法，学会适度取舍，拿得起、放得下，才会让自己的身心得到放松。

【案例三】：与其担忧未来，不如做好现在

一、基本情况

某院校针对大学生的心理问题展开一次书面形式的调查问卷（如图 10–10 所示）。

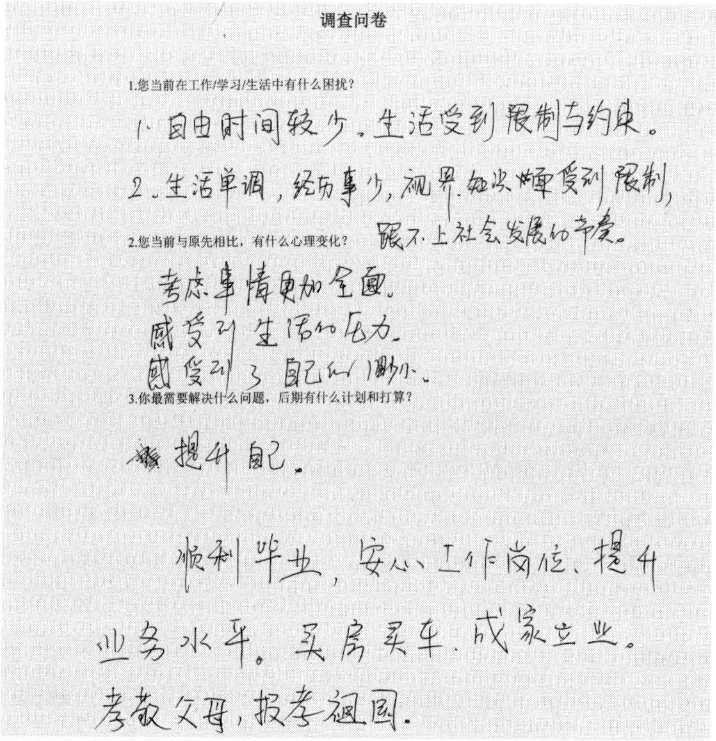

调查问卷

1.您当前在工作/学习/生活中有什么困扰？

1. 自由时间较少，生活受到限制与约束。

2. 生活单调，经历事少，视界、知识水平受到限制，跟不上社会发展的节奏。

2.您当前与原先相比，有什么心理变化？

考虑事情更加全面。

感受到生活的压力。

感受到了自己的渺小。

3.你最需要解决什么问题，后期有什么计划和打算？

提升自己。

顺利毕业，安心工作岗位、提升业务水平。买房买车，成家立业。孝敬父母，报孝祖国。

图 10–10 《调查问卷》笔迹材料

二、分析过程

（一）笔迹材料的检验

1. 笔迹材料书写人的基本情况

《调查问卷》系一位大学四年级男生书写，年龄 21 岁，担任班级学生干部，学习成绩较好。

2. 笔迹材料的书写情况

《调查问卷》系中性笔书写形成，其上字迹所反映出来的书写水平中等，书写速度中等，连笔趋势较强，笔画之间的连接照应关系及笔力变化明显，运笔自然流畅，形神兼备、其力内充，系正常书写形成。笔画种类、数量丰富，笔迹特征反映明显，具备分析条件。

（二）特征选择

1. 宏观特征（如图 10–11 所示）

字间距适中，书写人观察力、判断力好，有一定的自控能力；行间距适中且伴有上下伸展笔画，书写人思维清晰，做事有条理、有计划，不甘于现状，竞争意识强，有理想追求，但有时做事易急躁、冲动；字行走向平直，书写人认真、执着，对目标坚定不移，有专注力。

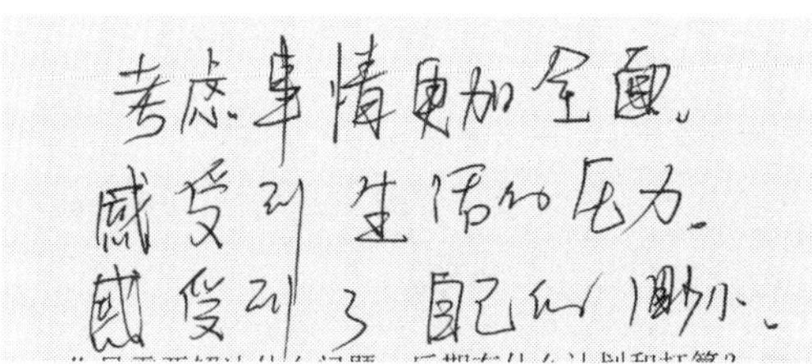

图 10-11　宏观特征

2. 中观特征（如图 10-12 所示）

（1）单字大小特征方面。单字偏大，书写人自信、豪爽，有自我实现欲望。

（2）字形特征方面。长方形字，书写人表现积极，胆大敢于冒险，行动能力强。

（3）字位特征方面。字位多偏右，书写人做事积极执着、热情。

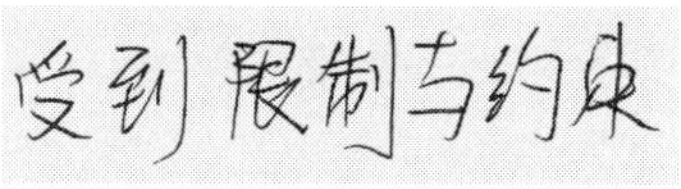

图 10-12　中观特征

3. 微观特征（如图 10-13 所示）

（1）笔画形态方面。横笔画形态丰富，长横、平横、上仰横、上凸横、下凹横，书写人心态不稳定，往往会因事、因心情而定，但总体上心胸较为宽阔，不会因小事而斤斤计较、耿耿于怀，对于未来虽具有忧虑，但这种忧虑不强烈，来得快去得也快；长竖且露锋，有成就动机感、情绪外露、有主见，做事干脆果断；长撇、直撇，善于表达、自我认可、直率、豪爽；折笔画形态丰富，以圆角折为主，兼具直角折、锐角折、钝角折，待人接物、为人处世具有多面性，往往会因人而异、因事而异；钩笔画形态丰富，长钩角度大，短钩、有钩不钩，心胸大度，做事直率、急躁；笔画变异，急躁冲动，有主见，做事讲究效率。

（2）笔画组合关系方面。笔画不衔接兼有舒朗，心胸豁达、豪爽，做事兼有随意、马虎的一面；笔画交叉，做决定时内心易矛盾、纠结，用力过头、投入过多，控制不好火候和分寸；笔画缠绕，思虑多、想法多。

（3）运笔方面。收笔上翘，急躁冲动，意犹未尽；拖笔，思维灵活，有好奇心和探索能力；书写节奏变化丰富，能量、精力充沛，思维反应快；个别单字丢笔少画、行笔迟疑特征，思虑多，注意力不集中。

（4）搭配关系方面。单字左上角不封口，内心开放，真诚实在，具有包容力；部分单字结构错位，理想与现实不符。

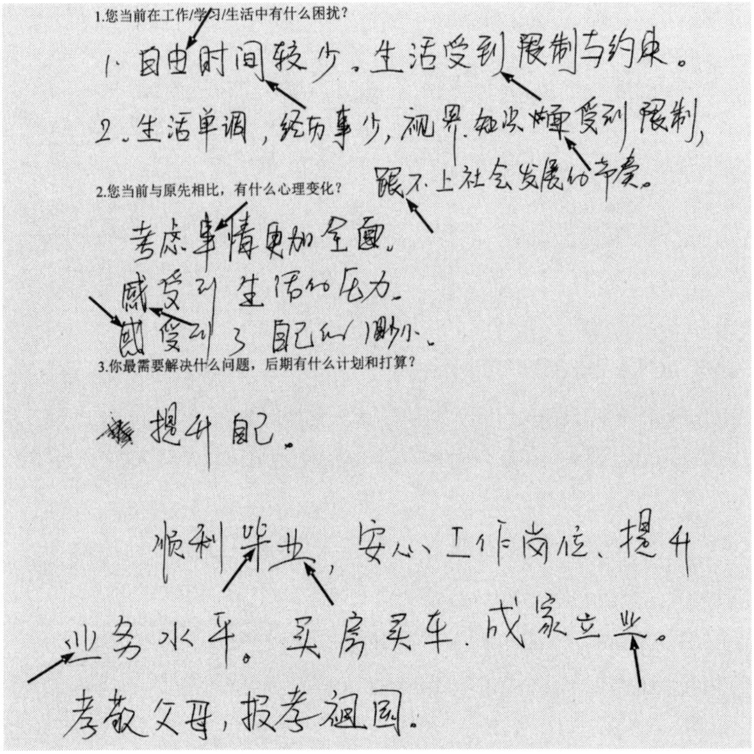

1.您当前在工作/学习/生活中有什么困扰？

1. 自由时间较少，生活受到限制与约束。

2. 生活单调，经历事少，视界、知识面受到限制，跟不上社会发展的节奏。

2.您当前与原先相比，有什么心理变化？

考虑事情更加全面。

感受到生活的压力。

感受到了自己的渺小。

3.你最需要解决什么问题，后期有什么计划和打算？

提升自己。

顺利毕业，安心工作岗位、提升业务水平。买房买车，成家立业。孝敬父母，报孝祖国。

图 10–13　微观特征

（三）综合评断

综上所述，经对《调查问卷》中的笔迹进行宏观特征、中观特征、微观特征的全面选择与分析后，发现：

本质特征及突出特征主要表现为字间距适中、行间距适中且有上下伸展笔画、字行走向平直、单字较大、长方形字、长竖、长撇、笔画缠绕、收笔上翘等特征方面，突出反映出书写人自信、豪爽、心胸大度，不甘于现状、有竞争意识，做事有条理、有计划、目的明确，但思虑相对较多，耐力一般，做事有时偏急躁、意犹未尽、马虎大意。

同性特征主要表现为字、行间距适中，拖笔、书写节奏变化丰富等特征，共同反映出书写人思维清晰、反应快，做事有条理、有计划，具有组织管理意识和探索能力等特性；字行走向基本平直、单字偏大、长方形字、字位偏右、上仰横、下凹横、长竖等特征，共同反映出书写人自我表现欲望强烈，不甘于平庸，有主见，态度积极、主动，持久力强且能够克服困难的特性；长横、长钩且角度大、单字左上开口、有钩不钩、笔画不衔接、笔画变异、收笔上翘、个别单字丢笔少画等特征，共同反映出书写人心胸较为大度、豁达，但做事容易急躁冲动、

马虎大意的特性；笔画交叉、缠绕，个别单字运笔迟疑、上下结构错位，共同反映出书写人思虑多、想法多，内心做决定易纠结、矛盾，理想与现实不符的特性。

异性特征表现为横、折笔画形态丰富等特征，反映出书写人待人接物、为人处世具有因人而异、因事而异的一面，且近期心态不稳定。

（四）分析意见

1. 书写人的个性心理特征

书写人性格偏外向，态度积极、热情，自信、豪爽，喜欢自由，不甘于现状、有竞争意识。认知能力方面，逻辑思维能力强，有好奇心和探索欲，喜欢钻研，并有自己独立的观点，思想开放、不固执；情绪素养方面，有表达沟通能力，思虑较多，有时注意力不集中，做事急躁冲动、马虎大意；意志品质方面，自控能力一般，心胸较为大度、豁达，能够遵守社会习俗和相关纪律规定。

2. 评估建议

主要优势：态度积极、热情，有探索欲和钻研精神，做事有主见，能遵守相关纪律和规定，心胸较为大度。

不足之处：思虑较多，做事急躁、冲动，耐力和自控能力一般。

建议：把握和掌控好现在，继续努力才能赢得未来。

三、总结

根据《调查问卷》中的反馈情况，并结合其笔迹特点，该同学态度端正、积极热情，是一位品学兼优的学生，考虑到未来的就业、工作、生活，虽有一定的忧虑，但至少说明他有忧患意识，在同龄人中，其性格心理也相对成熟。

大学时期是人生中最美好的一段经历，虽然绝大多数同学盼望着尽快毕业、工作，但工作以后又会经常回忆起大学生活，甚至会责怪自己在大学期间没有认真度过。对于大学生来讲，在大学四年的学习生活中，有相当一部分的同学会感觉到迷茫，甚至抱有混一天算一天的消极态度。在这段迷茫时期，如果你真的不知所从的话，建议你在完成专业课程学习的同时，尽量以“读大量的书、多读好书”的方式度过，在这一过程中，也许你读了大量的书不会立刻起到立竿见影的效果，但它会充实你的生活、丰富你的大脑、提升你的认知。正如新东方创始人俞敏洪老师所讲——“假如你读了一千本书，即使你记不清哪一句话在哪本书中出现过，甚至连书名也想不起来，没关系，因为你读过的这一千本书已潜移默化地影响了你，并渗透在你的性格、气质、能力等各个方面。在你未来的某一天，你会发现读过大量书的同学跟那些没有读过大量书的同学，会存在明显的区别”。所以，对于暂时处于迷茫中的大学生来讲，可以通过“读大量的书、多读好书”的方式度过，充好电、做好知识积累，以便在未来能够更好地前行。

第十一章　笔迹分析在司法领域的应用①

司法是指国家司法机关及其司法人员依照法定职权和法定程序，具体运用法律处理案件的专门活动。在案件处理过程中，必然离不开涉案人员的参与，如果司法人员能够准确掌握涉案人员的个性心理特征，不仅能够有效节省司法资源，提升司法效率，而且还能体现司法的公平、公正。由于笔迹具有因人而异性、稳定性、知人识人性的特点，通过笔迹分析能够反映出书写人的个性心理特征以及生理、病理等身体机制特征。因此，笔迹分析技术在司法领域具有重要的应用价值。

第一节　笔迹分析技术在司法领域中的应用研究

根据笔迹的特点和司法的内容体系，笔迹分析技术可以在案件侦查、司法鉴定以及未成年人犯罪教育改造等方面发挥重要作用。

一、笔迹分析技术在案件侦查中的应用

（一）刻画犯罪嫌疑人，缩小侦查范围

在案件侦查过程中，通过现场勘查，如果发现有物证笔迹存在，可以通过对物证笔迹进行分析，刻画犯罪嫌疑人的特点，为案件侦破提供线索，缩小侦查范围。

1. 对物证笔迹的书写内容进行分析

对物证笔迹的书写内容分析即以涉案物证笔迹的书写内容为研究对象，通过对书写内容中呈现出的语言组织特点、方言特点以及字词语句的特殊用法、写法

① 基金项目：文件检验鉴定公安部重点实验室（中国刑事警察学院）开放课题“笔迹身心画像技术及其在司法领域中的应用”（2019KFKT01）成果。

等言语习惯特征进行分析，刻画犯罪嫌疑人的个人特点，如犯罪嫌疑人的职业、地域分布、文化程度、年龄阶段以及性别等特点，从而制定明确性的侦查方向和策略，缩小案件的侦查范围。

2. 对物证笔迹的书写人进行分析

对物证笔迹的书写人分析即以涉案的物证笔迹为研究对象，通过对物证笔迹进行心理分析，得出书写人的性格、气质类型、认知能力、情绪素养、意志品质等个性心理特征，以及犯罪嫌疑人即时书写状态下的心理活动痕迹；通过对物证笔迹进行生理分析，得出书写人的身高、脸型、胖瘦等生理方面的大致特点。因此，通过掌握上述犯罪嫌疑人的个性心理、生理特点，可在一定程度上大大缩小侦查的范围，从而提高侦查效率。

（二）制定针对性讯问策略，提高讯问效率

讯问是指侦查人员依照法定程序以言词方式向犯罪嫌疑人查问案件事实和其他与案件有关情况的一种侦查行为。通过讯问犯罪嫌疑人，不仅有利于侦查人员收集、核实证据，查明案件事实，而且在讯问过程中还有利于发现新的犯罪线索和其他应当追究刑事责任的犯罪分子。因此，讯问工作对于案件的有效侦破至关重要。

然而实践中，多数情况下犯罪嫌疑人并不会有效配合侦查人员的讯问工作，甚至还会做虚假陈述，以转移侦查人员的侦查视线和讯问思路。因此，讯问工作实际上是侦查人员与犯罪嫌疑人斗智斗勇的过程。在这一过程中，侦查人员只有准确了解和掌握犯罪嫌疑人的个性心理特点，才能做到知己知彼，百战百胜，而毫无疑问，犯罪嫌疑人的笔迹可以告诉侦查人员答案。通过对犯罪嫌疑人的笔迹进行分析，得出犯罪嫌疑人的性格、气质类型、认知能力、情绪素养、意志品质等个性心理特征，根据不同犯罪嫌疑人的个性心理特点，侦查人员可以制定和采取不同的讯问策略，以有效攻破犯罪嫌疑人的心理防线，提升讯问的效率。

由于伴随现代办公机具的发展和普及，电子笔录逐渐取代了传统的手写笔录，犯罪嫌疑人只是在笔录中的相应位置进行签名确认。虽然签名是手写笔迹，但只通过签名这一特征很难准确全面揭示犯罪嫌疑人的个性心理特征。因此，笔者建议在侦查讯问中可以采取以下措施：首先，在侦查人员实施讯问前应事先收集提取犯罪嫌疑人的手写笔迹内容。该笔迹一定要保证为犯罪嫌疑人的正常笔迹，也可以收集其平时书写的笔迹材料，侦查人员根据其笔迹特点，了解和掌握犯罪嫌疑人的个性心理特征，以制定有针对性的侦查策略。其次，在讯问过程中，电子笔录制作完毕后，可在电子笔录的后端附有一段让犯罪嫌疑人抄写的内容，如“以上内容本人已阅读检查完毕，无任何疑问。我保证上述内容的真实性，并对其真实性负责！”等语句。电子笔录打印成纸质版后，让犯罪嫌疑人检查笔录内容，无误后让其抄写上述语句内容，并进行签名确认。最后，根据讯问前的正常笔迹材料与讯问笔录中书写的笔迹材料，将两者进行比对分析，确认犯罪嫌疑人的心理活动痕迹是否异常。如果讯问笔录中笔迹透露出的犯罪嫌疑人的心理活动痕迹异常，那就说明犯罪嫌疑人心理活动复杂，要么是在笔录中将自己本想隐瞒的事实已作出真实陈述，心理紧张，害怕法律的制裁；要么就是在笔录中做了虚假陈述，而在抄写上述“保证真实”的相关内容时，心理极为矛盾，害怕事情败露后又要承担法律责任，从而导致笔迹异常。

由于犯罪嫌疑人的笔迹可以“出卖”犯罪嫌疑人内心隐藏的潜意识内容，并告诉侦查人员最真实的答案，因此在侦查讯问中，一定要注意收集和提取犯罪嫌疑人的笔迹，真正做到知己知彼，百战百胜，从而提高讯问效率。

二、笔迹分析技术在司法鉴定中的应用

司法鉴定是指在诉讼活动中鉴定人运用科学技术或者专门知识对诉讼涉及的专门性问题进行鉴别和判断并提供鉴定意见的活动。司法鉴定是因为原、被告双方当事人之一对涉案物证材料的真实性存有异议，并向法院提起鉴定要求，最终由法院启动鉴定程序。因此，司法鉴定过程中必然会有原、被告双方当事人的参与，在其案卷中的笔录材料、涉案物证材料中均会有原、被告双方当事人的手写笔迹。通过对原、被告双方的笔迹分析，可以起到研判案情的作用。另外，在笔迹鉴定方面，笔迹分析还可以提升笔迹鉴定的检案率和准确率。

（一）笔迹分析技术可以为案情研判、分析提供参考依据

随着现代办公机具的发展与普及，除签名字迹外，几乎所有的办公文件均为打印机打印形成。但在司法鉴定实践中，案卷中的笔录材料、送达回证，甚至涉案物证材料几乎均为打印件，但这些材料中还会有原、被告双方当事人的手写笔迹。如果案卷材料中有一定数量的手写笔迹内容，且满足笔迹分析的要求，则可以通过对涉案笔迹进行心理、生理分析，得出涉案笔迹书写人的个性心理特征及生理特征，并结合案件原、被告双方当事人的个性心理特点及其案件中争议的焦点，以此判断原、被告双方所述事实的真伪。例如，在一起民间借贷经济纠纷案件中，案件原告方李某与被告方张某因为《借条》是否存在篡改产生争议，被告方张某提出对《借条》中争议的焦点——“月利息 2 分”字迹进行笔迹鉴定。经对被告方张某书写的《借条》中字迹进行笔迹分析后认为：被告方张某性格较为耿直，为人老实，做事踏实认真，品质较好，案件原告方李某应该说了谎话。后经笔迹鉴定证实，检材《借条》中“月利息 2 分”字迹的确系案件原告方李某事后添加书写形成。

因此，笔迹分析在司法鉴定案件中，可以起到辅助案情分析研判的作用，为

判明原、被告双方所述事实的真伪提供参考依据。

（二）笔迹分析技术可以提升笔迹鉴定的检案率

民事案件笔迹鉴定实践中，委托方提供的样本笔迹种类往往较为单一，只有案后实验样本笔迹这一种类型。案后实验样本笔迹在用来验证检材笔迹部分特征的书写条件时能够起到重要作用，但若书写人采用故意降低书写速度、改变形体等方式对案后实验样本笔迹进行伪装书写，那么该样本笔迹的供比对条件就较差，甚至不具备比对条件。书写人进行伪装书写时不可能做到处处“意在笔先”，总有个别特征会流露出书写人内在的书写习惯，但此种情况下，鉴定人一般不会仅凭这几个特征就能作出确定性的鉴定意见，尤其是签名笔迹鉴定。此时，鉴定人若掌握笔迹分析技术，则可从笔迹分析的角度对照两者笔迹进行分析，毕竟书写人的心理活动痕迹总会被无意识地记录和保留在书写的笔迹之中，从而给鉴定人一种印证过程，即样本笔迹是书写人伪装书写形成，必须补充书写人平时书写的案前、案后等自然样本，才能得出准确意见，进而在一定程度上提升笔迹鉴定的检案率。

（三）笔迹分析技术可以解释特征差异点的性质，提升笔迹鉴定意见的准确率

由书写习惯的理论可知，不同书写人书写的笔迹不同，同一书写人，即使是书写水平很高的人在正常的书写条件下并采用同一书写模式连续书写的相同字迹，其笔迹特征也总是会存在细微的差别，而且每次出现差异的部位和形态都有一定的随机可变性，这种可变性特征属于同一人书写笔迹的固有现象，称作同源笔迹的可变性特征。笔迹鉴定实践中，鉴定人若要准确区分同源笔迹可变性特征以及不同人书写笔迹的特征之间的区别，掌握笔迹分析技术尤为必要。通过笔迹分析技术，可以对检材笔迹与样本笔迹中出现的特征差异点的性质进行科学合理的分析评断，为笔迹鉴定中的综合评断提供充分的理论依据支撑，进而提升笔迹鉴定的准确率。

三、笔迹分析技术在未成年人犯罪教育改造中的应用

社会经济高速发展的同时，也带来了收入分配不均、就业率下降、贫富差距持续拉大等社会矛盾不断激化的问题，由此带来的青少年违法犯罪问题日益严重。中国青少年研究会发布的一项对全国 10 个省、市近 3000 名未成年犯和 1000 余名普通初中生的调研报告显示，未成年犯多数有学业失败的经历，57.1% 的人学习成绩中下或根本跟不上学习的节奏，比例远高于普通未成年人。因此，闲散未成年人的文化程度相对较低，排在前三位的分别为初中肄业、小学肄业、小学毕业，文盲、小学和初中水平占了 97%，他们中的 72.5% 有离家出走的经

历，多处于家庭、学校、社会监管无力的状态。另外，有 56.7% 的人在校期间经常逃课旷课。[①] 因此，未成年人犯罪形势严峻，已引起社会的广泛关注。

未成年人犯罪是由于多种因素共同作用的结果，它既反映出我国社会转型过程中所呈现出的内在结构性矛盾，同时又折射出未成年人个体在适应当前急剧变化、复杂多样的社会环境过程中思想上的困惑和迷茫，心理上的脆弱与孤独，而家庭、学校、社会的监管及教育又相对滞后，导致未成年人犯罪率高发，而由于笔迹具有因人而异性、稳定性、知人识人性的特点，通过笔迹分析能够反映出书写人的性格及其心理状态。因此，笔迹分析技术在预防未成年人犯罪以及对未成年犯的教育改造中均有着非常重要的实用价值。

（一）笔迹分析技术在预防未成年人犯罪中的应用

未成年人犯罪现象已经成为一个被社会广泛关注的问题，其产生原因虽具有多方面性，但经社会、学校、家庭、个人等多方的共同参与和努力，还是可以预防的。通过笔迹分析技术可以实现针对性的预防措施，大大提高预防的成功率。

1. 根据个性心理特征，建立成长档案

了解和掌握未成年人的个性心理特征，必要条件下学校应建立未成年人的性格心理成长档案。未成年人正处于性格心理成长的关键期，同时也是其叛逆心理最强的时期，自制能力及认知水平相对较低，缺乏辨别是非和抵制各种不良诱惑的能力。因此在学校教育中，学校应将培养未成年人的个性健全教育摆在首位，以德育人。由于笔迹具有知人识人性的特点，通过笔迹分析技术可以反映出未成年人的性格、气质类型、认知能力、情绪素养、意志品质等个性心理特征，学校可结合每个未成年人的性格心理状况及其家庭情况、成长背景，建立未成年人的性格心理成长档案。根据未成年人性格心理成长档案中的记录情况，对每个未成年人实施有针对性的心理辅导和教育，尤其是那些具有性格劣势及不良心理的未成年人更应该投入更多的精力和人文关怀，将其不良心理发展的苗头及时扼杀在摇篮之中，通过心理辅导和德育教学培养未成年人健全的性格。

2. 结合笔迹分析，制定训练计划

结合笔迹分析意见，制定有针对性的书写训练计划和内容。由于笔迹与性格的内在联系，性格变、笔迹变，笔迹变、性格变，因此根据未成年人个性心理中的主要优势与不足，笔迹分析专家可以制定有针对性的笔迹书写训练计划和内容，通过书写训练强化未成年人性格心理中的优良个性，矫正和消除其性格心理中的不良个性，并经社会、学校、家庭以及未成年人的个人努力共同培养其健全的人格特征，以更好地适应社会发展。

---

① 莫洪宪：《中国青少年犯罪问题及对策研究》，湖南人民出版社 2005 年版。

（二）笔迹分析技术在未成年犯教育改造中的应用

我国《监狱法》规定，对罪犯的教育改造应当包括思想教育、文化教育和技术教育三大内容，实行因人施教、分类教育、以理服人的原则，采取集中教育与个别教育相结合、狱内教育与社会教育相结合的方法，这是教育所有罪犯法定的、最基本的内容和方法，未成年犯的教育改造自然也包括在内。

这里需要注意的是如何才能做到有针对性的、有效的因人施教，并在个人教育中发挥重要作用是个普遍存在的难题。鉴于笔迹知人识人性的特点，通过对未成年犯的笔迹进行分析，可以掌握其性格及心理状态，真正做到因人施教。实践中，在对未成年犯进行思想教育、道德教育时，要注意贯彻“教育、感化、挽救”的方针，使他们深刻体会到我国社会及法律对他们的特殊关怀和照顾；在文化教育中，结合文化教育的内容，制定有针对性的笔迹书写训练计划和内容，通过每天的强化书写训练，强力矫正其性格中的不足及不良心理状态，并促进其性格心理慢慢转变，使其逐步建立自信、积极、踏实勤奋的个性；在技术教育中，不但要让未成年犯掌握一定的谋生技能，更要让他们感到前途光明，经教育改造后能够为我国的社会主义建设添砖加瓦，做出成绩奉献社会。

第二节　具体案例应用与分析

【案例一】：现场笔迹锁定命案凶手

一、基本案情

某市发生一起凶杀案件，某刑侦部门接警后，立刻赶往现场进行勘查。现场位于一出租房屋内，由于正值盛夏季节，尸体已经开始腐烂，在房屋东侧墙面上留有两个红色的显眼大字——“婊子”，除此之外，便无任何有价值的现场信息（如图 11-1 所示）。

图 11-1　现场局部示意图

侦查人员在现场勘查过程中，除被害人家属外，还有被害人的闺密李某在场，而且现场房屋曾由被害人及其闺密李某两人共同租住过，这一点被害人家属之前并未知晓，因被害人失踪，家属联系到被害人的闺密李某后，李某才突然想起了这个出租房，并带领家属来寻找被害人，结果发现被害人已死亡，这才向警方报案。由于被害人闺密李某与被害人关系较为密切，在现场向侦查人员提供了很多关于被害人生平的信息，并协助侦查人员及被害人家属分析相关案情。

二、分析过程

（一）现场笔迹的书写情况

现场房屋东侧墙面上的“婊子”二字反映出书写人书写水平较低，书写速度较慢。其中：单字字体较大，呈红色，经进一步检验，发现系使用口红书写形成；撇捺笔画的弧度消失，以平直笔画为主；部首之间搭配比例失衡，如“婊”字“女”部首的大小甚至超过了后一个单字“子”；“婊”字的“表”部首存在错字写法特征，并有两处多余红色墨迹。以上笔迹特征应考虑到受书写工具、书写载体、作案人心理发生变化所产生的影响（如图 11–2 所示）。

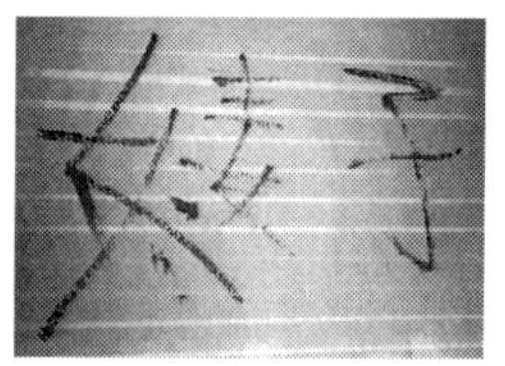

图 11–2　现场笔迹

（二）现场笔迹分析

1. 现场书写内容分析

（1）从现场书写内容进行分析。根据“婊子”两字内容进行初步判断，作案人似乎要突出被害人系因勾引他人，咎由自取的结果，同时，也在暗示被害人因做“婊子”，被其家人、男友杀害的意思。由此进一步推断分析，只有与被害人属于同一圈子里的人，才知道其日常生活作风问题。因此，根据现场书写内容可以划定重点侦查方向和范围，如与被害人保持特殊关系的男性，以及被害人的男友或丈夫、闺密等。

（2）从文化程度上进行分析。根据现场书写内容，可以推定书写人的文化程度一般，初中文化甚至以下。借此亦可进一步推断出被害人的文化层次也不会高（家属所述被害人初中未毕业）。因此，可以重点从被害人的生平好友中查找这一文化程度比较低的人员。

（3）从现场字迹的特点进行分析。根据现场字迹清晰、不潦草的特点，可

以进一步推知，作案人在行凶杀人后还有足够时间且并不显得特别慌张，说明作案人是比较熟悉现场环境且会时常来往的，或者就是共同居住过。

（4）从现场字迹的书写成分进行分析。现场字迹是使用口红进行书写形成，因此，可在现场及被害人、重点嫌疑人处查找口红，并与现场字迹中的口红进行微量物证鉴定，用以确认两者成分是否一致。

（5）从现场字迹的书写高度进行分析。现场字迹位于东侧墙面上，并靠近房间屋门，借此可推测，字迹最高下笔处距地面高度约为 1.8 米，以此判断作案人的身高最矮应为 1.6 米，根据这一特征，又可进一步缩小排查范围。

2. 现场笔迹心理分析

现场共计两个字迹——“婊子”，其中：

（1）搭配比例方面。“婊”字中“女”部首与右侧“表”部首相比，在大小比例方面明显大出很多，甚至比后一个单字“子”还要大，反映出作案人于现场作案后在墙面上留字时情绪波动较大，有泄愤的心理特点，应属于熟人所为的应激性犯罪，也说明其文化层次不高。

（2）笔力方面。“婊”字中“女”部首与其他笔画、部首、单字相比，具有笔力重、笔画直、笔墨颗粒浓的特点，尤其是笔画的起收笔处笔力明显更大，笔墨颗粒明显更浓，反映出作案人在作案后有一种泄私愤的“痛快”；另外，“女”字部首中有两处多余红色墨迹，分析应是作案人书写时情绪沉重、用力过猛而留下的，反映出作案人心狠手辣，不计后果的特性。

（3）错字写法特征方面。作案人将现场中“婊”字的“表”部明显写错，更像一个“麦”字，反映出作案人的文化程度不高，可能其书写习惯里就有这么一种写法，也有可能是其生活经历与农村有关（如图 11-3 所示）。

3. 现场笔迹生理分析

根据现场笔迹特点及其分布位置，可以进行如下推断：“婊”字中“女”部首的捺笔画呈上凸形，“子”字起笔处横笔画下倾，由此可以判断，作案人系在其手所能触摸到墙面的最高点处开始下笔书写，只有如此才能使其行笔方向下行，并形成上凸形的笔画形态（如图 11-4 所示）；另外，现场字迹位于东侧墙面上，并靠近房间屋门，由此可以推断，字迹最高下笔处距地面高度约为 1.8

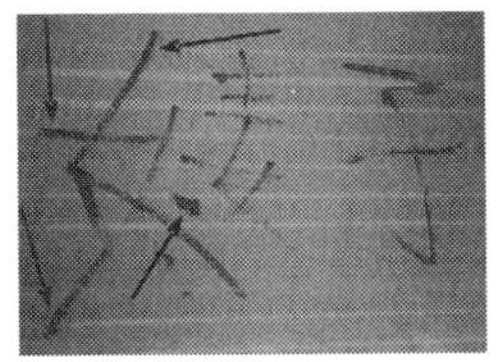

图 11-3　现场笔迹特征

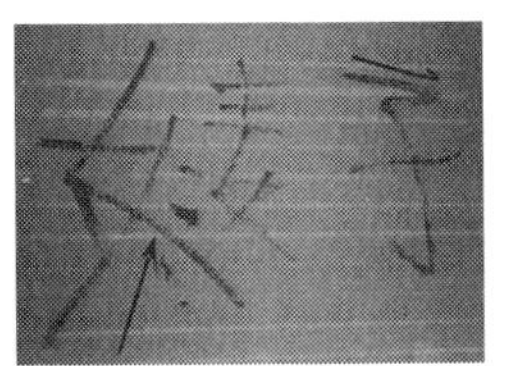

图 11-4　现场笔迹特征

米。综合以上两点并结合前面的分析，可以推断出作案人系女性的可能性最大，身高约为1.63米，方脸，体态偏胖，有力度对被害者施加暴力行为。

综上所述，侦查人员收集了被害人闺密李某的笔迹样本，用于与现场检材笔迹进行比对检验。

（三）样本笔迹心理分析

被害人闺密李某书写的样本笔迹为实验样本。其上字迹所反映出的书写水平中等，书写速度中等；前三行字迹的字体相对较大，笔画内部关系相对宽松，笔画曲线条相对较多，而后两行字迹的字体相对较小，笔画相对聚集、僵硬；“婊”字的“表”部存在多种写法，并伴有丢笔少画的现象（如图11-5所示）。

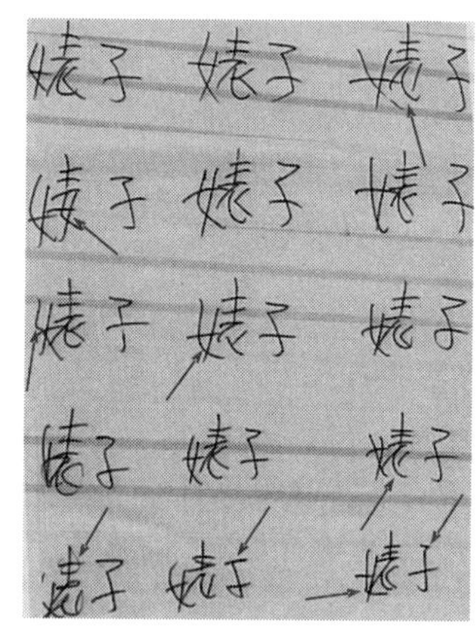

图11-5　李某书写的实验样本笔迹

1. 错字写法特征

“婊”字应该是书写人最“手痛”的字，15个“婊”字中，一个写错，五个丢笔少画，既反映出书写人对这个“婊”字缺少规范笔画理解的能力（其书写习惯里就有这种写法），同时也反映出书写人在书写过程中所呈现出来的心生不安、紧张害怕的心理活动痕迹。

2. 字体逐渐变小，笔画越来越僵硬

前面三行“婊子”字体偏大，而最后两行字体偏小，即书写人字体越写越小，且笔画越来越僵硬、聚集、缠绕、叠加，反映出书写人内心掩饰和防卫的心理特征，并且越写防卫心越重，内心越纠结矛盾，心理防线逐渐崩溃。

3. 字体紧靠左边，竖行方向逐渐靠左

从心理学角度来讲，作案人作案后会有一种“自我防范”的本能，竖行方向逐渐靠左，反映出书写人在心理上有一种需要后台支撑的内在想法，并不自觉地

在其实验样本笔迹中得以体现。

4. 笔迹心理测谎分析

样本中 15 个“婊”字中，第 7 个和第 15 个“婊”字在“女”部首中有一个突然的折笔动作，而其他均为曲线条，而这一折笔动作是在前面的第 6 个和第 14 个“婊”字丢笔少画、写错的情况下出现的，反映出书写人内心的不安、掩饰、作伪等活动痕迹；另外，第五行两个“子”字的横折笔画几乎聚集在了一起，无角度或角度过小，与前面完全不同，同样反映出书写人作伪的心理状态，但内心已接近崩溃，无法控制其书写动作。

综上所述，被害人闺密李某的实验样本笔迹，反映出李某的总体心路历程为：茫然、心思搅乱、紧张、害怕直至心理防线崩溃。

（四）现场检材笔迹与样本笔迹的比对检验

将现场检材中“婊子”字迹与李某的实验样本中“婊子”字迹进行相互比对和鉴别，发现：

1. 错字写法特征

检材中“婊”字“表”部的错字写法特征，在李某书写的实验样本笔迹中得以体现，且实验样本中“婊”字就存有多种写法特征。

2. 搭配比例特征

检材中“婊”字“女”部首明显大于“表”部，而样本中“婊”字“女”部首明显小于“表”部；两者单字“子”的各笔画间的搭配位置、搭配比例等特征相同。

3. 运笔特征

检材与实验样本中的“婊子”字迹，在“婊”字部分笔画的行笔方向、起收笔动作等特征方面表现相符；“子”字的转折角度，起笔处横笔画的行笔方向、趋势，以及收笔处横笔画的形态、行笔方向等特征相符。

综上所述，现场检材中“婊子”字迹与李某的实验样本中“婊子”字迹，两者在错字写法，笔画之间的搭配位置、搭配比例、运笔等特征方面相互符合，且表现在两者笔迹的细微之处，为本质性符合；两者在书写水平、书写速度以及部分笔画的形态、搭配比例等方面的差异，表现在明显之处，分析系因书写工具、书写载体以及书写人心理情绪的变化所引起，结合笔迹分析的结果，可确认为非本质差异。经综合评断后认为：两者笔迹特征总和的价值能够反映出同一书写人的书写习惯，并构成同一认定的依据（如图 11-6 所示）。

因此，依据对现场笔迹与被害人闺密李某书写的实验样本笔迹进行笔迹分析与笔迹鉴定，最终锁定本案的凶手——李某，李某在铁的证据事实面前如实交代了其作案的起因与经过，最终受到了法律的严惩。

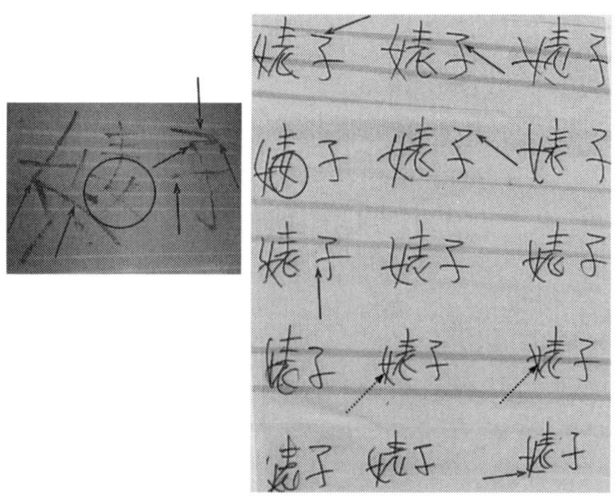

图 11–6　检材与样本笔迹特征

注：实线箭头代表符合特征；虚线箭头代表差异特征。

三、总结

侦查人员在进行现场勘查过程中，发现在现场房屋东侧墙面上留有两个红色的显眼大字——“婊子”，虽然仅有两个字，但因其书写内容具有一定的特殊性及指向性，对于分析、判断案件性质具有重要价值。

第一，对现场书写笔迹的内容进行分析，划定了侦查方向和范围。

第二，对现场笔迹进行心理、生理分析。结合本案现场笔迹的特点——“字大、笔力重、笔墨颗粒浓、折笔、断笔”等特征，通过笔迹心理分析，可明确本案应为熟人所为，属于应激性犯罪，在心理学上属于狂躁型行为，作案人心理状态会呈现不安、焦虑、紧张，眼神忧郁等状况，进一步指明了侦查方向和缩小了侦查范围；结合现场特点，对现场笔迹进行生理分析，最终划定作案人的个体特点——“身高 1.63 米、方脸、体态偏胖”，而这与作案人李某的个体特征相符，进一步确定了重点嫌疑对象。

第三，笔迹鉴定。结合笔迹分析的意见，合理解释了笔迹鉴定过程中所出现的特征差异点的性质，通过笔迹分析与笔迹鉴定，最终锁定本案凶手——李某。

【案例二】：伪装样本笔迹的心理解读

一、基本案情

某法院在审理一起买卖合同纠纷案件中，案件原告程某与被告刘芳之间是否存在借款事实存有争议。据案件原告程某所述，案件被告刘芳因生产之需陆

续向自己赊欠纺织生产材料，其间被告刘芳只支付了部分货款，2011 年 6 月 26 日，与被告刘芳结算账目清单，被告刘芳共计欠款 176800 元整，并由被告刘芳向自己出具了一份日期为“2011 年 6 月 26 日”的《借据》，并称《借据》中欠款人签字处“刘芳”签名字迹就是被告刘芳本人书写。而被告刘芳辩称，自己已将全部欠款还清，根本不知晓《借据》一事。由于原、被告双方争执不下，由案件原告程某将被告刘芳诉诸法院，并提出鉴定申请，要求对涉案日期为“2011 年 6 月 26 日”的《借据》中借款人处“刘芳”签名字迹是否系其本人书写进行笔迹鉴定。

二、鉴定过程

（一）检材检验

检材《借据》是原件，系单据类专用纸张，保存状况正常。经文检仪对整份检材内容进行检验，未检见添加、涂改、刮擦等异常痕迹存在；经体视显微镜对借款人处需检的“刘芳”签名字迹进行放大观察，未发现复制笔迹特征的反映，系直接书写形成。需检的“刘芳”签名字迹系中性笔书写形成，书写水平较高，书写速度较快，连笔趋势较强，各笔画间的连接照应关系以及笔力变化较为明显，运笔自然流畅，笔迹特征反映较好，系正常书写形成，具备鉴定条件（如图 11–7 所示）。

图 11–7　检材签名

（二）样本检验

1. 样本笔迹书写人的基本情况

供比对的笔迹材料为原件，系法院提供的实验样本。实验样本的书写人年龄 43 岁，性别女，大学专科学历，目前经营一家纺织材料生产加工企业。

2. 样本笔迹的书写情况

实验样本系中性笔书写形成，其上供比对的刘芳的签名字迹所反映出来的书写水平中等，书写速度中等，部分笔画虽存在连笔动作，但连笔较为僵硬，缺乏轻重疾徐、抑压顿收的节奏感、韵律感，不连笔的笔画缺少连接照应关系，孤立、凝滞，甚至个别笔画还存在夸张的写法特征以及中途停顿、笔力平缓的书写动作痕迹（如图 11–8 所示）。

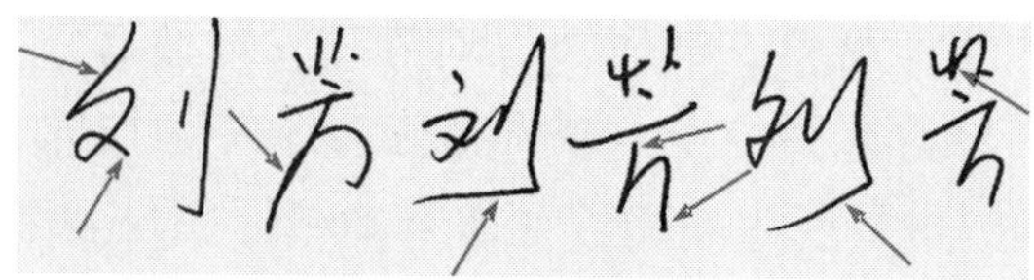

图 11-8 样本 1

3. 样本笔迹书写时的心理解读

实验样本中刘芳的签名字迹整体上给人一种笔画僵硬、凝滞、力度大、形态夸张、中途停顿，且孤立笔画与连笔笔画分离明显，书写速度快慢变化不和谐的特点，反映出书写人在书写过程中不能实现手脑并用、心手合一，心机重、顾虑多，甚至是随想随写的心理作伪过程。另外，书写人将“刘”字的收笔笔画硬生生地向左进行过度拖拽，甚至超过“刘”字的左边缘，更能够反映出书写人内心有逃避、伪装、掩饰的心理痕迹。

根据实验样本笔迹分析的结果，可确认法院提供的实验样本中笔迹系书写人故意伪装书写形成；另外，结合书写人具有高等学历，且作为私营企业主会经常性地签发各种文件，其签名的书写水平不可能会这么低。因此，进一步佐证了实验样本中笔迹系书写人故意伪装书写形成。

4. 补充的自然样本笔迹

由于该案送检实验样本的比对条件较差，司法鉴定人通过与委托方联系，委托方进一步提供了与检材笔迹形成时间较为接近的案前自然样本笔迹，且已经过涉案双方当事人的质证认可。

法院提供的实验样本标识为样本 1；补充的案前自然样本标识为样本 2。样本 2 中刘芳的签名字迹反映出来的书写水平较高，书写速度较快，连笔趋势较强，各笔画间的连接照应关系及笔力变化较为明显，运笔自然流畅，笔迹特征反映较好，具备比对条件（如图 11-9 所示）。

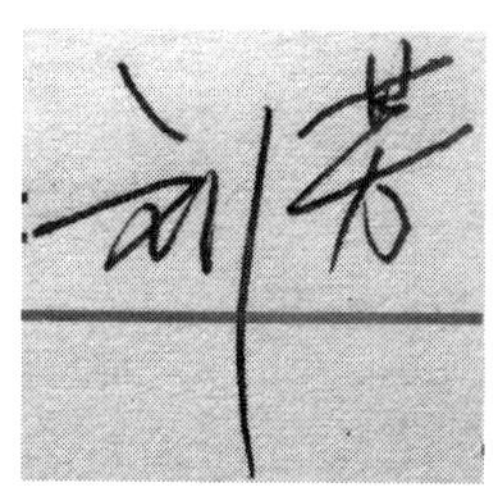

图 11-9 样本 2

（三）比对检验

将检材中“刘芳”签名字迹与样本 1 和样本 2 中供比对的刘芳的签名字迹分别进行概貌特征、细节特征、组合特征的比对检验。

1. 概貌特征

检材中“刘芳”签名字迹与样本 2 中供比对的刘芳的签名字迹，两者签名字迹的书写风格、布局、字体大小、形态、单字之间的搭配等概貌特征相符，反映出两者笔迹的书写人在书写水平、书写技能以及控笔能力等方面相符。

2. 细节特征

检材中“刘芳”签名字迹与样本 1 和样本 2 中供比对的刘芳的签名字迹，两者相比：“刘”字的写法，搭配比例，主要笔画、部首的搭配位置，笔顺，笔画间的连接照应方式，转折角度，绕笔弧度，收笔的方向、笔力、形态等特征相符；

“芳”字的写法、搭配比例、笔顺、连笔方式、收笔方向等特征相符，但“芳”字“方”部的搭配位置存有差异（如图 11-10 所示）。

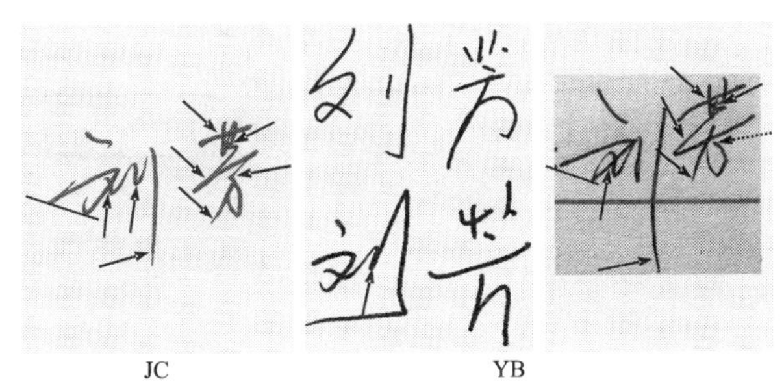

图 11-10　检材与样本细节特征比对

注：实线箭头代表符合特征；虚线箭头代表差异特征。

3. 组合特征

检材中“刘芳”签名字迹与样本 1 和样本 2 中供比对的刘芳的签名字迹，两者签名字迹在细微书写动作组合特征方面，相对应笔画的“起、收、转、折、连、绕、顿、提、摆、抖、拖、带”等细微书写动作的形态、位置、幅度、弧度、角度等组合特征整体表现为相符；“神”态组合特征方面，两者签名字迹中各主要静态笔画所反映出来的书写人动态的控笔能力相符，静态、动态的整体特点均表现为“形神兼备、其力内充”；笔力变化组合特征方面，两者签名字迹中相应笔画的力点、力段的分布规律基本一致，整体表现为“形近力近”的特点；书写节奏变化组合特征方面，两者签名字迹中书写节奏的数量均为 11 个，且书写节奏间的变化部位、变化方式以及书写节奏内的笔画数量、名称等书写节奏变化组合特征整体表现为相符；运笔趋势组合特征方面，两者签名字迹中各主要笔画的行笔幅度、方向，弯绕转折的幅度、弧度、角度等特征一致。

（四）综合评断

综上所述，检材中“刘芳”签名字迹与样本 1 和样本 2 中供比对的刘芳的签名字迹，两者签名字迹中所表现出来的书写水平、书写风格、布局等概貌特征相符；单字的写法、运笔、笔顺和搭配比例等细节特征相符；细微书写动作、“神”态、笔力变化、书写节奏变化、运笔趋势等组合特征相符。上述三类特征的符合点数量多、质量高，属本质性符合。经综合评断后认为：两者笔迹特征总和的价值能够反映出同一书写人的书写习惯，足以构成同一认定的依据。

三、分析探讨

本案，检材中“刘芳”签名字迹是正常书写的笔迹，而法院送检的实验样本中刘芳的签名字迹与检材中“刘芳”签名字迹相比，在写法、字体、书写速度等方面存在明显差别，基本不具备比对条件。但通过对实验样本中的签名字迹进行笔迹心理分析，可确认系书写人故意采取改变字体写法的方式形成的伪装笔迹。因此，在笔迹分析的基础上，明确要求委托方进一步提供当事人平时书写的自然样本笔迹，最终使该案得以顺利解决，从而提高了笔迹鉴定的检案率和准确率。

【案例三】：伪装必留痕

一、基本案情

某法院在审理一起金融借款合同纠纷案件中，案件原告某某银行与被告李某、胡玲之间是否存在借款事实存有争议。据案件原告方相关工作人员所述，案件被告李某因生产之需向某某银行贷款人民币500万元整，胡玲作为其中的担保方为被告李某进行借款担保，并在日期为“2008年6月13日”的《保证借款合同》中的担保人处签署了“胡玲”签名字迹。但由于案件被告李某无力偿还贷款，原告方联系到担保方胡玲，并要求胡玲按相关规定承担连带赔偿责任。案件被告胡玲辩称，自己从未对李某的借款进行过任何担保，更不知晓《保证借款合同》一事。由于原、被告双方争执不下，由案件原告方某某银行将被告李某、胡玲诉诸法院，并提出鉴定申请，要求对涉案日期为“2008年6月13日”的《保证借款合同》中担保人处“胡玲”签名字迹是否系胡玲本人书写进行笔迹鉴定。

二、鉴定过程

（一）检材检验

检材《保证借款合同》是原件，保存状况正常。经文检仪对整份检材内容进

行检验，未检见添加、涂改、刮擦等异常痕迹存在；经体视显微镜对担保人处需检的“胡玲”签名字迹进行放大观察，未发现复制笔迹特征的反映，系直接书写形成。需检的“胡玲”签名字迹系中性笔书写形成，书写水平较高，书写速度中等，连笔趋势较强。其中，“玲”字“令”部的捺笔画存在运笔迟疑、笔力凝滞的书写动作，且与其他笔画之间无连接照应关系，较为孤立，反映出书写人在书写该笔画时有一停顿、思考行为，笔力的凝滞更加凸显书写人想逃避、内心矛盾、纠结、不情愿的心理活动轨迹。而其余笔画之间的连接照应关系及笔力变化明显，运笔较为自然流畅，笔迹特征反映较好，具备鉴定条件（如图 11–11 所示）。

图 11–11　检材签名

（二）样本检验

1. 样本笔迹书写人的基本情况

书写人年龄 40 岁，性别女，大学本科学历，从事外贸工作，并拥有一家外贸公司。

2. 样本笔迹的书写情况及其心理解读

送检样本 1 至样本 3 均为原件。其中，样本 1 系案前自然样本，样本 2 系案后自然样本，样本 3 系法院提供的案后实验样本。

样本 1 至样本 2 中胡玲的签名字迹反映出来的书写水平较高，书写速度较快，连笔趋势较强，各笔画间的连接照应关系及笔力变化较为明显，运笔自然流利，笔迹特征反映较好，具备比对条件（如图 11–12 所示）。

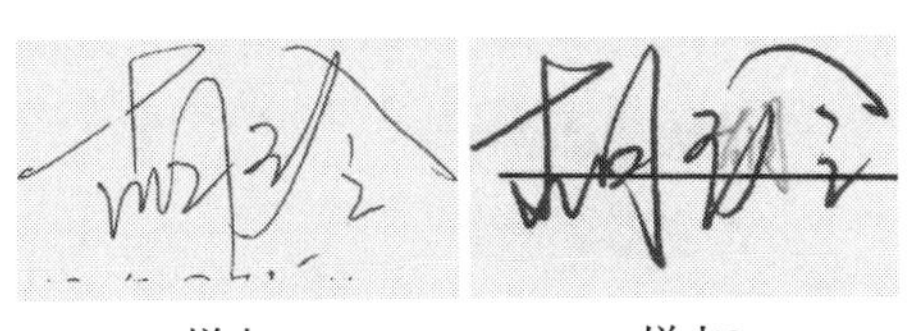

样本1　　样本2

图 11–12　样本签名

样本 3 中供比对的胡玲签名字迹，反映出的书写水平低，书写速度慢，连笔趋势缺乏，为近楷书体写法，由于与检材中需检的“胡玲”签名字迹的写法、形体明显不同，不具备比对条件（如图 11–13 所示）。

图 11-13　案后实验样本签名

心理解读：样本 3 中胡玲的签名字迹，整体给人一种笔画孤立、僵硬、呆板、笔力凝滞的特点，与样本 1 和样本 2 中胡玲的签名字迹形成了明显的反差。反映出书写人在书写过程中通过意识迫使书写动作放缓，并采用一笔一画的方式进行书写，以便使思维能够达到与笔尖运行动作相一致的要求。但这样就会暴露出书写人伪装的心理活动痕迹及其书写动作痕迹，并且还需要依靠极强的注意力来控制自身书写习惯的反映，因此，反映在书写字迹中不可避免地就会出现笔画孤立、僵硬、凝滞的特点。

（三）比对检验

将检材中“胡玲”签名字迹与样本 1 至样本 2 中供比对的胡玲的签名字迹，分别进行概貌特征、细节特征、组合特征的比对检验。

1. 概貌特征

检材中“胡玲”签名字迹与样本 1 至样本 2 中供比对的胡玲的签名字迹，两者签名字迹的书写风格、布局、字体大小、形态、单字之间的搭配等概貌特征相符，反映出两者笔迹的书写人在书写水平、书写技能以及控笔能力等方面相符。

2. 细节特征

检材中“胡玲”签名字迹与样本 1 至样本 2 中供比对的胡玲的签名字迹，两者相比：“胡”字的写法，搭配比例，主要笔画、部首的搭配位置，笔顺，连笔方式，转折角度，绕笔弧度，收笔的形态、笔力等特征相符。

“玲”字的写法，搭配比例，笔顺，连笔方式，主要笔画间的搭配位置、连接照应方式，收笔的形态、笔力等特征相符，但“玲”字“令”部捺笔画的形态、行笔弧度、收笔方向存有差异（如图 11-14 所示）。

图 11-14　检材与样本细节特征比对

注：实线箭头代表符合特征；虚线箭头代表差异特征。

3. 组合特征

检材中“胡玲”签名字迹与样本 1 至样本 2 中供比对的胡玲的签名字迹，两者签名字迹在细微书写动作组合特征方面，除“玲”字“令”部捺笔画的弧度、收笔形态存有差异外，其余相对应笔画的“起、收、转、折、连、绕、顿、提、摆、抖、拖、带”等细微书写动作的形态、位置、幅度、弧度、角度等组合特征整体表现为相符；“神”态组合特征方面，两者签名字迹中各主要静态笔画所反映出来的书写人动态的控笔能力相符，静态、动态的整体特点均表现为“形神兼备、其力内充”；笔力变化组合特征方面，两者签名字迹中相对应笔画中的力点、力段的分布规律基本一致，整体表现为“形近力近”的特点；书写节奏变化组合特征方面，两者签名字迹中书写节奏的数量均为 14 个，且书写节奏间的变化部位、变化方式以及书写节奏内的笔画数量、名称等书写节奏变化组合特征整体表现为相符；运笔趋势组合特征方面，两者签名字迹中除“玲”字“令”部捺笔画的行笔弧度、收笔方向存有差异外，其余各主要笔画的行笔幅度、方向，弯绕转折的幅度、弧度、角度等特征一致。

（四）综合评断

综上所述，检材中“胡玲”签名字迹与样本 1 至样本 2 中供比对的胡玲的签名字迹，两者签名字迹中所表现出来的书写水平、书写风格、布局等概貌特征相符；单字的写法、运笔、笔顺和搭配比例等细节特征相符；细微书写动作、“神”态、笔力变化、书写节奏变化、运笔趋势等组合特征相符。上述三类特征的符合点数量多、质量高，属本质性符合。检验中出现的个别差异点，如检材中“玲”字“令”部捺笔画的行笔弧度、收笔形态等细节特征，在书写人的多个自然样本签名字迹中都没有得到反映，系书写人故意改变笔画形态形成的非本质差异。经综合评断后认为：两者笔迹特征总和的价值能够反映出同一书写人的书写习惯，构成同一认定的依据。

三、分析探讨

本案属于担保类的金融借款合同纠纷案件，担保人与借款人一般是属于朋友、家人等比较亲密的关系，否则担保人也不会为借款人实施借款担保行为。担保人为借款人进行担保，意味着在借款人无力偿还贷款时，担保人就要承担连带赔偿责任，尤其是在担保数额较大的情况下，担保人有时只是迫于朋友压力，在内心不情愿的情况下才同意进行担保。

而本案就属于此类情况，检材中“胡玲”签名字迹就是书写人通过改变“玲”字“令”部捺笔画的形态形成的伪装笔迹，是在书写人不情愿但又不好拒绝，内心矛盾纠结的情况下签署形成。书写人在签名时自然会把这种不情愿、内心矛盾纠结的心理活动痕迹投射在字里行间，并通过“玲”字“令”部捺笔画的形态、笔力凝滞等特征反映出来，而样本3中的“伪装”签名亦印证了这一点。因此，在本案检材与样本笔迹的比对检验过程中，通过笔迹分析技术，合理地解释了这一特征差异点的性质，提高了笔迹鉴定的准确率。

第十二章　笔迹分析在其他领域的应用

笔迹不仅能够反映出书写人内在稳定的书写习惯，而且还能反映出形成该书写习惯的稳定的心理、生理机制，以及即时书写状态下的心理活动内容。因此，笔迹具有因人而异性、稳定性、知人识人性的特点，通过笔迹分析技术能够反映出书写人的性格、气质类型、认知能力、情绪素养、意志品质等个性心理特征。正因如此，只要涉及与人的性格心理有关的领域，笔迹分析技术均会有用武之地，并产生重要的实用价值。笔迹分析技术除在人力资源管理、教育教学、心理咨询、司法等领域产生实用价值外，在其他领域亦能发挥重要作用，如心理测谎、军事、婚恋等领域。

第一节　笔迹分析技术在心理测谎领域中的应用研究

测谎就是一种心理测试，犯罪心理测试技术依据普通心理学、实验心理学、犯罪心理学三大学科基础和神经心理学、生物电子学、计算机应用、侦查学、物证技术学等学科知识，通过专门的心理测谎仪器硬件和计算机软件操作系统记录被测人对主试言语问题的多项心理生理反应。[①] 而笔迹分析技术则是通过对书写人以言语记录形成的笔迹进行分析，进而测评书写人的心理、生理特点。因此，笔迹分析技术与测谎技术的目的和归宿是相同的，加之笔迹分析技术具有简便快速，不需要昂贵设备费用的优点，使得笔迹分析技术在测谎领域逐渐发挥重要作用，这也直接催生了笔迹测谎技术的诞生。

笔迹测谎技术在我国笔迹分析领域实属首次探讨，在这方面，庄寅亮老师颇有建树，其撰写的《笔迹测谎技术与心理显现的研究》一文，详细论述了笔迹测谎技术的原理、使用的主要特征以及主要应用方法，并在 2018 年中国笔迹学高

① 杨波:《犯罪心理学》，高等教育出版社 2015 年版。

峰论坛中荣获论文一等奖，具体内容读者可参考《2018 年中国笔迹学高峰论坛论文集》。[①] 在本节，笔者只列举一案例来说明笔迹分析技术在心理测谎中应用的重要性。

笔迹分析技术在心理测谎中应用的关键在于设置“应激”字眼。侦查人员可以事先准备一份听写内容，具体要求为：听写内容的前半段文字与案件无关，而在中间或后半段文字内容中插入与案情有关的关键字词语句等“应激”字眼，其后的文字内容尽量与“应激”字眼前的文字内容保持相同，必须保证有相同字迹出现。这样让犯罪嫌疑人进行听写时，由于前半段内容与案情无任何关联，犯罪嫌疑人会放松警惕，并会以正常书写状态进行书写，而当犯罪嫌疑人听到与案情相关的关键字词语句等“应激”字眼时，内心会下意识紧张，情绪波动变化较大，导致“应激”字眼处发生明显的特征变化，犯罪嫌疑人在继续听写后半段文字内容时，即使与前半段文字内容相同，书写人的心态、情绪、意志也会表现不同，在相同内容的字迹中表现为笔速变化、笔力不稳、线条呆滞，甚至字形走样奇特等现象（如图 12–1 所示）。

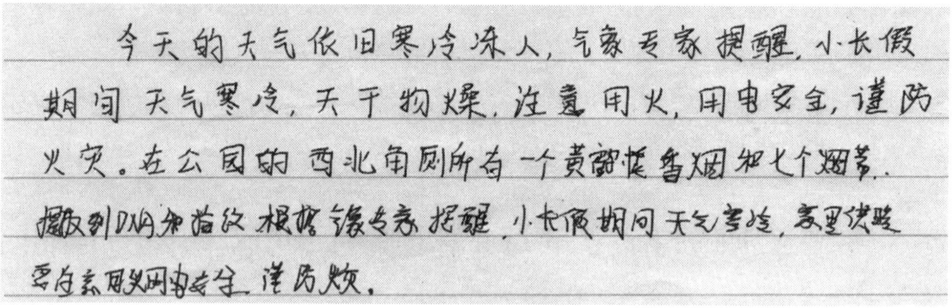

图 12–1 “应激”字眼对书写的影响

分析：当犯罪嫌疑人听到上述关键语句等“应激”字眼时，其后书写的相同字迹却出现了笔速、笔力上的变化，笔画呆滞无神，字形怪异等现象，反映出书写人此时心情异常紧张不安的特点。

第二节　笔迹分析技术在军事领域中的应用研究

由于笔迹具有因人而异性、稳定性、知人识人性的特点，笔迹分析技术在军事领域的部队人才管理以及部队作战等方面能够发挥有效作用。

---

① 庄寅亮:《笔迹测谎技术与心理显现的研究》，载《2018 年中国笔迹分析高峰论坛论文集》，2018 年。

一、笔迹分析技术在部队人才管理中的应用

（一）思想政治教育中的应用

随着部队对高学历、高素质科技人才的需求日益迫切，近几年地方大学生入伍的比例也逐年提高，部队招收的地方大学生均具有本科及以上学历，其中不乏博士研究生。高学历人才入伍时虽经历一至两年的军事训练、军事化管理教育以及基层挂职锻炼经历，但部分人员在地方院校形成的自由主义思想在短时间内不可能得到彻底改变，往往是学历越高越不容易适应严格化管理。这也是当前部队人才管理中的一个难题。无论是新兵入伍还是地方大学生入伍，在新训期间，可以让新入伍的人员定期上交一份书写的思想汇报材料，这时可以通过对思想汇报材料中的笔迹进行分析，准确了解和掌握地方大学生等新入伍人员的心理状态、思想状况，并根据笔迹分析意见，及时做好针对性的心理辅导教育，提升部队思想政治教育工作的效率。

（二）干部选拔任用中的应用

部队在选拔任用政工干部时，备选人员除具备政工干部的基本要求外，一定还要做到政治绝对忠诚可靠，立场信念坚定，而这些特点均可通过笔迹得以反映。实践中，可通过笔迹分析技术对众多候选人员的笔迹进行分析，以选择出最合适的政工岗位候选者；选拔任用军事指挥干部时，除具备军事干部的基本要求以及政治忠诚可靠外，还一定要具备能够果断处理应急事件以及临场随机应变的能力，而这些能力及要求也是属于个性心理特征的内容，通过笔迹可以得到有效反映。因此，部队在选拔任用军事指挥干部时，可通过笔迹分析技术在众多候选人中选择出最适合军事指挥岗位的候选者。

二、笔迹分析技术在部队作战中的应用

部队作战时，如果交战一方能够收集到另一方军事指挥长官的手写笔迹材料，通过笔迹分析技术得出其性格特点、思维能力、情绪素养、行事风格等个性心理特征，可以根据双方的交战状况，准确预测对方下一步所要采取的军事行动计划，做到知己知彼，以使自己一方处于主动地位和有利局面。典型案例：海湾战争前，伊拉克在科威特边境陈兵 10 万人。西方许多人士以及科威特首脑均认为伊拉克不会动真格的，但以色列情报机关通过对萨达姆的笔迹进行分析，得出萨达姆性情怪诞、心狠手辣，言必行、行必果，敢于草率作出任何重大决定的结论。1990 年 8 月 1 日，以色列报刊公布了这一笔迹分析结论，第二天，伊拉克便开始进攻并占领了科威特，这是海湾战争中利用笔迹分析技术进行军事预案的一个著名案例。

世界上一些主要国家确实存在这样的机构和人员，如美国历史上最出名的笔迹情报收集英雄——内森·黑尔（Nathan Hale），他牺牲前所留下的名言——“我唯一遗憾的是，我只有一次生命献给我的祖国”（I only regret that i have but one life to lose my country），被作为情报工作的指导原则，激励着美国的特工人员，美国中央情报局兰利总部大楼前建立了内森·黑尔的雕像（如图 12-2 所示）。

图 12-2　内森·黑尔的雕像

除此之外，苏联的克格勃、德国的联邦军事情报局（MND）、联邦宪法保卫局（BFV）均设有名称各异的笔迹分析团队，他们通过收集、分析、破译各类情报、文件中的笔迹、图片等信息，为其各自国家的政治、军事、外交、经济等领域服务，发挥着至关重要的作用。

第三节　笔迹分析技术在婚恋领域中的应用研究

笔迹具有因人而异性、稳定性、知人识人性的特点，通过笔迹分析技术能够准确反映出书写人的个性心理特征，而婚姻、恋爱的稳定与幸福又与双方的性格有密切关系。因此，笔迹分析技术在婚恋领域具有非常重要的实用价值。

一、婚姻与性格的关系

有种观点认为，性格相同，夫妻双方容易相互理解，对各种事情的看法基本相似，说话做事容易在一个频道上；性格互补，夫妻双方能够实现优势互补，自然也能相处融洽。以上这两种说法看似有道理，但实际上未必如此。爱情是门艺术，婚姻是门科学。或许谁都无法教你如何去谈恋爱，但幸福的婚姻在夫妻双方

的性格上却是有规律可循的。

人格有五大基本特质——外向性、尽责性、亲和性、情绪稳定性和开放性，这五项特质能够基本上确定一个人的性格。心理学家们曾对一万多对夫妻进行过调查（这些夫妻平均婚龄为 23 年），他们测试了每位丈夫和妻子的性格中的五项特质，研究发现：人的性格确实能够预测婚姻关系的稳定与幸福，那些情绪稳定、亲和度较高和较有责任心的人，拥有稳定、幸福婚姻的可能性更大，对另一方的“兼容性”也更强，如果夫妻双方都是这样的人，婚姻幸福度自然会更高。

因此，稳定幸福的婚姻与性格有密切关系，努力修炼自己的性格，使自身情绪稳定、亲和度较高、责任心较强才是获得稳定、幸福婚姻的关键，而性格相同、性格互补只是表面现象。

二、性格婚检

当政府对于婚检采取了人性化、自愿自觉原则的时候，在北上广深等一些大都市开始出现了一种新型的婚前检查——性格婚检，是指通过对双方当事人的性格进行婚前测试，以判断双方是否适合生活在一起。

一个人的性格决定了其为人处世的方式，如果你清楚自己的性格，便可以因势利导，不必再扭曲个性；如果你摸清了对方的性格，而自己的情绪素养、亲和度及责任心又能兼容对方的性格，就能够与对方相处，不会产生太多的摩擦，也不必费尽心机地去改变对方，双方的恋爱、婚姻自然会稳定。

因此，通过性格婚检能够彼此了解对方的性格，如果双方的情绪素养、亲和度及责任心能够匹配、兼容，则能实现同频共振，婚姻关系自然稳定幸福。

三、笔迹分析技术在婚恋领域应用的重要性

男女双方在进行婚恋派对或是相亲聚会时，总是尽可能地展现自己最完美的一面，从表面交往中很难分辨出哪位有暴力倾向或是有心理疾病，甚至于性取向不正常等问题。因此，男女双方如能准确判断彼此的性格心理特征尤为重要。

普通的性格婚检在测试双方的性格时，仍然不能有效破除阻抗，即不能有效透视被测人的内心真实想法和潜意识内容，准确度自然一般。而笔迹分析技术则不同，由于笔迹的因人而异性、稳定性、知人识人性等特点，通过笔迹分析技术能够准确反映出书写人的性格、气质类型、认知能力、情绪素养、意志品质等个性心理特征。而与稳定幸福婚姻有关的情绪稳定、亲和度高、责任心强等特点又包含在书写人的气质类型、情绪素养、意志品质等个性心理特征中，通过笔迹分析技术可以完全、准确地得到反映。因此，笔迹分析技术已成为性格婚检的一种主要技术方法，在婚恋领域拥有广阔的发展前景。

参考文献

一、著作类

1. 贾玉文、邹明理主编:《中国刑事科学技术大全· 文件检验》，中国人民公安大学出版社 2002 年版。

2. 王相臣、胡鑫著:《物证量化检验鉴定的理论研究与实践探索》，辽宁大学出版社 2015 年版。

3. 韩丹岩、涂丽云主编:《文件检验学》，中国人民公安大学出版社 2015 年版。

4. 邹明理、杨旭主编:《文书物证司法鉴定实务》，法律出版社 2012 年版。

5. 郑日昌主编:《笔迹心理学》，北京师范大学出版社 2014 年版。

6. 张福全著:《笔迹心理分析》，安徽人民出版社 2010 年版。

7. 明镜著:《笔迹心理通解》，成都时代出版社 2018 年版。

8. 潘芳、吉峰主编:《心身医学》，人民卫生出版社 2017 年版。

9. 周建武编著:《科学推理　逻辑与科学思维方法》，化学工业出版社 2017 年版。

10. 杨波主编:《犯罪心理学》，高等教育出版社 2015 年版。

11. 梁瑞琼主编:《心理评估与测量学》，广东高等教育出版社 2016 年版。

12. 王建中、宫辉主编:《大学生心理健康教育研究》，西安交通大学出版社 2016 年版。

13. 中国心理卫生协会、中国就业培训技术指导中心编:《心理咨询师基础知识》，民族出版社 2015 年版。

14. [美]齐亚乌丁· 萨达尔著:《混沌学》，梅静译，当代中国出版社 2014 年版。

15. 肖丹主编:《心理基础》，人民卫生出版社 2008 年版。

16. 郭秀燕编:《实验心理学》，人民教育出版社 2009 年版。

17. 莫洪宪主编:《中国青少年犯罪问题及对策研究》，湖南人民出版社

2005 年版。

18. 林崇德等编：《心理学大辞典》，上海教育出版社 2003 年版。

19. 王圣江著：《笔迹检验理论与实务探究》，中国人民公安大学出版社 2017 年版。

二、论文类

1. 庄寅亮：《笔迹测谎技术与心理显现的研究》，载《2018 年中国笔迹学高峰论坛论文集》，2018 年。

2. 李志荣：《混沌理论与笔迹关系初探》，载《第九届全国文件检验学术交流会论文集》，2016 年。

3. 郝洪建：《言语习惯特征在声纹鉴定中的作用》，载《刑事技术》2006 年第 2 期。

4. 张鹏：《我国现代人力资源管理现状浅析》，载《人力资源管理》2014 年第 3 期。

5. 吴志强：《创建“练字矫正”办学特色的实践》，载《福建教育学院学报》2008 年第 6 期。

6. 王圣江：《笔迹心理分析在笔迹鉴定中的应用研究》，载《2018 年中国笔迹学高峰论坛论文集》，2018 年。

7. 王圣江：《同源笔迹可变性特征研究》，载《中国司法鉴定》2017 年第 4 期。

8. 王圣江：《笔迹组合特征在笔迹检验中的应用研究》，载《湖北警官学院学报》2017 年第 4 期。

9. 王圣江：《笔迹定义再探》，载《公安海警学院学报》2017 年第 1 期。

10. 王圣江：《刍议笔迹特征》，载《公安海警学院学报》2016 年第 1 期。

11. 王圣江：《笔迹身心画像技术及其在侦查中的应用》，载《公安海警学院学报》2020 年第 3 期。

附录 1：笔迹身心能量解析图

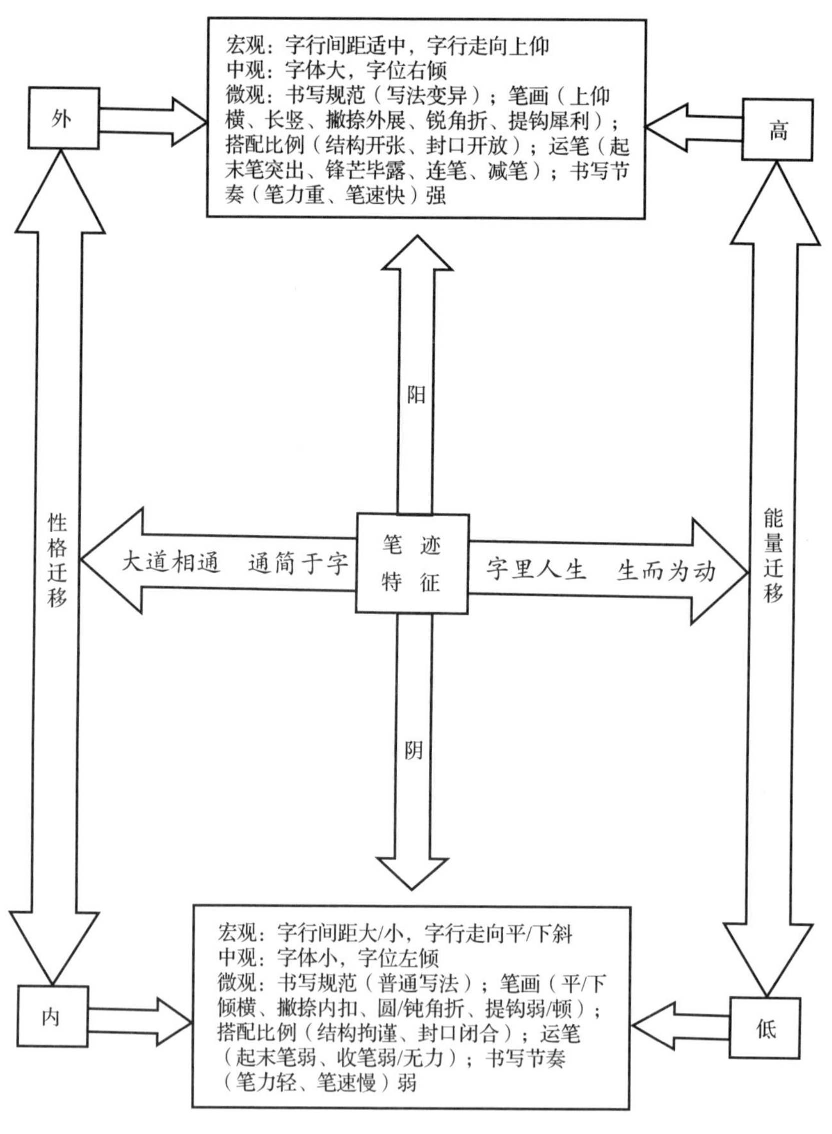

附录 2：字道

<table>
<tr><th>项目</th><th>特质</th><th>主要笔迹特征</th><th>字中之道</th></tr>
<tr><td rowspan="8">人</td><td>责任心</td><td>写法、字形结构、笔画搭配状态</td><td rowspan="19">做人 45°
俯身、谦虚、诚恳

做事 90°
公正、无私、求是

为人 180°
直爽、坦率、稳重

处世 360°
圆满、周到、全面</td></tr>
<tr><td>主动、积极、自信</td><td>字行走势、横画写法、起末笔状态</td></tr>
<tr><td>胸怀、包容度</td><td>字形结构、横折钩画写法</td></tr>
<tr><td>情绪管控能力</td><td>字行走势、单字写法、收笔状态</td></tr>
<tr><td>表达、沟通、交流能力</td><td>撇捺形态、收笔状态</td></tr>
<tr><td>思维方式</td><td>搭配比例、笔速、连笔状态</td></tr>
<tr><td>思想境界、思虑状况</td><td>字形结构、笔画缠绕聚集状态</td></tr>
<tr><td>志向、抱负、进取心</td><td>字行走势、单字大小、横画写法</td></tr>
<tr><td rowspan="8">事</td><td>主见、立场、成就动机</td><td>单字大小、横竖画写法</td></tr>
<tr><td>原则、创新、效率</td><td>写法、字形、搭配比例、省笔减笔</td></tr>
<tr><td>意志力</td><td>字行走势、竖画、笔力、起末笔状态</td></tr>
<tr><td>领导力、掌控力</td><td>单字大小、笔画组合状态、书写节奏</td></tr>
<tr><td>组织协调、合作能力</td><td>布局、内部搭配结构、笔画组合状态</td></tr>
<tr><td>决策判断能力</td><td>写法、字形结构、书写节奏、收笔状态</td></tr>
<tr><td>执行力、行动力</td><td>字形结构、单字大小、书写节奏</td></tr>
<tr><td>攻坚克难能力</td><td>钩画写法、收笔状态、书写节奏</td></tr>
<tr><td rowspan="3">世</td><td>对外态度</td><td>字形结构、单字大小、外围笔画状态</td></tr>
<tr><td>开放程度</td><td>字形结构、“口”字部写法</td></tr>
<tr><td>面对人际冲突的态度</td><td>折钩提画写法、收笔状态</td></tr>
<tr><td colspan="4">大道相通　通简于字　字里人生　生而为动</td></tr>
</table>

注：表中所列每项特质均指向其主要笔迹特征，实践中还需结合其他笔迹特征予以综合评断。

后 记

五年前，笔者在撰写《笔迹检验理论与实务探究》一书的过程中，就痴迷于笔迹与书写人身心之间的内在关联，并与相关笔迹学专家共同探讨笔迹分析的课题。通过对课题的不断研究与总结，发现笔迹不仅关乎着我们的内在，倾诉着我们的心声，而且还能让我们感受到彼此的身心能量，进一步深刻地认识自己和了解他人。通过笔迹认识自己、修正自己，实现自我重塑，使自己与他人之间的相处更为融洽，社会更为和谐。这就是为什么我一直倡导研究笔迹学的原因所在，亦是本专著的撰写初衷。

《笔迹识人》从构思到封稿，历经三年多的时间。一是因为工作原因，各种会议、事务繁杂，只能激活、利用碎片化的时间进行专研；二是观点的沉淀与提炼需要一定的时间。从 2017 年年初完成《笔迹检验理论与实务探究》一书后，笔者在笔迹鉴定知识和经验的基础上，进行了一定的跨界和跃迁，开设了“笔迹识人”的课程，并分别在人力资源管理、教育教学、心理咨询、司法等领域以及专业学术会议上做了多场专题授课，“笔迹识人”成为非常受欢迎的课程；另外，在“笔迹识人”授课过程中通过不断地反馈、提炼和总结，亦厘清了本专著的撰写思路；再应听课朋友、学员的不断催促，又历经不断强化刺激、自我鼓励，终可成稿。

由于笔迹的因人而异性、稳定性、知人识人性的特点，只要在书写领域与个性心理特征有关的研究，均有笔迹分析技术的用武之地。本专著可适用于人力资源管理、教育教学、心理咨询、司法、心理测谎、情感婚恋等领域。但由于笔迹分析技术具有理论的专业性和应用的普适性特点，实践性强、受众广、知易行难，只有具备较强的科学逻辑推理能力，并在 10000 小时定律的基础上不断进行强化刺激、自我锤炼和总结，也许才能达到通过笔迹即可识人的境界。在此希望与字结缘的各位读者朋友们，通过研读本专著为您带来一定的帮助和启迪。

王圣江

2021 年 1 月